Meinolf Vielberg
Ciceros römische Philosophie

Beiträge zur Altertumskunde

―――

Herausgegeben von
Susanne Daub, Michael Erler, Dorothee Gall,
Ludwig Koenen† und Clemens Zintzen†

Band 411

Meinolf Vielberg

Ciceros römische Philosophie

Werk und Wirkung eines akademischen Philosophen in Rom

DE GRUYTER

ISBN 978-3-11-221520-3
e-ISBN (PDF) 978-3-11-115654-5
e-ISBN (EPUB) 978-3-11-115989-8
ISSN 1616-0452

Library of Congress Control Number: 2023938350

Bibliografische Information der Deutschen Nationalbibliothek
Die Deutsche Nationalbibliothek verzeichnet diese Publikation in der Deutschen Nationalbibliografie; detaillierte bibliografische Daten sind im Internet über http://dnb.dnb.de abrufbar.

© 2025 Walter de Gruyter GmbH, Berlin/Boston
Dieser Band ist text- und seitenidentisch mit der 2023 erschienenen gebundenen Ausgabe.
Satz: Integra Software Services Pvt. Ltd.
Druck und Bindung: CPI bokks GmbH, Leck

www.degruyter.com

Vorwort

In seiner Cicerotrilogie ist Robert Harris eine ansprechende Würdigung der Leistungen des römischen Redners und Politikers gelungen. Ciceros Freigelassenen Tiro als Ich-Erzähler des historischen Romans zu wählen, war ein kluger Schachzug. Ironische Bemerkungen, die der Freigelassene aus dem Halbschatten macht, lassen Schwächen seines Patrons in einem milderen Licht erscheinen. Wer Tiros Erzählung von dem gesellschaftlichen Aufstieg und den politischen Kämpfen des Römers, der aus dem ländlichen Arpinum stammte, liest, erhält einen tiefen Einblick in das Getriebe römischer Politik. Soweit die literarische Ausgestaltung von Leerstellen in Ciceros Leben dem Wissen, das zeitgenössische Quellen sichern, nicht widerspricht, gibt Harris auch fiktionalen Elementen Raum. Eine Analogie herzustellen zwischen dem Überfall der Seeräuber auf Ostia und der Verleihung eines außerordentlichen Oberbefehls an Pompeius zur Bekämpfung des von diesen Piraten verbreiteten Terrors einerseits und auf der anderen Seite dem Angriff auf die Twin Towers in New York und den Konsequenzen von Nine Eleven für die politische Entwicklung der Vereinigten Staaten von Amerika, ist eine kühne Aktualisierung römischer Geschichte. Wenn Harris Ciceros Reden und Briefe akribisch auswertet, beeindruckt uns der Romancier mit seiner genauen Kenntnis der breit gefächerten Überlieferung. Doch enttäuscht vielleicht die eher oberflächliche Art seines Umgangs mit Ciceros philosophischem Werk die Erwartungen philosophisch interessierter Leser. Der Inhalt seiner Dialoge wird zwar grob umrissen, Cicero aber nicht als eigenständiger römischer Philosoph gewürdigt.

An der King Edward VII School in Sheffield erhielt Robert Harris eine gediegene Ausbildung in Latein und Griechisch, bevor er in Cambridge Englische Literatur studierte. Was ergibt sich also aus solchen Beobachtungen zum Charakter seiner Cicerotrilogie? Sollte es der Fall sein, dass sich hinter seinen Cicerolektüren und den daraus resultierenden Entscheidungen bei der literarischen Gestaltung des Romans Vorurteile oder Versäumnisse von Schule oder Wissenschaft verbergen, würde es zu unseren Anliegen gehören, Vor- und Fehlurteile aufzudecken, die eine einseitige Würdigung Ciceros zur Folge haben mochten, und etwa vorhandene Mängel auszugleichen. Auf derselben Linie liegt es, wenn unsere Studien zu einer planvollen Lektüre von Ciceros philosophischem Oeuvre anzuhalten suchen. An dieser Art von Lektüre ist besonders, dass sie von der systematischen Einteilung der hellenistischen Philosophenschulen und ihren inneren Verbindungen ausgeht und die von Cicero betonten und nachvollzogenen funktionalen Zusammenhänge der philosophischen Teildisziplinen erhellt. Die Auseinandersetzung mit Cicero macht argumentative und rhetorisch-literarische Strukturen sichtbar, mit denen antiken Lesern ein Instrumentarium zur selbstständigen Prüfung philosophischer Thesen und Theorien an die Hand gegeben wurde. Cicero zu lesen, wurde und wird so zu einer Schulung, die zu Mündigkeit erzieht. Cicero war nicht nur ein origineller akademischer Philosoph, der seine Leser zu eigenständigem Denken anregen wollte. Die besondere und in der antiken Philosophiegeschichte einmalige Art seines Philosophierens wurde nach einem von Augustus erzwungenen Hiat in der römischen Kaiserzeit und Spätantike rezipiert und bis in die Moderne mit philosophischem Gewinn aufgenommen. Sie ist, so unsere These, immer noch und gerade in der Gegenwart von besonderer Bedeutung, in einer Gegenwart, in der sich das ruhige Gespräch und der vernünftige Austausch über wissenschaftliche und gesellschaftliche Probleme unter dem unablässig anbrandenden Strom digitaler Kurznachrichten zu verflüchtigen drohen. Zu dieser Kategorie gehören Hassreden und sind noch schlimmer, wenn sie über soziale Medien verbreitet und so vielfach verstärkt werden. Sollte sich das eine oder andere der genannten Ziele, als zu hochgesteckt, nicht erreichen lassen, wäre es nicht tragisch. Cicero zu lesen, ist ein intrinsisches Vergnügen, das mit wachsendem Verständnis wächst.

Während ich mich mit Cicero und der antiken Philosophie beschäftigte und die vorliegenden Studien vorbereitete, war ich mit vielen Kollegen im Gespräch. Es kam zu einem willkommenen Austausch über verschiedene Strömungen der Philosophie. Einige meiner Gesprächspartner waren in ihrer philosophischen Ausrichtung an der angelsächsischen Tradition der analytischen Philosophie orientiert, die sich gern auf Aristoteles und die hellenistische Philosophie beruft. Bei anderen dominierte die im Platonismus wurzelnde kontinentale Philosophie des deutschen Idealismus. In Göttingen waren es Carl Joachim Classen, Günther Patzig, Ulrich Schindel, Jürgen Sprute und Gisela Striker. In Oxford kamen anfangs Raymond Klibansky und Donald A. Russell, später Bryan Magee und Richard Sorabji hinzu. Aus Jena erwähne ich Christian Eobaldt, Gottfried Gabriel, Roderich Kirchner, Wolfgang G. Müller, Matthias Perkams, Rainer Thiel, Christian Tornau und Dirk Vanderbeke. Erhellend waren Gespräche mit Studierenden in Ciceroseminaren, aber auch Diskussionen nach Gastvorträgen, die mich nach Eichstätt, Erfurt, Freiburg, Göttingen, Lausanne, Marburg, Mülheim a.d. Ruhr, Regensburg, Saarbrücken, Szeged, Würzburg und Zürich führten. Wertvolle Hinweise verdanke ich klugen Lesern von Teilen des Manuskripts, die mich vor Versehen und Irrtümern bewahrten. Es sind Christian Eobaldt, Roderich Kirchner, Ermanno Malaspina, Adrian Mehner, Ulrich Schmitzer, Kurt Smolak, Rainer Thiel, Christian Tornau und Jonathan Trächtler. Für verbliebene Fehler bin ich freilich selbst verantwortlich. Aleš Maver danke ich für anregende Gespräche über Cicero und die römische Politik bei Spaziergängen in und um Jena während des ersten ‚Coronasemesters'. Ohne die Muße, die mir Gastprofessuren und -dozenturen in Zürich, Lausanne und Oxford verschafften, hätte das Buch nicht vollendet werden können. Mein Dank gilt daher den Fellows von Wolfson College und meinen Schweizer Gastgebern Ulrich Eigler in Zürich sowie Frédéric Amsler und Jean-Daniel Kaestli in Lausanne.

Es ergaben sich Überschneidungen mit Artikeln, die in den *Wiener Studien*, dem *Gymnasium*, dem *Handbuch Antike Rhetorik*, der *Internationalen Zeitschrift für Kulturkomparatistik* und anderswo erschienen sind. Den verantwortlichen Herausgebern verdanke ich die Erlaubnis zum Wiederabdruck in veränderter Form. Michael Erler, Dorothea Gall und ihren Mitherausgebern danke ich für die Möglichkeit, das Buch in der Reihe *Beiträge zur Altertumskunde* zu veröffentlichen, und Mirko Vonderstein für die zuverlässige Betreuung der Drucklegung im De Gruyter Verlag.

Jena im Januar 2023
Meinolf Vielberg

Inhaltsverzeichnis

Vorwort —— V

I Prolog

1 Was vorhanden war: Voraussetzungen akademischen Philosophierens in Rom —— 3
    1.1   Rhetorik und Philosophie —— 3
    1.2   Ziele und Voraussetzungen akademischen Philosophierens —— 8
    1.3   Parallelen in der Moderne? —— 10

II Werk

1 Wahrheit ohne Methode? Erkenntnistheoretische Grundlegung in den *Academici libri* —— 19
    1.1   Ciceros *Academica* zwischen römischer ‚Alltagswelt' und ‚narrativer Realität' —— 19
    1.2   Wahrheit ohne Methode oder methodische Prüfung der Wahrscheinlichkeit? —— 27
    1.3   Antiochos von Askalon: Leben, Lehre und literarische Darstellung in den *Academici libri* —— 28
    1.4   Philon von Larisa: Leben, Lehre und literarische Darstellung in den *Academici libri* —— 36
    1.5   Ursprung und Verwendung der philosophischen Methode —— 50

2 Über Gott und die Welt: Naturphilosophische Diskussionen in *De natura deorum* —— 54
    2.1   Der Schlusssatz von *De natura deorum* und seine Erklärungen —— 54
    2.2   *Narrating I* und *Acting I*: Ciceros Spiel mit Autorinstanzen —— 59
    2.3   Warum Verse aus Ciceros *Aratea* und Roms archaischer Dichtung? —— 65

3 Römische Aufklärung? Philosophie und Religion in *De divinatione* —— 69
    3.1   Einbettung in den historischen Kontext —— 69
    3.2   Diskussion der Divination: Argumente aus Philosophie und Religion, Geschichte und Politik —— 74
    3.3   Einordnung der Ergebnisse in die antike Philosophiegeschichte —— 87

4 Was tun? Philosophische und literarische Strategien in der Ethik —— 92
    4.1   Lebenswahl und Philosophie in *De finibus bonorum et malorum* —— 92
    4.2   Wollen oder Sollen? Quellen der Normativität in Ciceros *De officiis* —— 99
    4.3   Ergebnisse —— 124

5 Zu Sinn und Zweck staatlicher Ordnung: Ciceros *De re publica* und die philosophische Tradition der Verfassungsdebatte —— 127
    5.1   Von der Verfassungstheorie der Griechen zu ihrer praktischen Anwendung in Rom —— 127
    5.2   Verfassungsdialoge im Vergleich: Cicero, Cassius Dio, Philostrat —— 129
    5.3   Ciceros philosophische Methode in der Rechts- und Staatsphilosophie —— 144

6 Was ist ein *amicus*? Anspruch und Wirklichkeit der Freundschaft im Spiegel von Ciceros *Laelius* und der *Epistulae ad Atticum* —— 146
    6.1   Ciceros Laelius —— 146
    6.2   Belastungsproben: Die Freundschaft von Cicero und Atticus im Spiegel ihrer Briefe —— 153
    6.3   Facetten der Freundschaft im Spannungsfeld von philosophischem Idealismus und politischer Realität des spätrepublikanischen Rom —— 167
    6.4   Von Ciceros Werk zu seiner Wirkung: Rückblick und Ausblick —— 170

III Wirkung

1 *In umbra Ciceronis?* Senecas Strategien der Cicerorezeption —— 177
    1.1   Staatsfeinde und missliebige Intellektuelle im augusteischen Rom: Gallus und Ovid —— 177
    1.2   *In umbra Ciceronis?* Senecas Strategien der Cicerorezeption —— 182
    1.3   Senecas Cicerorezeption und ihre Ursachen —— 197

2 Tacitus, Plinius und Pseudo-Longin oder: Zur Rezeption der Denkweise Ciceros in der frühen Kaiserzeit —— 199
    2.1   Entwicklungs- und Verfallsdebatten in der Antike —— 199
    2.2   Der *Rednerdialog* des Tacitus: Gegenstand, Widmung und Datierung des Gesprächs —— 199
    2.3   Gesprächsteilnehmer und Anlass des Gesprächs —— 200

2.4 Literarische Vorbilder und Aufbau des Dialogs —— **201**
2.5 Erzählperspektive und Erzählhaltung —— **202**
2.6 Erklärungen des Verfalls der Beredsamkeit und ihre Herkunft —— **203**
2.7 Offene Gestaltung und Ergebnis des Gesprächs —— **209**
2.8 Plinius: Brieffreund des Tacitus und Ciceronianer —— **211**
2.9 Pseudo-Longin: Ziel und Gegenstand des Traktats *Über das Erhabene* —— **214**
2.10 Diskussion der Ursachen des Verfalls der Beredsamkeit —— **216**
2.11 Ergebnisse —— **217**

3 **Ambrosius und Augustinus: Anbindung an und Abgrenzung von Cicero in der Spätantike —— 219**
   3.1 Modi literarischer Heteronomie bei Ambrosius und Augustinus und ihre Zwecke —— **220**
   3.2 Modi literarischer Autonomie bei Ambrosius und Augustinus —— **235**

4 **Cicero und Quintilian in der Moderne: Eklektisches Philosophieren bei Christian Thomasius und Johann Matthias Gesner —— 238**
   4.1 Gesners Werdegang —— **239**
   4.2 Das Philologische Seminar und seine Gründungsurkunde —— **243**
   4.3 Cicero und Quintilian in den *Institutiones rei scholasticae* —— **246**
   4.4 Schluss und Ausblick —— **255**

IV Epilog

1 **Was weiter wirkte: Ergebnisse akademischen Philosophierens in Antike und Moderne —— 259**
   1.1 Politiker und Philosoph? —— **259**
   1.2 Philosoph und Politiker? —— **264**
   1.3 Von Igeln und Füchsen —— **268**

Abkürzungsverzeichnis —— 273

Literaturverzeichnis —— 275

Register
   I   Namen —— **293**
   II   Sachen —— **296**
   III Wörter —— **299**
   IV Stellen —— **300**

I Prolog

1 Was vorhanden war: Voraussetzungen akademischen Philosophierens in Rom

Als Cicero im *Brutus* die Geschichte der antiken Rhetorik darstellte, war es längst Standard geworden, dass gebildete Römer bei Elementar- und Grammatiklehrern in die Schule gingen. Wer ihre Schule durchlaufen hatte, war mit den Werken der griechischen und römischen Literatur vertraut. Auch die Beredsamkeit war in Rom heimisch geworden. In seiner Bildungsbiographie blickt Cicero auf eine Reihe römischer Redner und Politiker zurück: Scipio, Laelius, Cato und, sogar, Tiberius Gracchus. Von seinen Zeitgenossen hält Cicero besonders Crassus und, in geringerem Maße, Antonius für fähige Redner. Crassus und Antonius waren Ciceros Lehrer in der Beredsamkeit. In seinem Rednerdialog hatte Cicero ihnen ein literarisches Denkmal gesetzt. Eigens erwähnt Cicero den Volkstribunen Publius Sulpicius,[1] aber auch den griechischen Redelehrer Apollonios Molon von Rhodos und den Syrer Demetrios.[2] Ciceros Mentor auf dem Forum Romanum war der Rechtsgelehrte Q. Mucius Scaevola Augur. Der Augur und ebenso der gleichnamige Pontifex Scaevola waren innerrömische Vermittler, die Cicero mit dem ‚Scipionenkreis' verbanden. Cicero bekannte sich zu den Scaevolae als seinen Vorbildern, indem er sie zu Nebenfiguren seines Freundschaftsdialogs machte.[3] Von den beiden Priestern der römischen Pontifikalreligion mochte Cicero, der den Triumvir Marcus Crassus nach dessen Niederlage in der Schlacht von Carrhae im Amt des Auguren beerbte, viel über das Verhältnis von Politik und Religion gelernt haben.

1.1 Rhetorik und Philosophie

Wie Marc Aurel im ersten Buch der *Meditationen* legt Cicero bei der Erklärung seines Bildungswegs erheblichen Wert auf seine Lehrer in der Philosophie, die bekannte Vertreter der hellenistischen Philosophenschulen waren. Philon von Larissa machte Cicero mit der akademischen Skepsis vertraut.[4] Der Scholarch der neuen Akademie nutzte die philosophische Methode des *in utramque partem disputandi* für seine in Rom gehaltenen Rhetorikvorlesungen. Mit Diodotos, der ihn in der stoischen Philosophie unterwies, lebte Cicero in einem lebenslangen *contubernium*, bis der Stoiker in seinem Haus verstarb.[5]

---

1 Cic. *Brut.* 306.
2 Cic. *Brut.* 307.
3 Cic. *Lael.* 1.
4 Cic. *Brut.* 306.
5 Cic. *Brut.* 309.

Der Epikureer Phaidros unterrichtete Cicero zunächst in Rom und später in Athen.[6] Auf seiner Bildungsreise nach Griechenland hörte Cicero Antiochos von Askalon, der die Alte Akademie erneuerte.[7] Auf Rhodos begegnete er dem Stoiker Poseidonios.[8] Was Cicero der hellenistischen Philosophie und ihren Vertretern verdankt, schildert er ausführlich in seiner Bildungsbiographie. Cicero unterlässt es aber – was er für seine römischen Redelehrer bereitwillig getan hatte –, einem seiner griechischen Lehrer in den philosophischen Dialogen ein literarisches Denkmal zu setzen.[9] Die Dialoge funktionieren nach dem Prinzip der *philosophia togata*. Cicero lässt entweder zeitgenössische Römer, die sich für philosophische Fragen interessierten oder philosophisch kompetent waren, als Gesprächspartner auftreten. Beispiele dafür sind Cato in *De finibus*, Varro in den *Academica posteriora* oder Cotta in *De natura deorum*. Oder er verlegt das dramatische Datum seiner Dialoge in die Vergangenheit. Mit Scipio, Laelius oder Cato macht Cicero römische Staatsmänner früherer Generationen zu seinen philosophischen Vorbildern, obwohl die Mitglieder des ‚Scipionenkreises' vielleicht weder selbst philosophierten noch ein solcher Kreis überhaupt existierte. Immerhin lässt er Scipio die Abwesenheit des griechischen Philosophen Panaitios beklagen.[10] Es sind also idealisierte Römer, die als Philosophen in der ersten Reihe seiner Vorbilder stehen. Die Griechen, die Cicero wirklich unterrichtet hatten, werden als Vorbilder nicht erwähnt und treten als Lehrer in die zweite Reihe. Griechische Philosophen werden hier und da als Gewährsmänner genannt. Aber daraus erwächst in Ciceros Werken keine *philosophia palliata*. Werden griechische Philosophen erwähnt, dienen sie oft als Zielscheiben gesellschaftlicher Kritik. Die Distanzierung dürfte sich daraus erklären, dass die Philosophie in Rom noch nicht endgültig eingebürgert war. In wiederkehrenden Wellen wurden Philosophen zu Ciceros Lebzeiten noch von seinem Redelehrer Crassus, später von den Kaisern aus Rom verbannt. So war es eher eine Laune der Geschichte, um nicht zu sagen ein ‚historischer Betriebsunfall', dem Cicero seine tiefergehende Ausbildung in der Philosophie, die er freilich mit anderen Römern wie Lucullus teilte, und seine lebenslange Beschäftigung mit ihr verdankte. Cicero hatte sich den politischen Aufstieg durch rednerische Tätigkeit zum Ziel gesetzt. Er verlegte sich, wie er selbst bekundet, jedoch auf die Philosophie, als die Gerichte während der sullanischen Wirren geschlossen wurden und es den Anschein hatte, als würde daraus

---

6 Cic. *fam.* 13,1,2; *fin.* 1,16.
7 Cic. *Brut.* 315.
8 Cic. *nat. deor.* 1,6 *et principes illi, Diodotus, Philo, Antiochus, Poseidonius, a quibus instituti sumus*; Plut. *Cic.* 4,5.
9 Eine Ausnahme ist vielleicht der Peripatetiker Kratipp, der im fragmentarischen Vorwort der Bearbeitung von Platons *Timaios* als Gesprächspartner aufzutreten scheint (Tim. 2 *perlibenter et Nigidium vidi et cognovi Cartippum*).
10 Cic. *rep.* 1,15.

ein Dauerzustand werden.[11] So entwickelte sich in seiner Biographie das kulturelle Muster, dass Cicero immer dann, wenn er wegen widriger Entwicklungen der römischen Politik nicht als Redner und Staatsmann tätig sein konnte, auf die Philosophie auswich und dabei mit der transformierenden Darstellung der hellenistischen Philosophie zum ersten römischen Philosophen wurde.

Aber greifen wir nicht vor auf diesen epochemachenden Vorgang, sondern blicken zurück in die Geschichte Roms, um das Ereignis in seinen verschiedenen Dimensionen und das ihm zugrunde liegende kulturelle Muster besser zu verstehen. Rom war im ersten vorchristlichen Jahrhundert der Ort, wo sich der Reichtum aus den Provinzen sammelte, wo Griechenlands Intellektuelle einander begegneten, wo Angehörige der römischen Oberschicht Zeit hatten und Muße, um über Gott und die Welt nachzudenken. Doch worüber genau? Man reflektierte menschliches Leid, das eine unglückliche Liebe und Eroberungsfeldzüge in ferne Länder mit sich brachten.[12] Man kalkulierte Risiken, die aus Bürgerkriegen, der gezielten Vernichtung politischer Gegner oder dem Umsturz des römischen Gemeinwesens entstanden.[13] In dieser ebenso privilegierten wie gewaltbereiten Umgebung, in dieser zugleich stimulierenden und aufgeladenen Atmosphäre wuchs Cicero heran. Er erhielt eine gediegene Ausbildung in den Künsten und der Literatur, die ihn auf dem Gebiet der Philosophie und Rhetorik mit den führenden Köpfen seiner Zeit zusammenbrachte. Cicero verkehrte aber nicht nur bei den berühmtesten Philosophen seiner Zeit. Cicero war auch mit allen Epochen und Strömungen der Philosophie vertraut. Er kannte die Vorsokratiker. Er bewunderte Sokrates, der die Philosophie vom Himmel auf die Erde herabgeholt hatte. Er schätzte Platon und die Tradition der akademischen Skepsis und bediente sich philosophischer Methoden des Aristoteles. Aber es war auch die hellenistische Philosophie, mit der er sich unter Anleitung seiner Mentoren lesend und schreibend, rezipierend und produzierend lebenslang auseinandersetzte. Das Augenmerk liegt meist auf den Phasen aktiven Philosophierens Mitte der 50er und 40er Jahre. Was Cicero selbst betont, wird leicht übersehen: dass er während seiner täglichen Geschäfte als Redner und Politiker permanent praktisch philosophierte.[14] Das in *De oratore* entwickelte Ideal des vollendeten Redners, des *orator perfectus*, enthält nicht von ungefähr die philosophische Dialektik als Kernkompetenz.[15] Das Pro und Contra eines Sachverhalts zu erörtern, ist in Ciceros Redetheorie ein probates Mittel zur Ermittlung des rhetorisch Glaubhaften. Daher

---

11 Cic. *Brut.* 306 *in quo (sc. studio philosophiae) hoc etiam commorabar attentius (etsi rerum ipsarum varietas et magnitudo summa me delectatione retinebat), sed tamen sublata iam esse in perpetuum ratio iudiciorum videbatur.*
12 Cat. 11.
13 Sall. *Catil.* 16,4; 17,1–6.
14 Cic. *nat. deor.* 1,6; Acad. 1,11.
15 Cic. *de orat.* 1,128. Vgl. zu Ciceros *perfectus orator* auch Reggi (2021) 52.

wird es schon in seinem Erstlingswerk *De inventione* zum Gegenstand.[16] Aus Ciceros Briefen geht hervor, dass er sich in heiklen politischen Situationen nur schwer zu entscheiden wusste und mitunter verzweifelt nach einer Lösung suchte. Zwischen Mutlosigkeit und vager Hoffnung schwankend greift Cicero bewusst zur Dialektik. Dialektik ist die *ultima ratio*, um die Vor- und Nachteile einer politischen Entscheidung auszuloten.[17] Sorgsam wägt er ab, ob er für oder gegen Caesars Ackergesetze eintreten soll.[18] Die Entscheidung, ob er nach dem Beginn des Bürgerkriegs in dem von Caesar eroberten Italien bleiben und damit seine Neutralität wahren oder sich zu Pompeius begeben und damit offen für die Republikaner Partei ergreifen soll, zögert Cicero im Austausch mit Atticus buchstäblich bis zur letzten Minute hinaus,[19] so dass er seine Chance zur heimlichen Flucht aus Cumae fast verspielt.[20]

Johann Gottlieb Fichte, der von 1794 bis 1798 Professor der Philosophie in Jena war, verdanken wir das vielzitierte Wort, „was für eine Philosophie man wähle", hänge „davon ab, was man für ein Mensch" sei.[21] Cicero lernte in seiner Jugend die führenden Philosophen seiner Zeit kennen. Er war mit den hellenistischen Philosophenschulen und ihren Systemen vertraut. Theoretisch hätte Cicero also seinem Naturell entsprechend zwischen verschiedenen Philosophien wählen können. Cicero kennt auch die Idee der Wahl zwischen verschiedenen Philosophien[22] und wehrt sich gegen den Gedanken, dass man sich im Vertrauen auf den ersten Besten eine philosophische Option zu eigen machen dürfe.[23] Gegen diese Sichtweise wurde geltend gemacht, man wähle eine Philosophie doch „nicht wie einen Anzug oder ein Möbelstück", sondern man wachse „in philosophische Auffassungen allmählich hinein. Auch dürfte bei ernstlich Philosophierenden die Einwirkung philosophischer Gedanken und Argumentationen auf die Entwicklung ihrer Persönlichkeit wichtiger sein als der Einfluss ihres individuellen Naturells auf das, was ihnen einleuchtet und wichtig scheint."[24] Welche Betrachtungsweise auf Cicero eher zutrifft, ist ein ungelöstes Problem. Wie die Frage, was zuerst dagewesen sei, das Huhn oder das Ei, mag sie zu einer letztlich aporetischen Suche nach dem Anfangspunkt

---

[16] Cic. *inv.* 1,9.
[17] Vgl. Baraz (2012) 44–96: „On a personal note: Philosophy in the Letters", bes. S. 48–51 zu Att. 2,3,3–4, wo Cicero im Jahr 60 das Für und Wider seiner politischen Optionen im Verhältnis zu den Triumvirn erörtert.
[18] Cic. *Att.* 2,3,3–4.
[19] Cic. *Att.* 8,3.
[20] Cic. *Att.* 10,20.
[21] Fichte (1984) 17 (=SW 1845–46, Bd. 1, 434).
[22] Cic. *nat. deor.* 1,6.
[23] Cic. *ac.* 2,8.
[24] Patzig (1980) 3.

einer Kausalkette führen. Eine Antwort zu suchen wird dennoch aufschlussreich sein für die Wurzeln von Ciceros Philosophieren.

Klar ist immerhin, dass Cicero früh mit der Philosophie in Berührung kam. Schon in seinem rhetorischen Jugendwerk *De inventione*, das sich mit der Auffassung des Stoffs befasst, finden sich Prinzipien und Grundgedanken skeptischen Philosophierens.[25] Aber erst in den Jahren, als Cicero unter den Triumvirn und dann unter Caesar im politischen Abseits steht, kommt es mit dem Rekurs auf das unter Sulla entwickelte Kulturmuster zum Durchbruch akademischen Philosophierens. Während in Ciceros erster Schaffensphase unter den Triumvirn mit *De re publica* und *De legibus* Rechts- und Staatsphilosophie im Vordergrund stehen, erweitert sich das Spektrum seiner philosophischen Interessen in der zweiten Schaffensphase von der weiterhin im Mittelpunkt stehenden Ethik auf Physik und Logik, wobei die Schwerpunkte in der Physik auf der Religionsphilosophie und in der Logik auf der Erkenntnistheorie liegen. Wo wir im Rückblick eine Entwicklung erkennen, beschreibt Cicero in seinem autobiographischen Statusbericht am Anfang des zweiten Buchs von *De divinatione* eher ein in sich geschlossenes, einheitliches Programm zur systematischen Darstellung antiker Philosophie. Cicero lässt die beiden Entstehungsphasen zwar anklingen,[26] integriert seine früher entstandenen Werke aber bruchlos in sein Programm.[27] Es beginnt mit protreptischen Schriften wie dem *Hortensius*. Der Aufriss erstreckt sich von den Werken zur Logik und speziell der Erkenntnistheorie wie den *Academica* und zur Physik wie *De natura deorum*, *De divinatione* und *De fato* bis zu den zahlreichen Schriften zur Ethik, die Grundlagenwerke wie *De finibus*, aber mit den *Tusculanae disputationes* auch Fragen der angewandten Ethik, mit *De re publica* Rechts- und Staatsphilosophie und mit *Cato maior* und *Laelius* auch sogenannte Bindestrich- oder Bereichsethiken[28] einschließen. Entgegen der disziplinären Aufteilung der hellenistischen Philosophie, die Rhetorik mit Logik und Erkenntnistheorie verbindet, werden der Ethik auch rhetorische Schriften wie *De oratore*, *Brutus* und *Orator* zugeordnet.[29] Werke und Werkgruppen auf diese Weise als zusammengehörig zu betrachten und sie, auch für das Publikum erkennbar, zu einer Einheit zu verbinden, wie es hier geschieht, war eine Praxis, die Cicero bei der Veröffentlichung seiner Reden schon früh geübt hatte. So fasste er neben den *Verrinen* und den sogenannten *Philippischen Reden* zehn während seines Konsulats gehaltene Reden zum *corpus* konsularischer Reden zusammen.[30]

---

[25] Cic. *inv.* 1,9; 46 zum *probabile*.
[26] Cic. *div.* 2,4.
[27] Das Programm kommentiert Schofield (2013).
[28] Cic. *div.* 2,3.
[29] Cic. *div.* 2,4.
[30] Cic. *Att.* 2,1,3.

1.2 Ziele und Voraussetzungen akademischen Philosophierens

Welche allgemeinen und besonderen Ziele verbindet Cicero mit diesem Programm? Welche Absichten legt er offen? Gibt es eine verborgene Agenda? Cicero verfolgt nach eigenem Bekunden das hochgesteckte Ziel, die philosophische Schriftstellerei der Griechen durch eine Gesamtdarstellung der Philosophie in lateinischer Sprache zu ersetzen. Damit will er den Römern zu Ruhm und geistiger Unabhängigkeit verhelfen.[31] Mit Metaphern aus der Senats- und Volksrede suggeriert Cicero, dass Philosophieren für ihn in Perioden erzwungener politischer Untätigkeit wie unter Caesar und unter den Triumvirn die Fortsetzung der Politik mit anderen Mitteln bedeutete.[32] Mit einer dichten Lichtmetaphorik, die in anderen Dialogen wiederkehrt, bekräftigt Cicero, dass er *avant les lumières* und *avant la lettre* aufklären möchte.[33] Diese allgemeinen Ziele werden durch spezielle ergänzt. Die besonderen Ziele haben fast privaten Charakter, wenn das ‚Ich' des Philosophen oder mit dem vertraulichen ‚Du' ein Zeitgenosse zum Adressaten wird, während mit der Anrede eines kollektiven ‚Wir' eher gesellschaftliche Belange angesprochen werden. Persönliche Anliegen waren sicherlich die Selbsttröstung nach dem Tod der Tochter Tullia, als die Philosophie für Cicero zur Medizin wird, und die Belehrung des in Athen studierenden Sohns Marcus. Im Wettbewerb mit dem Peripatetiker Kratipp sollte *Cicero filius* auf stoischer Basis belehrt werden, wie sich ein Römer angemessen zu verhalten habe. Auf Rom in seiner Gesamtheit bezogene Interessen Ciceros waren es, jüngere Mitbürger zu belehren oder sogar für die Philosophie zu gewinnen. Ältere Römer waren dagegen so zu unterhalten, dass sie über philosophischer Lektüre zur Ruhe kommen konnten.[34] Philosophisches Engagement der Römer soll in ihrem Eintreten für die Republik und gegen skrupellose Machthaber sichtbar werden, Machthaber, welche die traditionelle Ordnung auszuhebeln drohen[35]. Eine Elite von Staatsmännern will Cicero auch zur Produktion philosophischer Werke anregen und spricht daher stolz von Brutus und dessen Werk *De virtute*.

Fraglos war sich Cicero der Widerstände gegen die Verwirklichung seines Vorhabens bewusst.[36] Was die Einbürgerung der Philosophie in Rom erschwerte, zeigt sich an der ambivalenten Haltung des älteren Cato. Cato macht zwar von sich reden, indem er ein agrarwissenschaftliches Handbuch aus dem Griechischen übersetzt, und

---

[31] Cic. *div.* 2,4; 5 *magnificum illud etiam Romanisque hominibus gloriosum, ut Graecis de philosophia litteris non egeant.*
[32] Cic. *div.* 2,7 *in libris enim sententiam dicebamus, contionabamur; philosophiam nobis pro rei publicae procuratione substitutam putabamus.*
[33] Cic. *div.* 1,2; *nat. deor.* 1,7; *ac.* 1,3; *Tusc.* 1,1; *fin.* 1,1; *Brut.* 228 und dazu Pease (1963) 354.
[34] Cic. *div.* 2,5.
[35] Cic. *div.* 2,5.
[36] Cic. *fin.* 1,2; 8.

verfasst für seinen Sohn ein Kompendium der *artes liberales*. Aber er widersetzt sich sonst eher aufklärerischen Impulsen. 155 sorgt Cato für die Ausweisung der Athener Philosophengesandtschaft aus Rom.[37] Eine weitere Schwierigkeit, die Cicero zu überwinden hatte, war das Desinteresse der *piscinarii*, der reichen römischen Politiker, die sich lieber der Pflege ihrer Fischteiche als der Kultivierung ihres Geistes widmeten.[38]

Wie waren die Hindernisse zu überwinden? Welche Erfolge konnte Cicero erzielen? Welche Niederlagen hatte er zu verkraften? Eine Möglichkeit, seinen philosophischen Dialogen gesellschaftliche Geltung zu verschaffen, bestand in der Wahl respektabler Gesprächspartner aus Roms glorreicher Vergangenheit. Diese Option nutzt Cicero in seiner Staatsschrift, indem er Scipio Africanus zum Gesprächsführer macht. Auf die Strategie des herakleidischen Dialogs greift Cicero auch in seinem Spätwerk zurück, wenn Laelius über seine ideale Freundschaft mit Scipio berichtet.[39] In beiden Werken orientiert sich Cicero nicht am platonischen Modell, in dem ein utopischer Staat auf dem Reißbrett entworfen oder eine ideale Form der Freundschaft abstrakt beschrieben wird. Der aristotelischen Denkfigur gemäß, dass das Allgemeine nicht vor dem Besonderen, sondern nur im Besonderen existiere, werden der ideale Staat und die ideale Freundschaft vielmehr in der römischen Verfassungsgeschichte bzw. in der römischen Lebenswirklichkeit aufgesucht.[40] Cicero war klar, dass die Projektion des dramatischen Datums in die Vergangenheit ihm die Möglichkeit nahm, Gegenwartsprobleme aufzugreifen. Auf Anraten eines gewissen Sallustius hatte er daher als literarische Form den aristotelischen Gegenwartsdialog in Erwägung gezogen und in dem zu Lebzeiten wohl unpublizierten und fragmentarisch überlieferten Werk *De legibus* auch ausprobiert.[41] Der Gegenwartsdialog bot den Vorteil, dass mit aristokratischen Identifikationsfiguren wie Hortensius, der sich im gleichnamigen Dialog von der Rhetorik zur Philosophie ‚bekehrte', ein ‚Konversions'-dialog[42] entstand, der noch Augustinus imponierte, obschon Cicero andernorts empfiehlt, weniger auf die Autorität eines Redners als auf die Qualität seiner Argumente zu achten.[43] Aus verständlichen Gründen war nicht jeder Zeitgenosse als Unterredner gleich gut geeignet. Die Triumvirn und andere autokratische Revolutionäre sparte Cicero als Gesprächspartner besser aus, wollte er seine politische Glaubwürdigkeit nicht aufs Spiel setzen. Caesar, Crassus und Pompeius wird in den philosophischen Dialogen daher

---

37 Kirchner (2022) 52–62.
38 Rollinger (2009) 72–73 über Lucullus, Q. Catulus und Hortensius als *piscinarii*.
39 Cic. *Lael*. 3; 5.
40 Cic. *rep*. 2,22 *es enim ita ingressus, ut, quae ipse reperias, tribuere aliis malis, quam, ut facit apud Platonem Socrates, ipse fingere ....*
41 Cic. *ad Quint. fr*. 3,5,1.
42 Cic. *div*. 2,1; *fin*. 1,2.
43 Cic. *nat. deor*. 1,10 *quin etiam obest plerumque iis, qui discere volent, auctoritas eorum, qui se docere profitentur; desinunt enim suum iudicium adhibere, id habent ratum quod ab eo, quem probant, iudicatum vident.*

keine zusätzliche Bühne geboten. Auch waren Lesern die geistigen Interessen und das intellektuelle Niveau römischer Politiker so gut vertraut, dass mancher nur schwer als ‚philosophischer Kopf' durchgehen mochte. Lucullus war zum Beispiel eher für seine luxuriösen Villen und seine kulinarischen Genüsse als für geistige Leistungen bekannt,[44] so dass er in der ihm zugeschriebenen, um nicht zu sagen, aufgezwungenen Rolle des stoischen Philosophen wenig glaubwürdig wirkte.

1.3 Parallelen in der Moderne?

Cicero mit den Großmeistern griechischer Philosophie zu vergleichen, wäre wohl so wenig fair und zielführend wie der Vergleich mit den namenlosen Scholarchen der hellenistischen Philosophenschulen, die weder durch eigene Werke noch durch Veränderung des Schuldogmas aus dem Dunkel der Geschichte hervortreten, aber trotzdem als Philosophen gelten. Um seine Leistungen besser einordnen und beurteilen zu können, ist es vielleicht günstiger, Ciceros Engagement mit dem Bemühen zweier Philosophen der Aufklärung und der Gegenwart zu vergleichen. Der in Oxford ausgebildete und später dort tätige Philosoph Bryan Magee (1930–2019) besaß eine besondere Vorliebe für deutsche Musik und Philosophie. Schopenhauer gehörte zu den Gegenständen seiner akademischen Qualifikationsschriften. Wie Cicero schwankte er zwischen den Rollen des Politikers und des sich publizistisch engagierenden Philosophen. Für die Labourpartei war er von 1974 bis 1983 Abgeordneter des englischen Parlaments. In den Fernsehserien „Men of Ideas" (1978) und „The Great Philosophers" (1987), die auf YouTube zugänglich sind, erörtert er mit anglo-amerikanischen Intellektuellen philosophische Strömungen und Philosophen aus Geschichte und Gegenwart. Über das Wesen der Philosophie spricht er mit Isaiah Berlin. Martha Nussbaum erklärt ihrem Fernsehpublikum Aristoteles. Anthony Kenney gewährt Einblicke in die Philosophie von Aquinas. Peter Singer widmet sich Hegel und Marx. Alfred Ayer analysiert Frege, Russell und die moderne Logik. Hubert Dreyfus wird von Bryan Magee zu Husserl, Heidegger und dem französischen Existenzialismus interviewt. John Searle erläutert Wittgenstein. Mit Iris Murdoch diskutiert Magee über Philosophie und Literatur. Die Dialoge zielen offenbar auf die Vermittlung philosophischer Thesen und Inhalte an ein breites Publikum. Aber sie erlauben es den Gesprächspartnern auch, durch kritische Beleuchtung philosophischer Entwürfe und ihrer Grenzen ungelöste Probleme der Philosophie anzusprechen und in der Diskussion den eigenen Standpunkt geltend zu machen. Die Gäste Magees vertreten oder *personifizieren* nicht selten bestimmte Philosophen oder sympa-

---

44 Cic. *ad Quint. fr.* 3,5,1.

thisieren immerhin mit ihrem Denken. Der Gastgeber lenkt das Gespräch mit kritischen Einwänden und skeptischen Fragen. Mit klärenden Wiederaufnahmen sorgt der Moderator für besseres Verständnis. Mit einem Wort: Bryan Magees Inszenierungen moderner Denker und der Objekte ihres Denkens erinnern an Ciceros Inszenierungen antiker Philosophen. Mit gezielten Fragen bringen sie ihr Gegenüber zum Sprechen. Aber auch die Grenzen des Vergleichs liegen auf der Hand. Die Fernsehdialoge sind zwar vorbereitet und damit zu einem Stück weit gestellt. Aber sie haben, letztlich, dokumentarischen Charakter. Die Dialoge wurden nämlich verschriftlicht und als Taschenbuch herausgegeben.[45] Dagegen werden Ciceros Dialoge zwar auch von real existierenden Römern gehalten. Ein Teil der meist bekannten Persönlichkeiten lebt aber nicht mehr, als Cicero die Dialoge gestaltete. Andere Zeitgenossen partizipierten gewiss nie an Gesprächen, die Ciceros fiktionalen Dialogen auch nur annähernd entsprachen. Ein dritter Teil der Dialogpartner wäre nach seinem intellektuellen Potenzial wohl kaum in der Lage gewesen, solche Gespräche zu führen.

Doch genug von solchen Fernsehdialogen, die sich heute in Beiträgen der Social Media fortsetzen. Gehen wir aus dem 21. zurück ins 18. Jahrhundert. Cicero mit dem Weisen aus Königsberg zu vergleichen, endete vielleicht in einem völligen Desaster für den Römer, wenn es nicht unter einem speziellen Blickwinkel geschähe. Cicero war der Meister römischer Kunstprosa. Kants deutscher Stil wirkt dagegen eher ungelenk und trocken. Was seinen Witz angeht, steht der elegante Magister dem Römer allerdings nicht nach.[46] Am Katheder begeistert er Studierende mit seinem Esprit. Seine Vorlesungen zur Metaphysik hält Kant vier Jahrzehnte lang auf Grundlage der lateinischen *Metaphysica* Alexander Gottlieb Baumgartens.[47] Baumgartens Werk erschien in mehreren Auflagen und kondensierte die damalige Weltweisheit in 1000 Paragraphen. Für seine Vorlesung benutzt Kant ein durchschossenes Exemplar der dritten Auflage der *Metaphysica* Baumgartens von 1750,[48] in das er seine Notate in lateinischer und deutscher Sprache einträgt. Kant ist dabei nicht gerade originell und orientiert sich am philosophischen Mainstream. Wolffs umkämpfte Philosophie und die viel diskutierte Monadenlehre von Leibniz werden übergangen. Kant bringt seinen Hörern die trockene Materie nahe, indem er Baumgartens lateinische Lehrsätze mit aktualisierenden Bemerkungen in lateinischer und deutscher Sprache auflockert.

---

45 Magee (1987).
46 Plut. *Cic.* 50,4–6; 38,2–8.
47 Immanuel Kant, *Neue Reflexionen, Die frühen Notate zu Baumgartens „Metaphysica"*. Mit einer Edition der dritten Auflage dieses Werks, Herausg. von Günter Gawlick, Lothar Kreimendahl und Werner Stark, Stuttgart 2019, Vorwort S. IX.
48 Kant (2019) (*Neue Reflexionen*), XII.

Zuerst erörtert er die Gebiete metaphysischen Weltwissens[49] und der Kosmologie.[50] Anschließend widmet sich Kant der empirischen Psychologie.[51] Die empirische Psychologie weist mit dem unteren und oberen Erkenntnisvermögen[52] in der Erkenntnislehre der *Academici libri* und mit dem Begehrungsvermögen[53] in der stoischen Affektenlehre des dritten und vierten Buchs der *Tusculanae disputationes* ein jeweils ungefähres Gegenstück auf.[54] Der Königsberger behandelt auch die rationale Psychologie,[55] in der es wie im ersten Buch der *Tusculanae disputationes* um die menschliche Seele und ihre Existenz nach dem Tode geht. Die Dämonenlehre[56], die in der lateinischen Literatur nur von Apuleius und Augustinus behandelt wird, verwendet Kant im Anschluss an Baumgarten als Scharnier zur Religionsphilosophie. Die Erörterung der natürlichen Theologie[57] greift auf Gedanken aus Ciceros *De natura deorum* zurück. Wie Kant Baumgarten und Baumgarten Cicero benutzt, so verwendet Cicero, wenn er Lesern Logik und Erkenntnistheorie sowie Metaphysik und Ethik vermittelt, die Werke führender griechischer Philosophen. In *De officiis* stützt er sich auf Schriften von Panaitios und Poseidonios.[58] Wie Kant gibt Cicero die Gedanken stoischer Philosophen nicht nur wieder, sondern bereichert ihre Pflichtenlehre mit Beispielen aus der griechisch-römischen Geschichte und Reflexionen zu tagespolitischen Problemen. Wie Kant und Baumgarten vor ihm kennt Cicero die konkurrierenden Systeme der Philosophenschulen und wägt ihre Vor- und Nachteile sorgfältig gegeneinander ab. So distanziert sich Cicero deutlich von Epikurs ‚Irrlehren'[59] und antizipiert damit bis in Wortwahl und Tonlage spätere Lehrverurteilungen Baumgartens.[60]

Eine philosophische Tradition, die in der Antike mit Platon und Cicero begonnen hatte, reicht offenbar bis zu Baumgarten und Kant in der Moderne. In seiner transformierenden Darstellung der hellenistischen Philosophie prägt der in beiden

---

[49] Baumgarten (1750) §§ 1–500.
[50] Baumgarten (1750) §§ 351–500.
[51] Baumgarten (1750) §§ 501–739.
[52] Baumgarten (1750) §§ 519–650.
[53] Baumgarten (1750) §§ 651–732.
[54] Was Baumgarten zu Mantik und Zukunftswissen (§ 595–605 und 610–618) äußert, erinnert an Ciceros *De divinatione*, vgl. Kant (2019) 217–220; 223–226. Zu Baumgartens § 116, in dem es um die Divination geht, annotiert Kant (2019) 225, Cicero habe den Untergang der römischen Republik vorausgesehen.
[55] Baumgarten (1750) §§ 740–791.
[56] Baumgarten (1750) §§ 792–799.
[57] Baumgarten (1750) §§ 800–1000.
[58] Cic. *Att.* 15,13,6 vom 25. Oktober 44; 16,11,4 vom 5. November 44.
[59] Cic. *nat. deor.* 2,3 Tum Balbus: „Geram tibi morem et agam, quam brevissume potero; etenim convictis Epicuri erroribus longa de mea disputatione detracta oratio est."
[60] Baumgarten übernimmt Ciceros Worte *errare* und *error (est)*, vgl. Baumgartens (1750) §§ 855, 898, 910, 980, 999, 1000 in: Kant (2019) 319, 327, 333, 347, 350, 351.

Sprachen versierte Cicero dauerhaft die philosophische Begrifflichkeit, indem er lateinische Äquivalente der griechischen Fachbegriffe erfindet.[61] Kant und Baumgarten denken und schreiben in der intellektuellen Tradition und Nachfolge Ciceros, wenngleich sich die Sprachkenntnisse des Weisen aus Königsberg „auf die Beherrschung der deutschen und lateinischen Sprache"[62] beschränken. In welchem Maße der Diskurs der beiden Aufklärungsphilosophen von der ciceronischen Tradition lebt, ja ohne sie undenkbar wäre, lässt sich am lateinischen Wortregister der Edition von Baumgartens *Metaphysica* ablesen. Es besteht fast ausschließlich aus Wortschöpfungen Ciceros und anderer lateinischer Autoren wie Seneca und Boethius.[63] Von dieser Regel gibt es nur verschwindend wenige Ausnahmen. Die Neuprägungen lateinischer Wörter, welche die philosophischen Errungenschaften des Mittelalters und der Moderne spiegeln, lassen sich an einer Hand abzählen. Die Begriffe *influxus*[64] und *influxionista*[65] beschreiben das Leib-Seele-Problem des wechselseitigen Einflusses des Körpers auf den Geist und des Geistes auf den Körper, das mit der Trennung von Subjekt und Objekt in der Cogito-Lehre von René Descartes (1596–1650) virulent geworden war. Die Junktur *Spinozismus theologicus* bezieht sich wohl auf den stoischen Pantheismus in den *Ethica Ordine Geometrico Demonstrata* des Baruch Spinoza (1632–1677).[66] Das Wort *occasionalista* spiegelt die metaphysischen Annahmen des Nicolas de Malebranche (1638–1715).[67] *Harmonia praestabilita universalis* beschreibt eine Prämisse der Monadenlehre von Gottfried Wilhelm Leibniz (1646–1716).[68] Der Weise aus Königsberg hatte seine wissenschaftlichen Qualifikationsschriften noch in lateinischer Sprache verfasst. Später bedient sich Kant der deutschen Sprache. Um seinen Lesern das Verständnis der philosophischen Termini zu erleichtern, setzt Kant aber noch in der *Kritik der reinen Vernunft* (1781) und der *Kritik der praktischen Vernunft* (1785) die von Cicero geprägten lateinischen Fachbegriffe in Klammern hinter die Übersetzungslehnwörter. Eine Tradition, die mit Platon und Cicero begonnen hatte, wirkt so über Baumgarten und Kant bis in die Philosophie der Moderne.

Auch wenn Cicero dem akademischen Philosophieren unter dem Eindruck der politischen Wirren im spätrepublikanischen Rom zum Durchbruch verhalf, werden wir die Darstellung dieses epochemachenden Vorgangs nicht in die intel-

---

61 Plut. *Cic.* 40,2.
62 Kant (2019) XXVII.
63 Kant (2019) 361–367.
64 Baumgarten (1750) §§ 211, 408, 410, 411, 736.
65 Baumgarten (1750) §§ 769, 450, 451.
66 Baumgarten (1750) §§ 855.
67 Baumgarten (1750) §§ 769, 452, 453.
68 Baumgarten (1750) §§ 448, 463.

lektuelle Biographie des Römers einbetten. Wie eine chronologische Ausrichtung an Ciceros Leben wenig zielführend wäre, so auch ein an den Schulen der hellenistischen Philosophie und ihren Quellen orientiertes Vorgehen. Ausgangspunkt der systematisierenden Darstellung ist vielmehr die antike Dreiteilung der Philosophie in Logik, Physik und Ethik.[69] Die Stoiker hatten das Verhältnis der Disziplinen zueinander bestimmt, indem sie es mit einem Garten verglichen, in dem die Logik und Erkenntnistheorie den schützenden Mauern, die Physik den tragenden Bäumen und die Ethik den zu erntenden Früchten entspricht.[70]

Im ersten Teil zu Ciceros *Werk* wird daher in *Wahrheit ohne Methode?* von seiner Grundlegung der Philosophie durch Erörterung der hellenistischen Erkenntnistheorie ausgegangen. Dabei wird nach den methodischen Voraussetzungen seiner transformierenden Darstellung der hellenistischen Philosophie gefragt, und es werden systematische Leerstellen in seiner Diskussion des Erkenntnisproblems angesprochen. Gedanken über *Gott und die Welt* und zu *Philosophie und Religion in De divinatione* beleuchten unter dem leitenden Gesichtspunkt von Politik und Religion Ciceros transformierende Darstellung der Physik der hellenistischen Philosophenschulen. Mit der Ethik treten die Früchte für das menschliche Leben in den Vordergrund. Bei der Erörterung der ‚Individualethik' an *De finibus*, an den *Tuskulanen* und *De officiis*, der ‚Rechts- und Staatsphilosophie' an *De re publica* sowie der ‚Bindestrich-Ethiken' am Beispiel des *Laelius* wird darauf geachtet, wie Cicero Lehrstücke der klassischen und hellenistischen Philosophenschulen in seiner abwägenden Darstellung aufgreift und, seine Prätexte transformierend, formal und inhaltlich eine sein Philosophieren und seine philosophischen Texte prägende Autonomie entwickelt. Wie eignet sich Cicero bestimmte Philosophien oder einzelne philosophische Theoreme wegen ihrer höheren Probabilität selbst an? Wie legt er seinen Lesern ihre systematische Aneignung zur Entwicklung einer eigenen Patchwork-Philosophie nahe? Der Primat der praktischen Philosophie im Hellenismus bringt es mit sich, dass sich Cicero häufiger und eingehender mit der Ethik als mit der Physik und Logik befasst. Diese Gewichtung wird bei der Darstellung berücksichtigt, indem der Diskussion ethischer Probleme mehr Raum gegeben wird als Fragen der Physik und Logik.

Im zweiten Teil zu Ciceros *Wirkung* geht es um den Einfluss seines Philosophierens. Eine Entwicklungslinie reicht von der systematischen Ausgrenzung des Philosophen Cicero in der frühen Kaiserzeit bis zur vollständigen Aneignung seines akademischen Philosophierens in der Moderne. Die ambivalente Cicerorezeption Senecas spiegelt den anfänglichen Versuch der Unterdrückung seines Philosophie-

---

[69] Das an der antiken Systematik orientierte Gliederungsprinzip auch bei Woolf (2015).
[70] Diog. Laert. 7,39–41.

rens in der frühen Kaiserzeit. Erst Tacitus entdeckt und schätzt wieder den Wert skeptischen Denkens für Rede und Geschichtsschreibung. Ambrosius und Augustinus teilen sich zwar die für die heteronome Literatur der Spätantike typische Eigenschaft, dass sie sich nach Inhalt und Form bis in den Aufbau ihrer Werke Ciceros philosophischen Dialogen als Prätexten anschließen. Keiner der beiden Kirchenväter stimmt aber mit den skeptischen Voraussetzungen seines Denkens überein. Augustinus grenzt sich sogar systematisch von Ciceros Erkenntnistheorie ab. Die Erörterung der Rezeption von Cicero und Quintilian bei Christian Thomasius und Johann Matthias Gesner führt zu entscheidenden Fragen, oder, besser sogar, zu entscheidenden Impulsen für unsere Gegenwart: Wie transformierte Cicero die antike Philosophie durch die probabilistische Methode ihrer Aneignung?[71] Wie transformierte er sie in der Weise, dass seine offene und zugleich souveräne Art eklektischer Aneignung philosophischer Systeme und ihrer Philosopheme modellhaft wurde für spätere Denker der Aufklärung und Moderne und ihre Methode akademischen Philosophierens?[72] Welche Bedeutung besitzt diese Denkmethode in der Moderne und bis in unsere Gegenwart?

---

[71] Bei dem Versuch, ein neues Cicero-Bild zu entwerfen, das ihm literarisch und philosophisch „eine größere Eigenleistung zutraut" (Diez (2021) 12), geht Müller (2015) in seinen Überlegungen zu *De finibus* und den *Tusculanae disputationes* davon aus, dass es sich eher um einen Transfer (und um eine Überbietung) als um eine Transformation der griechischen Philosophie handelt. Die schier uferlose Cicero-Forschung ist nicht leicht zu überblicken. Die Einschätzung, dass es sich bei Ciceros Leistung weniger um eine Transformation der griechischen Philosophie als um ihren Transfer in die römische Welt handelt, teilen auch Müller u. Müller (2020) 5; 31; 105.

[72] Die Geschichte der eklektischen Philosophie und des Konzepts der ‚Eklektik' beschreiben Donini (1988) und Albrecht (1994). Zur Charakterisierung einer philosophischen Schule wird der Begriff ‚Eklektik' zuerst von Diogenes Laertius verwendet (1,21). Dieser berichtet, dass „eine eklektische Sekte ... unter Führung des Potamon aus Alexandria" (Apelt (1998) 12) auftrat, „der sich aus den Lehren aller Sekten auswählte, was ihm gefiel." ‚Eklektik' meint also eine Philosophie, deren struktureller Charakter bewusst und planvoll darauf abzielt, bestimmte Lehren aus mehreren Philosophien auszuwählen und sie miteinander zu verknüpfen (Donini (1988) 16). Der Eklektiker war als Selbstdenker das philosophische Ideal der Renaissance und der Aufklärung. ‚Eklektik' bedeutete ‚Mündigkeit' im Sinne philosophischer Eigenständigkeit. Eine radikale Abwertung der eklektischen Philosophie, die ihr Bild bis heute bestimmt, erfolgte erst seit Hegel (vgl. Weil (1962) 301–303) und besonders in der Romantik mit der Verklärung der Autonomie des literarischen Subjekts und seiner Literaturproduktion und der irrationalen Überschätzung des Originalgenies.

II **Werk**

1 Wahrheit ohne Methode?
Erkenntnistheoretische Grundlegung in den *Academici libri*

1.1 Ciceros *Academica* zwischen römischer ‚Alltagswelt' und ‚narrativer Realität'

Als Cicero im Jahr 45 daran ging, nach etwa 10 Jahren, in denen er als Politiker rastlos vor allem Reden gehalten, Briefe geschrieben und historische Epen gedichtet hatte, wieder philosophische Dialoge zu verfassen, geriet er mit seinem Freund und ‚Verleger' Atticus in eine ernste und länger andauernde Briefkontroverse über ihre literarische Gestaltung. Die Korrespondenz mit Atticus bietet so als ‚philosophische Hintertreppe' einen in der Antike einmaligen Einblick in Ciceros publizistische Strategien und literarischen Techniken bei der Gestaltung philosophischer Dialoge. Als Atticus im Frühsommer 45 von Ciceros *Academica* hörte und sie zur Beurteilung und späteren Publikation vorgelegt bekam, kritisierte er, dass Cicero in diesem erkenntnistheoretischen Dialog römische Politiker zu Gesprächspartnern gemacht habe, die nach ihren intellektuellen Fähigkeiten kaum zur Darstellung der komplexen Grundlagen hellenistischer Erkenntnistheorie geeignet seien. In seiner Antwort vom 29. Juni räumt Cicero jedenfalls ein, dass die subtile Erörterung epistemologischer Probleme nicht zu den Dialogfiguren Catulus, Lucullus und Hortensius passe. Die *Academica* seien zu wissenschaftlich, als dass römische Leser glauben könnten, dass die zwar nicht bildungsfernen, aber doch eher bodenständigen Römer je auch nur davon geträumt hätten.[1] Die Einwände des Freundes scheinen Cicero peinlich berührt und länger beschäftigt zu haben. Daraus erklärt sich, dass er seinen literarischen Missgriff nicht nur einräumte, sondern auch wiederholt zu korrigieren suchte. Am 29. Mai (bzw. 1. Juni) berichtet Cicero, er habe neue Vorreden zu den fertigen Dialogen der *Academica* geschrieben, in denen er Catulus und Lucullus, offenbar wegen ihrer exzellenten Auffassungsgabe und ihres gehobenen Bildungsniveaus, lobe, damit es, den Bedenken des Atticus zum Trotz, wenigstens den Anschein habe und bei weniger kundigen Rezipienten der (natürlich falsche) Eindruck erweckt werde, dass sie zu der dargestellten wissenschaftlichen Diskussion tatsäch-

---

[1] Cic. *Att.* 13,19,5 *Haec Academica, ut scis, cum Catulo, Lucullo, Hortensio contuleram. Sane in personas non cadebant; erant enim λογικώτερα quam ut illi de iis somniasse umquam viderentur.*

lich befähigt gewesen seien.² Am 26. Juni schreibt Cicero an Atticus, er habe die Rolle der Gesprächspartner von Catulus und Lucullus, zu denen sie nun wirklich nicht passten, auf die philosophisch kompetenteren Römer Cato und Brutus übertragen.³ Drei Tage später korrigiert sich Cicero erneut. Entgegen der Maxime, lebende Personen nie zu literarischen Gesprächspartnern zu machen, sei er nun dem Vorschlag seines Kritikers gefolgt und habe das Personal des Dialogs abermals ausgetauscht. Die Argumente, die Antiochos von Askalon gegen die Akatalepsie der akademischen Skepsis gesammelt hatte, habe er seinem Zeitgenossen Varro, dem Stoiker und führenden römischen Gelehrten, in den Mund gelegt. Die Rolle des Anwalts der akademischen Skepsis habe er selbst übernommen. Atticus, der den Stein ins Rollen gebracht hatte, wurde als Dritter im Bunde mit einer Nebenrolle abgefunden und der Konflikt so beigelegt.⁴ Die finale Version der *Academica*, deren Text ebenso als Fragment vorliegt wie die erste Version des *Lucullus*, verschickt Cicero an Varro und bittet ihn in einem Begleitbrief um sein Verständnis dafür, dass er ihr Gespräch frei erfunden habe (Cic. *fam.* 9,8,1):

> *Feci igitur sermonem inter nos habitum in Cumano, cum esset una Pomponius; tibi dedi partis Antiochinas, quas a te probari intellexisse mihi videbar; mihi sumpsi Philonis. puto fore ut, cum legeris, mirere nos id locutos esse inter nos, quod numquam locuti sumus; sed nosti morem dialogorum.*

> Ich habe also einen Dialog zwischen uns beiden verfasst, der auf dem Cumanum spielt, und bei dem Pomponius (das ist Atticus [Ergänz. d. Verf.]) als Dritter zugegen ist. Du vertrittst die Philosophie des Antiochus, die Du, wie ich zu wissen glaube, für richtig hältst; ich habe mir Philos Anschauungen vorbehalten. Wahrscheinlich wunderst Du Dich beim Lesen, daß wir über Dinge miteinander gesprochen haben sollen, über die wir niemals gesprochen haben; aber Du weißt ja, wie es in den Dialogen zugeht. (Kasten, 2004, 501–503)

Doch: Wie geht es eigentlich in philosophischen Dialogen zu? Was könnte der von Cicero gemeinte und Varro offensichtlich vertraute *mos dialogorum* sein? Worin könnte der Verstoß gegen die darin enthaltenen Spielregeln bestehen, der Atticus zu nachhaltiger Kritik an Ciceros Wahl ungeeigneter Gesprächspartner und Cicero zu wiederholten ‚Heilungsversuchen' veranlasste? Zur Beantwortung dieser Fragen auf dem Grenzgebiet von Philosophie und Literatur lohnt sich ein Blick in Umberto Ecos Schrift „Im Wald der Fiktionen. Sechs Streifzüge durch die Literatur".[5]

---

2 Cic. *Att.* 13,32,3 *Catulum et Lucullum, ut opinor, antea. His libris nova prohoemia sunt addita, quibus eorum uterque laudatur.* Kasten (1976) 836–839 datiert den Brief auf den 29. Mai, Shackleton Bailey (1961) 193 auf den 1. Juni 45.
3 Cic. *Att.* 13,16,1 *eosdem illos sermones ad Catonem Brutumque transtuli.*
4 Cic. *Att.* 13,19,3 (= Kasten 29) *In eis (sc. libris) quae erant contra ἀκαταληψίαν praeclare colecta ab Antiocho, Varroni dedi. Ad ea ipse respondebo; tu es tertius in sermone nostro.*
5 Hier das Kapitel „Mögliche Wälder" in Eco (1994) 103–127.

> Die Grundregel jeder Auseinandersetzung mit einem erzählenden Werk (wie hier einem philosophischen Dialog [Erg. d. Verf.]) ist, daß der Leser stillschweigend einen *Fiktionsvertrag* mit dem Autor schließen muß, der das beinhaltet, was Coleridge »the willing suspension of disbelief« die willentliche Aussetzung der Ungläubigkeit nannte. Der Leser muß wissen, daß das, was ihm erzählt wird, eine ausgedachte Geschichte ist, ohne darum zu meinen, daß der Autor ihm Lügen erzählt. Wie John Searle es ausgedrückt hat, der Autor tut *einfach so, als ob* er die Wahrheit sagt, und wir akzeptieren den Fiktionsvertrag und tun so, als wäre das, was der Autor erzählt, wirklich geschehen.[6]

Dieser Grundgedanke wird von Eco am Beispiel der Rezeption eines Werks der deutschen Erzählliteratur weiter expliziert:

> Beim Eintritt in den Wald der Fiktionen wird von uns erwartet, daß wir den Fiktionspakt mit dem Autor unterschreiben und uns zum Beispiel darauf gefaßt machen, daß Wölfe sprechen können; wenn aber das Rotkäppchen dann vom bösen Wolf gefressen wird, glauben wir, daß es tot ist (und dieser Glaube ist sehr wichtig für die Katharsis am Ende und für unsere große Freude über Rotkäppchens Auferstehung). Wir glauben, daß der Wolf einen Pelz und aufrechtstehende Ohren hat, mehr oder weniger wie die Wölfe in wirklichen Wäldern, und es kommt uns ganz natürlich vor, daß Rotkäppchen sich wie ein kleines Mädchen benimmt und seine Mutter wie eine besorgte und verantwortungsbewußte Erwachsene. Warum? Weil es in der Welt unserer Erfahrung so ist, also in jener Welt, die wir fürs erste, ohne allzu große ontologische Ansprüche zu erheben, die reale oder wirkliche Welt nennen werden.
>
> Was ich hier sage, mag sehr selbstverständlich klingen, ist es aber nicht, wenn wir uns streng an das Dogma der »suspension of disbelief« halten. Wie es scheint, suspendieren wir unsere Ungläubigkeit, wenn wir fiktive Geschichten lesen, nur in Bezug auf *einige* Dinge und nicht auf andere.[7]

Wir müssen uns nicht weiter mit den Gebrüdern Grimm und ihrem Märchen *Rotkäppchen und der böse Wolf* befassen, um zu verstehen, worum es hier geht. Als Lesern der antiken Fabel sind uns von Äsop sprechende Tiere und selbst sprechende Pflanzen vertraut. Wir wundern uns nicht, dass sie wie Menschen agieren. Man kann sogar versuchen, aus den Pro- und Epimythien der Fabeln des Phädrus Verhaltensregeln für das menschliche Zusammenleben zu gewinnen. Was gewinnen wir aber für das Verständnis von Ciceros Dialogen? Cicero bittet die reale Referenzfigur seines fiktionalen Dialogs, Varro, in der Endversion der *Academica* in ihrer Eigenschaft als Erst- (oder Zweit-)leser explizit um „the willing suspension of disbelief", indem er an Varros literarische Erfahrung mit fiktionalen philosophischen Dialogen appelliert. Das setzt einen Prozess der Bewusstwerdung beim Autor und beim Leser voraus. Cicero hatte eingesehen, dass die realen Referenzpersonen seiner fiktionalen Dialogfiguren in der Erstversion der *Acade-*

---

6 Eco (1994) 103.
7 Eco (1994) 105–106.

mica, d. h. die römischen Aristokraten Hortensius, Catulus und zumal Lucullus, mit ihren intellektuellen Kapazitäten gar nicht in der Lage gewesen wären, die epistemologischen Fragen der hellenistischen Philosophie sachgerecht zu erörtern. Die erste Version des Dialogs hätte, extern gesehen, gegen das Wahrscheinlichkeitskriterium des Aristoteles verstoßen.[8] Cicero war sich des Widerspruchs zwischen der ‚narrativen Realität' des Dialogs und der ‚römischen Alltagswelt' und den von ihr bestimmten Erinnerungen des Atticus bewusst geworden, eines Widerspruchs, der, jenseits der *willentlichen Aussetzung des Nichtglaubens*, nur durch die im Briefwerk dokumentierte stufenweise Angleichung der ‚narrativen Realität' an die Wirklichkeit des republikanischen Rom gelöst werden konnte.

Dass die diegetische Welt des ciceronischen Dialogs als mögliche Welt konstruiert ist,[9] in der bestimmte Wahrheitswerte fiktionsintern definiert werden, ohne mit der Alltagswelt referentialisiert zu sein, erkennen wir auch daran, dass Ciceros Dialoge im Unterschied etwa zu Platons Dialogen, in denen Sokrates fasst immer tonangebend ist, höchst unterschiedlich gestaltet sind. Daher fällt es gar nicht leicht, einen ‚Mittelwert' auszumachen oder einen ‚Querschnitt' zu bilden. Mit dem aristotelischen und dem herakleidischen Dialog lassen sich immerhin zwei nicht immer ganz sauber voneinander unterscheidbare Grundtypen erkennen.[10] Der nach Herakleides Pontikos benannte Dialogtyp spielt in der Vergangenheit. Diesem Typus sind Ciceros Staatsschrift *De re publica*, sein *Laelius* über die Freundschaft und sein *Cato maior* über das Alter zuzuordnen.[11] Das dramatische Datum dieser Dialoge liegt um das Jahr 130 v. Chr. Mitglieder des sogenannten ‚Scipionenkreises' gehören zu den Gesprächsführern. Der andere Typ des Dialogs ist nach Aristoteles benannt. Denn in seinen exoterischen Dialogen, die in der Gegenwart spielten, nahm der Philosoph selbst am Gespräch teil. Diesem Typus sind Ciceros Werke *Academica*, *De finibus*, *De legibus* und die naturphilosophischen Dialoge *De natura deorum*, wegen des dramatischen Datums aber mit gewissen Abstrichen, *De divinatione* und *De fato* zuzuordnen. An letzteren Dialogen nimmt Cicero in einer Doppelrolle teil: als *Narrating* und als *Acting I*. Cicero und seine Gesprächspartner vertreten jeweils die Lehre bestimmter Schulen der hellenistischen Philosophie. Obschon in Ciceros Dialogen die hellenistische und klassische

---

8 Arist. *Poet.* Kap. 9, 1451a36–38.
9 Die finale Version der *Academici libri* entspricht der Definition des *argumentum* in der anonymen *Rhetorik ad Herennium* 1,7,13: *argumentum est ficta res quae tamen fieri potuit*.
10 Dass *De natura deorum* nach seinem zeitlichen Ansatz eine Mittelstellung zwischen beiden Dialogtypen einnimmt, betont Diez (2021) 14–15. Die Termini ‚aristotelischer' bzw. ‚herakleidischer Dialog' sollten freilich „nicht als literaturwissenschaftlich exakte Begriffe verwendet werden" (ebenda 15, Anm. 25).
11 Cic. *ad Q. fr.* 3,5,1 und dazu Vielberg (2016a) 236–237.

1.1 Ciceros *Academica* zwischen römischer ‚Alltagswelt' und ‚narrativer Realität' — 23

Philosophie der Griechen dargestellt und diskutiert wird, liegt ihre Szenerie durchweg in Rom und nimmt damit, was das Personal, die Sprache, Lebensgewohnheiten und Umgangsformen betrifft, viele Elemente der römischen Lebenswelt in sich auf. Im Hinblick auf Ciceros Dialoge sprach man daher mit vollem Recht von Philosophie im römischen Staatsgewand (*philosophia togata*) statt im griechischen Philosophenmantel (*philosophia palliata*).[12]

Die grundlegende Konstellation der *philosophia palliata* könnte man sich an Raffaels „Schule von Athen" vor Augen halten. Philosophen verschiedener Epochen begegnen einander im Gespräch vor einem römischen Ambiente. Der Blick des aufmerksamen Betrachters steigt eine Treppe von den Vorsokratikern im Vordergrund, über hellenistische Philosophen im Mittelgrund bis zu den klassischen griechischen Philosophen Platon und Aristoteles auf dem obersten Treppenabsatz empor. In ihrer Nähe sieht man Sokrates, der sich mit einem behelmten Mann unterhält. Handelte es sich bei diesem Mann um Alkibiades, läge womöglich eine Reminiszenz an Platons Symposion vor. Eine erste Möglichkeit, die erzähltheoretische Situation der *philosophia togata* in Ciceros Dialogen zu veranschaulichen, beruhte vielleicht auf einem vergleichenden Rückgriff auf die Meeresbiologie und ergäbe sich aus einem verfremdeten Screenshot eines Films, den man seiner Herkunft wegen mit einem Augenzwinkern als Spectre-Modell bezeichnen könnte. Darin geht es um die Aufdeckung eines weltweit agierenden Verbrechersyndikats durch Genanalyse eines Rings, auf dem sich genetische Spuren der Mitglieder dieser kriminellen Vereinigung und ihres Kopfes befinden. Das Genmatch wird mit einem polypartigen Diagramm visualisiert. In diesem Diagramm laufen die Tentakel eines Kraken von einer an seinem Körpermittelpunkt befindlichen Photoikone des Drahtziehers einer Weltverschwörung zu Photoikonen seiner Handlanger hinab und verdeutlichen damit ihre Abhängigkeit von seinen Anweisungen. Ein derart verfremdeter Screenshot könnte illustrieren, wie die Handlungsfäden der philosophischen Dialoge bei dem Autor Cicero bzw. dem Alter Ego seines Ich-Erzählers zusammenlaufen, der römische Gesprächspartner die Theorien der griechischen Philosophen der klassischen und hellenistischen Periode diskutieren lässt. Aber diese erste Möglichkeit wäre wohl zu kühn und sollte daher besser verworfen und durch eine zweite ersetzt werden. Diese Möglichkeit beruht auf einem Gleichnis aus dem Theaterwesen, das Platon in den Nomoi zur Beschreibung des Verhältnisses von Göttern und Menschen verwendete.[13] Es ist die Vorstellung einer Drahtpuppe und, weiter gedacht, eines Marionettentheaters, in dem der oberhalb der Bühne sichtbare Puppenspieler

---

12 Vgl. Griffin u. Barnes (1989). Grundlegend zur Doxographie und zur Erforschung von Ciceros philosophischem Werk ist die Abhandlung von Gawlick u. Görler (1994) 993–117. Zur hellenistischen Philosophie im Allgemeinen vgl. Long u. Sedley (1987) bzw. Hülser (2006).
13 Plat. *Nom.* 644d7–645b1.

seine Marionetten, die mit Drähten an einem ‚Führungskreuz' oder ‚Rahmen' befestigt sind, auf einer Bühne agieren lässt und so miteinander ins Gespräch bringt. Die Marionetten, welche Porträtzüge der führenden griechischen Philosophen tragen und damit ihre Schulen repräsentieren, stehen der philosophischer Position des Regisseurs Cicero bald näher, bald sind sie weiter von ihm entfernt. Sollte dies Schema zur Veranschaulichung des ciceronischen Dialogs verwendet werden, müsste ein mittlerer Draht (bzw. Faden) von dem Puppenspieler zu dem Kopf des Akademikers Karneades herabführen, dessen Erkenntnistheorie sich Cicero in besonderem Maße zu eigen gemacht, aber auch weiterentwickelt hatte.[14] An einem Draht unmittelbar daneben erschiene auf der einen Seite mit Zenon oder Poseidonios der Kopf eines Vertreters der älteren und mittleren Stoa. An einem auf der anderen Seite herablaufenden Draht befände sich dagegen in unmittelbarer Nähe zu Cicero eine Marionette mit der Physiognomie des Aristoteles als des Archegeten der peripatetischen Schule oder eines anderen Vertreters des Peripatos wie Kratipp. In das weitere Umfeld gehörten Epikur, der Kyniker Diogenes von Sinope und natürlich Platon, obgleich Cicero dem Gründer der Akademie insofern vielleicht näher stand, als er sich in der Seelenlehre von *De re publica* oder in seiner dialogisch eingekleideten Übersetzung der Kosmologie des platonischen *Timaios* unmittelbar auf Platon beruft.[15] Ciceros Sympathie für eine philosophische Position könnte also, im Bild des Marionettentheaters, durch die räumliche Nähe von Puppen mit Porträts der Häupter der griechischen Philosophenschulen zu dem ‚Regisseur' und ‚Puppenspieler' Cicero ausgedrückt werden. Die Lehren der griechischen Philosophen würden allerdings nicht von den griechischen Scholarchen selbst vorgetragen. Sie würden, wie wir an den *Academica* sehen, vielmehr zeitgenössischen Politikern in den Mund gelegt, die mit der *toga* das römische Staatsgewand tragen. Der Vergleich aus dem Theaterwesen veranschaulicht mit dem doppelten Transfer des Dialogs in die griechische Philosophiegeschichte und in die „römische Alltagswelt" die grundlegende Konstruktion von Ciceros Gegenwartsdialogen, obwohl ihre Kommunikationssituation insofern noch komplizierter ist, als der Autor Cicero sich selbst als Dialogfigur in einer Doppelrolle auftreten lässt. In den Proömien seiner Dialoge erfüllt er die Rolle des personalen Ich-Erzählers. Aber er schlüpft in die Rolle des *Acting I*, sobald er es übernimmt, die akademische Philosophie durch den Mund seiner Dialogfigur Cicero selbst zu explizieren.

Die komplexe Erzählsituation und die reizvollen literarischen Möglichkeiten, die sich daraus für die Vermittlung des philosophischen Gehalts ergeben, lassen sich an allen Disziplinen hellenistischer Philosophie und zumal der Erkenntnis-

---

14 Lefèvre (1988) 108–132; Lévy (1992); Leonhardt (1999).
15 Altmann (2016).

theorie verdeutlichen. Ihre Grundlagen, die die Art seines akademischen Philosophierens bestimmen, behandelt Cicero in einem Werkkomplex, den er in *De divinatione* als *quattuor Academici libri* bezeichnet. Cicero bezieht sich dabei auf die letzte und daher für ihn in seinem Werkverzeichnis maßgebliche Version der Schrift, deren Titel die platonische Akademie und, genauer, die (spät-)akademische Skepsis als seine philosophische Heimat bestimmt. Die Stufen ihrer Entstehung lassen sich, wie gezeigt, aus der Korrespondenz mit Atticus und Varro rekonstruieren. Mit den *Academica priora* und den *Academica posteriora* gibt es zwei fragmentarisch überlieferte Hauptversionen. Andere Neben- und Zwischenversionen, die bedacht, aber nicht verwirklicht wurden, erschließen sich nur aus Ciceros Briefen. Von den *Academici libri priores* ist nur der zweite Dialog *Lucullus* erhalten. Der *Catulus* benannte erste Dialog ging verloren. Die *Academici libri posteriores* sind vor allem in Gestalt der Anfangskapitel des ersten Buchs überliefert. Darin werden die Entwicklung der platonischen Akademie von Sokrates bis zum Hellenismus und die Kontroverse zwischen Philon von Larisa und Antiochos von Askalon dargestellt. Nach Art eines ‚Satyrspiels' hatte die ohnehin verwickelte Entstehungsgeschichte der *Academici libri* auch einen komödienhaften Ausgang. Cicero hatte eine Sammlung von Proömien, die er offenbar als ‚Textbausteine' nutzte. Bei der Veröffentlichung von *De gloria* machte er allerdings einen Fehler und musste diesen Schnitzer nachträglich korrigieren. Als Cicero auf der Schiffsreise nach Tusculum Korrektur las, wurde ihm plötzlich klar, dass er das Vorwort von *De gloria* schon für das dritte, verlorene Buch der *Academici libri* verwendet hatte. Daraufhin bat er seinen ‚Verleger' Atticus, das Blatt mit dem versehentlich recycelten Proömium von der Buchrolle ‚abzuschneiden' und es durch ein für *De gloria* konzipiertes Vorwort zu ersetzen, es, in der Sprache antiker Buchproduktion, an die Blätter der Papyrusrolle ‚anzukleben'.[16]

Ausgangs- und Angelpunkt der in den *Academici libri priores* und *posteriores* verhandelten Lehren der hellenistischen Philosophie und ihrer Darstellung durch römische Aristokraten ist das erkenntnistheoretische Modell der Stoa. Die komplexen Überlegungen Platons und seines Schülers Aristoteles werden dagegen nicht in nennenswerter Weise gewürdigt. Auch Epikur wird nur am Rande berücksichtigt. Cicero konzentriert auf die stoische Grundform des Erkenntnismodells und auf die Kritik, welche Vertreter der akademischen Skepsis an ihr übten.

---

16 Cic. Att. 16,6,4 *Nunc neglegentiam meam cognosce. De gloria librum ad te misi, et in eo prohoemium id quod est in Academico tertio. Id evenit ob eam rem quod habeo volumen prohoemiorum. Ex eo eligere soleo cum aliquod σύγγραμμα institui. Itaque iam in Tusculano, qui non meminissem me abusum isto prohoemio, conieci id in eum librum, quem tibi misi. Cum autem in navi legerem Academicos, adgnovi erratum meum. Itaque statim novum prohoemium exaravi et tibi misi. Tu illud desecabis, hoc adglutinabis.* Ausführlich zu den Umständen des Vorgangs und den Implikationen dieser Art der Verwendung von Textbausteinen Diez (2021) 57–67.

Für die Interpretation der beiden Hauptversionen der *Academica* ergeben sich daraus folgende Fragen: Auf Basis welcher Kategorien werden die *Academici libri priores* und *posteriores* zu welchem Zweck geschrieben? Welche Gemeinsamkeiten und Unterschiede gibt es zwischen den beiden Grundversionen der Schrift und worauf beruhen sie? Gibt es in Ciceros Argumentationsgang tatsächliche oder mutmaßliche Leerstellen?

Grundsätzlich gilt, dass die beiden Grundversionen des erkenntnistheoretischen Traktats trotz des wechselnden Personals in mehrfacher Hinsicht vergleichbar sind. Die *Academici libri priores* und *posteriores* sind in Bezug auf die erkenntnistheoretischen Modelle, die diskutiert werden, und ihre philosophischen Gewährsmänner, die von der ersten bis zur letzten Lehrergeneration begegnen, praktisch identisch. Soweit der fragmentarische Erhaltungszustand ein Urteil erlaubt, stimmen auch die Argumentationsformen und die literarischen Mittel, die Cicero verwendet, weitgehend überein. In Abwägung der erkenntnistheoretischen Positionen wird dem skeptischen Ansatz der neuen Akademie vor dem dogmatischen Modell der Stoa aus systematischen und historischen Erwägungen heraus der Vorzug gegeben. In beiden Traktaten kommen als Vertreter des Antiochos von Askalon mit Lucullus und Varro jeweils erst die Verteidiger der stoischen Philosophie zu Wort. Erst an zweiter Stelle spricht jeweils der Vertreter der akademischen Skepsis. In beiden Dialogen ist Cicero das *Acting I*. Im *Lucullus* der *Academica priora* ist es, nach dem dramatischen Datum des Dialogs, ein *Cicero*, der sich im Sommer des Jahres 61 oder 62 im besten Mannesalter befindet.[17] In den *Academica posteriora* ist es der gealterte ‚Cicero' des Jahres 45.[18] Der Autor stellt das Aufeinanderprallen der auf die platonische Akademie zurückgehenden, aber vielfach veränderten Lehrtraditionen der Stoa und der akademischen Skepsis nicht so dar, wie es sich in der Auseinandersetzung zwischen Philon von Larisa und Antiochos von Askalon bei ihrem Aufsehen erregenden Streit in Alexandria zugetragen hatte. Vielmehr lässt er die Kontroverse im vertrauten Ambiente einer römischen Villa von römischen Zeitgenossen ausagieren. Cicero redet nicht einer philosophischen Position das Wort, die man als ‚Wahrheit ohne Methode' beschreiben könnte. Cicero entwickelt vielmehr eine erkenntnistheoretische Grundlage, die es erlaubt, die relative Wahrscheinlichkeit einer Aussage, einer Theorie, eines Teilgebiets der Philosophie, ja eines philosophischen Systems methodisch zu überprüfen.

---

17 Graeser u. Schäublin (1995) LII.
18 Straume-Zimmermann u. Gigon (1990) 454.

1.2 Wahrheit ohne Methode oder methodische Prüfung der Wahrscheinlichkeit?

Cicero war Schüler des Philon von Larisa und des Antiochos von Askalon. Die beiden Repräsentanten skeptischen und dogmatischen Philosophierens waren nicht nur die bekanntesten Philosophen ihrer Zeit. Sie standen in einer langen gemeinsamen Traditionskette, die mit Sokrates und Platon beginnt und bis in das klassische Athen des vierten Jahrhunderts zurückreicht. Ihre mit der platonischen Akademie verbundene Schultradition wird von Cicero mit Abweichungen, auf die weiter unten eingegangen wird, in den beiden überlieferten Versionen der Academica kleinteilig dargestellt.[19] In der philosophiegeschichtlichen Konstruktion der *Academica posteriora* betont der Dialogpartner Varro, dass die auf Sokrates (470–399) zurückgehende und von Platon (427–347) institutionalisierte Alte Akademie in den Generationen der Schüler und Enkelschüler unter einem gemeinsamen Dach fortbestand. Sogar nach Gründung des Peripatos durch Aristoteles (384–322) und der Fortschreibung seines Forschens durch Theophrast (371–287) habe es weiter ein geistiges Band zwischen Platons Schülern im Lykaion auf der einen und den Platonikern der Alten Akademie unter Leitung des Xenokrates (400–315) auf der anderen Seite gegeben. Das Band der Tradition, das in der Alten Akademie unter den Platonikern bestand, sei mit der Gründung der Stoa durch Zenon (334–267) und der Entwicklung der skeptischen Neuen Akademie durch Arkesilaos (315–260) erst unter den Hörern Polemons (340–270) zerschnitten worden.[20] Der Bruch mit der gemeinsamen platonischen Tradition und die Trennung in zwei akademische Traditionslinien ereignete sich nach den *Academici libri posteriores* ungefähr zur gleichen Zeit. Trotz der bedeutenden Rolle, die Karneades für die Wiederetablierung der skeptischen Akademie spielte,[21] scheinen spätere Scholarchen keine grundlegenden Veränderungen mehr herbeigeführt zu haben. Wenn sich aus der Philosophiegeschichte daher kein Entscheidungskriterium dafür ergibt, ob die dogmatische Lehre des Antiochos oder die skeptische Position des Philon zuerst behandelt werden sollte, lohnt es sich zu fragen, was Cicero wohl implizieren mochte, als er die *Academici libri* in der gewählten Reihenfolge der Redner folgendermaßen disponierte: (*Academici libri priores*) 1–12 Proömium, 13–62 Lucullus als Vertreter des Antiochos, 63 Intermezzo, 64–146 Cicero als Vertreter Philons, 147–148 Epilog; (*Academici libri posteriores*) 1–14 Proömium, 15–42 Varro als Vertreter des Antiochos, Intermezzo, 44–46 Cicero als Vertreter Philons.[22] Der Rest des Dialogs ist verloren. Wenn Cicero

---

19 Cic. *ac.* 1,15–39; 2,15–16.
20 Cic. *ac.* 1,34.
21 Cic. *ac.* 2,16.
22 Der Rest der *Academica posteriora* ist verloren. Zum Aufbau Lefèvre (1988) 114.

jeweils mit der stoischen Erkenntnistheorie des Antiochos beginnt, behalten Philon respektive Cicero mit der skeptischen Lehre immer das letzte Wort. Daher erscheint die Orientierung an dem vorgegebenen Aufbauprinzip sinnvoll.[23]

1.3 Antiochos von Askalon: Leben, Lehre und literarische Darstellung in den *Academici libri*

Antiochos wurde in den zwanziger Jahren des zweiten Jahrhunderts v. Chr. in Askalon geboren, das wenige Kilometer von Gaza-Stadt entfernt im heutigen Israel liegt. In Athen wurde er um 110 Mitglied der platonischen Akademie und war für mehr als zehn Jahre Schüler Philons. Antiochos soll dort gleichzeitig auch Schüler der Stoiker Mnesarchos und Dardanos gewesen sein. Mit dem Stoiker Sosos, dem er sein gleichnamiges Werk widmete, war er freundschaftlich verbunden. Im Herbst 87 befand sich Antiochos als Begleiter des L. Licinius Lucullus in Alexandria.[24] Im Haus des Römers übernahm er die Rolle eines philosophischen Mentors und Gesprächspartners. Antiochos mochte auch politischer Vermittler und Dolmetscher des römischen Quästors gewesen sein. Als native speaker konnte der Philosoph dessen Verhandlungen mit der griechischen Bevölkerung Alexandrias erleichtern.[25] Darauf kehrte Antiochos nach Athen zurück und unterrichtete eine Zeit lang im Ptolemaeum, während der Cicero im Jahre 80 zu seinem Schüler wurde.[26] Ob Antiochos, wie Quellen nahelegen, damals Scholarch der Akademie von Athen war, ist ungewiss.[27] In den Jahren 74–67 begleitete er Lucullus, der als Prokonsul mit der Kriegsführung gegen Mithridates beauftragt worden war, abermals in den Osten. Der Feldzug des Lucullus führte nach Syrien.[28] Antiochos be-

---

23 Dagegen bietet Peetz (2005) eine luzide Rekonstruktion der ciceronischen Erkenntnistheorie. Dabei geht er nicht vom Aufbau der beiden Versionen der *Academici libri* und damit von der kontroversen historischen Situation in Alexandria aus, sondern versucht unter kreativer Verwendung von Prämissen der aristotelischen Enthymemtheorie zur unterschiedlichen Bestimmung der *nota veri* in Stoizismus und skeptischer Akademie (102–103) die über Karneades hinausgehende Systematik des *Lucullus* zu erfassen, indem er vor dem Hintergrund der Akatalepsie-These die Bedeutung der Suche nach dem *probabile* für die Findung der wahrscheinlichsten Lösung eines philosophischen Problems im Sinne des *veri simile* herausarbeitet (bes. 115–118).
24 Cic. *ac.* 2,11.
25 Barnes (1989) 56.
26 Cic. *fin.* 5,1,1.
27 *Ind. Acad.* XXXIV, 34 vgl. Mekler (1902) 109.
28 Cic. *ac.* 2,4.

richtete als Augenzeuge von der Schlacht bei Tigranocerta[29]. Er starb im Jahre 68 oder 67, als er sich mit Lucullus in Mesopotamien aufhielt.[30] Antiochos widmete sich verschiedenen Disziplinen der Philosophie. In *De natura deorum* berichtet Cicero über ein Werk, das Antiochos Q. Lucilius Balbus geschickt und dem Dialogpartner damit wohl gewidmet habe.[31] In dem Werk *Über die Götter* soll Antiochos behauptet haben, dass Stoiker und Peripatetiker bezüglich der Natur des Göttlichen dieselben Meinungen verträten, ihre Ansichten aber verschieden ausdrückten.[32] Durch Sextus Empiricus wissen wir von einem epistemologischen Traktat mit dem Titel Κανονικά.[33] Das spannendste Buch des Philosophen ist wohl ein seinem Freund Sosos gewidmetes Werk. Antiochos soll es gegen seinen Lehrer geschrieben haben.[34] Damit sind Philon und besonders seine *Römischen Bücher* gemeint.[35] Es soll, so Cicero, 86 als schnelle Antwort auf Philons *Römische Bücher* entstanden sein. Davon hatte Antiochos 87 in Alexandria erfahren.[36] Der *Sosos* markiert also seinen Bruch mit Philon und der skeptischen Akademie.

Antiochos begründet seinen Bruch mit Philon epistemologisch. Philon habe in seinen römischen Büchern den Boden der skeptischen Akademie verlassen. Worin bestand Philons Abkehr von der skeptischen Lehre? Eine Rekonstruktion der erkenntnistheoretischen Prämissen Philons behauptet, das Schulhaupt der skeptischen Akademie habe die These vertreten, dass Erkennen möglich sei, wenn man nur nicht das Erkenntniskriterium der stoischen Philosophie zugrunde lege. Diese sichere Erkenntnis behauptende These bedeute Philons Bruch mit der skeptischen Tradition und seine Rückkehr zur dogmatischen Philosophie.[37] An dieser Rekonstruktion bleibt mancherlei unklar. Antiochos war selbst im Begriff, den Weg dogmatischen Philosophierens einzuschlagen, und hatte daher, das einmal angenommen, keinerlei philosophisches Motiv für einen Bruch mit Philon. Wäre es nicht denkbar, dass Antiochos den eigenen Mangel einer philosophischen *ratio* zu verbergen suchte? Zu diesem Zweck projiziert er den Traditionsbruch, den er gerade selbst vollzieht, auf Philon und unterstellt ihn seinem in Rom befindlichen Gegner. Die römischen Bücher, waren sie etwa nur ein willkommener Anlass für Antiochos,

---

29 Plut. *Luc.* 28,8.
30 *Ind. Acad.* XXXIV 39–42, vgl. Mekler (1902) 109–110.
31 Cic. *nat.* 1,16 ... *liber Antiochi nostri qui ab eo nuper ad hunc Balbum missus est* ...
32 Cic. *nat.* 1,16 *Antiocho enim Stoici re concinere videantur verbis discrepare* und dazu Barnes (1989) 63.
33 Sex. Emp. *M.* 7,202.
34 Cic. *ac.* 2,12 ... *contra suum doctorem* ...
35 Cic. *ac.* 2,11 *qui se illa audivisse Romae de Philone et ab eo ipso duo illos libros dicerent descripsisse.*
36 Cic. *ac.* 2,11–12.
37 Barnes (1989) 72.

um seinen Bruch mit Philon zu inszenieren? Bot der Aufenthalt in der Hauptstadt des Ptolemäerreiches nicht eine publicityträchtige Bühne für ein derartiges Vorhaben? Im Dunkeln bleibt auch, wann sich Antiochos von Philon emanzipierte. Der Prozess der Abnabelung könnte sich schon vor 87 vollzogen haben, als der Scholarch der Akademie 88 von Athen nach Rom ging. Die Geschehnisse in Alexandria markierten dann nur den Endpunkt einer inneren Entwicklung. Offenkundig ist jedoch, (1) dass sich Antiochos öffentlich von Philon, dem langjährigen Lehrer und Schulhaupt der skeptischen Akademie, abkehrte, (2) dass er mit dieser philosophischen Kehre für sich beanspruchte, die wahre, d. h. die Alte Akademie zu vertreten, und (3) dass er nun einer dogmatischen Epistemologie das Wort redete, die von der stoischen Erkenntnislehre nicht zu unterscheiden war.[38]

In ihren Grundzügen lässt sich diese Erkenntnislehre so beschreiben. Erkenntnis entsteht aus dem Zusammenwirken der Sinne (*sensus*) und des Verstandes (*animus, ratio*). In den Sinnen kommt es durch Einwirkung von außen (*e quadam quasi impulsione oblata extrinsecus*) zu einem Sinneseindruck (*visum*). Der Sinneseindruck, der sich im leitenden Seelenteil als Vorstellung (φαντασία, *imaginatio*) manifestiert, bedarf der Zustimmung (*assensio*) durch den menschlichen Verstand (*animus*), welche in der Macht des menschlichen Willens liegt und daher frei (*voluntaria*) ist.[39] „In der ersten Phase des Wahrnehmungsprozesses ist die Seele ein passiv Erleidendes (πάσχον), in der ohne eigenes Zutun Vorstellungen (φαντασίαι) entstehen, die als mechanische Abdrücke (τυπώσεις) von wahrnehmbaren Gegenständen der Außenwelt in der Seele, genauer gesagt, im ἡγεμονικόν, anzusehen sind. Vermittelt werden sie durch das Pneuma, das sich vom ἡγεμονικόν in die Sinnesorgane erstreckt. Kleanthes vergleicht die dreidimensionalen, reliefartigen Eindrücke in der Seele mit dem Einsiegeln eines Ringes in Wachs. Ähnlich wie bei einem solchen Abdruck kann der Abdruck in der Seele genauer oder weniger genau sein ... woran es liegt, dass manche Abdrücke kataleptische, d. h. deutliche und wahrheitsvermittelnde, andere jedoch lediglich akataleptische, d. h. undeutliche Vorstellungen bewirken."[40] Nach stoischer Theorie „werden die Eindrücke ohne jedes spontane Zutun des Subjekts über das Pneuma in die Seele übermittelt, sie sind dann jedoch noch kein Wahrnehmungsergebnis, sondern müssen als αἰσθητικαὶ φαντασίαι erst vom ἡγεμονικόν, dem leitenden Teil der Seele, beurteilt werden."[41] Der Verstand

---

38 Cic. *ac.* 1,40–42; 2,69 *eadem dicit quae Stoici*; 2,132 *erat quidem si perpauca mutavisset germanissimus Stoicus* und dazu Barnes (1989) 78.
39 Cic. *ac.* 1,40–42.
40 Clausen (2008) 67.
41 Clausen (2008) 69. Nach stoischer Lehre, die von Aetios 4,21,1–4 überliefert wird (vgl. Hülser (2006), 376 mit SFV 2,836), wachsen aus dem Führungsvermögen, das die Stoiker auch als Denk-

hält nicht alle Sinneseindrücke für glaubwürdig, sondern nur diejenigen (*fidem adiungit*), welche eine klare Kennzeichnung (*propria quaedam declaratio*) der durch die Sinne vermittelten Dinge enthalten. Wenn ein Sinneseindruck eine unverwechselbare Kennzeichnung enthält, wird er begreifbar (*comprehendibile*) genannt.[42] Wird ein Sinneseindruck in den Sinnesorganen empfangen und vom Verstand gebilligt, bedeutet und handelt es sich bei diesem Vorgang um *Erfassen* oder *Begreifen* (*comprehensio*, κατάληψις). Wenn etwas so *begriffen* (*comprehendere*) wird, dass es von der Vernunft (*ratio*) nicht mehr erschüttert werden (*convelli*) kann, ist *Wissen* (*scientia*, ἐπιστήμη) entstanden.[43]

Die Stoiker entwickelten ein Prüfverfahren zur Beurteilung der Verlässlichkeit von Sinneseindrücken. Wenn der Katalog von Kriterien, den die Stoiker dafür entworfen hatten, auf den Gesichtssinn angewendet wird, der in der Antike als der wichtigste der menschlichen Sinne galt und daher als Paradigma verwendet wurde, gehören bestimmte Voraussetzungen zu den äußeren, sensorischen Bedingungen dafür, dass eine klare und somit kataleptische Vorstellung im Akt der Wahrnehmung entsteht. Die Sinne müssen gesund und zuverlässig sein und der Beobachter die volle Sehkraft besitzen.[44] Die Wahrnehmung darf nicht eingeschränkt sein oder behindert werden, wie es durch Nebelschwaden oder Rauchentwicklung geschieht.[45] In der Morgen- und Abenddämmerung können die Konturen eines Gegenstands verschwimmen oder seine Farben verblassen. Bei der Wahrnehmung sollte die Lichteinstrahlung daher maximal sein.[46] Die Stoiker raten, die Lage des Erkenntnisobjekts oder den Standpunkt des Beobachters so zu verändern, dass es aus der günstigsten Entfernung wahrgenommen wird.[47]

Wenn diese Voraussetzungen gegeben sind, entsteht nach stoischer Lehre ein klares und distinktes Bild des Wahrgenommenen in unseren Sinnesorganen. Das vom Subjekt wahrgenommene Bild stimmt mit dem wahrgenommenen Objekt überein. Denken und Sein entsprechen sich im Sinne der Adäquatheitstheorie des Aristoteles.[48] Der menschliche Verstand kann dem Bild sodann in unserem Sinnes- und Denkapparat den Wahrheitswert ‚Eins' oder ‚Wahr' zuordnen. Im Ver-

---

vermögen bezeichnen, „sieben Seelenteile heraus und erstrecken sich in den Körper hinein – gerade so, wie aus dem Polypen seine Arme hervorkommen."
42 Cic. *ac.* 1,40–42.
43 Cic. *ac.* 1,40–42.
44 Cic. *ac.* 2,19–20 ... *si (sc. sensus) et sani sunt et valentes* ...
45 Cic. *ac.* 2,19–20 *si* ... *et omnia removentur quae obstant et inpediunt.*
46 Cic. *ac.* 2,19–20 ... *et lumen mutari saepe volumus* ...
47 Cic. *ac.* 2,19–20 ... *et situs earum rerum quas intuemur et intervalla aut contrahimus aut diducimus* ...
48 Clausen (2008) 97 zur „correspondence interpretation" und „coherence interpretation" des Wahrheitskriteriums in der Forschung.

gleich zur Erkenntnistheorie Platons und der seines Schülers Aristoteles ist die stoische Theorie der Erkenntnis eher unterkomplex. Die propositionale Urteilsstruktur der kataleptischen Vorstellung mag zwar erklären, dass und wie es zu einem klaren und unverfälschten Abbild des wahrgenommenen Objekts in den Sinnesorganen des Menschen kommt, so dass der Verstand dem im Wahrnehmungs- und Denkapparat entstandenen Abbild zustimmen und ihm den Wahrheitswert ‚Eins' zuordnen kann (*assentatio*). Die stoische Theorie erklärt aber nicht, wie es dazu kommt, dass wir die passiv rezipierten Sinnesdaten aktiv ordnen und mit Hilfe von Begriffen das Wesentliche vom Unwesentlichen unterscheiden können. Mit anderen Worten bleibt offen, wie das adäquate Bild in einem Unterscheidungsakt im menschlichen Verstand entsteht.[49] Die stoische Theorie erklärt somit auch nicht, wie aus einfachen Bildern adäquate komplexe Bilder entstehen. Unbeantwortet ist auch die Frage, wie der Verstand, wenn das Bild nach der Metapher des Eindrückens eines Siegelrings in Wachs als sauberer Abdruck in einem Sinnesorgan begriffen wird, im Akt des Vergleichens einfacher und komplexer Bilder von einem Bild zu einem anderen Bild übergeht. Wie sind Grundoperationen des Denkens wie ‚Gleichsetzen' und ‚Unterscheiden' zu denken, wenn der eine Sinneseindruck nach dem Konzept der anfänglichen *tabula rasa* des menschlichen Verstands (respektive Gehirns) erst materiell ‚gelöscht' werden muss, damit ein anderer Sinneseindruck ‚gespeichert' werden kann.[50] Trotz klarer Grenzen, manifester Schwächen und empfindlicher Fehlstellen, auf die gleich genauer eingegangen wird, ist die stoische Erkenntnistheorie mit den Begriffen, die ihr zugrunde liegen, in der hellenistischen Zeit zum alleinigen Paradigma des Philosophierens geworden, mit dem sich die konkurrierenden Schulen kritisch auseinandersetzten. So kam es zu einer Verengung der erkenntnistheoretischen Diskussion auf den Vorgang des nach Art eines Bildabdrucks begriffenen Erkennens, während die Errungenschaf-

---

49 Vgl. Clausen (2008) 90 und 76 zur propositionalen Struktur der φαντασία αἰσθητική.
50 Wenn man mit Koch (2006) 86 annimmt, dass die bildlichen *phantasiai* sogleich verarbeitet und als sprachliche *lekta* aufgenommen werden, löst sich ein Teil der Probleme: „Vernunft bedeutet nicht den Umgang mit einem Satz, sondern das Erstellen eines Satzsystems. Aus zwei Sätzen –u. U. auch aus einem – lässt sich möglicherweise ein dritter vernünftig erschließen. So formiert und formuliert sich ein Gefüge von Sätzen. Dabei sind natürlich beim Menschen keineswegs alle Sätze aus Basissätzen erschlossen, sondern die meisten beruhen auf sinnlichen Eindrücken (*phantasiai*). Die Logos-Seele des Menschen nimmt die *phantasiai* sogleich als *lekta* auf, d. h. sie erfasst den inneren Gehalt oder sprachphilosophisch besser ausgedrückt: die Bedeutung (*meaning*). Die Bedeutung ist nicht identisch mit dem bezeichneten Gegenstand. So referiert der Begriff ‚Tisch' auf den konkreten Tisch vor mir, aber nicht nur auf ihn. Für die Stoiker ist die Bedeutung aber auch keine platonische Idee, sondern an den *logos*, insofern er den ‚Inhalt' der menschlichen Seele bildet, gebunden."

ten der klassischen Philosophie der Griechen wie die Anamnesislehre aus Platons Menon in den Hintergrund traten und zeitweilig sogar in Vergessenheit gerieten.

Die Biographie des Antiochos und dessen stoische Lehre umrisshaft aus Ciceros *Academica* zu rekonstruieren ist das Eine. Anders stellt sich die Frage nach Ciceros Präsentation des Philosophen und seiner Lehre. Wie werden die griechischen Philosophen und ihre römischen Vertreter in den Dialogen dargestellt? Welche Vorurteile oder Absichten des Autors, welche Versuche der Leserlenkung sind dabei erkennbar? Bei der Beantwortung der Frage nach Ciceros Porträtkunst sehen sich Leser auf die divergenten Perspektiven der römischen Dialogpartner verwiesen, die weder neutral noch objektiv sind, sondern als Mitglieder einer Philosophenschule in einem eher freundschaftlichen Verhältnis oder als Anhänger einer gegnerischen Schule in einem eher distanzierten Verhältnis zu dem griechischen Philosophen stehen. Wenn nicht Äquidistanz so doch ein höherer Grad der Objektivität darf vielleicht eher den Aussagen des Ich-Sprechers im personalen Vorwort unterstellt werden. Möglicherweise entsteht ein höherer Grad der Objektivität aber erst im Akt des Lesens bzw. im ordnenden Bewusstsein des Lesers durch die eigenständige Perspektivierung des Gegenstands aufgrund der Darlegungen der Dialogpartner und ihrer philosophischen Positionen. Zwar gibt es auktorial gestaltete Elemente der Leserlenkung. Aber die Urteilsbildung des Rezipienten bleibt im Prozess des Lesens frei. In Ciceros *Lucullus* werden jedenfalls verschiedene Bilder des Antiochos entworfen, die nicht leicht miteinander in Einklang gebracht werden können und sich ihrerseits von dem ausgewogenen Persönlichkeitsporträt unterscheiden, das der Dialogpartner Varro in den *Academica posteriora* von ihm entwirft.[51] Mit Lucullus kommt ein Schüler und vertrauter Freund des Antiochos zu Wort. Der Römer entwickelt ein zur Exposition geeignetes und dynamisches Gesprächsszenario, in dem Antiochos charakterisiert und sein Tun verdeutlicht wird.[52] Antiochos befand sich mit dem Philosophen Heraklit aus Tyros in Alexandria, als er unvermittelt mit Philons Neuerungen konfrontiert worden sei. Heraklit war Schüler des Akademikers Kleitomachos und Skeptiker. Wie Antiochos war Heraklit daher kein Heißsporn, der philosophische Auseinandersetzungen suchte, sondern sie disputierten gelassen miteinander.[53] Friedlich und besonnen wie er war, ging Antiochos gewöhnlich jedem Streit aus dem Wege. Als Philons *Römische Bücher* in seine Hände gerieten, habe er sich jedoch echauffiert. Eine solche Reaktion des Antiochos sei neu und ungewohnt gewesen. Deswegen sei Lucullus in Erstaunen geraten.[54] Antio-

---

51 Cic. *ac.* 1,13–14.
52 Cic. *ac.* 2,11–12.
53 Cic. *ac.* 2,11 ... *sed utrumque leniter* ...
54 Cic. *ac.* 2,11 *et homo natura lenissumus (nihil enim poterat fieri illo mitius) stomachari coepit. mirabar; nec enim umquam ante videram.*

chos erkundigte sich bei Heraklit, ob er je gehört habe, dass diese Thesen von Philon oder einem anderen Akademiker vertreten worden seien. Heraklit verneinte es, identifizierte die *Römischen Bücher* aber als ein Werk Philons. Diese Einschätzung bestätigten Freunde des Lucullus. Sie seien zugegen gewesen, als Philon sich in Rom so äußerte. Eigenhändig wollten sie eine Abschrift der *Römischen Bücher* gemacht haben.[55] Als an Philons Autorschaft und seiner philosophischen Kehre kein Zweifel mehr möglich zu sein scheint, wird Antiochos deutlicher. Er kritisiert Philon vor Augen des Vaters von Catulus. Später schreckt er nicht davor zurück, gegen seinen Lehrer das *Sosos* genannte Pamphlet zu publizieren.[56] Lucullus räumt ein, das ganze Ausmaß des Streits erst später begriffen zu haben, als Antiochos und Heraklit in einer mehrtägigen Disputation den unerhörten Vorfall mit anderen Philosophen diskutierten.[57]

Die von Lucullus beschriebenen Umstände des philosophischen Disputs in Alexandria spielen keine Rolle, als Cicero in seiner Gegenrede ein weniger schmeichelhaftes Porträt von Antiochos entwirft. Das *Acting I* erwähnt nur die Vorgeschichte der Auseinandersetzung. Antiochos sei länger Schüler Philons gewesen als irgendein anderer Akademiker. Mit größtem Scharfsinn habe er den Standpunkt der Schule zunächst verteidigt.[58] Das vergiftete Lob ist Auftakt zu einer scharfen, mit rhetorischen Fragen durchsetzten, sarkastischen Abrechnung mit dem plötzlichen Gesinnungswandel des Antiochos. Der abtrünnige Schüler habe Philon mit demselben Scharfsinn angegriffen, mit dem er Philon zuvor verteidigt habe. Durch diese Unbeständigkeit (*inconstantia*) habe seine philosophische Autorität gelitten. Antiochos sei mit dem Treuebruch unglaubwürdig geworden. Die Abkehr von Philon sei an sich schon unverständlich. Unverständlicher als die Abkehr von Philon sei aber sein unverändertes Bekenntnis zur Akademie. Als Antiochos eines Tages ein Kriterium zur Unterscheidung von ‚wahr' und ‚falsch' entdeckte, dessen Existenz er viele Jahre lang bestritten hatte, habe er ja keine eigene philosophische Entdeckung gemacht, sondern nur die stoische Definition des Wissens übernommen. Wenn er Zenons Lehre aber zu seiner eigenen gemacht habe, warum sei er dann noch Angehöriger der Akademie? Warum habe er sich nicht sofort ins stoische Lager begeben?[59] Störte sich Antiochos an seiner Vergangenheit als Akademiker? Bereute er es, Stoiker geworden zu sein? Beeinträchtigte Antiochos der Gedanke, dass er als Stoiker künftig Mnesarchos und Dardanos, den Scholarchen in Athen, unterstehen

---

55 Cic. *ac.* 2,11 *nec id quidem dubitari poterat, nam aderant mei familiares docti homines ... qui se illa audivisse Romae de Philone et ab eo ipso duo illos libros dicerent descripsisse.*
56 Cic. *ac.* 2,12.
57 Cic. *ac.* 2,12–13.
58 Cic. *ac.* 2,69.
59 Cic. *ac.* 2,69 *cur non se transtulit ad alios, et maxime ad Stoicos?*

würde? Warum trennte sich Antiochos von seinem Lehrer Philon erst, als er anfing, eigene Schüler zu haben? Mit welcher Absicht sei die Alte Akademie plötzlich wieder ins Leben gerufen worden? Ciceros Erzählerstimme überzieht sein fiktives Gegenüber mit einer Kaskade von scharfen Vorwürfen und kritischen Fragen. Der Autor der *Academica* agiert so, wie der Redner Cicero agiert hätte, der politische Widersacher oder Klienten der gegnerischen Partei in solchen Fällen mit Vorwürfen überzogen, verhöhnt und diskreditiert hätte. Mit dem Angriff auf Antiochos, der den stoischen Dogmatismus verkörpert, verteidigt Cicero zugleich Philon und den Standpunkt der skeptischen Akademie. Cicero vereinnahmt sein Publikum mit rhetorischen Strategien gegen Antiochos und gewinnt es für Philon. Klar wird das Ansinnen in einer Klimax von Unterstellungen, die das vernichtende Porträt des Widersachers mit beißender Ironie und ausgefeilter Metaphorik abrunden. Antiochos scheine zwar in der Sache von der Akademie abgefallen zu sein, habe ihren ehrwürdigen Namen aber aus Prestigezwecken behalten wollen. Andere kritisierten, Antiochos habe es aus Ruhmsucht getan. Er soll nämlich gehofft haben, seine Schüler würden nach ihm den Namen ‚Antiochier' tragen. Als Grund, der ihm selbst plausibel erscheine, gibt Ciceros Erzählerstimme an, Antiochos habe die Gegnerschaft sämtlicher Philosophenschulen nicht länger ertragen und sei in den Schatten der Alten Akademie geflohen (Cic. *ac.* 2,70):

> *Itaque cessit, et ut ii, qui sub novis solem non ferunt, item ille, cum aestuaret, veterum ut Maenianorum sic Academicorum umbram secutus est.*

> Deshalb gab er nach und flüchtete, weil es ihm zu heiß wurde, in den Schatten der Alten Akademie, so wie die Leute, die auf dem offenen Forum die Sonnenhitze nicht aushalten können, in den Schatten der gedeckten Hallen fliehen. (Straume-Zimmermann u. Gigon (1990) 187)

Ob Antiochos eher Angst vor philosophischen Gegnern und damit Suche nach Schutz vor ihren Angriffen als Motiv für sein beharrliches Festhalten an der Alten Akademie unterstellt werden oder ob ihm eher Prestigedenken in Gestalt des Wunsches, seine Schüler möchten ihn als Träger seines Namens unsterblich machen, nachgesagt wird, ist am Ende unerheblich. Die Vorbehalte, welche die ciceronahe Erzählerstimme gegenüber Antiochos hat, sind ebenso klar wie ihre Vorlieben für Philon. Das ungewöhnliche Engagement des Erzählers lässt sogar vermuten, dass er sein Wissen über diese Auseinandersetzung nicht irgendwelchen Aufzeichnungen entnahm, die als Teil des kulturellen Gedächtnisses der Quellenforschung zugänglich wären. Der Autor kennt die beiden Verursacher des Konflikts persönlich. Cicero schildert den Schulstreit daher aus der Erinnerung der Erzählungen von Augenzeugen. Der Dialog beruht auf persönlichem Erleben und ist damit ein unhintergehbarer und von der Quellenforschung nicht zu kontrollierender Teil des kommunikativen Gedächtnisses.

1.4 Philon von Larisa: Leben, Lehre und literarische Darstellung in den *Academici libri*

Philon wurde 159 oder 158 v. Chr. im thessalischen Larisa geboren. Im Alter von 25 Jahren ging er nach Athen. Dort war er länger als ein Jahrzehnt Schüler des Akademikers Kleitomachos.[60] Nach dem Tod des Kleitomachos übernahm Philon im Jahre 110 oder 109 die Leitung der Akademie.[61] Als Athen während des Ersten Mithridatischen Krieges zunehmend unter Druck geriet, floh Philon im Jahre 88 mit anderen Angehörigen des athenischen Adels nach Rom,[62] wo seine philosophischen Vorlesungen großen Anklang fanden.[63] Philon hielt in Rom auch Vorträge über Rhetorik und verstarb dort wohl im Jahre 84.[64] Cicero gehörte zu seinen großen Verehrern.[65] Daher dürfen wir es als Hommage an seinen Lehrer und Bekenntnis zu seiner Schülerschaft verstehen, wenn er in den *Academica posteriora* seinem Gesprächspartner Varro die Rolle des Antiochos zuweist, selbst aber Philons Rolle übernimmt.[66] Diese Rollenwahl wurde mitunter so missverstanden, als käme eine Schrift Philons als „Quelle für die skeptischen Partien in Ciceros Werk" in Frage.[67] In Wirklichkeit dürfte der Name des Antiochos eher für den Dogmatismus der stoischen Philosophie stehen und Philons Name für den Skeptizismus der Akademie.[68] Cicero dürften ihre Lehrtraditionen auch in Vorträgen und Gesprächen vermittelt worden sein. Anfangs scheint Philon tatsächlich ein eifriger Verteidiger der akademischen Orthodoxie gewesen zu sein,[69] bis seine Reputation im Streit um seine *Römischen Bücher* merklich ins Wanken geriet. Als Heraklit, der selbst ein langjähriger Schüler des Kleitomachos war, von Antiochos in Bezug auf die darin dokumentierte erkenntnistheoretische Position gefragt wurde, „ob er je von Philon oder von irgendeinem anderen Akademiker derartiges gehört habe", verneinte es der Akademiker und deutete damit nicht nur Philons Gesinnungswandel an, sondern auch einen radikalen Bruch mit der akademischen Tradition.[70] Mit dem Wagemut, der manchen analytischen Philosophen eigen ist, sucht Jonathan Barnes nachzuvollziehen, wie

---

60 *Acad. Ind.* XXXIII 11–12 (Mekler (1902) 107).
61 *Acad. Ind.* XXXIII 2 (Mekler (1902) 106).
62 Cic. *Brut.* 306.
63 Plut. *Cic.* 3,1.
64 Gawlick u. Görler (1994) 915–918.
65 Cic. *Brut.* 306 ... *totum ei me tradidi admirabili quodam ad philosophiam studio concitatus* ...
66 Cic. *fam.* 9,8,1 *tibi dedi partis Antiochinas ... mihi sumpsi Philonis.*
67 Gawlick u. Görler (1994) 919.
68 Gawlick u. Görler (1994) 920.
69 Cic. *ac.* 2,111; Eus. *pr. ev.* XIV 9,1; Philon T1,7–10 (Mette) und dazu Gawlick u. Görler (1994) 920.
70 Cic. *ac.* 2,11 ... *quaerere ex eo viderenturne illa Philonis aut ea num vel e Philone vel ex ullo Academico audivisset aliquando. negabat, Philonis tamen scriptum agnoscebat* ...

Philon in den verlorenen *Römischen Büchern* argumentiert haben könnte, oder besser, auf Grundlage der konventionellen (anerkannten) Prämissen der Philosophenschulen und den Regeln der Logik schulmäßig argumentiert haben müsste. Dabei stützt sich Barnes auf das Zeugnis des Sextus Empiricus,[71] dass „Philon und seine Anhänger lehren, nach Maßgabe des stoischen Kriteriums der erfassenden Vorstellung sei alles unerfassbar, nach Maßgabe der Natur der Dinge (φύσει) selbst dagegen erfassbar". Davon ausgehend argumentiert Barnes, dass Philon, wenn er entgegen der akademischen Tradition, welche die Existenz der kataleptischen Vorstellung leugnete, die Erkennbarkeit der Welt behaupten wollte, von den drei Prämissen der stoischen Erkenntnislehre, dass eine Person X genau dann weiß, dass P der Fall ist, wenn (1) es einer Person X wirklich so scheint, dass P der Fall ist, wenn es (2) wegen P ist, dass es einer Person X scheint, dass P der Fall ist, wenn es (3) nicht der Fall wäre, dass P der Fall ist, es einer Person X nicht schiene, dass P der Fall ist, die Gültigkeit der ersten Prämisse bestritt.[72] Trotz solcher Rekonstruktionsversuche bleibt Philon eine eher blasse Figur. Philon ist zwar Anlass für den publikumswirksamen Streit in Alexandria und verursacht Antiochos' Abkehr von der skeptischen Akademie. Wenn der Vorwurf auch schwer wiegt, dass Philon hinsichtlich der erkenntnistheoretischen Position der skeptischen Akademie gelogen haben soll, scheint der Akademiker in der schulischen Traditionskette aber von so geringer philosophischer Bedeutung gewesen zu sein, dass er in dem überlieferten Dialog der *Academici libri priores* weder von Lucullus widerlegt noch von Cicero verteidigt wird.[73] Die Aufmerksamkeit der Dialogpartner und damit der Rezipienten des Dialogs gilt Arkesilaos und Karneades.[74] Cicero fesselt sich allerdings nicht so stark an die griechischen Philosophen, dass er sie ihre Lehren selbst vortragen lässt. Vielmehr macht er Römer wie Lucullus, Varro, Cato und Brutus zu Vertretern der griechischen Scholarchen. Dabei waren Missgriffe möglich, wie bei Lucullus, der in der finalen Version der *Academici libri* deswegen durch M. Terentius Varro Reatinus ersetzt wurde. Welche Voraussetzungen mussten gegeben sein, damit ein gebildeter Römer einen griechischen Philosophen vertreten konnte? Warum waren diese Voraussetzungen bei Lucullus nicht gegeben? Wie versuchte Cicero damit umzugehen? Wie ersetzte Cicero, als sein Heilungsversuch misslang, den ungeeigneten Lucullus durch den besser geeigneten Varro? Endlich ist nicht nur nach der theoretischen Durchdringung und publikumswirksamen Darstellung der griechi-

---

[71] Sext. Emp. *PH* 1,235 = F 1,5–7 (Mette).
[72] Barnes (1989) 76; Gawlick u. Görler (1994) 922–923.
[73] Cic. *ac.* 2,12 *sed ea pars quae contra Philonem erat praetermittenda est; minus enim acer est adversarius is, qui ista quae sunt heri defensa negat Academicos omnino dicere; etsi enim mentitur, tamen est adversarius lenior. Ad Arcesilan Carneademque veniamus.*
[74] Vgl. auch Stricker (1997) 257.

schen Erkenntnistheorie im philosophischen Gespräch zu fragen, sondern gerade bei Cicero selbst als Dialogfigur und Autor auch nach der rhetorischen Selbstinszenierung und dem Grad der Aneignung fremden Gedankenguts.

Der 117 v. Chr. geborene L. Licinius Lucullus durchlief unter Sulla eine steile politische und militärische Karriere. 87 war er Quästor, 79 Ädil, 78 Prätor und 74 Konsul. Als Prokonsul von Kilikien wurde er im Dritten Mithridatischen Krieg (74–67 v. Chr.) mit einem außerordentlichen Oberbefehl betraut. Als seine Truppen meuterten und sich wegen seiner gemäßigten Finanzpolitik in der Provinz Asia Senatoren in Rom gegen ihn wandten, wurde seine „Machtstellung ... Schritt für Schritt demontiert".[75] Mit Ciceros Hilfe konnte Lucullus erst in dessen Konsulatsjahr triumphieren und zog sich später ganz aus der römischen Politik zurück. Der nach Crassus reichste Mann Roms war der Besitzer prachtvoller Villen mit Bibliotheken, Fischteichen, Tiergärten und Obstplantagen. Lucullus verkörperte das Ideal des aristokratischen Otiums. Der zurückgezogene Lebensstil der römischen Nobilität scheint für ihn und seine seelische Verfassung aber nicht zuträglich gewesen zu sein. 56 v. Chr. starb er in geistiger Umnachtung. Ciceros gleichnamiges Werk beginnt mit einer Vorstellung der titelgebenden Figur. Wir vernehmen eine nah an Cicero angelehnte Erzählerstimme, die wir vereinfachend ‚Cicero' nennen werden. Die Person des Lucullus, der in die Rolle des Antiochos schlüpft, wird nicht nur durch die Art und Weise ihrer Interaktion mit den Gesprächspartnern indirekt charakterisiert. In Bezug auf seine Herkunft, Anlagen und politische und militärische Entwicklung wird Lucullus auch direkt beschrieben. Cicero nennt in *De inventione* Gesichtspunkte, die eine Personenbeschreibung ausmachen: Name, Natur, Erziehung, Lebensstil, berufliche Karriere und gesellschaftliche Stellung eines Menschen. Weiter sind es besondere Tugenden und Fähigkeiten, spezielle Interessen, Entschlüsse, Einzeltaten und Ereignisse aus ihrem Leben.[76] Der Dialog beginnt mit einer Laudatio.[77] Das *Narrating I* rühmt die kognitive Begabung des Redners, sein Interesse an den Wissenschaften und seine phänomenale Bildung.[78] Dann konzentriert sich der Erzähler auf die politische und militärische Karriere des Lucullus, wobei er beklagt, dass der Senator gerade zu der Zeit, als er seine Fähigkeiten auf dem Forum am besten hätte unter Beweis stellen können, nicht in Rom war.[79] Nach der Darstellung der politischen und

---

75 Will (1999) 167.
76 Cic. inv. 1,34 *ac personis has res adtributas putamus: nomen, naturam, victum, fortunam, habitum, affectionem, studia, consilia, facta, casus, orationes.*
77 Cic. ac. 2,1–4.
78 Cic. ac. 2,1–4 ... *magnum ingenium* ...; ebenda ... *magnumque optimarum artium studium* ...; ebenda ... *tum omnis liberalis et digna homine nobili ab eo percepta doctrina* ...
79 Cic. ac. 2,1–4 ... *quibus temporibus florere in foro maxume potuit caruit omnino rebus urbanis* ...

militärischen Karriere des Lucullus tritt das Motiv seiner ganz unglaublichen kognitiven Begabung wieder in den Vordergrund,[80] als der ciceronahe Erzähler schildert, wie sich der mit dem Oberbefehl über den Mithridatischen Krieg betraute Imperator auf der Seereise in das Kriegsgebiet durch Lektüre von Kriegsberichten und Befragung erfahrener Veteranen ein derart fundiertes militärisches Wissen aneignete, dass er, der Rom ohne Kenntnisse in der Kriegsführung verlassen hatte, als ausgebildeter Feldherr in Asien ankam.[81] Begründet wird die Fähigkeit, sich in kürzester Zeit autodidaktisch in komplexe Fragen einzuarbeiten, mit dem phänomenalen Sachgedächtnis des Lucullus.[82] In seiner Gedächtnisleistung habe sich Lucullus mit Themistokles, dem attischen Strategen und Sieger über die persische Flotte in der Schlacht von Salamis, messen können. Das Gedächtnis des Atheners sei so gut gewesen, dass Themistokles, als ihn jemand in der Kunst des Gedächtnisses unterrichten wollte, erwiderte, dass er lieber das Vergessen, die Amnesie erlernen wolle.[83] Der römische Feldherr habe den Sieger von Salamis darin übertroffen, dass zu seiner natürlichen Anlage noch die Ausbildung hinzukam, welche Themistokles vernachlässigte.[84] Während normale Menschen das, woran sie sich erinnern wollten, Buchstaben anvertrauen müssten, habe der Römer es mit ‚photographischem Gedächtnis' seinem Geist eingeprägt.[85] Mit dem anachronistischen Ausdruck ‚photographisches Gedächtnis' wird die materialistische Metapher eingefangen, auf der die Junktur *in animo res insculptas* beruht, die der Erzähler zur Beschreibung des Vorgangs der Speicherung im Gedächtnis verwendet. In ihrer materialistischen Erkenntnistheorie hatten die Stoiker den Vorgang der Erkennens und Erinnerns von Gedächtnisbildern mit der Metapher des Einprägens eines Siegelrings in Wachs umschrieben.[86] Wenn hier das Verb *insculpere* (ursprünglich ‚einschnitzen in Holz', ‚einmeißeln in Stein') zur Beschreibung der Gedächtnisleistung des Lucullus gebraucht wird, können wir an der Wortwahl die literarische Strategie festmachen, mit der der Erzähler Cicero seinen Lesern suggeriert, Lucullus habe die materialistische Erkenntnistheorie der Stoa nicht nur verteidigt, sondern mit seinem ‚photographischen Gedächtnis' auch selbst ‚verkörpert'. Wie sein Widersacher Mithridates einräumte, der nach Alexander

---

80 Cic. *ac.* 2,2 ... *sed incredibilis quaedam ingenii magnitudo* ...
81 Cic. *ac.* 2,2 *itaque cum totum iter et navigationem consumpsisset partim in percontando a peritis partim in rebus gestis legendis, in Asiam factus imperator venit, cum esset Roma profectus rei militaris rudis*.
82 Cic. *ac.* 2,2 *habuit enim divinam quandam memoriam rerum* ...
83 Cic. *ac.* 2,2.
84 Cic. *ac.* 2,2 *tali ingenio praeditus Lucullus adiunxerat etiam illam quam Themistocles spreverat disciplinam* ...
85 Cic. *ac.* 2,2 *itaque ut litteris consignamus quae monimentis mandare volumus sic ille in animo res insculptas habebat*.
86 Cic. *ac.* 2,34; 58; 86.

dem Großen der bedeutendste König im Orient gewesen sein soll, machte Lucullus sein kognitives Vermögen zum größten Feldherrn, von dem man je gehört oder gelesen habe.[87] Mit erstaunlichem Sinn für Gerechtigkeit habe Lucullus die Provinz Asien zum Wohl des römischen Staats verwaltet. Dagegen seien seine Tugend und seine intellektuelle Begabung auf dem Forum und in der Kurie nicht bekannt geworden.[88] Was von den öffentlichen Leistungen des Römer würdigenswert war, sei von griechischen und römischen Schriftstellern gewürdigt worden. Aber neben der äußeren Seite seines Wesens, die vielen Römern bekannt gewesen sei, habe er innere Stärken gehabt, die nur vertraute Freunde und Cicero selbst gekannt hätten.[89] Lucullus habe sich nicht nur auf allen Feldern der Wissenschaft betätigt, sondern Philosophie mit größerem Eifer studiert, als die ahnen konnten, die ihn nur oberflächlich kannten. Philosophische Studien habe er schon als Proquästor betrieben, aber auch in der knapp bemessenen Zeit, die ihm als mit der Kriegsführung beauftragten Feldherrn blieb. In beiden Phasen seiner militärischen Karriere habe er mit dem Philosophen Antiochos unter einem Dach gelebt und sich dessen Philosophie mit seinem phänomenalen Gedächtnis angeeignet. Auch habe der Römer zur Vertiefung Bücher zu den Gegenständen gelesen, über die Antiochos ihn belehrt hatte.[90]

Wer das persönliche Vorwort liest, wird sich vielleicht über Ciceros elogenhaften Ton wundern. Man wird auch wiederholte Bemerkungen über die verborgene innere Seite des Lucullus registrieren, die angeblich nur seine Freunde und der Erzähler selbst kannten. Wer berücksichtigt, dass die so markierten Leerstellen seines Lebens mit Andeutungen literarischer und philosophischer Ambitionen des Römers gefüllt werden, kommt zu dem Schluss, dass das überlieferte Proömium keinen mehr oder weniger objektiven Lebensbericht enthält. Es handelt sich vielmehr um eine der *laudationes*, mit denen Cicero die *Academici libri priores* nachträglich eingeleitet hatte, als er von Atticus wegen unplausibler Auswahl der Dialogpartner kritisiert worden war, *laudationes*, mit denen er realen und potentiellen Lesern Glauben machen wollte, dass die von ihm gewählten Dialogpartner tatsächlich fähig gewesen wären, die komplexe Materie im philosophischen Gespräch zu bewältigen.[91]

Aber warum hielt der doch sonst nicht beratungsresistente Cicero trotz mahnender Stimmen an diesem Mitglied der römischen Nobilität fest, das sich als Gesprächspartner offenbar nicht eignete? Warum suchte er die Wahl seiner Dialogfiguren durch geschönte Biographien zu plausibilisieren? Eine erste Antwort wäre, dass Ci-

---

[87] Cic. *ac.* 2,3.
[88] Cic. *ac.* 2,3.
[89] Cic. *ac.* 2,4 ... *haec interiora cum paucis ex ipso saepe cognovimus* ...
[90] Cic. *ac.* 2,4.
[91] Cic. *Att.* 13,12,3 und dazu Keavenay (1992).

cero die Dialoge zur Erkenntnistheorie mit den Protagonisten Catulus, Hortensius und Lucullus bereits als Diptychon oder Trilogie in einheitlicher Manier abgeschlossen hatte. Nun wollte er in dem philosophischen Grundkurs seines Spätwerks daher lieber mit Naturphilosophie und Ethik fortfahren, statt den mehrteiligen Traktat zur Epistemologie zu revidieren. Auf einer anderen Ebene dürfte der Beweggrund liegen, dass der Autor Cicero, indem er sich als jüngsten, aber dennoch wohlgelittenen und philosophisch ebenbürtigen Partner in einer Gruppe von Angehörigen der römischen Nobilität darstellte, nicht nur kulturelles Kapital sammeln konnte. Cicero konnte auch seinen gesellschaftlichen Status verbessern und soziales Kapital gewinnen, selbst wenn seine Gesprächspartner mit ihrem Bildungsniveau den intellektuellen Ansprüchen nicht restlos genügten und geistig über ihre Verhältnisse lebten. Ob sich der Verfasser von diesem zweiten Motiv immer noch leiten ließ, als er erwog, in einer dritten Version der *Academici libri* Cato und Brutus zu Gesprächspartnern zu machen, ist schwer zu beurteilen.[92] Auf jeden Fall gehörte der jüngere Cato zur staatstragenden *gens Porcia*. Mit dem älteren Cato hatte er einen respektablen Vorfahren und galt als unbeugsamer Gegner Caesars und rigoroser Verfechter stoischer Maximen. Brutus hatte sich als aufstrebendes politisches Talent einen Namen gemacht. Die Idee des Atticus, Varro zum Vertreter der stoischen Lehre zu machen, mochte Cicero im Vergleich dazu weniger attraktiv erscheinen. Varro war zwar der gelehrteste Römer seiner Zeit und ein profunder Kenner der stoischen Philosophie, wenngleich er keine Ambitionen hatte, philosophische Dialoge in lateinischer Sprache zu schreiben. Varro rechnet nämlich damit, dass gebildete Römer philosophische Werke vielleicht lieber im griechischen Original als in einer lateinischen Übersetzung lesen.[93] Aber der Vorschlag des Atticus, Varro zum Dialogpartner zu machen, war ambivalent. Varro war kein Stadtrömer. Wie Cicero stammte er aus der Provinz. Varro war kein Mitglied der Nobilität. Wie Cicero hatte er den Makel des Emporkömmlings. Varro war kein Konsular wie die vier Dialogpartner der *Academici libri priores*. Varros Karriere war in der Prätur stecken geblieben. Aus seiner Person ließ sich daher kaum soziales Kapital schlagen. Mit seinem Ruf als antiquarischer Schriftsteller verfügte Varro allerdings über kulturelles Kapital, auf das Cicero auch spekulierte. Aber der Antiquar war durchaus nicht bereit, es nach dem Windhundprinzip an den ersten Besten zu verschleudern. Varro hatte Cicero die Widmung eines bedeutenden Werks versprochen. Aber dessen Entstehen und Erscheinen verzögerten sich immer wieder. Cicero sucht den Entstehungsprozess zu beschleunigen, indem er Varro zu seinem Gesprächspartner in den *Academici libri posteriores* macht. Cicero stilisiert ihr Treffen als urbane Kontaktaufnahme vor den Toren von Varros Land-

---

92 Cic. *Att.* 13,16,1.
93 Cic. *ac.* 1,4.

haus, bei der sie einander mit vollendeter Höflichkeit auf Augenhöhe begegnen.[94] Als Varros Werk über die lateinische Sprache endlich erschien, wurde schlagartig klar, dass Ciceros Spekulationen nicht ganz aufgegangen waren. Cicero war nicht der einzige, der in *De lingua latina* mit einer Widmung bedacht wurde. Varro hatte dem Konsular nur einen Teil des Werks übereignet. An dem gesellschaftlichen Rang der Person gemessen, welcher der andere Teil gewidmet war, lief es für Cicero eher auf eine subtile Demütigung denn auf eine soziale Distinktion hinaus. Musste es Cicero nicht als blamabel empfinden, dass er als Dedikant in einem Atemzug mit Varros Quästor Publius Septimius genannt wurde? Varro hatte Septimius die Bücher 2–4 von *De lingua Latina* über die Herkunft der Nomina gewidmet. Cicero musste sich gedulden und auf die Widmung der Bücher 5–7 über den Ursprung der Verben warten (Varr. *ling.* 7,109):

> Quare institutis sex libris, quemadmodum rebus Latina nomina essent imposita ad usum nostrum: e quis tris scripsi Po. Septumio qui mihi fuit quaestor, tris tibi quorum hic est tertius, priores de disciplina verborum originis, posteriores de verborum originibus.

Doch geht es hier nicht nur und nicht primär um Ciceros Anstrengungen, sein philosophisches Alter Ego in einem attraktiven sozialen und politischen Umfeld vorteilhaft zu inszenieren und damit indirekt die Einbürgerung der Philosophie in Rom zu befördern. Es fragt sich auch, wie der Unterredner ‚Cicero' vor dem Hintergrund dargestellt wird, dass sich der Autor – im Unterschied zu seinen Dialogfiguren Hortensius, Lucullus und Catulus – keine Sorgen zu machen brauchte, von Atticus als ungeeignet für die Rolle des Gesprächspartners zurückgewiesen zu werden. Als Hörer von Philon und Antiochos verfügt der Verfasser über eine philosophische Doppelkompetenz aus erster Hand. Ein anderes Moment dürfte zusätzlich ins Gewicht gefallen sein. Hätte sich Cicero aus dem Dialog gestrichen, hätte wohl auch sein Freund Atticus die ihm zugedachte attraktive Nebenrolle verloren. In der Überlieferung ist durch verschiedene Bearbeitungen beziehungsweise ‚Auflagen' der *Academici libri* eine erzähltechnisch reizvolle Konstellation entstanden. Wir begegnen in den *Academica priora* einer dem Autor Cicero nahen ersten Erzählerstimme. Diese Erzählerstimme stimmt nicht in allen Punkten mit dem historischen Cicero überein, sondern suggeriert ihrem Publikum wider besseres Wissen, Lucullus sei ein philosophischer Autodidakt gewesen. Dank seines exzellenten Gedächtnisses habe er sich in Phasen höchster militärischer Anspannung eine schwierige philosophische Materie aneignen können. In den *Academica posteriora* vernehmen wir eine andere Erzählerstimme, die nach der durchschlagenden Kritik des Atticus stärker mit ihrem Autor Cicero übereinstimmt, aber gleichfalls nicht mit ihm iden-

---

94 Cic. *ac.* 1,1.

tisch ist. Die erste Erzählerstimme stellt einen Cicero während seiner Akme im Kreise älterer konservativer Konsulare dar, die in Rom nach Herkunft, politischer Karriere und intellektuellen und militärischen Leistungen zur gesellschaftlichen Elite gehören. Die Optimaten besuchen einander im Sommer des Jahres 62 in ihren luxuriösen Villen am Golf von Neapel,[95] die eine günstige Lage und einen exquisiten Meerblick haben und mit dem Schiff leicht zu erreichen sind.[96] Nicht ohne Seitenhiebe auf ihre populären Gegner zu verteilen,[97] setzen sich die Angehörigen der römischen Nobilität in der abgeschiedenen Idylle des selbstgewählten *otium* mit der hellenistischen Erkenntnistheorie auseinander, wobei der Erzähler den Eindruck erweckt, der *homo novus* Cicero werde von den Konsularen als ebenbürtig akzeptiert. Der Cicero des Jahres 63 wird im Unterschied zu Lucullus nicht auktorial charakterisiert. Cicero stellt die akademische Erkenntnistheorie auf Grundlage der Lehre von Arkesilaos und Karneades dar, die Kleitomachos aufgezeichnet hatte.[98] Die zweite Erzählerstimme beschreibt, wie sich Cicero im Sommer des Jahres 45 mit Atticus und dem Prätorianer Varro auf dessen Landgut bei Cumae trifft,[99] um im Kreise Gleichgesinnter die hellenistische Erkenntnistheorie zu erörtern. Die Protagonisten begegnen einander mit vollendeter Höflichkeit. Cicero kommt in dem fragmentarisch erhaltenen Text aber nur mit einem knappen Abriss der Philosophiegeschichte zu Wort.[100] Der Autor des Lucullus wird durch die Bemerkungen seiner Gesprächspartner indirekt charakterisiert. Catulus warnt das philosophische Alter Ego des Autors, dass es bei seiner politischen Tätigkeit von Volkstribunen angegriffen werde könne. Seine Widersacher könnten fragen, wie es um Ciceros Treue zu sich selbst bestellt sei und ob er, in der Konsequenz, eine konsistente Politik vertreten könne.[101] Der Cicero des Jahres 62 verteidigt erst die These der Akademiker „Nichts kann erfasst werden".[102] Dann erörtert er ihre daraus resultierende Empfehlung „Keiner Sache ist zuzustimmen".[103] Die Verteidigung der akademischen Skepsis ist zugleich ein Angriff gegen den stoischen Dogmatismus,

---

95 Straume-Zimmermann u. Gigon (1990) 311.
96 Zur Lage ähnlicher Villen in Latium und ihren Sichtachsen vgl. Teichmann (2017).
97 Cic. *ac.* 2,13.
98 Cic. *ac.* 2,78; 98 *nec vero quicquam ita dicam ut quisquam id fingi suspicetur; a Clitomacho sumam, qui usque ad senectutem cum Carneade fuit, homo et acutus ut Poenus et valde studiosus ac diligens; et quattuor eius libri sunt de sustinendis adsensionibus, haec autem quae iam dicam [quae] sunt sumpta de primo.*
99 Straume-Zimmermann u. Gigon (1990) 454.
100 Cic. *ac.* 1,44–46.
101 Cic. *ac.* 2,63 ... *ne quis improbus tribunus plebis* ... *arriperet te et in contione quaereret, qui tibi constares* ...
102 Cic. *ac.* 2,65–98.
103 Cic. *ac.* 2,98–115.

da in einem fiktiven Streitgespräch des Arkesilaos mit Zenon der Haupteinwand gegen das stoische Wahrheitskriterium geltend gemacht wird, dass kein Sinneseindruck von etwas Wahrem so geartet sei, dass er nicht in der gleichen Weise auch von etwas Falschem herrühren könne.[104] Die Lehre der akademischen Skepsis ist freilich nicht nur destruktiv (jegliche Möglichkeit der Erkenntnis zu bestreiten hätte ja Apraxie und damit Lebensunfähigkeit des Menschen zur Konsequenz), sondern enthält mit der Theorie des *probabile* auch einen konstruktiven Teil.[105] Karneades habe zwei Klassen von Sinneseindrücken (*visa*) unterschieden. Die erste Klasse habe er in solche unterteilt, die begriffen, und solche, die nicht begriffen werden können.[106] Es handelt sich bei der ersten Kategorie also um Sinneseindrücke, die nach den Stoikern prinzipiell wahrheitsfähig sein sollen, aber nach der obigen Argumentation der skeptischen Akademie schlechterdings nicht verifizierbar sind. Die zweite Klasse von Sinneseindrücken habe Karneades in solche unterteilt, die glaubwürdig, und solche, die nicht glaubwürdig seien. Gegen diese zweite Klasse von Sinneseindrücken machen Karneades und nach ihm der junge Cicero im Gegensatz zu der ersten Klasse keinerlei Einwände oder Vorbehalte geltend (Cic. *ac.* 2,99):

> *Quare ita placere, tale visum nullum esse ut perceptio consequeretur, ut autem probatio multa. Etenim contra naturam esset, <si> probabile nihil esset; sequitur omnis vitae ea quam tu Luculle commemorabas eversio.*

> Daher war Karneades folgender Ansicht: Es gebe keinen Sinneseindruck, aus dem Begreifen folge, dagegen viele, aus denen Glaubwürdiges folge; denn es sei gegen die Natur, dass es nichts Glaubwürdiges gebe. Andernfalls, Lucullus, müßte es zu jener gänzlichen Zerstörung des Lebens kommen, von der Du sprachst. (Straume-Zimmermann, Gigon (1990) 217).

Die glaubhaften Vorstellungen (*visa probabilia*) teilte die akademische Skepsis aus theoretischen Gründen und zu praktischen Zwecken in drei Klassen: „einfach glaubhafte" (πιθαναί), „glaubhafte und zugleich ungehinderte (ἀπερίσπαστοι)" und „glaubhafte und zugleich ungehinderte und durchgeprüfte (διεξωδευμέναι)". Damit existierten ein Kriterienkatalog und ein Prüfverfahren, wann eine Vorstellung (φαντασία, *visum*) zwar nicht als wahr (*verum*), aber immerhin als wahrscheinlich (πιθανή, *verisimile, probabile*) zu gelten hatte.[107] Es ist genau dann der

---

104 Cic. *ac.* 2,77 *incubuit* (sc. Arcesilas) *autem in eas disputationes ut doceret nullum tale esse visum a vero ut non eiusdem modi etiam a falso possit esse.*
105 Zur Theorie des *probabile* bzw. *verisimile* bei Cicero vgl. Fuhrer (1993); Gawlick u. Görler (1994) 1092–1995; Glucker (1995); Peetz (2005) und Auvray-Assayas (2006) 36–39.
106 Cic. *ac.* 2,99 *duo placet esse Carneadi genera visorum; in uno hanc divisionem: alia esse quae percipi possint, < alia quae non possint >.*
107 Haltenhoff (1998) 130.

1.4 Philon von Larisa: Leben, Lehre und literarische Darstellung in den *Academici libri* — **45**

Fall, wenn die glaubhafte Vorstellung (1) nicht behindert wird,[108] wenn (2) nichts gegen sie spricht,[109] wenn die Vorstellung (3) durchgeprüft ist.[110] Entspricht etwas Glaubwürdiges (*probabile*) diesen Kriterien, wird sich der Weise darauf stützen und seine gesamte Lebensführung daran ausrichten.[111] Wie sich Orientierung am *probabile* in der fiktionalen Darstellung der römischen Lebenspraxis auswirkte, verdeutlicht Cicero am Beispiel der abschließenden Reise von Puteoli aus. Die Römer sind am Morgen mit dem Schiff über den Golf von Neapel angereist. Als ihr Gespräch beendet ist, scheint es ihnen daher vernünftig, mit dem abendlichen Westwind wieder abzureisen. Der literarische Kunstgriff zur Finalisierung des philosophischen Traktats zeichnet sich durch seine Anschaulichkeit und Nähe zur antiken Lebenswelt aus. Mit der suggestiven Wahl der nautischen Verben *gubernare* und *navigare* wird die Bedeutung klugen Navigierens auf hoher See und umsichtiger Leitung durch den Verstand auf allen Feldern menschlichen Tuns noch zusätzlich unterstrichen.[112]

Bevor wir dem geistreichen Dialog über die praktische Anwendung des *probabile* im antiken Schiffsverkehr und in der Lebenspraxis des Weisen bis zum Ende weiterverfolgen, wenden wir uns kurz der Wirkung dieser Denktradition in der modernen Welt zu. Wie das Handlungskriterium in der heutigen Welt wirkt und welche Konsequenzen sich für das praktische Leben ergeben, lässt sich vielleicht durch den Vergleich mit dem gegenwärtigen Flugverkehr verdeutlichen. Eine Flugreise birgt zwar nicht dasselbe Gefahrenpotenzial wie eine antike Reise zur See. Spektakuläre Flugzeugabstürze, wie Ende 2010 in Indonesien und Äthiopien, zeigen aber, dass es ein nicht zu unterschätzendes Restrisiko gibt. Selbst wenn mehrere Maschinen des Typs Boeing 737 Max von ihren Piloten nicht mehr kontrolliert werden konnten und kurz nach dem Start abstürzten, wobei alle Insassen zu Tode kamen, wird man seinem Sinneseindruck und der darauf beruhenden Erfahrung, dass Flugzeuge anderen Typs fliegen, weiter vertrauen dürfen. Auch kann man davon ausgehen, dass Flugzeugingenieure die dafür nötigen Strömungsverhältnisse unter den Tragflächen der Maschinen nach den Gravitationsgesetzen wahrscheinlich richtig berechnet haben. Für das praktische Leben bedarf es nicht des Wissens, dass die Ingenieure die zugrundeliegenden Naturgesetze wahrheitsgemäß erfasst

---

108 Cic. ac. 2,33 *et quae non impediatur*; 2,104 *neque tamen omnia eius modi (sc. probabilia) visa adprobari sed ea quae nulla re impedirentur.*
109 Cic. ac. 2,99 *si nihil se offeret, quod sit probabilitati illi contrarium.*
110 Haltenhoff (1998) 131 unter Hinweis auf Sext. Emp., Adv. Math. 7,183.
111 Cic. ac. 2,99 *sic quidquid acciderit specie probabile, si nihil se offeret quod sit probilitati illi contrarium, utetur eo sapiens, ac si omnis ratio vitae gubernabitur.*
112 Cic. ac. 2,147 *Verum quoniam non solum nauta significat sed etiam favonius ipse insusurrat navigandi nobis Luculle tempus esse, et quia satis multa dixi, sit mihi perorandum.*

und das Problem der Gravitation gelöst hätten. Es bedarf nur der wiederholten Beobachtung, dass die Kondensstreifen hinter sich lassenden Maschinen am blauen Sommerhimmel ihr Reiseziel gewöhnlich erreichen, und der darauf beruhenden glaubhaften Vorstellung, dass die Konstrukteure der Maschinen die Strömungsverhältnisse in der Bandbreite ihrer Hypothesen richtig berechnet haben. Nach Auswertung der Flugschreiber der Unglücksmaschinen ist daher bis zu ihrer Widerlegung die Annahme wahrscheinlich, dass der ungeklärte Absturz der Maschinen des Typs Boeing 737 Max kurz nach ihrem Start unter ähnlichen Bedingungen durch menschliches Versagen auf einer oder mehreren Ebenen verursacht wurde. Im Gespräch, aber bislang weder technisch geklärt noch juristisch geprüft, ist ein Konglomerat von Ursachen. Es sind: (1) Konstruktionsfehler der us-amerikanischen Flugzeugbauer wegen übereilter Produktion des Prototyps, die durch die ökonomische Konkurrenz mit dem europäischen Airbus verursacht war; (2) die versuchte Behebung existierender Konstruktionsmängel durch automatische Steuerung der Boeing 737 Max mit einer unausgereiften Software, die auf den Messdaten nur eines Sensors am Außenrumpf der Maschine beruhte; (3) mangelnde Schulung der Piloten in der Software und der Handhabung der Boeing, deren Automatik nach Auswertung der Flugschreiber beim Start so stark übersteuerte, dass Maschinen dieses Typs manuell nicht mehr kontrolliert werden konnten; (4) Verletzung der Aufsichtspflicht staatlicher Behörden, die wegen hoher Belastung Sicherheitskontrollen bei der technischen Zulassung von Flugzeugen nicht mehr selbst durchführten, sondern die Sicherheitszertifizierung an Experten außerhalb der Aufsichtsbehörde oder sogar an den Boeing-Konzern selbst delegierten. Solange diese Ursachen nicht geklärt sind, wird der Luftraum vieler Länder für Flugzeuge dieses Typs gesperrt bleiben. Die Unglücksfälle erschüttern zwar das Vertrauen der Menschen in diesen besonderen Flugzeugtyp, aber nicht in ihre Überzeugung, dass es sicher sei zu fliegen. Das Kriterium, an dem sich das Handeln der Menschen orientiert, gilt als *probabile*, wie antike Skeptiker sagen würden, als wahrscheinlich richtig und daher als zustimmungswert. Das Verlangen der Menschen zu fliegen ist weiter grenzenlos und scheint weder durch Flugangst noch durch Aufklärung über den immensen Ausstoß von Kohlendioxid und dessen Auswirkungen in der Klimakrise gebremst zu werden. Menschen, die eigentlich umweltbewusst und insoweit weise zu leben meinen, steigern ihren ökologischen Fußabdruck durch Flüge rund um den Globus ins Unermessliche und handeln, gegen alle Vernunft, auf Kosten kommender Generationen.

Nach diesem *ceterum censeo* zur heutigen Anwendung des Probabilitätskriteriums kehren wir zu unserem Ausgangspunkt zurück und fragen: Gilt das, was Ciceros Alter Ego in den *Academici libri priores* für den philosophischen Weisen im Allgemeinen als Grundlage seines Handelns in Anspruch nimmt, innerhalb des philosophischen Dialogs auch besonders für die Person des Autors, die Erzählerfigur und andere Dialogfiguren? Wie wirkt sich das Probabilitätskriterium außerhalb des philosophischen Dialogs auf die reale Person Cicero in der philosophischen Theorie auf den Feldern der Ethik und Naturphilosophie aus? Wie wirkt es in der täglichen Praxis ihres privaten und öffentlichen Lebens? Wie wird das *probabile*, das Glaubwürdige, das unter den jeweiligen Lebensumständen als Richtschnur des Handelns dienen soll, konkret ermittelt? Ein erster Fingerzeig darauf, dass Philosophie und Lebenspraxis eng verzahnt sind, ergibt sich daraus, dass die ciceronahe Erzählerstimme und mit ihr der Ich-Erzähler im letzten Teil des Dialogs[113] die akademische Erkenntnistheorie im Allgemeinen und ihre Lehre von der Glaubwürdigkeit mit der Naturphilosophie,[114] der Ethik[115] und sogar der Erkenntnistheorie selbst[116] verbinden und so prinzipiell eine Brücke zwischen philosophischer Theorie und Praxis schlagen. Dabei ruft uns die Erzählerstimme die naturphilosophischen Annahmen der griechischen Philosophen von den Vorsokratikern bis zu den Gründern der hellenistischen Philosophenschulen ins Gedächtnis, verdeutlicht ihrem Gesprächspartner Lucullus, wie diese miteinander konfligieren, und erinnert an die natürlichen Grenzen des Erkennens. Im Unterschied zu Ärzten und Vertretern der empirischen Ärzteschule[117], die den menschlichen Körper aufschneiden, um sich Klarheit über die Organe und ihre Funktionen zu verschaffen, können Philosophen das Weltall nicht ‚aufschneiden', öffnen und in seine Teile zerlegen (Cic. *ac.* 2,122):

> *Latent ista omnia, Luculle, crassis occultata et circumfusa tenebris, ut nulla acies humani ingenii tanta sit, quae penetrare in caelum, terram intrare possit. Corpora nostra non novimus, qui sint situs partium, quam vim quaeque pars habeat, ignoramus; itaque medici ipsi, quorum intererat ea nosse, aperuerunt ut viderentur, nec eo tamen aiunt empirici notiora esse illa, quia possit fieri ut patefacta et detecta mutentur, sed ecquid nos eodem modo rerum naturas persecare aperire dividere possumus, ut videamus, terra penitus defixa sit et quasi radicibus suis haereat an media pendeat?*

> All diese Dinge, Lucullus, liegen im verborgenen, sind zugedeckt und umgeben von so dichter Finsternis, daß kein menschlicher Geist scharf genug ist, in den Himmel vorstoßen und in die Erde eindringen zu können. Wir kennen ja nicht einmal unseren Körper, wissen nicht, welche Lage seine einzelnen Teile haben und welche Funktion ein jeder Teil hat. Deshalb haben ja auch die Ärzte, die daran interessiert waren, dies zu kennen, den menschlichen Körper geöffnet, damit jenes sichtbar wird; dabei behaupteten die Empiriker unter ihnen, wir wüßten trotzdem nicht besser darüber Bescheid, weil sich die Körperteile möglicherweise durch das Öffnen und Freilegen des Körpers verändern könnten. Sind wir etwa in der Lage, auf die glei-

---

113 Cic. *ac.* 2,110–148.
114 Cic. *ac.* 2,110–128.
115 Cic. *ac.* 2,128–142.
116 Cic. *ac.* 2,142–148.
117 Zu den antiken Ärzteschulen der Rationalisten (oder: Dogmatikern, die im Anschluss an Hippokrates die Säfte- bzw. Temperamentenlehre vertraten), der Empiriker (oder: Skeptiker) und der Methodiker vgl. Cels. *med.* prooem. 1–75, bes. 27 zu den Empirikern.

che Weise das Weltall aufzuschneiden, zu öffnen und zu zerlegen, um zu sehen, ob die Erde unten befestigt ist oder aber, ob sie in der Mitte des Alls schwebt? (Straume-Zimmermann u. Gigon (1990) 241)

Antike Naturphilosophen waren im Unterschied zu heutigen Naturwissenschaftlern nicht in der Lage, die Natur mit Experimenten zum Sprechen zu bringen. Soweit sie Skeptiker waren, sahen sie sich im Unterschied zu dogmatischen Philosophen wie den Stoikern darauf beschränkt, die vorhandenen Thesen und Theoriegebäude nach der Lehre des *probabile* in einem geduldigen Prozess des Abwägens auf ihre größere oder geringere Wahrscheinlichkeit zu prüfen. Anders als Stoiker müssen Skeptiker aber weder einer ihnen unplausibel erscheinenden Theorie oder einem Aspekt von ihr[118] noch dem Vertreter dieser Theorie zustimmen, da sie bald diese, bald jene Theorie oder Aspekte von ihr für wahrscheinlicher halten.[119] Bei dieser Beschreibung skeptischen Philosophierens setzt die ciceronahe Erzählerstimme voraus, dass es (a) einen leitenden Seelenteil gibt (dessen Natur natürlich ungeklärt bleibt)[120], dass (b) der leitende Seelenteil mehrere Theorien und ihre Teilaspekte erfassen, speichern und gleichzeitig präsent halten kann und dass (c) der leitende Seelenteil die Theorien und Aspekte der Theorien vergleichen und durch Vergleich prüfen kann, welche Theorie und welche ihrer Aspekte einen höheren Grad der Wahrscheinlichkeit aufweist und damit handlungsleitend werden kann. Wenn wir akademischen Philosophen, so die ciceronahe Erzählerstimme, bei diesem Prüfverfahren auf etwas stoßen, „was uns der Wahrheit nahe zu kommen scheint, dann erfüllt unseren Geist eine Freude, wie es für den Menschen keine schönere gibt".[121] Wenn im Konzert der metaphysischen Konzepte die wahrscheinlichste Annahme über Gott und die Welt zur Geltung gebracht wird, fühlen sich Skeptiker aber nicht dazu autorisiert, diese Annahme für wahr zu halten, und neigen daher im Unterschied zu Dogmatikern auch nicht dazu, leichtfertig daran zu glauben[122] und ihren

---

118 Cic. *ac.* 2,120 *quanti libertas ipsa aestimanda est non mihi necesse esse quod tibi!*
119 Cic. *ac.* 2,121 *nec Stratoni tamen adsentior nec tibi: modo hoc modo illuc probabilius videtur.*
120 Cic. *ac.* 2,124 werden die philosophischen Seelenkonzeptionen wie in Tusc. 1,18–23 angesprochen und ergebnisoffen diskutiert. Nach Aetius 4,21,1–4 (=SVF 2,836) unterscheiden die Stoiker sieben Seelenteile, die aus dem obersten Teil der Seele (*hegemonikon*), „welcher die Vorstellungen, Zustimmungen, Sinneswahrnehmungen und Antriebe bewirkt", hervorwachsen und sich mit dem zugehörigen Atemstrom (*pneuma*) in den Körper hinein erstrecken – „gerade so, wie aus dem Polypen seine Arme hervorkommen". Vgl. Hülser (2006) 376.
121 Cic. *ac.* 2,127 *indagatio ipsa rerum cum maximarum tum etiam occultissimarum habet oblectationem; si vero aliquid occurrit quod veri simile videatur, humanissima conpletur animus voluptate.*
122 Cic. *ac.* 2,128 *quaeret igitur haec et vester sapiens et hic noster, sed vester ut adsentiatur credat adfirmet, noster ut vereatur temere opinari praeclareque agi secum putet, si in eius modi rebus veri simile quod sit, invenerit.*

Glauben womöglich anderen aufzuzwingen.[123] Wer den Gedankengang nicht für ein Korollar des Gesprächs hält, sondern ihn für systematisch relevant erachtet und in seiner Substanz ernst nimmt, mag zu dem Schluss kommen, dass Ciceros Verteidigung akademischen Philosophierens auch dazu dient, den Nutzen der skeptischen Erkenntnistheorie und ihrer Wahrscheinlichkeitslehre für die vergleichende Betrachtung der Disziplinen der Metaphysik und Ethik in seinen übrigen Dialogen zu verdeutlichen. Cicero will seinem Leser nicht nur die Angemessenheit und theoretische Relevanz der akademischen Erkenntnistheorie vor Augen führen, sondern ihm auch eine Anleitung zur Lektüre seines philosophischen Werks mit auf den Weg geben.

Ein zweiter Fingerzeig darauf, dass die Übertragung von der fiktionalen Literatur auf das reale Leben von der ciceronahen Erzählerstimme und von dem hinter ihm stehenden Autor Cicero beabsichtigt ist, ergibt sich aus der Finalisierung des Dialogs. Als sich die Gesprächspartner voneinander verabschieden, um die Heimreise mit dem Schiff anzutreten, versichern sie einander im urbanen Gespräch unter Rückgriff auf die Lehre des Karneades, dass sie alle im Leben Kurs halten und ihre Schiffsreise antreten wollen. Sie tun es unter der Prämisse, dass sich zwar nichts begreifen lasse, der Weise aber auch dem Nicht-Begriffenen zustimmen, das heißt, Meinungen haben werde, aber in dem Sinne, dass er sich darüber klar sei, dass er bloß meine, und wisse, dass es nichts gebe, was erfasst und begriffen werden könne.[124] Ciceros Alter Ego stimmt der philosophischen These des Catulus, der die Position des Akademikers Karneades zur Geltung bringt und damit zugleich die Ausführungen zusammenfasst, nämlich als Erster in einer elaborierten Antwort zu. Dann gibt Ciceros Alter Ego die Frage geschickt an Hortensius weiter, der bei der Unterredung zwar die dogmatische Position der Stoa vertritt, hier aber mit einem als Ironiesignal verständlichen Lachen *tollendum* antwortet.[125] Auf die Frage nach der Richtigkeit der akademischen Philosophie bezogen dürfte es sich bei *tollendum*, „man muss anhalten, das Urteil aufheben", im Sinne von ἐπέχειν, um die philosophische Maxime handeln, ‚man solle sich des Urteils enthalten'.[126] Bei *tollendum* handelt es sich aber auch um einen nautischen Befehl an die Matrosen des Hortensius, dass im Sinne von *tollere ancoras* die Anker zur Abfahrt gelichtet werden sollen.

---

123 Cic. ac. 2,126 < iam ut comprobem > *quae tu, vide ne inpudenter etiam postules non solum adroganter, praesertim cum ista tua mihi ne probabilia quidem videantur.*
124 Cic. ac. 2,148.
125 Cic. ac. 2,148.
126 Die Interpretation folgt Straume-Zimmermann u. Gigon (1990) 453, die *tollere* im Sinne der akademischen Aufhebung bzw. Zurückhaltung des Urteils verstehen. Graeser u. Schäublin (1995) 310 deuten *tollere* dagegen im Sinne von ἀναίρειν d. h. „die Vernunft beseitigen". Nach ihrem Dafürhalten reist Hortensius nicht ab, sondern übernachtet in der Villa des Lucullus.

In der Entscheidungssituation des Gesprächs und des gleichzeitigen Aufbruchs handelt es sich um ein Sprachspiel des künstlerisch begabten Hortensius und eine bewusste Ambiguität des Autors Cicero. Hortensius, der gerade zum Dogmatismus ‚konvertierte' Anhänger stoischer Philosophie, spielt mit der philosophischen Maxime der Urteilsenthaltung auf der einen Seite auf die erkenntnistheoretische Position der skeptischen Akademie an und tritt trotz dieser vorgeblichen Urteilsenthaltung mit dem Befehl zur Abfahrt entschlossen eine unter Umständen gefährliche Seereise an.[127] Der Dialog endet auf der paradoxen Schlussnote, dass der Dogmatiker Hortensius auf Grundlage des philosophischen Kriterium entschlossen handelt, eines Kriteriums, das Cicero und Catulus als die nach der skeptischen Philosophie für den Weisen einzig mögliche Basis vernünftigen Handelns ermittelt haben: das Wahrscheinliche oder Glaubwürdige (*veri simile*, *probabile*).

1.5 Ursprung und Verwendung der philosophischen Methode

Woher stammt diese Denktradition? Wer vermittelte sie in Rom? Wozu wurde diese Methode von Philosophen vor Cicero und von ihm selbst verwendet? Die Frage nach dem Ursprung der philosophischen Methode, die in Verbindung mit der epistemologischen Begrifflichkeit der Stoa zur Bestimmung des jeweils Wahrscheinlichen dient, beantwortet Cicero in den *Tusculanae disputationes* (Cic. *Tusc.* 2,9):

> *Itaque mihi semper Peripateticorum Academiaeque consuetudo de omnibus rebus in contrarias partis disserendi non ob eam causam solum placuit, quod aliter non posset, quid in qua-*

---

[127] Mit der Metaphorik aus der antiken Seefahrt spielt Cicero auch in den *Tuskulanen* und nutzt sie dort als Bauprinzip des Dialogs. Ihre Bilder dienen der Darstellung der Philosophie als Medizin (vgl. nur Cic. *Tusc.* 2,11; 2,44–45; 3,77) zur Heilung der menschlichen Seele und damit als Heilmittel zur Linderung der ‚Stürme des menschlichen Lebens'. Im Unterschied zur universitären Philosophie der Gegenwart vertritt Cicero also einen weiten Philosophiebegriff, in dem Philosophie (auch) als Medizin für die Seele verstanden wird (Koch (2006)). Schiffsmetaphorik wird unter Nutzung der Junktur *remigio veloque* (OLD s.v. 2c „by all possible means") auch zur Beschreibung unterschiedlicher Methoden des Philosophierens durch Rudern und Segeln (Cic. *Tusc.* 3,25 ... *omni contentione, velis, ut ita dicam, remisque fugienda.* 4,9 *Utrum igitur mavis? statimne nos vela facere an quasi e portu egredientis paululum remigare? ... Quaerebam igitur, utrum panderem vela orationis statim an eam ante paululum dialecticorum remis propellerem.*) sowie zur Eröffnung (Cic. *Tusc.* 1,119), Weiterführung (Cic. *Tusc.* 4,33) und Finalisierung des Werks verwendet (Cic. *Tusc.* 5,117 *quid est tandem, di boni, quod laboremus? portus enim praesto est, ..., aeternum nihil sentiendi receptaculum.*). Ovid wird Ciceros literarische Technik in seiner *Ars amatoria* und in den *Remedia amoris* wiederaufgreifen und damit beide Werke zu einer Einheit verbinden, aber auf den Umgang mit und die Kontrolle der einen Emotion ‚Liebe' beschränken (Ov. *ars* 1,771–772; 2,5–10; 3,26; *rem.* 811–812).

1.5 Ursprung und Verwendung der philosophischen Methode — 51

que re veri simile esse inveniri, sed etiam quod esset ea maxuma dicendi exercitatio. qua princeps usus est Aristoteles, deinde eum qui secuti sunt. nostra autem memoria Philo, quem nos frequenter audivimus, instituit alio tempore rhetorum praecepta tradere, alio philosophorum: ad quam nos consuetudinem a familiaribus nostris adducti in Tusculano, quod datum est temporis nobis, in eo consumpsimus.

Daher hat mir die Gewohnheit der Peripatetiker und Akademiker, in allen Fragen dafür und dagegen zu disputieren, nicht nur darum immer gefallen, weil anders nicht entdeckt werden kann, was in jedem einzelnen Falle richtig ist, sondern auch, weil sie die beste Übung für das Reden ist. Aristoteles hat dies zuerst angewandt und dann seine Nachfolger. Zu unserer Zeit hat Philon, den wir häufig gehört haben, es so eingerichtet, daß er abwechselnd zu verschiedenen Zeiten in der Rhetorik und in der Philosophie unterrichtete. Zu eben diesem Vorgehen sind wir durch unsere Freunde ermuntert worden und haben die Zeit, die wir im Tusculanum zur Verfügung hatten, darauf verwendet (Gigon, 2003, 64).

Cicero verortet sich in einer doppelten Denktradition. Er beruft sich auf den von Peripatetikern und Akademikern geübten Brauch des *in contrarias partes disserendi*, des „Erörterns-in-gegensätzliche-Richtungen". In den Philosophenschulen diente die Methode, die auch als *in utramque partem disserere* oder als *disputatio in utramque partem* bezeichnet wird, verschiedenen Zwecken. Im Peripatos galt sie als Redeübung und half dem Redner, in jedem Streitfall das schlagende Argument zu finden und das Glaubwürdige (εἰκός) zu bestimmen.[128] Im Gegensatz zu den Peripatetikern nutzten die Vertreter der akademischen Skepsis die Methode des *in utramque partem disserere* als erkenntnistheoretisches Prinzip.[129] Wenn Cicero an die rhetorische *und* philosophische Tradition beider Schulen anknüpft, könnte es an der ihm vielleicht von Philon vermittelten Grundüberzeugung liegen, dass Philosophie und Rhetorik ursprünglich eine Einheit bildeten. Erst nach Sokrates soll es, so Cicero, zu dem „Zerwürfnis zwischen Zunge und Verstand" gekommen sein.[130] Zur Begründung seiner philosophischen Methode beruft sich Cicero allerdings nicht nur auf Philon, sondern auch auf andere Vorläufer.[131] Als Urheber und Nutzer der philosophischen Methode nennt er Arkesilaos (315–260), der die akademische Skepsis in Auseinandersetzung mit der Stoa im dritten Jahrhundert begründete, und Karneades (214/213–129/128), der die skeptische Schultradition in der Krise des zweiten Jahrhunderts erneuerte. Arkesilaos verwendete den systematischen Zweifel in destruktiver Absicht, um ein Gleichgewicht zwischen zwei einander ausschließenden und damit einander aufhebenden Thesen herzustellen. Sein Ziel war es, die An-

---

[128] Gawlick u. Görler (1994) 1024.
[129] Gawlick u. Görler (1994) 1024.
[130] Cic. *de orat.* 3,61 *hinc discidium illud exstitit quasi linguae atque cordis* ... und dazu Morkel (2012) 113–120.
[131] Cic. *de orat.* 3,80.

sprüche dogmatischer Philosophen zurückzuweisen. Aus dem systematischen Zweifel erwächst die Enthaltung des Urteils über die Richtigkeit einer Vorstellung. Wie von Arkesilaos gibt es von Karneades, der wie Sokrates nur durch das gesprochene Wort wirkte, keine Originalschriften. Die Rekonstruktion seiner Lehre beruht auf Berichten aus zweiter und dritter Hand, die Cicero und spätere Philosophen nach den Zeugnissen seiner Schüler anfertigten und die so zusammengefasst wurden: „Als Erneuerer der skept[ischen] Grundsätze des Arkesilaos bestritt K[arneades] die Zuverlässigkeit der Sinne u[nd] damit die stoische Lehre von der kataleptiké phantasia (Sext. Emp. 7,159–165, 401–425. Cic. ac. 1,64–90). Da auch die Dialektik unzulänglich sei (Cic. a.O. 91–98), leugnete er die Existenz eines Kriteriums der Wahrheit und forderte Urteilsenthaltung (epoché). Um aber die Möglichkeit prakt[ischer] Entscheidungen offen zu lassen, maß er stärker als Arkesilaos dem als wahr Erscheinenden, Überzeugenden (pithanón, probabile) Bedeutung bei und unterschied 3 Stufen der relativen Erkenntnisgewissheit ... "[132] Als Beispiel dafür, wie die drei Stufen relativer Erkenntnisgewissheit entstehen, diente Karneades nach Sextus Empiricus ein Mann, der in einem unbeleuchteten Haus ein aufgerolltes Seil erblickt. Im ersten Moment hält er es für eine Schlange. Aber er kehrt zurück, um sich von der Wahrheit seiner Wahrnehmung zu überzeugen. Als er bemerkt, dass sich der Gegenstand nicht bewegt, sagt ihm sein Verstand, dass es sich nicht um eine Schlange handelt. Trotzdem bedenkt er, dass sich Schlangen manchmal nicht bewegen, weil sie durch winterliche Kälte erstarrt sind. Daher berührt er den aufgerollten Gegenstand mit einem Stock. Als er die Erscheinung, die ihm begegnet war, so von allen Seiten geprüft hat, schließt er sich der Meinung an, dass die Vorstellung falsch sei, dass der Körper, den er gesehen habe, eine Schlange sei.[133] Das Beispiel des Karneades verdeutlicht, dass die Stufen relativer Erkenntnisgewissheit daraus entstehen, dass eine Vorstellung, die durch eine plötzliche Sinneserscheinung entsteht, von dem wahrnehmenden Subjekt mit Mitteln des Verstands einer theoretischen und praktischen Prüfung an der Realität unterzogen und so zu praktischen Zwecken in Bezug auf den Grad ihrer Probabilität getestet wird. An dem Beispiel ist nicht zu erkennen, dass es sich bei dem Gegenstand der Prüfung um komplexe Sachverhalte handelt, die von Karneades mit theoretischer Zielsetzung in konstruktiver Absicht gegeneinander abgewogen werden.

Im Unterschied dazu verwendet Cicero die philosophische Methode als universales Orientierungsinstrument in unterschiedlichen Lebensbereichen. Sein akademisches Philosophieren ist ohne die Dialektik in ihren verschiedenen Formen nicht

---

[132] Schmidt (1975) 125. Zu den drei Stufen der Erkenntnisgewissheit siehe oben S. 35. Ähnlich Stanzel (2003) 287–288.
[133] Sext. Emp. *Adv. math.* 7,187–188.

zu denken.[134] Die Dialektik wird oft *ex negativo* verwendet, um die Ansprüche dogmatischer Philosophen zurückzuweisen. Ihre negative Verwendung erinnert daran, dass alle Aussagen unter dem Vorbehalt der Urteilsenthaltung stehen. Dialektik wird aber auch konstruktiv verwendet. Dialektisch geprüfte Aussagen haben zwar nicht den Status wahrer Erkenntnisse, aber sind doch glaubhafte Meinungen. Im Gegensatz zu den von ihm geschätzten Denkern Arkesilaos, Karneades und Philon setzt Cicero allerdings voraus, dass sich einer der beiden Standpunkte bei der Prüfung durch das *disserere in utramque partem* als der stärkere erweist. Damit wäre das von Arkesilaos und Karneades angestrebte Gleichgewicht, die Isosthenie, aufgehoben. Es bildet sich eine Tendenz in Richtung des Wahrscheinlichen *(probabile)* heraus. Der stärkere Standpunkt hätte zwar nicht den Wahrheitswert ‚Eins', sondern eine Wahrscheinlichkeit unterhalb davon und damit den Wert einer geprüften Meinung. Es wäre aber eine hinreichende Grundlage, um im praktischen Leben nach dieser wahrscheinlich zutreffenden Meinung zu handeln. Der gemäßigte Skeptiker sieht sich daher nicht zur Untätigkeit verurteilt. Die epistemische Wahrscheinlichkeit genügte ihm, um in der philosophischen Debatte Theorien verschiedener Schulen zu vergleichen und sie in konstruktiver Absicht nach ihrer höheren oder geringeren Wahrscheinlichkeit ins Verhältnis zu setzen.

---

[134] Leonhardt (1999).

2 Über Gott und die Welt: Naturphilosophische Diskussionen in *De natura deorum*

Ciceros naturphilosophische Schriften bestimmt, dass sich in ihnen, von der Rhetorik vermittelt, Philosophie und Literatur in einzigartiger Weise verschränken. Im Dialog *De natura deorum* erörtern römische Aristokraten im Haus des Pontifex maximus Cotta Grundfragen antiker Naturphilosophie. Während Cotta die akademische Skepsis vertritt, stellt Velleius Prinzipien der epikureischen Philosophie und ihre Götterlehre vor. Der Peripatetiker Piso ist zwar nicht erschienen. Aber das ist kein Problem. Was in der Schule des Aristoteles gelehrt wird, stimmt angeblich mit der stoischen Philosophie überein, die Balbus darstellt. Cicero trifft verspätet ein. Nach einer urbanen Begrüßung wird der ciceronahe Ich-Erzähler als stummer Zuhörer zum Zeugen des Gesprächs. Die naturphilosophischen Dogmen und Argumente der hellenistischen Philosophenschulen werden demzufolge nicht nur schlicht dargestellt, sondern dem Leser in einer reizvollen Dialogsituation in bestimmter Weise vermittelt. Mochte die komplexe Gesprächssituation bewirken, dass neben den philosophischen Ideen und den zu ihrer Verteidigung vorgebrachten Argumenten auch die literarische Dynamik des von Cicero gestalteten Dialogs dazu beitragen konnte, dass bestimmte philosophische Positionen in einem speziellen Licht erscheinen? Vermögen die Schilderung des anfänglichen Auftretens der aktiven und passiven Gesprächsteilnehmer und ihrer späteren Interaktion die Rezeption des Lesers und seine Sicht des philosophischen Gehalts zu beeinflussen? Werden Leser, hintergründig, dazu angeleitet, sich philosophische Ideen nach rationalen Kriterien in einer ganz bestimmten Art und Weise anzueignen?

2.1 Der Schlusssatz von *De natura deorum* und seine Erklärungen

Das Interesse von Philosophen und anderen professionellen Leser konzentrierte sich aus nicht unbegreiflichen Gründen auf das Ende von *De natura deorum*. Der berühmte, von David Hume in den *Dialogues concerning natural religion*[1] nachgeahmte Schlusssatz lautet (Cic. *nat. deor.* 3,95):

> *Haec cum essent dicta, ita discessimus, ut Velleio Cottae disputatio verior, mihi Balbi ad veritatis similitudinem videretur esse propensior.*

---

[1] David Hume, *Dialogues concerning natural religion*, 1779 (dt. 1781 hg. von A. Schmidt).

> Nach diesen Worten trennten wir uns, und zwar so, daß Velleius Cottas Vortrag für zutreffender hielt, während mir die Worte des Balbus der Wahrscheinlichkeit näher zu kommen schienen. (Gerlach u. Bayer (1987) 835)

Wie bei einer Rochade im Schach wechseln zwei der Gesprächspartner unter dem Eindruck der Lehrvorträge ihre Positionen. Der Dogmatiker Velleius bekennt sich zum Skeptizismus, für den Cotta plädiert hatte. Der Skeptiker Cicero hält dagegen die Erörterung des stoischen Dogmatismus für wahrscheinlicher, für den Balbus plädiert hatte. Wer wagte es, wegen einer solchen Aussage, wenn sie auch von Sokrates beglaubigt wäre, nach der philosophischen Position Platons zu fragen? Aber da der ciceronahe Ich-Erzähler hier die erste Person Singular und Plural verwendet, hatte man offenbar keine Bedenken, Cicero als Urheber des Dialogs wegen seiner Bemerkung die Gretchenfrage zu stellen. Die Antworten auf diese Frage, die man seinem Religionsdialog und anderen naturphilosophischen Schriften entnehmen wollte, fielen recht unterschiedlich aus,[2] so dass sie hier in aller Kürze dargestellt und diskutiert werden sollen, bevor eine eigene Lösung angeboten wird. Zur Differenzierung der Positionen eignet sich ein von Pease entwickeltes dreiteiliges Schema, in das sich auch die Stellungnahmen späterer Forscher einfügen lassen.[3]
(1) Der erste Typ von Antwort auf die Frage lautet, dass Cicero, der auf der Seite des Skeptikers Cotta stehe und ihn als Sprachrohr benutze, in dem Schlusssatz seines Dialogs bewusst die Unwahrheit sage.[4] Es könne sich nicht um Ciceros wirkliche Überzeugung handeln. Denn, so argumentierte man, Cicero habe Angst vor Kritik wegen Atheismus gehabt und sei auch nicht bereit gewesen, mit einer solchen Einstellung den Einfluss der Staatsreligion zu schwächen.[5] Es war kein geringerer als der Kirchenvater Augustinus, der die erste dieser Erklärungen bei der Darstellung der Prädestinationslehre in *De civitate Dei* formulierte.[6] Doch könnte Cicero tatsächlich wenig Angst gehabt haben vor Atheismusvorwürfen und, dass er wegen Störung der Staatsreligion angeklagt werden könnte. Wenn, so stellte man fest, diese Ängste sehr groß gewesen wären, dann hätte Cicero sein Werk ja erst gar nicht veröffentlicht.[7] Auch muss man sich vergegenwärtigen, dass die Verbreitung philosophischer Ideen, als es weder den Buchdruck noch andere Wege der

---

2 Der Forschungsstand zu *De natura deorum* bei Diez (2021), der die Methoden und Ergebnisse der traditionellen Quellenforschung kritisiert (30–35) und die literarische Analyse des Spannungsfelds von dialogisch-rhetorischer Inszenierung und skeptischer Philosophie auf Grundlage der dogmatischen Velleiusrede und ihrer skeptischen Widerlegung durch Cotta in ein ausgewogenes Verhältnis zueinander bringt.
3 Pease (1913).
4 Pease (1913) 27.
5 Pease (1913) 27.
6 Aug. *civ.* 5,9.
7 Pease (1913) 29.

Vermittlung gab, recht beschränkt war und die Veröffentlichung von Ciceros Religionsdialogen durch Atticus weder einen öffentlichen Aufschrei noch eine religiöse Revolution auslösen konnte. In diese Richtung weisen Bemerkungen des Pontifex maximus Cotta im ersten Buch (Cic. *nat. deor.* 1,61):

> *Quaeritur primum in ea quaestione, quae est de natura deorum, sintne dei necne sint. ,Difficile est negare.' Credo, si in contione quaeratur, sed in huius modi sermone et in consessu familiari facillimum. Itaque ego ipse pontifex, qui caerimonias religionesque publicas sanctissime tuendas arbitror, is hoc, quod primum est, esse deos, persuaderi mihi non opinione solum, sed etiam ad veritatem plane velim.*

> Die erste Frage in dieser Untersuchung über das Wesen der Götter ist die, ob es Götter gibt oder nicht. – ,Es wäre bedenklich, das zu leugnen.' – Gewiß, wenn diese Frage in einer öffentlichen Versammlung gestellt würde, aber bei einem derartigen Gespräch und in unserem vertrauten Kreise ist es ganz unbedenklich. Daher möchte ich persönlich als Oberpriester, der die Meinung vertritt, man müsse die religiösen Gebräuche und die öffentliche Götterverehrung ganz gewissenhaft beachten, in dem ersten Punkt, der Existenz der Götter, nicht nur aufgrund einer bloßen Annahme, sondern der reinen Wahrheitsfindung nach überzeugt werden. (Bayer u. Gerlach (1987) 73)

Hätte Cicero ernsthaft befürchtet, als römischer Sokrates zu enden, hätte er die Differenzen zwischen exoterischem und esoterischem Philosophieren in der Schule, zu der er selbst gehörte, dann in der Weise enthüllt, wie er es hier tut und in seinem nächsten Religionsdialog tun wird?[8] Auch dürfte Cicero nicht so naiv gewesen sein, dass er angenommen haben könnte, mit einem so dürftigen literarischen Trick zu reüssieren wie dem, die Verantwortung für die hier geäußerten Meinungen gänzlich auf die Schultern von Cotta abzuwälzen.[9] Dass die hier ausgedrückten Meinungen Cicero zugerechnet werden konnten und wirklich für die seinen gehalten wurden, lässt sich gut an der Art und Weise erkennen, wie Augustinus und andere Kirchenväter darauf Bezug nehmen.[10] Soweit die erste Einschätzung des Finales und die Argumente, die für und gegen ihre Richtigkeit angeführt werden.

Während der erste Deutungstyp die Wahrheit des Schlusssatzes bestreitet und Cicero der Lüge bezichtigt, geht der zweite Interpretationsansatz davon aus, dass Cicero grundsätzlich die Wahrheit sagt. Die Erörterung des Balbus erscheine ihm tatsächlich glaubwürdiger als die Widerlegung Cottas.[11] Nach seiner äußeren Schulzugehörigkeit sei Cicero zwar ein akademischer Philosoph, im Herzen und nach seinen wirklichen Vorlieben aber ein Eklektiker, welcher der Stoa zuneigte. Auch wenn Cicero nicht jede Einzelbehauptung der stoischen Lehre akzep-

---

8 Cic. *div.* 2,28.
9 Pease (1913) 29.
10 Vgl. Aug. *civ.* 5,9; Lact. *inst.* 1,17,4; Arnob. *nat.* 3,6.
11 Pease (1913) 30 mit Hinweis auf Hirzel (1895) I, 533.

tiere, stimme er doch in hinreichendem Maße mit den Hauptlehrsätzen der Stoa überein, um behaupten zu können, dass die stoische Doktrin des Balbus glaubhafter sei als Cottas destruktive Argumente.[12] Trotz seiner Sympathien für die stoische Götterlehre habe sich Cicero bei der Abfassung des Dialogs auf Grundlage verschiedener Quellen freilich von der skeptischen Widerlegung und Cottas Eifer bei der Argumentation gegen den mittelmeerischen Polytheismus mitreißen lassen. Bei genauerem Hinsehen sei Cottas Argumentation aber nicht schlüssig, sondern so löchrig wie ein Schweizer Käse, wogegen die Argumente des Balbus gestärkt werden könnten. Ob die Welt göttlich gelenkt werde, sei daher, damals wie heute, eine Frage des Glaubens und nicht der Gewissheit.

Diese Erklärungen, die in der Bestimmung des Status von Glaubensaussagen auf der Linie Immanuel Kants liegen, bergen vieles in sich, was unwiderleglich wahr ist. Doch sollten wiederum Argumente nicht ausgeblendet werden, welche gegen diesen Erklärungsansatz ins Feld geführt wurden. Es seien nicht die Prinzipien der stoischen Doktrin, sondern deren Erörterung durch Balbus, die Cicero glaubhafter erscheine. Nicht einmal die extremsten Anhänger des zweiten Erklärungsansatzes würden behaupten, dass allen skeptischen Einwänden zureichend begegnet werden könne. Die Argumente des Balbus über die göttliche Vorsehung lägen auf der Hand. Ein beträchtlicher und wichtiger Teil der Behandlung dieser Frage durch Cotta sei wegen schlechter Überlieferung verloren. Daher ergebe sich für Cottas Erörterung im Vergleich zu der des Balbus ein offenkundiger Nachteil.[13] Der Aufbau des Dialogs, an dessen Ende nicht der Stoiker, sondern der Akademiker das letzte Wort behielte, lasse auf klare Sympathien des Autors für Letzteren schließen, die man nicht einfach ignorieren könne. Wenn *De natura deorum* in der Absicht geschrieben wäre, Leser für eine andere Position als die des akademischen Skeptizismus zu gewinnen, dann wäre dieser Absicht durch Anlage des Werks nur höchst unvollkommen entsprochen worden. Der Autor hätte seine Intentionen überall gut verborgen, mit der einen Ausnahme des Schlusssatzes.

Während die erste Erklärung emphatisch die Falschheit des Schlusssatzes behauptet, die zweite dagegen mit ungefähr gleichem Grad der Emphase seine Wahrheit konstatiert und dem Autor damit einmal eine polemisch-apotreptische, dann wieder eine protreptische Absicht unterstellt wird, liegt dem dritten Erklärungsansatz die Auffassung zugrunde, dass Cicero die Lehren der Philosophenschulen eher neutral darzustellen und ohne eine unmittelbar auf der Hand liegende Intention vermitteln wollte. Das entspräche Ciceros langfristigem Vorhaben, eine enzyklopädische

---

12 Pease (1913) 31.
13 Pease (1913) 32.

lateinische ‚Bibliothek' zu schaffen, die seine Landsleute mit dem Wesen griechischer Philosophie vertraut machen sollte.[14] Zur Erreichung des Ziels bediente sich Cicero verschiedener Methoden, wie der Darstellung der Gesamtheit der Lehren aller Philosophen durch Velleius im ersten Buch, wie es Aristoteles in den Anfangspartien seiner Pragmatien tat. *De anima* ist ein Beispiel dafür. Zur Erhöhung der Objektivität habe er zuerst die dogmatischen Positionen der Epikureer und Stoiker referieren und dann Cotta dagegen argumentieren lassen. Der Pontifex werde so zur Zentralfigur, welche die Einheit des Dialogs garantiere. Zur Objektivität trage es zusätzlich bei, dass auch philosophische Lehren, welche nicht mit der römischen Religion vereinbar seien, dargestellt würden, wie die Lehren Epikurs.[15] Wenngleich Cicero das Ideal der Objektivität nicht erreiche, sei jedenfalls sein Streben danach erkennbar. Es äußere sich darin, dass Cicero sich dem Leser als aufgeschlossen für andere Meinungen und so als unparteilich darstelle. Dieser Eindruck verstärke sich dadurch, dass er als stumme Person auftrete und den Leser damit nicht durch seine Autorität beeinflusse.[16] Ciceros Sympathien seien tatsächlich geteilt. Teile des stoischen Systems seien attraktiv für Cicero, wenn es nur von krasseren Elementen wie seinen pantheistischen Vorstellungen, seinem Fatalismus und seiner Mantik befreit sei. Die Annahme, dass Cicero die stoische Erörterung billige, sei daher falsch; was er billige, seien die positiven Überzeugungen, die hinter der stoischen Darstellung stünden. Die formale Zustimmung zu stoischen Prinzipien, die Cicero im Schlusssatz des Dialogs gebe, sei ein Beispiel für die Freiheit von dogmatischen Vorgaben, welche akademische Philosophen besäßen, und für die Möglichkeit, diese individuelle Freiheit zu nutzen, um mit der Probabilität ein praktikables Entscheidungskriterium für individuelles und kollektives Handeln zu gewinnen und so zu einer gesellschaftstauglichen Philosophie zu gelangen.

Diese Einteilung möglicher Interpretationsansätze von *De natura deorum* legten spätere Forscher ihren Überlegungen als Prämissen zugrunde. So tat es Lévy, als er Ciceros mit der in Platons Timaios vergleichbare Einstellung zu ermitteln suchte.[17] Ihm folgte Leonhardt, indem er die philosophischen Standpunkte von *De natura deorum* zur Bestimmung ihres jeweiligen Probabilitätsgrads beschrieb.[18] Denselben Weg ging Woolf[19], insofern er die Vorbereitung des philosophischen Standpunkts im Religionsdialog untersuchte. Die Wiedergabe der Interpretationsansätze und ihrer einzelnen Thesen deutet freilich auf einen kategorialen Fehler.

---

14 Pease (1913) 33.
15 Pease (1913) 34–35.
16 Pease (1913) 35.
17 Lévy (1992) 567–581.
18 Leonhardt (1999) 65.
19 Woolf (2015) 61.

Wenn Pease das Wort *Cicero* verwendet, unterscheidet er nicht zwischen Cicero als Person und Autor, Cicero als *Narrating I* und Cicero als *Acting I*. Vielmehr schwankt er beständig zwischen diesen drei Autorinstanzen. Pease unterliegt damit, wie seine Nachfolger, die unkritisch von der Einteilung ausgehen, aus literaturwissenschaftlicher Sicht narratologischen Fehlschlüssen.

2.2 *Narrating I* und *Acting I*: Ciceros Spiel mit Autorinstanzen

Es könnte sich daher als nützlich erweisen, bei der Untersuchung des Zusammenhangs von Philosophie und Literatur in Ciceros Religionsdialogen nicht nur die Vorgaben der antiken Rhetorik, sondern auch die Erkenntnisse der modernen Erzähltheorie zu berücksichtigen und damit den Fragehorizont vom Autor auf den Leser zu verschieben und mit dieser Erweiterung zu fragen, wie der Leser vom Autor mit welchen literarischen Mitteln zu welchem Ziel gelenkt wird. (1) Die antike Rhetorik kennt eine Vielzahl unkünstlicher Überzeugungsmittel, derer sich der Redner vor Gericht bedienen kann, wie Zeugenaussagen, Eide, Gesetze, Dekrete usw. Es gibt auch drei künstliche Überzeugungsmittel, die deshalb so heißen, weil sie von der Kunst des Redners hervorgebracht werden. Diese artifiziellen Überzeugungsmittel heißen in der griechischen Rhetorik *Ethos*, *Pistis* (bzw. *Logos*) und *Pathos*.[20] In der römischen Rhetorik werden die entsprechenden Lenkungsmechanismen verbal als *conciliare*, *docere* und *movere* beschrieben.[21] Unter *Pistis* ist die Überzeugung des Publikums mittels philosophischer bzw. rhetorischer Schlüsse zu verstehen, die, wenn sie vollständig sind, ‚Syllogismen‘, wenn sie unvollständig sind und von möglichen Vorannahmen des Publikums ausgehen, ‚Enthymeme‘ heißen. *Pathos* bedeutet, dass das Publikum durch Erregung heftiger Affekte von der Richtigkeit der Aussage des Redners überzeugt werden soll. Dem entspricht in der römischen Rhetorik der Begriff *movere*. *Movere* bedeutet die Auslösung starker Gemütsbewegungen beim Publikum. *Ethos* ist in der griechischen Beredsamkeit die Fremdinszenierung des Redners durch den sogenannten Logographen, der die Rede für seinen Klienten schreibt, der vor Gericht erscheint und sich dort selbst vertritt. In Rom wird der Angeklagte dagegen vor Gericht durch einen Patron vertreten, der Politiker und ein professioneller Redner ist. *Ethos* bedeutet daher die Selbstinszenierung des Redners, der das Publikum durch Hervorrufen milderer Affekte von der

---
20 Schulz (2019) 557–580 mit Analysen und einschlägiger Literatur zu den Wirkfunktionen der drei künstlichen Überzeugungsmittel und ihrer Wechselwirkung.
21 Ueding u. Steinbrink (1994) 274–283.

Ehrlichkeit seiner Absichten zu überzeugen und so für seine Person einzunehmen sucht. Dieses Werben um das Publikum wird als *conciliare* bezeichnet und als Gewinnung der Zuhörer oder als Akt der ‚Verbrüderung' von Redner und Hörer bzw. Autor und Leser beschrieben. (2) Diese künstlichen Beweismittel und besonders das *Ethos* werden von Cicero nicht nur in seinen anderen naturphilosophischen Dialogen, sondern auch in seinem Werk *De natura deorum* verwendet, bei dem es sich, erzähltechnisch betrachtet, um eine Ich-Erzählung aus der Autorenperspektive handelt. Der ciceronahe Ich-Erzähler ist zwar während der ganzen Unterredung anwesend. Aber er tritt vor allem am Anfang und am Ende in Erscheinung. Als auktorialer Ich-Erzähler und stummer Beobachter scheinen sowohl das *Narrating I* als auch das *Acting I* für eine neutrale Erzählhaltung zu stehen, die eher auf Belehrung durch gute Argumente (*Pistis*) als auf Überredung durch heftige Affekte (*Pathos*) setzt. Der auktoriale Erzähler in *De natura deorum* entspricht also dem, was man als *Ethos* eines Philosophen erwarten sollte. Antike Rhetorik und moderne Erzähltheorie lassen sich in der Rede- beziehungsweise Erzählform und hinsichtlich der Inszenierung des Redners beziehungsweise Erzählers aufeinander abbilden. Daher dürfte es sich lohnen, an *De natura deorum* mit Ausblicken auf *De divinatione* und *De fato* genauer zu betrachten, wie sich der Autor Cicero bei der Gestaltung der Rede- bzw. Erzählform und der Gestaltung des auktorialen Erzählers der Philosophie und Literatur bedient und was sich daraus für die Vermittlung des propositionalen Gehalts der Schrift an römische Leser ergibt.

In philosophischen Werken mit literarischem Anspruch gibt es eine Dreiecksbeziehung zwischen Autor, Werk und Leser. Diese Beziehung wird im Proömium definiert. Der Leser ist so auf eine bestimmte Art der Wahrnehmung des Autors und seines Werkes vorbereitet.[22] Im persönlichen Vorwort wird der Stoiker M. Iunius Brutus angeredet. Das Werk ist dem späteren Caesarmörder gewidmet.[23] Der ciceronahe Erzähler konfrontiert Brutus mit dem Problem, dass die Frage nach dem Wesen der Götter zwar unerlässlich sei für die Erkenntnis des menschlichen Geistes und das rechte Maß der Verehrung der Götter. Es gebe in dieser Sache aber keine Einigkeit. Die Philosophen seien vielmehr heillos zerstritten, was für die Richtigkeit des Skeptizismus spreche.[24] Der Ich-Erzähler schildert die abweichenden Meinungen der Philosophen in Bezug auf die Existenz, die Gestalt, den Aufenthaltsort und die Lebensweise der Götter.[25] Dann konzentriert er sich auf das entscheidende Problem, ob die Götter in die Welt eingreifen oder nicht, und erörtert, wie entscheidend die

---

22 Cic. *nat. deor.* 1,1–14. Zum Proömium vgl. Dyck (2003) 54–56 und ausführlich Diez (2021) 109–128.
23 Cic. *nat. deor.* 1,1.
24 Cic. *nat. deor.* 1,1.
25 Cic. *nat. deor.* 1,2.

Antwort auf diese Frage für die Frömmigkeit und das Gemeinschaftsgefühl der Menschen sei. Die Antwort sei lebenswichtig für die Existenz antiker Gesellschaften, in denen es keine Trennung von Politik bzw. Staat und Religion gibt.[26]

Nach der Klärung von Bedeutung und Schwierigkeit des Gegenstands wendet sich der Ich-Erzähler den Kritikern seines philosophischen Werks und Standpunkts zu und geht nacheinander auf wirkliche oder mögliche Kritikpunkte seiner Gegner ein.[27] Cicero habe erst spät zur Philosophie gefunden war einer der Vorwürfe.[28] Das erzählende Ich hält dem entgegen, dass er sich von Jugend an und lebenslang mit der Philosophie beschäftigte.[29] Er habe seine Mußestunden sinnvoll verwenden wollen[30] und nach einem familiären Schicksalsschlag Trost in der Philosophie gesucht.[31] Wer wissen wolle, welche Meinung der Autor Cicero selbst in jeder Sachfrage vertreten, sei übertrieben neugierig und verkenne das Wesen der Philosophie.[32] Ein anderer Vorwurf war, Cicero vertrete mit der akademischen Skepsis eine Philosophie, die selbst in Griechenland keine Anhänger mehr habe. Dagegen macht das erzählende Ich geltend, der Niedergang dieser Philosophenschule beruhe weniger auf seinen Vertretern als auf menschlicher Trägheit.[33] Der Kritik, Skeptiker böten keine Orientierungshilfen, mit denen Menschen ihr tägliches Handeln regeln könnten, begegnet der Ich-Erzähler mit dem Einwand, in der täglichen Praxis träten ‚Wahrscheinlichkeiten' an die Stelle von ‚Gewissheiten' und das ‚Wahrscheinliche' (*probabile*) sei eine ausreichende Richtschnur menschlichen Tuns.[34]

Der Ich-Erzähler beendet das apologetische Intermezzo, indem er dem Leser Ziel und Zweck seines Religionsdialogs in Erinnerung ruft.[35] Cicero zitiert dazu Verse aus den *Synepheben* des Caecilius Statius, die der römische Dramatiker der gleichnamigen Komödie Menanders entnommen hatte. In den Versen wird der Beistand von Göttern und Menschen bei einem nicht weiter definierten Vorhaben erbeten und auf diese Weise vom Autor unterstrichen, dass mit der Diskussion des Problems, ob die Götter in die Welt eingreifen, die gesamte römische Religion, die nach dem Prinzip des *do ut des* organisiert ist, auf dem Prüfstand, oder besser, auf dem Spiel stehe.[36]

---

26 Cic. *nat. deor.* 1,3–4.
27 Cic. *nat. deor.* 1,5–12.
28 Cic. *nat. deor.* 1,6.
29 Cic. *nat. deor.* 1,6.
30 Cic. *nat. deor.* 1,7.
31 Cic. *nat. deor.* 1,9.
32 Cic. *nat. deor.* 1,10.
33 Cic. *nat. deor.* 1,11.
34 Cic. *nat. deor.* 1,12.
35 Cic. *nat. deor.* 1,13.
36 Cic. *nat. deor.* 1,14.

Am Ende des Prologs werden die Sprecher eingeführt und die Szenerie des Dialogs gestaltet. Es geschieht nur umrisshaft und einigermaßen flüchtig, so dass zwar klar wird, dass das Gespräch im Haus des C. Aurelius Cotta stattfindet.[37] Aber nicht, ob es sich um das Stadthaus oder um eine stadtnah gelegene Villa des mit Cicero befreundeten römischen Konsulars und Pontifex maximus handelt.[38] Immerhin entspricht es den Strukturen des ciceronischen Dialogs, dass sich jüngere und weniger angesehene Politiker in das Haus eines älteren und angeseheneren Konsulars begeben.[39] Als Cicero beim latinischen Bundesfest Cottas Einladung zur philosophischen Diskussion folgt, findet er den Vertreter der akademischen Skepsis, auf einer Exedra sitzend, im Gespräch mit dem Epikureer C. Velleius und dem Stoiker Quintus Lucilius Balbus vor.[40] Der verspätete Gast wird freundlich begrüßt und sofort in das Gespräch eingebunden. Das handelnde Ich bemerkt, führende Vertreter der hellenistischen Philosophenschulen seien versammelt. Nur Marcus Piso fehle. Mit dem Peripatetiker Piso wären die Philosophenschulen, die in der Gegenwart blühten, vollzählig in der Diskussionsrunde vertreten.[41] Als sich Cotta bei Balbus erkundigt, ob die Peripatetiker noch eigenständig philosophierten oder ob sie sich mit den Stoikern in der Sache einig seien und nur in den Worten voneinander abwichen, droht das Gespräch in eine terminologische Spezialdiskussion über die Differenz zwischen stoischer und peripatetischer Ethik abzugleiten, bis Balbus an den vereinbarten Gegenstand des Gesprächs erinnert. Cotta erklärt dem späten Gast, man habe verabredet, das Wesen der Götter zu erörtern. Velleius habe schon mit der Lehre Epikurs begonnen. Sollte Velleius den Anfang seines Referats nicht selbst wiederholen wollen, sei er, sagt der Gastgeber höflich, gern selbst dazu bereit. Velleius erklärt seine Bereitschaft, obgleich ‚dieser hier' (*hic*) – damit bezeichnet Velleius Ciceros ‚handelndes Ich' – nicht ihm, Velleius, zur Hilfe gekommen sei, sondern um Cotta zu unterstützen. Cotta und Cicero hätten doch bei demselben Philon gelernt, dass es kein sicheres Wissen gäbe.[42] Das lässt das ‚handelnde Ich' nicht auf sich sitzen. In seiner ironischen Replik weist Cicero den Vorwurf mit einem Wortspiel zurück, das auf dem An- und Gleichklang von *adiutorem* und *auditorem* beruht und seine Unparteilichkeit betont (Cic. nat. deor. 1,17):

> Tum ego: "Quid didicerimus, Cotta viderit, tu autem nolo existimes me adiutorem huic venisse, sed auditorem, et quidem aecum, libero iudicio, nulla eiusmodi adstrictum necessitate, ut mihi velim nolim sit certa quaedam tuenda sententia."

---

37 Cic. *nat. deor.* 1,15 ... *apud C. Cottam* ...
38 Vgl. Dyck (2003) 5.
39 Zu Cotta vgl. Dyck (2003) 7.
40 Cic. *nat. deor.* 1,15 ... *offendi eum sedentem in exedra* ...
41 Cic. *nat. deor.* 1,16.
42 Cic. *nat. deor.* 1,17.

„Was wir gelernt haben", entgegnete ich darauf, „mag Cotta sehen; du aber glaube nicht, daß ich als Beistand für ihn gekommen bin, sondern ich will nur zuhören, und zwar unparteiisch, denn mein Urteil ist frei, und ich bin in keiner Weise gezwungen, eine bestimmte Ansicht wohl oder übel zu verteidigen." (Gerlach u. Bayer (1987) 25)

Das ‚handelnde Ich' unterstreicht nicht nur, dass es nicht als Zuträger und Helfer Cottas, sondern als Zuhörer gekommen sei. Damit bereitet Cicero bzw. der ciceronahe Erzähler den Leser einerseits auf seine Rolle als stumme Person im Dialog vor. Zugleich begründet das ‚handelnde Ich' seine philosophische Neutralität auch damit, dass Cicero als Skeptiker in seinem Urteil frei und anders als dogmatische Philosophen nicht verpflichtet sei, eine bestimmte Schulmeinung zu vertreten.

Wenn also mehrere Merkmale der Eingangsszenerie darauf hindeuten, dass die Charaktere der Gesprächsteilnehmer im Einklang mit ihrer philosophischen Schulzugehörigkeit dargestellt werden, wie stilisiert sich dann der ‚Autor', das auktoriale Ich selbst? Wie wird das Ethos des Redners nach den Regeln der Rhetorik konstruiert? Das ‚erzählende Ich' stellt im personalen Vorwort zunächst die Wichtigkeit seines Gegenstands sowie die eigene philosophische Sachkompetenz und Schulzugehörigkeit heraus, so dass ein Grundvertrauen in den Redner beziehungsweise den philosophierenden Verfasser des Werks entsteht. Dies Grundvertrauen in Ciceros Sachkompetenz wird durch die Darstellung des ‚handelnden Ichs' in doppelter Weise verstärkt. Dieser Effekt auf den Leser ergibt sich einerseits daraus, dass angesehene römische Politiker, die über einschlägiges Sachwissen verfügen, Cicero als philosophische Autorität anerkennen. Das Vertrauen wird zudem dadurch gestärkt, dass Cicero im Streit der Philosophenschulen trotz seines Bekenntnisses zur akademischen Skepsis nicht Partei ergreift oder gerade deswegen nicht Partei ergreifen muss, sondern strikte Neutralität bewahrt. Im Schweigen der Dialogfigur, die auf den Leser bescheiden und vertrauenswürdig wirkt, kommt diese Neutralität zum Ausdruck.

Wenngleich das ‚handelnde Ich' als stumme Person im ersten Buch außerhalb der Eingangspartie nicht weiter in Erscheinung tritt und damit keine rhetorische Wirkung ausüben kann, verwenden in Fortsetzung des Prologs die Dialogfiguren Velleius in ihrer Darstellung der epikureischen Theologie und Cotta in deren Widerlegung künstliche Überzeugungsmittel aus der Rhetorik.[43] Diese Strategie hatte Cicero in *De oratore* selbst empfohlen. Es sei günstig, gute Argumente, die auf künstlichen Beweismitteln beruhen, an Anfang und Schluss einer Rede zu setzen. Im Mittelteil konzentriere man besser weniger starke und schwache Argumente. Der formale Aufbau der Rede helfe so, den Leser von ihrem Inhalt zu überzeugen.[44]

---

43 Den polemischen Grundzug der Velleiusrede erläutert Classen (2010), bes. 205–207.
44 Zu dieser Form des *probare* vgl. Cic. *de orat.* 2,314.

An der Makrostruktur von Cottas Widerlegung ist abzulesen, dass Cicero die Vorgaben der Beredsamkeit beachtet. Seine Argumentation kulminiert in dem Vorwurf des versteckten Atheismus. Betrachten wir den Vorwurf, Epikur sei ein Atheist gewesen, als stärkstes Argument und die Diskreditierung des Schulgründers als Ziel der Gesamtstrategie,[45] wird dieser Hauptpunkt durch die mögliche Leugnung der Existenz von Göttern im privaten Rahmen vorbereitet,[46] im nächsten Schritt vorsichtig zum Ausdruck gebracht[47] und durch Nennung anderer Agnostiker und Atheisten verstärkt.[48] Im Mittelteil von Cottas Rede konzentrieren sich viele Argumente gegen Epikurs Atomtheorie und die menschliche Gestalt der Götter. Am Ende seines Plädoyers steht die Argumentation über die Unwürdigkeit der epikureischen Götter,[49] die in einen nun eindrücklicher vorgebrachten Vorwurf der Gottlosigkeit mündet. Der Atheismusvorwurf, der jetzt zusätzlich mit einem Zitat von Poseidonios untermauert wird, antwortet in raffinierter Weise auf den Einwand eines fiktiven Interlokutors, der geltend macht, es gäbe doch eine Schrift Epikurs über das Wissen von der Verehrung der Götter (Cic. *nat. deor.* 1,122–123):

> ‚At etiam liber est Epicuri de sanctitate'. Ludimur ab homine non tam faceto quam ad scribendi licentiam libero. Quae enim potest esse sanctitas, si dii humana non curant, quae autem animans natura nihil curans? Verius est igitur nimirum illud, quod familiaris omnium nostrum Posidonius disseruit in libro quinto de natura deorum, nullos esse deos Epicuro videri, quaeque is de deis inmortalibus dixerit, invidiae detestandae gratia dixisse;

> ‚Aber es gibt doch eine Schrift Epikurs über das Wissen von der Verehrung der Götter!' Da treibt ja nur ein Mann seinen Spott mit uns, von dem man weniger sagen kann, daß er geistreich ist, als daß er sich erdreistet hat, das zu schreiben. Denn wie kann es überhaupt ein solches frommes Verhalten geben, wenn die Götter sich um die Angelegenheiten der Menschen nicht kümmern? Wo aber gibt es ein beseeltes Wesen, das sich um nichts kümmert? Richtiger ist demnach ohne Zweifel, was unser alter Freund Poseidonios im fünften Buche seiner Schrift „Über das Wesen der Götter" dargelegt hat: Epikur glaube anscheinend gar nicht an eine Existenz der Götter, und was er über die unsterblichen Götter gelehrt habe, habe er nur zur Abwehr gehässiger Anschuldigungen gesagt. (Gerlach u. Bayer (1987) 141)

---

45 Cic. *nat. deor.* 1,61.
46 Cic. *nat. deor.* 1,61.
47 Cic. *nat. deor.* 1,62.
48 Cic. *nat. deor.* 1,63.
49 Cic. *nat. deor.* 1,115; 117 ff.

2.3 Warum Verse aus Ciceros *Aratea* und Roms archaischer Dichtung?

Derartige Methoden der *rhetorica forensis* wurden für das erste Buch genauer untersucht.[50] Auf Einzelheiten daraus einzugehen scheint nicht erforderlich. Man sollte sich nur erinnern, dass von der stummen Person des Autors im weiteren Dialoggeschehen nicht mehr die Rede war. In den Dichterzitaten des zweiten Buchs sieht sich der Leser plötzlich wieder mit dem ‚handelnden Ich' des Autors konfrontiert. Als Balbus die stoische Götterlehre darstellt, greift er wiederholt auf Verse aus der altrömischen Dichtung zurück. Dienen die Zitate nur der Charakterisierung der Dialogfigur? Es handelt sich um Verse und Verspartien aus Epikern und Dramatikern, die in Roms archaischer Literatur Rang und Namen haben: Ennius,[51] Terenz,[52] Accius[53], Pacuvius.[54] Cicero hatte bekanntlich eine besondere Vorliebe für die archaische Epik und Dramatik. Die Auswahl der Dichter spiegelt insofern seinen literarischen Geschmack. Wenig Sinn hatte Cicero hingegen für die zeitgenössische Lyrik. Die Gruppe der neoterischen Dichter klassifizierte er als *cantores Euphorionis*.[55] Selbst wenn sich seine Lebensspanne verdopple, wird Cicero zitiert, werde er keine Zeit finden, Lyriker zu lesen.[56] Auf die Idee, dass die Vorbehalte auf Gegenseitigkeit beruhen, bringen uns Catulls Spottverse auf den *optimus omnium patronus*.[57] Die Parade archaischer Dichter dient der Dialogfigur (und dem auktorialen Ich-Erzähler) zur Vorbereitung des dramatischen Höhepunkts ihres Referats der stoischen Götterlehre, als Balbus das *Acting I* Ciceros anblickt (*atque hoc loco me intuens*) und die stumme Person plötzlich anspricht (Cic. *nat. deor.* 2,104):

> "*Utar*", inquit, "*carminibus Arateis, quae a te admodum adulescentulo conversa ita me delectant, quia Latina sunt, ut multa ex is memoria teneam.*"

> Ich werde dabei (d. h. bei meiner Darstellung der Sternbilder und der Planetenbewegungen [Ergänz. d. Verf.]) das Gedicht des Aratos benutzen, das du als ganz junger Mann übersetzt

---

50 Vgl. Schäublin (1990). Den rhetorischen Aufbau der ersten beiden Bücher von *De finibus* analysieren Leonhardt (1999) 89–126 und Inwood (1990).
51 Cic. *nat. deor.* 2,4 und 65.
52 Cic. *nat. deor.* 2, 60.
53 Cic. *nat. deor.* 2,89.
54 Cic. *nat. deor.* 2,91.
55 Cic. *Tusc.* 3,45. Zur Bedeutung des Ausdrucks vgl. Tuplin (1979) 358–360. Ciceros Aversionen gegenüber den Neoterikern und Interesse am historischen Epos betont Narducci (2012) 296–298.
56 Sen. *epist.* 49,5 *negat Cicero, si duplicetur sibi aetas, habiturum se tempus quo legat lyricos* ...
57 Catull. 49,7.

hast und das mir, weil es nun lateinisch zu lesen ist, so viel Freude macht, daß ich vieles davon auswendig weiß. (Bayer u. Gerlach (1987) 263)

Balbus will sich auf Ciceros *Aratea*, seine lateinische Übersetzung des astronomischen Lehrgedichts des Arat von Soloi[58] stützen, um an den Sternbildern die Ordnung und Schönheit des himmlischen Kosmos zu veranschaulichen. Aus den zielgerichteten Bewegungen der Planeten auf ihren geordneten Bahnen sollen nach Art eines Gottesbeweises die Existenz eines göttlichen Wesens und sein Eingreifen in die Welt bewiesen werden. Zweifellos handelt es sich um einen literarischen und gedanklichen Höhepunkt von *De natura deorum*. Mit etwa 80 Versen werden aus Ciceros *Aratea* nicht nur um ein Vielfaches mehr Verse als von jedem anderen römischen Dichter zitiert. Der Dichter Cicero behält in dieser literarischen Reihe insofern auch das letzte Wort, als Balbus im zweiten Buch nach den Versen aus den *Aratea* kein weiteres Dichterzitat mehr anbringt. Von den mehr als 500 erhaltenen Versen der *Aratea* wird nur ungefähr ein Fünftel zitiert. Trotzdem kann sich der Leser ein Bild davon machen, nach welchen Prinzipien Cicero den Sternenhimmel auf der Grundlage von Arats *Phainomena* beschreibt. Die Gliederung des Lehrgedichts, das sich an Laien und Astronomen richtet, lässt sich aus *De natura deorum* und der direkten Überlieferung in den Handschriften der *Aratea* rekonstruieren. Der Dichter beginnt mit dem Nordpol und beschreibt nach dem Proömium (vv. 1–18) die Nordhälfte des Nachthimmels (vv. 19–342) mit den fixen Sternbildern und -zyklen. Ein Höhepunkt ist der Andromeda-Zyklus mit Kassiepea, Kepheus, Equus (Pegasus) und Perseus (vv.183–229 und 254–260). Es folgt die Südhälfte des Nachthimmels (vv. 343–469). Dominierende Sternbilder sind hier der Jäger Orion (vv. 343–347) und Argo Navis (vv. 370–382). Ein Exkurs zu den ‚Wandel'sternen oder Planeten (vv. 470–480) dient Cicero als trennendes Scharnier zur Abgrenzung der Sternbilder von den sogenannten Weltkreisen (*orbes mundi*) und den Orientierungslinien. Es handelt sich um den Himmelsäquator (vv. 531–543) und die Ekliptiklinie (Zodiak) (vv. 544–586), den Wendekreis des Krebses (vv. 498–517) und des Steinbocks (vv. 517B–530), zu denen fälschlich auch die ‚Milchstraße' gerechnet wird (vv. 489–497). Cicero beendet sein Jugendwerk mit der Beschreibung der Auf- und Untergänge der Zodiakalzeichen (vv. 588–764).

Wenn die Verse aus Ciceros *Aratea* in der Rede des Balbus einen so breiten Raum einnehmen und so deutlich hervorgehoben werden, stellt sich unwillkürlich die Frage, warum der ciceronahe Erzähler hier in derart auffälliger Manier von

---

[58] Zu den Fragmenten der *Aratea* und der Rekonstruktion des astronomischen Lehrgedichts vgl. Soubiran (1972). Cicero als Dichter behandelt: Gee (2013b) 88–106. Zu Arat und der astronomischen Tradition vgl. Gee (2013a).

der eigenen Versübersetzung Gebrauch macht. Auf diese Weise die Erinnerung an seine poetischen ‚Jugendsünden' wachzuhalten, mochte ein verständliches Anliegen des Autors sein. Wenn Cicero sich in Vers und Prosa kanonische griechische Autoren wie Platon, Aristoteles, Demosthenes und Arat durch Übersetzung und Auswertung von Kommentaren systematisch aneignete, mochte darin auch die literarische Strategie zum Ausdruck kommen, sich selbst als kanonischen Autor zu stilisieren.[59] Aber es wäre wohl ein bedenklich hoher Aufwand und gedanklich zu kurz gegriffen, vermutete man hinter dieser einzigartigen Zitatenkette nur ein Spiel mit der literarischen Tradition und nicht auch ein philosophisches Anliegen. Warum sollte in den Versen nicht eine geistige Haltung vermittelt oder ein propositionaler Gehalt transportiert werden? Warum Balbus geneigt sein mochte, derart viele Verse aus Ciceros Übersetzung aus dem Gedächtnis zu zitieren und sich so auf sie zu stützen, könnte darauf beruhen, dass Arat von Soloi ein stoischer Dichter war. Damit passte der Gehalt der Verse gut zu dem stoischen Weltbild, das der auktoriale Ich-Erzähler durch seine Dialogfigur Balbus vermitteln wollte.[60] Aber war es in republikanischer Zeit überhaupt denkbar und üblich, das dichterische Werk eines Autors in so enger Weise mit seinem Leben zu verbinden? Man erinnert sich vielleicht daran, wie emphatisch sich der Dichter Lukrez zu seinem Idol Epikur bekennt. Eine engere Parallele dazu, dass ein dichterisches Werk als Ausdruck einer geistigen Haltung verstanden und damit öffentlich argumentiert wird, gibt es wohl in Ciceros *De divinatione*.

Bevor wir uns damit auseinandersetzen, wie Cicero in seinem zweiten Religionsdialog zum ‚Wiederholungstäter' wurde[61], denken wir jedoch den Gedanken von *De natura deorum* zu Ende. Was mochte der ciceronahe Ich-Erzähler mit der langen Zitatenkette des zweiten Buches bezwecken? Die von Cicero übersetzten Verse betonen einerseits bestimmte Sachverhalte, die der Stoiker Balbus unterstreichen möchte, wie die göttlich gelenkte Ordnung der Erde und des Himmels und damit des gesamten Kosmos. Sie dienen so der Veranschaulichung der stoischen Philosophie und ihrer Weltsicht. Die Verse modifizieren aber auch die Position des *Acting I*, das der auktoriale Ich-Erzähler in der Eingangspartie so inszeniert hatte, als sei es auf strikte Neutralität und Äquidistanz gegenüber allen hellenistischen Philosophenschulen be-

---

59 Vgl. Bishop (2019) zu anderen griechischen Autoren und besonders zu Arat (41–84) und Ciceros Aratrezeption (83–84).
60 Zum stoischen Gehalt der *Phainomena* Arats und zu ihrer Rezeption durch Cicero vgl. Hübner (2005) 133–154, besonders 140–141. Zum Text der *Phainomena* grundlegend Martin (1998) und Erren (2009), zum astronomischen Gehalt Gee (2013a).
61 Dichterzitate bei Cicero behandelt Spahlinger (2005), der in seiner Analyse der Dichterzitate in der Balbusrede von Ciceros *De natura deorum* (82–96) ebenfalls die stoische Prägung der *Phainomena* Arats hervorhebt (93–94).

dacht. Im Verlauf der Handlung des Dialogs wird hier nämlich eine Vorliebe des *Acting I* für die stoische Philosophie aufgedeckt, die sich während seiner Jugend in der Übersetzung des Lehrgedichts von Arat ausgedrückt hatte. Auch wenn es nicht expliziert wird, wie in *De divinatione*, dürfte die durch Betonung der philosophischen Offenheit des *Acting I* bereits im Prolog vorbereitete ‚Konversion' des *Narrating I* im Epilog, hier durch die offenkundige Sympathie für das stoizisierende Lehrgedicht weiter erklärt und legitimiert werden. Setzt man voraus, dass sich der Leser mit dem ‚handelnden' und dem ‚erzählenden Ich' des Autors ein Stück weit identifiziert, wird der Dialog, wenn der ciceronahe Ich-Erzähler am Ende erklärt, dass ihm die Erörterung des Balbus (*ad veritatis similitudinem ... propensior*) ‚wahrscheinlicher' erschien als die des Cotta, somit durch subtile Lenkung des Lesers, wenngleich sich der Ich-Erzähler im Proömium gegen ein derartiges Vorgehen ausgesprochen hatte, zu einer Art von Anleitung für mögliche Rezipienten. Unter Anhörung und Abwägung aller philosophischen Positionen und Argumente wird der Rezipient nach dem akademischen Modell des Philosophierens auf klar definierten Teilgebieten planvoll und systematisch dazu angeleitet, sich ein eigenes Urteil über den Grad der Probabilität einer philosophischen Behauptung oder eines Theorems zu bilden und, wenn erfolgreich, mit diesem Baustein eine eigene Patchwork-Philosophie zu kreieren. Mit anderen Worten: Die dem *Acting I* vom *Narrating I* zugeschriebene Urteilsfindung erweist sich so im Kern als Modellfall eklektischen Philosophierens.

3 Römische Aufklärung? Philosophie und Religion in *De divinatione*

3.1 Einbettung in den historischen Kontext

Astrologen hatten den Triumvirn ein friedliches Ende geweissagt. Erst im Greisenalter würden sie in ihrem Haus eines rühmlichen Todes sterben.[1] Der schmähliche Tod des Crassus im Kampf gegen die Parther und der Mord an Pompeius bei seiner Ankunft in Ägypten hatten ihre Weissagungen jedoch widerlegt. Ja, sie hatten sie so weit außer Kraft gesetzt, dass sich Caesar wohl weniger auf Chaldäer als auf sein sprichwörtliches Glück verließ, als er Warnungen vor den Iden des März in den Wind schlug.[2] Vielleicht waren es auch philosophische Maximen, die das Tun des Diktators bestimmten und so zur Ursache seines Untergangs wurden. Caesar war, vermutlich, Epikureer. Die epikureische Gottesvorstellung aber war mit dem Glauben an göttliches Eingreifen in die Geschichte und an göttliche Vorzeichen unvereinbar. Waren also philosophische Beweggründe im Spiel, als Caesar vorhandenen Warnungen zu wenig Beachtung schenkte?

Was auch immer der Grund war, der Caesar so unvorsichtig sein ließ, die Kurie an den Iden des März zu betreten, nach dem gelungenen Attentat des Brutus werden Zeitgenossen derartige Fragen nach Caesars Motiven gestellt haben. In seinem vor den Iden des März begonnenen, aber erst danach vollendeten Traktat *De divinatione* beteiligt sich Cicero an Spekulationen, die mit dem Tod des Diktators tagespolitische Relevanz gewonnen hatten. Der ciceronahe Ich-Erzähler diskutiert nicht nur die philosophischen Voraussetzungen des griechisch-römischen Vorzeichen- und Orakelwesens. Er fragt auch nach den seelischen Qualen, die der Diktator empfunden haben könnte, sollte er seinen gewaltsamen Tod zu Lebzeiten vorausgeahnt haben.[3] Wie ernst es der Autor damit meinte, ist schwer zu sagen. Zur Verteidigung der Wahrsagung aus stoischer Perspektive lässt er seinen Bruder Quintus jedenfalls diese Anekdote erzählen. An dem Tag, als der Diktator erstmals im Purpurkleid auftrat und auf einem goldenen Thron Platz nahm, sei in den Eingeweiden des Opfertieres kein Herz gefunden worden. Quintus erklärt, der Diktator habe sich von der Deutung des schlechten Omens durch den Opferschauer Spurinna nicht beeindru-

---

1 Cic. *div.* 2,99 *Quam multa ego Pompeio, quam multa Crasso, quam multa huic ipsi Caesari a Chaldaeis dicta memini, neminem eorum nisi senectute, nisi domi, nisi cum claritate esse moriturum!* Die lateinischen Texte werden nach Ax (1938) zitiert; Übersetzungen nach Schäublin (2013).
2 Suet. *Iul.* 81,2–4.
3 Cic. *div.* 2,23.

cken lassen.⁴ Als Vertreter der akademischen Skepsis artikuliert der auktoriale Erzähler dagegen durch seine Dialogfigur Marcus Zweifel an der Richtigkeit der Wahrsagung. Dazu lässt er sein Alter Ego das Argument des Quintus aufgreifen und ins Gegenteil verkehren. Die Dialogfigur bezeichnet Caesar nicht nur als Tyrannen.⁵ Marcus ironisiert auch das Verhalten des ermordeten Diktators. Mit einer rhetorischen Frage legt er Quintus eine absurde Erklärung der biologischen Anomalie des Opfertieres aus dem herrischen Auftreten Caesars in den Mund, der in seiner königlichen Purpurkleidung Herz und Verstand verloren habe (Cic. *div.* 2,36–37):

> *Sed adfers in tauri opimi extis immolante Caesare cor non fuisse; id quia non potuerit accidere, ut sine corde victuma illa viveret, iudicandum esse tum interisse cor cum immolaretur. qui fit, ut alterum intellegas, sine corde non potuisse bovem vivere, alterum non videas, cor subito non potuisse nescio quo avolare? ego enim possum vel nescire quae vis sit cordis ad vivendum, vel suspicari contractum aliquo morbo bovis exile et exiguum et vietum cor et dissimile cordis fuisse; tu vero quid habeas quare putes, si paulo ante cor fuerit in tauro opimo, subito id in ipsa immolatione interisse? an quod aspexerit vestitu purpureo excordem Caesarem, ipse corde privatus est?*

> Nun erwähnst du, unter den Eingeweiden eines erlesenen Stieres habe sich, als Caesar (sc. kurz vor den Iden des März [Ergänzung d. Verfassers]) opferte, kein Herz befunden. Weil es indes nicht möglich sei, dass das Tier ohne Herz gelebt habe, müsse man schließen, dass das Herz sich zu eben dem Zeitpunkt verflüchtigt habe, als man opferte. Wie kommt es, dass du das eine begreifst (sc. ohne ein Herz habe der Ochse nicht leben können [Ergänzung d. Verfassers]), das andere aber nicht siehst (sc. das Herz habe nicht plötzlich irgendwohin wegfliegen können [Ergänzung d. Verfassers])? Mir nämlich steht es frei, entweder nicht zu wissen, welchen Beitrag das Herz zum Leben leistet, oder zu vermuten, infolge irgendeiner Krankheit des Ochsen sei das Herz verkümmert, klein und eingeschrumpft gewesen und einem Herzen nicht mehr ähnlich. Dir aber, was gibt dir das Recht zu glauben, wenn kurz zuvor sich in dem erlesenen Stier ein Herz befunden hat, so habe es sich während der Opferung verflüchtigt? Oder meinst du: weil er Caesar angeblickt habe, dem ob seiner Purpurkleidung Herz und Verstand geschwunden waren, deshalb verlor der Stier sein Herz? (Schäublin (2013) 167–169)

Marcus und Quintus treten im Dialog als Ich-Sprecher auf. Damit sind sie Teil der erzählten Welt, die der Autor Cicero entwirft. Wenn daher auch unsicher ist, ob sich die Meinung des Autors nur in der Polemik seiner Dialogfigur Marcus spiegelt, so werden Verfasser literarischer und philosophischer Texte in der Literaturwissenschaft doch als Träger von Ausdrucksinteressen angesehen, die aus dem Text bzw. Kontext des Dialogs erschlossen werden können.⁶ Zu den Ausdrucksin-

---

4 Cic. *div.* 1,119.
5 Cic. *div.* 2,110 ... *quem re vera regem habebamus* ...
6 Klausnitzer (2004) 124 „Als Urheber von literarischen Äußerungen ist der Autor Träger von Ausdrucksinteressen, die aus dem Text bzw. aus dem Kontext erschlossen werden können. In

teressen, die Caesarianer kaum begrüßt haben werden, gehören Gefühle der Erleichterung, ja der heimlichen Freude über den Tod des Tyrannen.[7] Spürbar ist auch die Absicht des Autors, ein Gefühl des Triumphs über den getöteten Diktator durchscheinen zu lassen, der die politischen Spielräume des überzeugten Republikaners schon im Jahre 63 bei der Catilinarischen Verschwörung und stärker noch seit den Jahren 60 und 49 v. Chr. verengt und ihn, bei aller noblen Behandlung, immer wieder gedemütigt hatte.[8] Deutlich ist die übergeordnete Intention, dem römischen Publikum die Physik als Disziplin der hellenistischen Philosophie in mehreren Traktaten zu vermitteln und im Rahmen dieses Programms, vor dem aktuellen Hintergrund des Attentats, aus philosophischer Perspektive ‚Pro' und ‚Contra' der Wahrsagung zu diskutieren. Unter Berücksichtigung dieser Ausdrucksinteressen ergeben sich Fragen folgender Art: Wie beurteilen der Autor des Dialogs, seine Dialogfiguren und die von ihnen repräsentierten Philosophen und Philosophenschulen die Divination? Bestreiten der Autor des Gesprächs oder seine Gesprächsfiguren aus philosophischen Gründen die Möglichkeit der Wahrsagung? Bleiben am Ende des Dialogs noch Klärungsbedarf und damit Spielräume, die es theoretisch erlauben, die Geltung der Divination einzuräumen? Wie werden die Ausdrucksinteressen des Autors davon beeinflusst, dass Cicero nach dem Tod des Crassus in die Priesterschaft der Auguren kooptiert wurde und damit im staatlichen Auftrag mit der Zukunftsdeutung befasst war?

Diese und ähnliche Fragen sind gestellt und unterschiedlich beantwortet worden. Bei der Einschätzung der Ausdrucksinteressen des Dialogs ging man grundsätzlich davon aus, dass Cicero seine römischen Rezipienten über die Divination belehren wollte. In der Auseinandersetzung mit Aberglauben und okkulten Formen der Zukunftsdeutung werde er von einem Eifer getrieben, der an Lukrez erinnere.[9] Damit treibe Cicero den Prozess der Integration griechischer Kultur in

---

seinen Äußerungen hat der Autor zwischen Distinktionsinteressen, Regeln der gewählten Gattung und Publikumserwartungen zu vermitteln, um sich auf einem vorstrukturierten literarischen Feld behaupten zu können."

7 Cic. *div.* 2,110.

8 Die Ansicht, dass Cicero von Caesar mit Darlehen unterstützt wurde, wird jetzt von Bringmann (2014) bestritten.

9 So oder in der Sache vergleichbar die Einschätzung der Ausdrucksinteressen des Dialogs von Pease (1963) 12–13 und Schäublin (2013) 395–396. Nach Linderski (1982) 37–38 greift Cicero die *divinatio* zwar als Teil der korrupten Staatsreligion an. Er kritisiere die Wahrsagung aber nicht explizit und wende sich nicht gegen die Staatsgötter. Schofield (1986) 61–63 beurteilt *De divinatione* als „rationalist protest against the inanity of divination". Krostenko (2000) 353 betont, dass frühere Interpreten wie Guillaumont das Plädoyer des skeptischen Marcus als echte Widerlegung der *divinatio* begriffen und den frommen Quintus als Strohmann beurteilt hätten; diese Einschätzung werde dem komplexen kommunikativen Gefüge des Dialogs aber nicht gerecht. Zur Licht-

den römischen Alltag zielstrebig voran.[10] Das Anliegen des Verfassers werde besonders an der kritischen Beurteilung der Wahrsagung durch sein Alter Ego Marcus deutlich. Die Beurteilungen des Dialogs weichen aber darin voneinander ab, dass einige Interpreten der Auffassung sind, der Autor habe in religiösen Angelegenheiten schon immer aufklärerische Absichten verfolgt. Andere dagegen meinen einen Wandel seiner Ansichten erkennen zu können. Cicero sei zunächst ein loyaler Anhänger der römischen Staatsreligion gewesen. Erst in Reaktion auf Caesars Missbrauch der Religion aus machtpolitischen Gründen sei er zu einem scharfen Kritiker der Wahrsagung geworden.[11]

Cicero will sein Publikum offenbar grundsätzlich über Wahrsagung belehren und eröffnet mit seinen Religionsdialogen in Rom ein neues Feld der Diskussion. Aber das ist nicht die ganze Wahrheit. An gewissen Punkten des Dialogs gibt es, aus politischen und philosophischen Gründen, auch Widerstände gegen aufklärerische Absichten und damit Grenzen der Aufklärung. Wenn Interpreten davon ausgehen, dass Cicero seine Haltung zur Divination wegen Caesars Religionspolitik veränderte,[12] setzen sie implizit voraus, dass Cicero sich vorher in bestimmter Weise mit ihr arrangierte. Das entspricht den Ausdrucksinteressen des Dialogs *De legibus*, wo sich die Dialogfigur Marcus zur Divination bekennt.[13] Als praktisches Bekenntnis zum Augurenwesen wurde es auch gesehen, dass Cicero sich in das Priesteramt des verstorbenen Crassus kooptieren ließ.[14] Unter der freilich anfechtbaren Prämisse, dass sich aus konträren Aussagen von Ciceros Dialogfiguren in frühen Verfassungsdialogen wie *De legibus* und in späten Religionsgesprächen wie *De natura deorum* und *De divinatione* auch Widersprüche auf Autorenebene ergeben, versuchte man die tatsächlichen oder vermeintlichen Widersprüche mit einer so-

---

metaphorik der „Aufklärung" in Ciceros Philosophica äußert sich Pease (1963) 354 im Kommentar zu Cic. div. 2,4 ... *nullum philosophiae locum esse pateremur qui non Latinis litteris inlustratus pateret.*

10 Beard (1986) 45–46 betont, Cicero sei kein reiner Skeptiker. Er etabliere vielmehr einen Diskurs über die Staatsreligion in Rom.

11 Linderski (1982) bes. 34–35; Krostenko (2000) 383–384. Ähnlich auch Takahata (2008) 31–32.

12 Linderski (1982) 34–35 zu den Gründen für Ciceros Abkehr von der *divinatio*: „Tarquinius Priscus may have respected the auspices. Caesar and Antonius, Clodius and Vatinius did not. ... Caesar had won the battle for control of auspices before he won the battle of Pharsalos." Nach Krostenko (2000) 383–384 führte Ciceros Abneigung gegen Caesars Religionspolitik, der sich mit Venus, aber auch mit dem Kriegsgott Mars identifizierte, ungefähr 15 Jahre nach dem Erscheinen seines Epos *De consulatu suo* dazu, dass er sich von seiner Poesie und vor allem von dem Anspruch einer persönlichen Beziehung zu den Göttern distanzieren wollte, den er darin durch den Mund der Urania erhoben hatte. Dazu habe ihm der Religionsdialog eine willkommene Möglichkeit geboten.

13 Cic. *leg.* 2,32 *non video cur esse divinationem negem.*

14 Guillaumont (1984) 81–86.

ziologischen Rollentheorie zu erklären, die von Varros *theologia tripertita* ausgeht.[15] Wenn in *De divinatione* die stoischen Auffassungen von der Wahrsagung auf der einen und die Lehren der akademischen Skepsis auf der anderen Seite[16] mit literarischen Mitteln des Pro und Contra einander gegenüber gestellt werden,[17] dann fallen die Ausdrucksinteressen des Dialogs jedoch nicht automatisch mit der skeptischen Ablehnung der Divination zusammen.[18] Vielmehr ist zu fragen, ob es der am Ende des Traktats beschriebenen Methode der akademischen Skepsis, wie man meinte,[19] nicht eher entspricht, dass das Alter Ego des Autors zwar gegenüber seinem Bruder Quintus das letzte Wort, aber damit nicht unbedingt auch Recht behält. Was spräche dagegen, dass die bei diesem Gegenstand möglichen Positionen der hellenistischen Philosophie einander nur gegenübergestellt und in einer für kritische Leser nachvollziehbaren Weise ergebnisoffen diskutiert werden?

Im Rahmen des kulturellen Rezeptions- und Integrationsprozesses von Griechenland nach Rom eröffnet Cicero in seinem Dialog *De divinatione* demnach das philosophische Gespräch über öffentliche und private Zukunftsdeutung, indem er vorhandene philosophische und religiöse Traditionen von den Gesprächsteilnehmern vorstellen und in Bezug auf ihre Glaubwürdigkeit erörtern lässt. Das einmal begonnene Gespräch wird von Cicero mit argumentativen und literarischen Mitteln aus Philosophie und Rhetorik bewusst offengehalten. Damit vollzieht sich, so die These, in diesem und anderen seiner Dialoge eine methodisch-gedankliche Entwicklung, die in der Geschichte der antiken Philosophie keine klare Parallele besitzt und bis in die Moderne eine einzigartige Wirkung ausübt. Zur Verdeutlichung dieses Sachverhalts und seiner bis in die Gegenwart reichenden Implikationen werden an Beispielen aus Philosophie und Religion, Geschichte und Politik, in denen

---

15 Rosenberger (2001).
16 Die ältere Quellenforschung zur stoischen (SVF 1187–1216 v. Armin) und peripatetischen Lehre von der Wahrsagung (Buch 1: Zenon, Chrysipp, Antipater, Poseidonios [1,117–131]; Kratipp) und der vornehmlich akademischen Kritik daran (B. 2: Karneades durch Kleitomachos) beschreibt Pfeffer (1976) 44–52 (nach Pease, Reinhardt, Pohlenz, Heinemann, Theiler, Dörrie) und verdeutlicht die aufgrund der fehlenden Originalschriften grundsätzlich schwer beweisbaren Axiome dieser Art von Forschung (53). Spätere Erweiterungen u. a. bei van der Eijk (1993) (zu Aristoteles), Giannantoni (1994) (gegen Schofield (1986): Es gab keine stoische Astrologie und Panaitios, nicht Karneades übte Kritik an chaldäischer Astrologie) und Altmann (2007–2009) und (2016) (zu Platon).
17 So verdeutlicht es Schofield (1986) bes. 51–55; vgl. auch Schäublin (2013) 395–396. Im Anschluss an Schofield betont Altmann (2016) 183–185, der Autor Cicero verwende verschiedene literarische Techniken, um die auf den ersten Blick vorhandene Aussageabsicht des Dialogs, die sich aus der philosophischen Position der *persona* seines Alter Ego Marcus zu ergeben scheine, in Zweifel zu ziehen.
18 Diese These bei Recipi (1995).
19 Vgl. Beard (1986) 45–46; Schofield (1986) 63; Schäublin (2013) 395–396.

die Wahrsagung kontrovers diskutiert wird, Ciceros philosophische und rhetorisch-literarische Strategien im Umgang mit der Zukunftsdeutung vor dem Hintergrund seiner politischen Interessen und Erfahrungen erörtert und die philosophischen Beweggründe seines Vorgehens vor dem Hintergrund der Entwicklung der antiken Philosophiegeschichte betrachtet.

3.2 Diskussion der Divination: Argumente aus Philosophie und Religion, Geschichte und Politik

Das entscheidende politische Ereignis in Ciceros Konsulatsjahr war die Catilinarische Verschwörung. Der politische und finanzielle Bankrotteur L. Sergius Catilina suchte sich und seine Mitverschwörer durch einen Putsch gegen die römische Republik von drückenden Schuldenbergen zu befreien. Cicero meinte später, die Aufdeckung und Niederschlagung der Verschwörung sei seine größte politische Tat gewesen, durch die er zum Retter Roms wurde, und rechtfertigte sein Tun durch Veröffentlichung seiner Konsulatsreden. Politische Gegner aber warfen ihm die unrechtmäßige Hinrichtung der in Rom verbliebenen Catilinarier vor und trieben ihn unter diesem Vorwand 58 ins Exil. Cicero verteidigte sein Vorgehen nicht nur in seinem rednerischen Oeuvre. Er dichtete auch ein Epos *De consulatu suo*, um seine Leistungen als Staatsmann zur verherrlichen, als sich kein anderer römischer Dichter für diese Aufgabe finden ließ.[20] Auf dieses Werk kommt der Autor Cicero im ersten und zweiten Buch von *De divinatione* zu sprechen. Der ciceronahe Ich-Erzähler lässt seinen Bruder Quintus bei der Verteidigung der Wahrsagung im ersten Buch den im zweiten Buch dagegen argumentierenden Marcus, d. h. sein dichterisches Alter Ego, mit einem poetischen Bekenntnis zur Wahrsagung gegen sein philosophisches Alter Ego in den Zeugenstand rufen.[21] Cicero hatte noch andere poetische Jugendsünden begangen. Die *Phainomena*, ein astronomisches Lehrgedicht des Dichters Arat von Soloi, hatte er ins Lateinische übersetzt und sich mit der Übersetzung indirekt zur Richtigkeit der darin reichlich vorhandenen prognostischen Erklärungen bekannt.[22] Zur Verteidigung der Wahrsagung beruft sich Quintus daher auf Verspartien aus den *Aratea* seines Bruders. In den *Aratea* ist von Blässhühnern die Rede, die sich vor Stürmen in Küstennähe sammeln und mit ihrem Geschrei zu Vorzeichen des aufziehenden Unwetters werden.[23] Auch Frösche, die quakend Quellen und Seen in Aufruhr versetzen, sollen eine natürliche

---

20 Zu Ciceros Dichtung vgl. Gee (2013b) 88–106.
21 Cic. *div.* 1,17–22, hier 17: *Sed quo potius utar aut auctore aut teste quam te ...*
22 Cic. *div.* 1,13–15, hier 13: *atque his rerum praesensionibus prognostica tua referta sunt.*
23 Cic. *div.* 1,14.

Fähigkeit zur Zeichengebung haben.²⁴ Von den Wetterfröschen lässt der Autor Cicero seine Dialogfigur Quintus, etwas unvermittelt, zu den autobiographischen Dichtungen des Marcus über sein Konsulat weitergehen und gibt größere Teile aus der Rede der Muse Urania im 2. Buch von *De consulato suo* wieder.²⁵ Der Gedankengang bedeutet eine Steigerung der *argumentatio ad hominem*, wenn die Dialogfigur erst als Übersetzer der Dichtungen des Arat und dann als Verfasser des autobiographischen Epos gegen sich selbst in den Zeugenstand gerufen wird. Der Dialog ist so durch eine ausgeklügelte literarische Schachtelungstechnik bestimmt.²⁶ Der Autor lässt seinen Bruder Quintus als Dialogfigur sprechen. Quintus erteilt Marcus als Dichter das Wort. Der Dichter Marcus lässt die Muse Urania auftreten. Auf der vierten Ausdrucksebene wird das politische Geschehen während Ciceros Konsulat durch zeitliche und kausale Verknüpfung mit religiösen Ereignissen von Urania geweissagt und erklärt. Welche Botschaft aber lässt der ciceronahe auktoriale Erzähler seinen Bruder Quintus durch den Dichter Marcus aus dem Mund der Muse verkünden? Die Vorgänge, die zur Aufdeckung der Verschwörung führen, werden in der Musenrede unter Rückgriff auf mehrere prodigienhafte Ereignisse in Rom und Latium und ihr Verständnis als vorbestimmende Rechtfertigung menschlichen Tuns prophetisch gedeutet. Aus der Tatsache, dass die verspätete Wiederaufstellung des Juppiterstandbildes auf dem Kapitol, das im Jahr zuvor durch einen Blitz zerstört worden war, und die Aufdeckung der Catilinarischen Verschwörung mit der Aussage der Allobroger zeitlich zusammenfallen, wird Ciceros Durchgreifen gegen die Catilinarier gerechtfertigt (Cic. *div.* 1, 21):

> *haec tardata diu species multumque morata/consule te tandem celsa est in sede locata/atque una fixi ac signati temporis hora/Iuppiter excelsa clarabat sceptra columna/et clades patriae flamma ferroque parata/vocibus Allobrogum patribus populoque patebat.*

> Dieses Bild, dessen Entstehung lange verzögert und vielfach aufgehalten worden war, wurde in deinem Konsulat endlich auf seinem erhabenen Sitz aufgestellt, und in ein und derselben Stunde, zur bestimmten und schicksalhaften Zeit, ließ Juppiter von der erhabenen Säule sein Szepter leuchten und lag das Verderben der Vaterstadt, das mit Feuer und Schwert betrieben wurde, dank der Aussage der Allobroger offen vor den Augen der Väter und des Volkes. (Schäublin (2013) 29)

---

24 Cic. *div.* 1,15.
25 Cic. *div.* 1,17–23.
26 Die Aussagen sind folgendermaßen verschachtelt:
  * [Autor M. Tullius Cicero [Quintus Cicero [Marcus Cicero als Übersetzer [Aratos von Soloi]]]]
  * [Autor M. T. Cicero [Quintus Cicero [Marcus Cicero als Dichter [Weissagung der Urania]]]].
Fox (2006) 235–236 diskutiert die Passage, erfasst aber weder die neuartige Schachtelungstechnik noch die Pointe der Diskussion.

Cicero legt seinem Leser in der Musenrede nahe, die Gleichzeitigkeit (*una fixi ac signati temporis hora*) der beiden Ereignisse kausal als Ablauf von Ursache und Wirkung zu deuten. Wie an dem simultanen und daher symbolisch deutbaren Geschehensverlauf erkennbar, habe sich Juppiter als Roms oberste Schutzgottheit selbst in die Untersuchung eingeschaltet. Als die Allobroger die dem Kapitol zugewandte Seite des Forum Romanum passierten und dabei an dem Standort seiner Statue vorbeigingen, brachte der Göttervater Licht in die Sache und beteiligte sich so persönlich an der Aufdeckung der Catilinarischen Verschwörung. Juppiter stand auf Seiten des amtierenden Konsuls, als Cicero die Aussage der Allobroger zur Aufdeckung der Verschwörung und der daraus folgenden Verhaftung und Hinrichtung der Rädelsführer nutzte.

Wie lässt der Autor seine Dialogfigur Marcus auf die poetischen Beweise seines Bruders Quintus reagieren? Als das Alter Ego des Autors mit seiner eigenen auf religiöser Prognostik beruhenden Geschichtsdeutung konfrontiert wird, reagiert es ausgesprochen verhalten (Cic. *div.* 2,45–46). Mit den Worten „Du bedrängst mich mit meinen eigenen Versen" gesteht die Dialogfigur den Selbstwiderspruch ein und wiederholt den Vorwurf seines Bruders Wort für Wort (Cic. *div.* 2,46):

> ‚*Tu igitur animum induces' sic enim mecum agebas, causam istam et contra facta tua et contra scripta defendere?'*
>
> Du willst es also über dich bringen (so nämlich versuchtest du mit mir zu rechten), die Gegenseite zu vertreten, im Widerspruch zu deinen eigenen Taten und Schriften? (Schäublin (2013) 175)

Statt substantielle Argumente gegen Quintus vorzubringen, gelingt es Marcus nur mit einem rhetorischen Kunstgriff, sich aus der Affäre zu ziehen. Er beruft sich nämlich auf ihr verwandtschaftliches Verhältnis, um seine unzureichende Antwort zu entschuldigen (Cic. *div.* 2,46):

> *Frater es; eo vereor ... itaque nihil contra dico ...*
>
> Du bist mein Bruder: deswegen bin ich zurückhaltend ... Darum widerspreche ich Dir nicht.

Mit dieser Selbstdeutung, die sich im Vergleich mit dem sonstigen Argumentationsverhalten der Dialogfigur Marcus als singuläre *ad-hoc*-Erklärung erweist, wird das Problem des Selbstwiderspruchs von der Sach- auf die Beziehungsebene verschoben und damit auf der Gesprächsebene entschärft.[27] Marcus argumentiert, sie seien Brüder, und das verbiete einen unkontrollierten Schlagabtausch mit

---

[27] Zu dieser Art von Gesprächsanalyse antiker Text mit den Mitteln der von Austin und Searle entwickelten *speech act theory* als Teil der analytischen Sprachphilosophie vgl. Fuhrer u. Nelis (2010).

Quintus. Wahrscheinlicher scheint es, dass Marcus keine Antwort besitzt, um den logischen Widerspruch zwischen seiner Handlungsdeutung des Jahres 60 und seiner gegenwärtigen philosophischen Position aufzulösen, diesen Mangel aber durch die Schutzbehauptung kaschiert, unter Brüdern müsse der Frieden gewahrt bleiben. Andererseits sucht Marcus auch in der Weise von dem Selbstwiderspruch abzulenken, dass er den Spieß einfach umdreht und von Quintus eine Erklärung für die ganze Kunst der Wahrsagung verlangt.[28] Soweit die Entgegnung des Marcus.

Wie ist der Wortwechsel der Brüder zu beurteilen? Marcus sucht den Angriffen des Quintus zwar mit rhetorischer Raffinesse auszuweichen. Es gelingt ihm aber weder quantitativ noch qualitativ, eine überzeugende Antwort auf die *argumentatio ad hominem* des Quintus finden. Das Ergebnis des Diskussionsverlaufs, das der Verfasser des Dialogs dem Leser durch die Gesprächsgestaltung nahelegt, ist demnach, dass sich der jüngere Bruder hier als überlegen erweist. Quintus treibt den älteren Bruder mit Selbstzeugnissen so in die Enge, dass Marcus keinen argumentativen Ausweg mehr sieht, sondern gezwungen ist, auf sophistische Methoden auszuweichen. Schwieriger ist es, die hier verfolgten Ausdrucksinteressen des Dialogs zu beurteilen. Spielt der Autor mit den Erwartungen seiner Leser? Stiftet er mit der Herausarbeitung der widersprüchlichen Aussagen seines Alter Ego und seiner früheren poetischen Deutung der Catilinarischen Verschwörung bewusst Verwirrung?[29] Der aporetische Charakter der gesamten Schrift liegt auf der Hand. Trotzdem erspart Cicero seiner Dialogfigur Marcus hier die Konfrontation mit dem stärkeren Widerspruch, dass der Konsular Cicero sein Vorgehen gegen die Catilinarier schon in der veröffentlichten Version der im Dezember 63 vor dem Volk gehaltenen 3. Catilinarischen Rede unter Hinweis auf göttliche Vorzeichen mit nahezu identischen Begründungen gerechtfertigt hatte.[30]

Um seine Figuren Marcus und Quintus Argumente für und gegen die wahrscheinliche Richtigkeit von Wahrsagungen austauschen zu lassen, wählt der Autor des Dialogs auch die Schlacht von Pharsalos, deren Ausgang ein rhodischer Ruderknecht vorhersagte. Caesar besiegte dort im Jahre 48 die Truppen des Pompeius und besiegelte so das Ende der römischen Republik. In seiner Darstellung des Vorgangs betont Quintus, bei der Prophezeiung und ihrem späteren Eintreten handele es sich jeweils um gut bezeugte historische Ereignisse. Zur Bezeugung der Ereignisse beruft sich Quintus auf die Erzählungen seines Bruders Marcus, der auf der Seite des Pompeius an dem Feldzug teilgenommen hatte. Aus der Au-

---

28 Cic. *div.* 2,46 ... *a te rationem totius haruspicinae peto*.
29 Zu der Methode Ciceros, die er in seinen Reden verwendet und auf die Philosophie überträgt, vgl. Schäublin (1990) bes. 100–101.
30 Cic. *Cat.* 3,18–21.

genzeugenschaft und Aussage des Dialogautors wird so abermals ein Argument *ad hominem* gegen seine Dialogfigur entwickelt.[31] Quintus schildert die Ereignisse nämlich so, dass die verschiedenen Ebenen des Berichts gegenwärtig bleiben und der Leser nicht der Illusion verfällt, die Prophezeiung werde ihm unmittelbar von dem Ruderknecht selbst dargeboten. Der Autor spielt aber wieder bewusst mit mehreren Erzählebenen (Cic. *div.* 1,68):

> *Tragoedias loqui videor et fabulas. At ex te ipso non commenticiam rem sed factam eiusdem generis audivi: C. Coponium ad te venisse Dyrrhachium, cum praetorio imperio classi Rhodiae praeesset, cum primo hominem prudentem atque doctum, eumque dixisse remigem quendam e quinqueremi Rhodiorum vaticinatum madefactum iri minus XXX diebus Graeciam sanguine, rapinas Dyrrhachii et conscensionem in naves cum fuga fugientibusque miserabilem respectum incendiorum fore, sed Rhodiorum classi propinquum reditum ac domum itionem dari ...*

> Tragödien, meinst du wohl, führe ich an und Sagen. Doch von dir selbst vernahm ich ein Ereignis der gleichen Art, das nun nicht erdacht, sondern wirklich geschehen ist: C. Coponius kam zu dir nach Dyrrhachium, als er mit prätorischem Kommando die rhodische Flotte befehligte, – ein überaus besonnener und gelehrter Mann – und sagte, ein Ruderknecht von einem Fünfruderer der Rhodier habe prophezeit, innerhalb von weniger als dreißig Tagen werde Griechenland von Blut triefen; Dyrrhachium werde Plünderungen erleiden, man werde fliehend die Schiffe besteigen, und die Fliehenden würden jammervoll auf Brände zurückblicken; auf die Flotte der Rhodier aber warte eine baldige Rückkehr und Heimfahrt. (Schäublin (2013) 73)

Der Übergang von der ersten auf die zweite Erzählebene wird schon im Vorwort vollzogen, als der Autor bemerkt, dass sein Bruder Quintus nun das Wort ergreife (Cic. div. 1,8).

> *Quibus de rebus ... paulo accuratius nuper cum essem cum Q. fratre in Tusculano disputatum est. nam cum ambulandi causa in Lyceum venissemus ... ille (sc. Quintus) inquit ...*

> Um diese Fragen drehte sich die Unterhaltung ... etwas einlässlicher freilich jüngst, als ich zusammen mit meinem Bruder Quintus auf dem Landgut bei Tusculum weilte. Denn als wir auf einem Spaziergang zum Lyzeum gelangten ..., sagte er ... (Schäublin (2013) 13).

Autor und Rezipient befinden sich schon auf der zweiten Erzählebene, als der Leser erfährt, dass Quintus das anschließende Geschehen von Marcus erzählt wurde (Cic. *div.* 1,68). Marcus wiederholte nur, was er von dem Flottenkommandanten Coponius gehört hatte, und Coponius, dessen Wirken im Bürgerkrieg auch Caesar schildert (Caes. *civ.* 3,5,3; 26,2), berichtete seinerseits von der Prophezeiung des rhodischen Ruderknechts. Indem der Autor der Dialogfigur Quintus sprachliche Echoeffekte in den Mund legt, macht er dem Leser das spätere Eintreten der

---

31 Wardle (2006) 247 zu Cic. *div.* 1,68.

Prophezeiung sinnfällig. Die Wirkung dieser literarischen Strategie, die auf dem Wechsel zwischen verschiedenen Erzählebenen beruht und in den Metamorphosen Ovids, der wohl nächsten literarischen Parallele, als Flucht aus der erzählerischen Verantwortung beschrieben wurde, ist schwer einzuschätzen.[32] Auch wenn die Episode aus dem Bürgerkrieg Quintus zur Beglaubigung seiner These dient, ist nicht auszuschließen, dass die Erzählung von der Prophezeiung und ihrer Erfüllung durch Staffelung der Berichtsinstanzen von Lesern nur noch dem Hörensagen zugeordnet und damit als kaum glaubliche Anekdote eingestuft wird.

Die Widerlegung durch die Dialogfigur Marcus, die von Quintus wieder in den Zeugenstand gerufen worden war, erfolgt betont sachlich. Marcus bestreitet die Einzigartigkeit der Prophezeiung des Ruderknechts. Der Ruderknecht habe nur ausgesprochen, was die anwesenden Militärs im Stillen ohnehin dachten. Die Heere von Caesar und Pompeius standen sich in Griechenland kampfbereit gegenüber und der kriegerische Konflikt, mit den berechenbaren primären und sekundären Folgen, war unausweichlich geworden (Cic. *div.* 2,114):

> *ille vero (sc. praedixit remex), et ea quidem, quae omnes eo tempore ne acciderent timebamus.*
>
> In der Tat (sc. sagte der Ruderer es voraus), und zwar genau das, von dem wir alle zu der Zeit fürchteten, es werde eintreten. (Schäublin (2013) 241)

Damit setzt die Dialogfigur Marcus die römischen Militärs, d. h. den Flottenkommandeur Coponius, aber auch Cato, Varro und sich selbst, von dem griechischen Ruderknecht ab. Trotz ähnlicher Befürchtungen ließen sie sich nämlich, im Unterschied zu dem Ruderer (*remex*), nicht zu Panik und unbesonnenem Verhalten hinreißen. Man mag darin einen Beleg für Ciceros ambivalentes Verhältnis zu den zeitgenössischen Griechen sehen. Darauf lassen die Schlussworte Ciceros schließen, in denen er unterstreicht, die römischen Honoratioren hätten „die Pläne der unsterblichen Götter" (*consilia deorum immortalium*) doch viel leichter erkennen können als ein ‚verrückter Ruderknecht'.[33] Mit der abfälligen Bezeichnung *remex vesanus* erinnert der Autor an sein Hauptargument gegen die seherischen Fähigkeiten des Griechen, dass seine Äußerungen nicht den Status und die Eigenschaften einer Zukunftsdeutung hätten. Denn der rhodische Ruderknecht sei nicht von göttlicher Weisheit erfüllt gewesen, sondern habe im Zustand großer Verwirrung und Furcht (*magnitudine timoris*) nur seine Contenance verloren.

---

32 Die Forschungsdebatten zu der komplexen narrativen Struktur von Ovids Metamorphosen resümiert Horstmann (2014); dort zur Vorstellung des „unreliable narrator" (16; 18–21; 328) und seinen Strategien der „narrativen Distanzierung" (220–223; 314–316; 319–322). Vgl. auch Rosati (2002) 289–292; 303–304.
33 Cic. *div.* 2,114.

Außer sich vor Angst (*a constantia atque a mente atque a se ipse*) habe er nur das Eintreten von Ereignissen offen ausgesprochen, deren Kommen jeder insgeheim befürchtete. Die Aussage des gegnerischen Kronzeugen verliert damit merklich an Gewicht. Leser werden eher bereit gewesen sein, die von Marcus vorgebrachten Zweifel an der Richtigkeit der Wahrsagung zu teilen, und auf der Ebene des Dialogs kann der bei der Diskussion des ersten Beispiels unterlegene Marcus gegenüber seinem Bruder Quintus Boden wiedergutmachen.

In der römischen Religion spielte die Beurteilung zukünftiger Ereignisse durch die Priesterkollegien der Auguren und Pontifices eine entscheidende Rolle. Staatliches Handeln war, wenn es nicht fehlschlagen sollte, an die Übereinstimmung mit dem Willen der Götter gebunden. Das Vorliegen der *pax deorum* war an Prodigien und Omina zu erkennen, die von den mit ihrer Beobachtung beauftragten staatlichen Priesterschaften durch Vogelschau oder von den etruskischen Sehern bei der Eingeweideschau gedeutet wurden. Cicero war Crassus im Amt des Auguren gefolgt, als der Triumvir in der Schlacht von Carrhae gegen die Parther geschlagen und auf dem Schlachtfeld getötet worden war.[34] Die Wahl in das Priesterkollegium erfolgte auf Vorschlag von zwei Auguren durch die Versammlung von 17 Tribus nach der *lex Domitia* aus dem Jahre 104.[35] Cicero wurde von Hortensius für das Amt vorgeschlagen[36] und, nach der Wahl durch das Volk, von den Auguren kooptiert. Cicero war stolz auf sein Amt, das er als Kompensation für die Schmach des Exils begriff.[37] Zur Praxis der Auguren verfasste er die Denkschrift *Über die Vorzeichen*.[38] Cicero hatte sich, wie es der Staatsreligion entsprach, auch in seinem Dialog *De legibus*, der allerdings wohl nicht zu seinen Lebzeiten veröffentlicht wurde, zur Existenz der Divination bekannt.[39]

Wollte der Autor nicht als unredlich erscheinen, konnte er seinen Bruder die öffentlich bekannte und politisch relevante Rolle als Augur kaum mit Schweigen übergehen lassen. Quintus erinnert Marcus daher in einer *praeteritio* diskret an seine Aufgabe und die damit verbundenen Pflichten (Cic. *div.* 1,105):

> *Quid de auguribus loquar? tuae partes sunt, tuum inquam auspiciorum patrocinium debet esse.*

> Warum soll ich über die Auguren sprechen? Das ist deine Aufgabe; Du, so sage ich, hast für die Vogelzeichen einzutreten. (Schäublin (2013) 103)

---

34 Cic. *fam.* 4,5,5; 15,4,13–14; Plut. *Cic.* 36,1.
35 Cic. *leg. agr.* 2,18; 19.
36 Cic. *Brut.* 1.
37 Linderski (1982) 12.
38 Vgl. Guillaumont (1984) 81–86.
39 Cic. *leg.* 2,32.

Nach Klärung der Zuständigkeiten geht Quintus ausführlich auf die Bedeutung der Vogelzeichen für Ciceros Konsulatspolitik und ihre Deutung durch den Augur Appius Claudius ein[40]. Er behandelt auch die Vogelschau in Ciceros nach dem populären Revolutionsführer Marius benannten Jugendwerk[41] und, wie Ennius das Augurium von Romulus und Remus in der poetischen Wiedergabe des römischen Gründungsmythos beschreibt.[42]

In der Gestaltung der Gegenrede des Marcus kommt der ciceronahe Erzähler mehrmals auf den heiklen Punkt seines Augurenamts und seine zwiespältige Einstellung zur römischen Religion zurück. Es beginnt mit einer Bemerkung über die Kunst der Haruspizes, der etruskischen Eingeweideschauer. Die Dialogfigur Marcus betont, diese Kunst sei zwar wegen des Staats und um der allgemeinen Religiosität willen zu bewahren.[43] Aber niemand könne ihm einreden, dass mit dieser Kunst irgendetwas erkannt werde. Er, Marcus, könne diese Wahrheit auch offen aussprechen, da sie, die Brüder, ja unter sich seien und mit ihrem Gespräch so keinen öffentlichen Anstoß erregen würden.[44] Der Dialog *De divinatione* war natürlich für die Publikation bestimmt und die die Wahrsagung betreffende Distanzierung der Dialogfigur Marcus von der *theologia civilis*, die mit der Meinung des Autors natürlich nicht übereinstimmen musste, sondern vielleicht nur spielerisch zur Provokation des Publikums eingeführt worden sein mochte,[45] war damit aktenkundig.[46] Auf Ciceros Augurenamt kommt Marcus dann bei der Behandlung der Auspizien zu sprechen und scheint der These des Quintus zunächst durch

---

40 Cic. *div.* 1, 105.
41 Cic. *div.* 1, 106.
42 Cic. *div.* 1, 107.
43 Cic. *div.* 2, 28.
44 Eine ähnliche Denkform findet sich Cic. *nat. deor.* 1,61. Der Pontifex Cotta bekennt, dass es zwar schwierig sei, die Existenz der Götter in einer öffentlichen Versammlung zu leugnen. Es aber bei einem privaten Treffen römischer Honoratioren, wie ihrem, leicht getan werden könne (*Quaeritur primum in ea quaestione, quae est de natura deorum, sintne dei necne sint. ‚Difficile est negare.' Credo si in contione quaeratur, sed in huius modi sermone et in consessu < familiari > facillimum*). Vielleicht erklärt sich die Bemerkung daraus, dass Cicero nicht an ein breites Lesepublikum dachte, das numerisch vielleicht einer öffentlichen Versammlung entsprach, sondern an einen exklusiven Kreis von Liebhabern der Philosophie, wie sie sich im Hause Cottas eingefunden hatten.
45 Altman (2016) 183 unterstreicht, dass es sich bei den Dialogfiguren Marcus und Quintus um *personae* handelt, die nur als ciceronische Konstruktionen im veröffentlichten Text existieren. Die im Dialog implizierte Differenz zwischen Ciceros sonst öffentlich geäußerter Meinung über die Divination und seiner hier bekundeten privaten Ansicht über die Wahrsagung wäre für den Staatsmann selbstzerstörerisch, wenn sich der Autor nicht der in seinem Spiel mit *personae* liegenden Ironie bewusst wäre, die eher platonisch als sokratisch zu nennen sei.
46 Zu der von Varro eingeführten und von Augustinus genutzten Denkform vgl. Lieberg (1982).

Wiederaufnahme seiner Worte zuzustimmen, dass die Auspizien ein Gebiet seien, in dem einem Augur Widerspruch schwerfallen müsse (Cic. *div.* 2,70):

> *difficilis auguri locus at contra dicendum.*
>
> Ein Gebiet, in dem einem Augur Widerspruch schwerfallen muß. (Schäublin (2013) 201)

Marcus begegnet dem Argument des Quintus freilich durch den einschränkenden Hinweis, dass Widerspruch zwar einem marsischen Augur schwerfallen möge, aber nicht einem römischen, und begründet seine Behauptung damit, dass römische Auguren wie er selbst aufgrund der Beobachtung von Vögeln und anderer Vorzeichen keine (bzw. nur punktuelle) Voraussagen über die Zukunft machten (Cic. *div.* 2,70):

> *non enim sumus ii nos augures qui avium reliquorumque signorum observatione futura dicamus.*
>
> Denn wir sind keine Auguren von der Art, dass wir aufgrund der Beobachtung von Vögeln und der übrigen Zeichen die Zukunft voraussagen möchten. (Schäublin (2013) 201)

Es gäbe nämlich keine echten Auspizien und das, was römische Auguren verwendeten, wären nur Abbilder echter Auspizien (Cic. *div.* 2, 71):

> *etenim ut sint auspicia, quae nulla sunt, haec certe quibus utimur ... simulacra sunt auspiciorum auspicia nullo modo.*
>
> Es ist doch so: mag es auch ‚echte' Auspizien geben (allerdings gibt es sie nicht), so sind jedenfalls die, deren wir uns bedienen ... höchstens Abbilder von Auspizien, keineswegs wirkliche Auspizien. (Schäublin (2013) 201)

Mit diesem Zugeständnis an Quintus hat die Dialogfigur Marcus dem Autor Cicero endgültig den Wind aus den Segeln genommen und die Geschäftsgrundlage für sein Wirken als Augur entzogen. Der Widerspruch, in den sich der Autor auf der kontextuellen Ebene verwickelt, dürfte bei kritischen Rezipienten nicht ohne Auswirkung auf die textuelle Ebene geblieben sein und die Glaubwürdigkeit des Marcus empfindlich herabgesetzt haben. Wenn Marcus mit seiner Antwort auf das zweite Argument des Quintus auch Boden wieder gut gemacht haben mochte und mit dem Bruder hatte gleichziehen können, fällt das Alter Ego des Autors bei der Diskussion des dritten Beispiels wieder hinter seinen Bruder zurück und büßt beim Leser an Glaubwürdigkeit ein.

Ciceros Lehrer Poseidonios hatte die Kunst der Wahrsagung mit der Sympathielehre auch philosophisch begründet.[47] Quintus bedient sich daher der stoischen Naturphilosophie und ihrer logischen Schlüsse zur wissenschaftlichen Fundierung der Mantik. Die Dialogfigur Marcus sucht dagegen die Argumente des Poseidonios zu widerlegen, obschon der Autor Cicero sonst ein gutes und entspanntes Verhältnis zu seinem philosophischen Lehrer gehabt zu haben scheint. Die Mantik erklärt sich nach Quintus aus den stoischen Begriffen von Gott, Schicksal und Natur, wobei die Lehre des Poseidonios von der kosmischen Sympathie, d. h. der Wechselwirkung aller Teile des lebenden Kosmos, als Bindeglied und vermittelndes Prinzip wirkt (Cic. div. 1,125):

> quocirca primum mihi videtur, ut Poseidonius facit, a deo, de quo satis dictum est, deinde a fato, deinde a natura vis omnis divinandi ratioque repetenda.

> Darum bin ich der Meinung, man müsse – wie Poseidonius es tut – zuerst von Gott (über ihn wurde allerdings schon ausreichend gesprochen), dann vom Schicksal und schließlich von der Natur das Wesen der Wahrsagung und auch ihre wissenschaftliche Erklärung herleiten. (Schäublin (2013) 123–125)

Woraus erklären sich also Vorzeichen und die Wahrsagung künftiger Ereignisse? Die pantheistische Lehre der Stoa stellt sich Gott (*deus*) als entpersonalisiertes göttliches Prinzip vor, das im *Feuer*, „aber nicht Feuer im Sinn des gewöhnlichen Elements oder des alltäglichen Feuers, das seinen Brennstoff in sich verwandelt"[48], als künstlerisches gestaltendes Feuer (πῦρ τεχνικόν SVF 1, frg. 120) eine materielle Grundlage besitzt und die gesamte Welt durchwirkt. Durch eine geschlossene Kausalkette, die Schicksal (*fatum*) genannt wird, ist das Geschehen im Kosmos, der von dem Prinzip beherrscht wird, mit der Einschränkung physikalisch determiniert, dass es sich für den menschlichen Triebimpuls und Handeln hier um mithelfende Nebenursachen und nicht um vollkommene Hauptursachen handelt[49] und der Mensch in seinen ‚Zustimmungen' also frei bleibt.[50] Daher spricht Quintus von einer Ordnung und einer Reihe von Ursachen: *ordinem seriemque causarum, cum causae causa nexa rem ex se gignat*.[51] Das Schicksal ist als eine Gesetzmäßigkeit zu verstehen, nach der alle Vorgänge in einem Lebewesen und auch in unserer als beseelter Organismus begriffenen Welt in einem Verhältnis von Ursache und Wirkung zueinander stehen und „jeder Vorgang an einem

---

[47] Zur Auseinandersetzung mit der Wahrsagung in der frühen Stoa und ihrer Begründung durch Poseidonios vgl. Pfeffer (1976) 43–95 und Steinmetz (1994) bes. 686–689.
[48] Steinmetz (1994) 538.
[49] Cic. *fat.* 41.
[50] Cic. *fat.* 42 ... *adsensiones* ...
[51] Cic. *div.* 1,125.

Teil Auswirkungen auf alle anderen Teile hat."[52] Was den Begriff der ‚Natur' angeht, blicken die Stoiker auf die äußeren Phänomene kosmischer ‚Sympathie'. Der Begriff des ‚Gottes' verweist hingegen auf das verursachende Prinzip, das hinter diesen Erscheinungen steht. „Die [menschliche] Seele steht unter einer doppelten Sympathie. Die empirische Erkenntnis gewinnt sie, indem sie durch die Sinnesorgane gleichsam eins mit der Außenwelt wird; das andere ist die Hingabe an die Sympathie mit dem Göttlichen, wenn die Sinnesorgane schweigen."[53] Daraus erklären sich auch die prophetischen Träume der Menschen.

Die sympathische Wechselwirkung im Kosmos, der als beseelter Organismus gedacht wird, wird mit den Worten *consentire*[54], *commodari*[55], *contagio*[56] und *cognatio*[57] beschrieben. Die Vorstellung wird auch durch Vergleich mit einer Leier veranschaulicht, den schon Heraklit, der vorsokratische ‚Vordenker' der stoischen Logoslehre[58], verwendet hatte (Cic. *div.* 2,33):

> *iam nervos in fidibus aliis pulsis resonare alios ...*

> ferner erklingen auf der Leier andere Saiten als die, die man anschlägt ... (Schäublin (2013) 165)

Quintus begründet die Mantik aber nicht nur inhaltlich aus Prinzipien der stoischen Naturphilosophie, die der philosophische Lehrer seines Bruders eingeführt hatte. Er sucht die Geltung der Wahrsagekunst auch formal mit Mitteln der stoischen Aussagenlogik zu beweisen. Dazu bedient sich Quintus des logisch korrekten Arguments einer *reductio ad absurdum*, deren Struktur folgendermaßen analysiert wurde (Cic. *div.* 1,82–83): „Wenn a + b, dann entweder c oder d oder e oder f oder g. Aber weder c noch d noch e noch f noch g. Also: Nicht sowohl a als auch b. Aber a. Also: Nicht b."[59] Der von der Dialogfigur Quintus gezogene Schluss ist formal korrekt. Die Durchschlagskraft der Konklusion hängt aber natürlich von der Richtigkeit bzw. Plausibilität der Prämissen ab, und es ist verständlich,

---

52 Pfeffer (1976) 72.
53 Pfeffer (1976) 73.
54 Cic. *div.* 2,119.
55 Cic. *div.* 1,110.
56 Cic. *div.* 1,100.
57 Cic. *div.* 2,34.
58 Heraklit B51 (Diels-Kranz, Bd. 1, 162).
59 Wardle (2006) 308 schlägt „If a + b, either c or d or e or f or g. But not c or d or e or f or g. > Not both a and b. But a. > Not b." für die Analyse von Cic. div. 1,82–83 vor. Als Symbol für die Konklusion wählt er nicht den Pfeil, sondern drei im Dreieck angeordnete Punkte.

dass die von Quintus verwendeten Prämissen Stoikern wie Poseidonios weit eher einleuchten sollten als Vertretern anderer Philosophenschulen.[60]

An dieser Stelle setzt die Dialogfigur Marcus den Hebel an, um die Erklärung der Mantik aus der Naturphilosophie des Poseidonios zu widerlegen. Marcus greift die ‚Sympathielehre' seines Lehrers wiederholt an, indem er ihre Paradoxien hervorkehrt und mit ironischer Glossierung der Lächerlichkeit preisgibt, und sucht den Prämissen der naturphilosophischen Erklärung so ihre Glaubwürdigkeit zu entziehen. Das wird in *div.* 2,124–125 deutlich, wo die Dialogfigur der These des Quintus, dass Träume auf göttlicher Eingebung beruhen und Traumdeutung damit Zukunftsschau bedeutet, durch Widerlegung der einzelnen Denkvoraussetzungen Schritt für Schritt den Boden entzieht, um das Ergebnis am Ende so zu formulieren (Cic. *div.* 2, 147):

> *si igitur neque deus est effector somniorum neque naturae societas ulla cum somniis neque observatione inveniri potuit scientia, effectum est ut nihil prorsus somniis tribuendum sit, praesertim cum illi ipsi qui ea vident, nihil divinent, ii qui interpretantur coniecturam adhibeant non naturam, casus autem innumerabilibus paene saeculis in omnibus plura mirabilia quam in somniorum visis effecerit, neque coniectura, quae in varias partis duci possit non numquam etiam in contrarias, quicquam sit incertius.*

> Daraus folgt: Wenn weder Gott für die Träume verantwortlich ist noch irgendeine Verbindung besteht zwischen der Natur und den Träumen, und wenn auch Beobachtung nicht zur Gewinnung eines Wissens verhalf: dann ist bewiesen, dass den Träumen überhaupt keine Geltung gebührt. Insbesondere ist es doch so, dass diejenigen, welche die Träume sehen, selbst nicht wahrsagen, die aber, die sie auslegen, eine Deutung beiziehen und nicht die Natur; überdies hat der Zufall während beinahe zahlloser Jahrhunderte in allen anderen Bereichen mehr ‚Wunderbares' bewirkt als in Traumerscheinungen, und am Ende gibt es nichts Ungewisseres als eine Deutung: lässt sie sich doch in verschiedene Richtungen lenken, zuweilen sogar in die entgegengesetzte. (Schäublin (2013) 271)

Die Dialogfigur Marcus fragt mit klarer Zielrichtung nach der unklaren Herkunft der Träume. Dabei werden Paradoxien bei der Erklärung prophetischer Träume betont. Desgleichen, dass willkürliche Elemente in der Traumdeutung ihre intersubjektive Akzeptanz erschweren, Kritikpunkte, die sich leicht auf andere Formen der

---

60 Altmann (2016) 185–187 unterstreicht, dass die Dialogfigur Quintus in ihrem Plädoyer für die natürliche Wahrsagung durch Träume nicht ausschließlich auf stoische Erklärungen zurückgreife. Quintus lasse auch platonische Gedanken anklingen, indem er sowohl auf Sokrates' Bericht über Wahrträume im neunten Buch der *Politeia* (571c3–571e2, vgl. div. 1,60) hinweise als auch wiederholt auf Platons Lehre von der temporären bzw. dauerhaften Trennung von Geist und Körper im Traum bzw. nach dem Tod (Cic. *div.* 1,63; 70; 110; 113; 114) anspiele. Quintus repräsentiere somit auch das platonische Erbe des Autors Cicero. Dass Cicero, auf direktem oder indirektem Weg, Kenntnis der aristotelischen Schriften *De insomniis* und *De divinatione per somnum* hatte, zeigt van der Eijk (1993).

Traumdeutung übertragen lassen. Als vorläufiges Ergebnis der Auseinandersetzung zwischen Marcus und Quintus ist daher festhalten, dass sich ihre Plädoyers für und gegen die Divination, was die Stärke und Überzeugungskraft ihrer Argumente auf der einen und die dialogische Darstellung der Qualität ihres Argumentierens auf der anderen Seite angeht, durchaus die Waage halten. Die Erörterung paradigmatischer Argumentationsgänge aus verschiedenen Bereichen menschlichen Lebens wie Politik, Bürgerkrieg, Staatsreligion und stoische Physik mit Schwerpunkt ‚Sympathielehre' machte deutlich, dass der Autor die Gewichte etwa gleich verteilt und so den Ausgang des Gesprächs offenhält. Die Auseinandersetzung hätte vielleicht mit leichten argumentativen Vorteilen auf Seiten des Redners Marcus ausgehen können. Aber bestimmt nicht so, wie manche Interpreten meinten, dass nämlich alle argumentativen Vorteile auf seiner Seite gewesen wären, dass Marcus den Dialog also ausschließlich dominiert und seinen Bruder Quintus chancenlos distanziert hätte. Pro und Contra der Divination werden von den Brüdern dagegen mit nahezu gleich guten Argumenten sorgfältig gegeneinander abgewogen. Im letzten Gesprächsgang werden sogar die zugrunde liegenden Prinzipien stoischer Physik und damit die naturphilosophische Bedingung der Möglichkeit von Wahrsagung und Augurenwesen aus verschiedenen Blickwinkeln ergebnisoffen diskutiert.

Warum ist es wichtig, das Bewusstsein für die aporetische Offenheit des Diskussionsprozesses und damit auch des philosophischen Dialogs zu schärfen? Warum ist die von Cicero gewählte Methode kritischer Diskussion lebensweltlicher Phänomene und philosophischer Systeme beziehungsweise ihrer Teilgebiete entscheidend für die Entwicklung menschlicher Rationalität? Bei der Beantwortung der Fragen spielen zwei Gründe eine Rolle, die gleich weiter zu entfalten sind. Die offene Diskussion philosophischer Systeme und ihrer Teilgebiete ist ein neuer Wesenszug und Ansatz antiker Philosophiegeschichte, für den Cicero neuartige literarische Techniken wie die mehrfache Schachtelung von Erzählerinstanzen bei der Darstellung und Beglaubigung von Vorzeichen entwickelt. Die vergleichende Betrachtung philosophischer Systeme und der ihnen zugrundeliegenden Standpunkte, die mit Cicero beginnt und in den Werken Hegels und Diltheys wiederkehrt,[61] ist von enormer Bedeutung für die gesamte Philosophiegeschichte und bis in die Gegenwart nicht überholt.

---

61 Während Hegel die Weltanschauungen und philosophische Systeme unter dem Gesichtspunkt ihrer historischen Entwicklung in der „Phänomenologie des Geistes" (1980) in abstrakterer Form und in den „Vorlesungen über die Geschichte der Philosophie" (1980) weitaus konkreter darstellt, unterscheidet Dilthey in seiner „Weltanschauungslehre, Abhandlungen zur Philosophie der Philosophie" (1977) mit dem „Naturalismus" (100–107 [Epikur, Lukrez, Hume, Feuerbach, Marx]), dem „Idealismus der Freiheit" (107–112: [Platon, Aristoteles, Cicero, Kant, Schiller, Fichte, Jakobi]) und dem „objektiven Idealismus" (112–118 [Heraklit, Stoa, Giordano Bruno, Spinoza, Leibniz,

3.3 Einordnung der Ergebnisse in die antike Philosophiegeschichte

Um Ciceros Umgang mit philosophischen Systemen des Hellenismus und mit den ihnen zugrundeliegenden Standpunkten besser verstehen und die besondere Bedeutung seines innovativen Umgangs mit philosophischen Traditionen besser beurteilen zu können, blicken wir in die Philosophiegeschichte zurück und fragen, wie man sich in den früheren Epochen antiker Philosophie mit philosophischen Systemen und Lehrmeinungen auseinandersetzte. Die Auseinandersetzung mit der philosophischen Tradition vollzog sich, um einen Punkt vorwegzunehmen, in immer wieder anderer und von Cicero signifikant abweichender Weise.

In der Anfangsphase der europäischen Philosophie und Wissenschaft bestehen bei den Vorsokratikern gemeinsame Fragehorizonte wie nach dem Ursprung des Seins und damit gegenseitige Kenntnisnahmen und Abgrenzungen, zum Beispiel unter den Milesiern. Es finden sich auch gegenläufige Lösungen der Seinsfrage, wie die Philosophie des Werdens bei Heraklit und die Philosophie des Seienden bei Parmenides, die in ihrer spannungsreichen Struktur von Frage und Antwort wiederum Lösungsansätze zeitgenössischer und späterer Philosophen herausfordern, wie die Atomtheorie Demokrits, die Elemente- und Kräftelehre des Empedokles oder die Theorie der Homoiomerien des Anaxagoras. Bei den Vorsokratikern gibt es aber wegen des Abstands ihrer Akme und ihrer räumlichen Trennung und Verteilung auf verschiedene Örtlichkeiten (sie lebten in verschiedenen Poleis und in so weit auseinander liegenden Landschaften wie Ionien und Magna Graecia), soweit wir sehen können, noch keine ausgeprägte Konkurrenz um gemeinsame Schüler und mögliche Mäzene.

In der Klassischen Philosophie der Griechen ändert sich die Situation in verschiedener Hinsicht. Mit den Sokratikern kommt es zur schrittweisen Entfaltung verschiedener Teilgebiete der Philosophie wie Logik, Erkenntnistheorie, Ästhetik und philosophische Psychologie. Für die Ethik bringt Cicero die damit einhergehende Veränderung in dem Bild zur Sprache, Sokrates habe die Philosophie vom Himmel auf die Erde herabgeholt.[62] Eine weitere Veränderung kommt mit der räumlichen Konzentration der Intellektuellen auf Athen als Welthauptstadt der Philosophie. Wie sich Sokrates mit seinen athenischen Mitbürgern und den Sophisten auseinandersetzte, stellt Platon in seinen Frühdialogen dar. Bei der Darstellung der Auseinandersetzungen um die Frage *Was ist X?* dürfte es sich nicht

---

Wolff, Shaftesbury, Herder, Goethe, Schelling, Hegel, Schopenhauer, Schleiermacher]) drei Typen von Weltanschauungen.
62 Cic. *ac.* 1,15.

um eine objektive Darstellung der Gespräche, Thesen und Standpunkte der jeweiligen Gegner des Sokrates handeln. Es handelt sich vielmehr um die gelenkte Entfaltung fiktiver Gesprächsszenarien mit agonalem Charakter, in denen sich sogar Sokrates der Polemik und anderer nicht genuin philosophischer Überzeugungsmittel bediente. In Platons Dialogen der mittleren und späten Periode, wie *Symposion*, *Staat* und *Parmenides*, wird die Ideenlehre stärker entwickelt. Dabei nimmt die Auseinandersetzung mit den Vorsokratikern wieder breiteren Raum ein, wie zum Beispiel in Gestalt der heraklitischen Philosophie des Werdens und der eleatischen Philosophie des Seins. Platons Schüler Aristoteles kategorisiert die Lehrmeinungen seiner philosophischen Vorgänger am Anfang seiner philosophischen Werke zwar nach seiner eigenen vierteiligen Ursachenlehre. Doch sein Vorgehen ist der Sache angemessen, und er behandelt seine Vorgänger stets respektvoll.[63] Selbst bei der notwendigen Abgrenzung von Platons ‚dualistischer Metaphysik' lässt sich Aristoteles nur selten zu spitzen Bemerkungen oder gar Polemik gegenüber seinem Lehrer hinreißen. So vergleicht er Platons Ideenlehre in den *Analytica posteriora* zwar etwas abfällig mit dem ‚Gezwitscher' einer Zikade.[64] In der *Nikomachischen Ethik* beschränkt er sich aber auf die nüchterne Erklärung, bei aller Verehrung für Platon dürfe die Wahrheit nicht der Freundschaft geopfert werden.[65]

Im Hellenismus bleibt Athen die Hauptstadt der Philosophie. Die Philosophenschulen, die von einem Scholarchen geleitet werden, haben nun scharf konturierte Profile und eigene Lehrlokale. Akademie, Lykaion, Kepos und Stoa liegen nach Ciceros Darstellung in *De finibus* nur einen Spaziergang weit auseinander und befinden sich fast in Rufweite.[66] Die Konkurrenz um Schüler verschärft sich in einer durch Kriege und die politische Entmachtung Athens gekennzeichneten Situation unter auch ökonomisch schwieriger werdenden Bedingungen.[67] Die Ausbildung philo-

---

[63] Zum Beispiel Arist. *De An.* 1,2 403b20–405b31; *Metaph.* 1,3–5 983a24–987a1. Vgl. Dihle (1991) 226–227 „Stets ist dabei (sc. in Aristoteles' Schriften zur Psychologie, Physik, Ethik, Politik usw., [Ergänz. des Verf.]) ein umfängliches Beobachtungsmaterial und die vorangegangene Forschung verwertet, und stets eine in der Forschungsmethode begründete Systematisierung erreicht."
[64] Arist. *Anal. post.* 83a32–33 τὰ γὰρ εἴδη χαιρέτω. τερετίσματά τε γάρ ἐστι ...
[65] Arist. *EN* 1,4 1096a12.
[66] Cic. *fin.* 5,1.
[67] Die wirtschaftliche Lage der griechischen Intellektuellen wird im Bericht des Marcus Tullius Cicero iunior an Tiro über das Verhalten seiner Lehrer in Athen deutlich, vgl. Cic. *fam.* 16,21,3 und bes. 4 *huic* (d. h. meinem Lehrer Bruttius) *ego locum in proximo conduxi et, ut possum, ex meis angustiis illius sustento tenuitatem*. Die Konkurrenz um Schüler äußert sich in Ausdrucksweisen wie *abstrahere aliquem a disciplina* oder *deducere* bzw. *rapere aliquem ad suam disciplinam* Cic. *ac.* 2,114 oder Cic. *fin.* 5,6 in der Äußerung von Lucius Cicero über sich selbst: *rapior illuc, revocat autem Antiochus* ....

sophischer Systeme nach den Teildisziplinen Logik, Physik und Ethik steigert die Vergleichbarkeit der Philosophenschulen und damit ihren Wettbewerb untereinander. Die Konkurrenzsituation fordert nicht nur den systematischen Vergleich der philosophischen Lehrmeinungen heraus, wie er in der Sammlung der Telosformeln durch Karneades zum Ausdruck kommt.[68] Die Gegnerschaft der Schulen macht auch die systematische Verteidigung und, gegebenenfalls, die Modifizierung eigener Lehrmeinungen erforderlich, wie es bei der Erkenntnistheorie der Akademie zur Abgrenzung von der Stoa geschehen sein soll.[69] Die Abgrenzung der rivalisierenden Schulen drückt sich in wachsender Polemik aus, die auch literarisch in der Kritik des Kolotes an Platons Er-Mythos und in den *Silloi* des Timon von Phlios zum Ausdruck kommt. Epikur konstatiert, jede Erklärung, die nicht den Kriterien seiner Naturphilosophie genüge,[70] bedeute einen Rückfall in das Reich des Mythos, und noch der römische Dichter Lukrez bemüht sich um die Widerlegung naturphilosophischer Theorien der Vorsokratiker und späterer Denker.[71] Erst im späten Hellenismus verlagern sich die Philosophenschulen aus dem früheren Mekka der Philosophie zunächst in die Peripherie nach Pergamon und Rhodos und später auch nach Rom. Ob es während dieses Migrationsprozesses, als Scholarchen an verschiedenen Lernorten wirkten, zu einer Verringerung des äußeren Wettbewerbs oder durch Pluralisierung der Lehrmeinungen zu einer Verschärfung des Konkurrenzdrucks kam, ist eine offene Frage. Auf jeden Fall vernehmen wir im Jahre 155 anlässlich der Ausweisung der Philosophengesandtschaft aus Rom ein fernes Echo der Auseinandersetzungen in der Hauptstadt des Imperium Romanum. Auf der anderen Seite umgeben sich Politiker in Rom, aber auch im griechischen Mutterland der Philosophie gezielt mit griechischen Philosophen verschiedener Provenienz und hören offenbar gleichzeitig oder nacheinander Vertreter verschiedener Philosophenschulen und machen sich damit, wie Cicero, schon früh mit einer Mehrzahl von Philosophien vertraut.

Wenn Cicero in den erzwungenen Phasen politischer Untätigkeit die hellenistische Philosophie einem römischen Publikum nahe zu bringen versucht, ist bei ihm der Wunsch nach Aufklärung seiner Mitbürger wohl stärker als die Absicht, sie für eine spezielle philosophische Position zu gewinnen. Aus der Tatsache, dass

---

68 Vgl. Leonhardt (1999) 135–197, bes. 152–153; 156; 174.
69 Der Vorgang der Abspaltung (*discidium*) der Neuen Akademie von der Alten Akademie Platons, in Reaktion auf die Entwicklung der stoischen Erkenntnistheorie, wird von Cicero mehrfach beschrieben. Vgl. nur Cic. *ac.* 1, 46.
70 Epikur spricht von einem Rückfall in den Mythos, wenn philosophische Lehren nicht seinem Standard der Mehrfacherklärung genügen, vgl. Epicur. *Ep. Pythocl.* 87 (S. 28, 25–6); 95 (S. 32, 22); 104 (S. 37,4–6); (zitiert nach von der Muehll (1982)).
71 Vgl. Lucr. 1,635–920, wo sich der Dichter mit den Lehren der vorsokratischen Philosophen Heraklit, Empedokles und Anaxagoras auseinandersetzt. Dazu Rösler (1986).

die Lehren der hellenistischen Philosophenschulen in Dialogen wie *De finibus* und *De natura deorum* nahezu gleichberechtigt nebeneinander dargestellt und ihre Standpunkte beinahe gleichmäßig auf einzelne Bücher aufgeteilt werden, erschließen wir, dass sich der römische Philosoph, bei deutlich erkennbaren Vorbehalten gegenüber dem Epikureismus, um Ausgewogenheit des Urteils und ein Mindestmaß an Neutralität und Toleranz gegenüber verschiedenen Philosophenschulen bei der Darstellung eines differenzierten Meinungsbildes bemüht, die sich gerade in dem Verzicht auf undifferenzierte Polemik äußern.[72] Offenbar ist es Ciceros Absicht, seinen römischen Rezipienten so die freie Entscheidung für oder gegen verschiedene philosophische Schulen und deren Standpunkte zu überlassen.[73] Mit diesem Vorgehen bezieht er seine Leser nicht nur als ebenbürtige Partner in das Gespräch und den Denkprozess der Dialoge ein, sondern entspricht auch dem Grundsatz der akademischen Skepsis, sich des Urteils zu enthalten und das jeweils Wahrscheinliche zur Geltung zu bringen, über das sich der Hörer dann selbst ein Urteil bilden muss (Cic. *div.* 2,150):

> *cum autem proprium sit Academiae iudicium suum nullum interponere, ea probare quae simillima veri videantur ... iudicium audientium relinquere integrum ac liberum ...*

> Nun zeichnet aber folgendes die Akademie aus: Sie bringt kein eigenes Urteil ins Spiel, anerkennt das, was ihr am wahrscheinlichsten vorkommt ... und lässt das Urteil der Hörer unangetastet und frei. (Schäublin (2013) 275)

Wenn mit dieser transformierenden Art der Darstellung der griechischen Philosophie philosophische Systeme und Standpunkte, wie es in *De finibus* für die Schule Epikurs, die Stoa und den Peripatos geschieht, untereinander verglichen werden und „philosophischen Sätzen, ja ganzen Systemen mehr oder minder große Wahrscheinlichkeit" in konstruktiver Absicht zugemessen werden kann,[74] ist das eine wichtige und zukunftsträchtige Veränderung, für die es in der antiken Philosophie vor Cicero wohl insofern keine Vorbilder gibt, als Platon in seinen Dialogen nicht in derselben Weise über den philosophischen Positionen steht, sondern gegenüber konkurrierenden Meinungen gewöhnlich wohl die Position des Sokrates zur Geltung zu bringen versucht. Schon Tacitus wird die von Cicero erfundene und perfek-

---

72 Eine der wenigen Ausnahmen von dieser Regel ist die Abgrenzung von dem abtrünnigen *Akademiker* Antiochos von Askalon, dem Unbeständigkeit (*inconstantia*) und Ruhmsucht vorgeworfen werden (Cic. *ac.* 2,69–70).
73 Ähnlich Woolf (2015) 86.
74 Gawlick u. Görler (1994) 1092. Dieser Schluss liegt nahe vor dem Hintergrund, dass Karneades, wie Cic. *ac.* 2,139 berichtet, im philosophischen Gespräch zwar bestimmte Aussagen guthieß, aber nicht einmal sein Schüler Kleitomachos, wie er mehrfach versicherte, zu durchschauen vermochte, was Karneades wirklich guthieß..

tionierte Methode akademischen Philosophierens in seinem perspektivenreichen Rednerdialog auf die Rhetorik übertragen, und in der europäischen Moderne wird die im späten Hellenismus von Cicero entwickelte Diskussionskultur seit der Renaissance und vollends in der Aufklärung bei Kant und seinen Vorläufern[75] zum entscheidenden Instrument der Betrachtung und Vermittlung philosophischer Standpunkte werden, bis es in der Phase des deutschen Idealismus, bei Hegel, Fichte und Schelling, wieder üblich wird, von einem festen Standpunkt aus zu philosophieren.

---

75 Vielberg (2016b) 144–145.

4 Was tun? Philosophische und literarische Strategien in der Ethik

4.1 Lebenswahl und Philosophie in *De finibus bonorum et malorum*

Cicero betont im *Lucullus*, die Methode, philosophische Systeme und ihre Teilbereiche nicht zu verabsolutieren, sondern im Gespräch den Probabilitätsgrad einzelner Philosophien vergleichend herauszuarbeiten und damit, gegebenenfalls, ein eklektisches Vorgehen einzuüben, gelte auch in der Ethik. Daher fragt es sich, ob diese Vorgehensweise in Ciceros ethischen Schriften tatsächlich begegnet und wie sie dort zur Anwendung kommt. Die moralphilosophischen Schriften machen den Großteil von Ciceros Werk aus und sind deswegen nur schwer auf einen Nenner zu bringen. *De finibus*, *De officiis* und die *Tusculanae disputationes* haben nach Form und Inhalt zwar einen jeweils eigenen Zuschnitt. Sie stimmen in der Leserführung aber untereinander und mit Ciceros naturphilosophischen Werken insofern überein, als konkurrierende Theorien hellenistischer Philosophenschulen miteinander verglichen, im Verlauf des Gesprächs bzw. der Gespräche die plausibelste Theorie ermittelt und so ein Ergebnis ausgehandelt wird. Modellhaft für dieses Aushandeln ist das Werk *De finibus*. Denn die „logische Struktur des Werkes ist progressiv: der Gedankengang schreitet von den schlechter begründeten Thesen zu den besser begründeten fort. Der zeitliche Aufbau ist dagegen regressiv; die besser begründeten Thesen sind die älteren."[1] Das dramatische Datum der drei Gesprächsgänge ist unterschiedlich weit von der Gegenwart Ciceros und seines *Narrating I* entfernt, während das *Acting I* durchweg im Zentrum des Geschehens steht. In den ersten beiden Büchern von *De finibus* geht es um die praktische Philosophie Epikurs. Der Epikureer Torquatus stellt die Grundlagen epikureischer Ethik dar. Cicero kritisiert seine Darstellung aus skeptischer Perspektive. Das Gespräch soll im Jahre 50 in Ciceros Villa in Cumae stattgefunden haben. Im dritten Buch stellt Cato die praktische Philosophie der Stoiker dar. Im vierten Buch hält Cicero vom Standpunkt der akademischen Skepsis dagegen. Ort des Gesprächs sei das luxuriöse Anwesen des Lucullus in Tuskulum gewesen, wo sich eine exquisite zweisprachige Bibliothek befand.[2] Das dramatische Datum ist das Jahr 52. Im fünften Buch sind Marcus Piso und wieder Cicero die beiden Hauptunterredner. Piso beginnt mit der fälschlich als

---

[1] Vgl. Gawlick u. Görler (1994) 1041. Zu den gegenläufigen Bewegungen und sich kreuzenden Linien des Dialogs vgl. auch Giancotti (1971).
[2] Cic. *fin.* 3,7. Zu seiner bibliophilen Ader vgl. Plut. *Lucull.* 42.

‚peripatetisch' beschriebenen Ethik des Antiochos von Askalon. Cicero kritisiert die vermeintlich peripatetische Position vom Standpunkt der akademischen Skepsis. Die Diskussion soll im Jahre 79 in Athen stattgefunden haben. Die Einleitung beschreibt, wie sich eine Gruppe gleichgesinnter Philosophenschüler bei einem Nachmittagsspaziergang von Athen in Richtung Eleusis begibt. Die Protagonisten des Dialogs wandern an den Gärten Epikurs vorbei zum Hain des Akademos. An dem Gründungs- und Erinnerungsort von Ciceros philosophischer Wahlheimat wollen sie sich ungestört der philosophischen Diskussion widmen (Cic. *fin.* 5,1–2):

> *Cum audissem Antiochum, Brute, ut solebam, cum M. Pisone in eo gymnasio, quod Ptolomaeum vocatur, unaque nobiscum Q. frater et T. Pomponius Luciusque Cicero, frater noster cognatione patruelis, amore germanus, constituimus inter nos ut ambulationem postmeridianam conficeremus in Academia, maxime quod is locus ab omni turba id temporis vacuus esset. Itaque ad tempus ad Pisonem omnes. Inde sermone vario sex illa a Dipylo stadia confecimus. Cum autem venissemus in Academiae non sine causa nobilitata spatia, solitudo erat ea, quam volueramus. Tum Piso: Naturane nobis hoc, inquit, datum dicam an errore quodam, ut, cum ea loca videamus, in quibus memoria dignos viros acceperimus multum esse versatos, magis moveamur, quam si quando eorum ipsorum aut facta audiamus aut scriptum aliquod legamus? Velut ego nunc moveor. Venit enim mihi Platonis in mentem, quem accepimus primum hic disputare solitum; cuius etiam illi hortuli propinqui non memoriam solum mihi afferunt, sed ipsum videntur in conspectu meo ponere. Hic Speusippus, hic Xenocrates, hic eius auditor Polemo, cuius illa ipsa sessio fuit, quam videmus.*
>
> Es war im Gymnasium des Ptolemaeus in Athen, wo ich, (mein lieber [Ergänz. d. Verf.]) Brutus, wie gewöhnlich, zusammen mit Marcus Piso die Vorlesungen des Antiochus hörte. In unserer Begleitung befanden sich mein Bruder Quintus, Titus Pomponius und Lucius Cicero, mein Vetter väterlicherseits nach dem Grad der Verwandtschaft, den ich aber wie meinen leiblichen Bruder liebte. Wir vereinbarten für den Nachmittag einen gemeinsamen Rundgang in der Akademie, besonders weil man sich zu der Zeit dort frei weiß von dem sonstigen Gedränge. Zur verabredeten Stunde trafen wir uns alle bei Piso. Unter mancherlei Gesprächen legten wir den vom Doppeltor sechs Stadien weiten Weg zurück. In den mit Recht vielgerühmten Wandelgängen angekommen, fanden wir die gewünschte Einsamkeit. Da begann nun Piso: Soll ich es für ein Geschenk der Natur an uns halten, oder ist es eine Art Illusion, dass wir uns beim Anblick einer Stätte, wo nach der Überlieferung einst Männer oft weilten, deren Andenken verdient, in Ehren gehalten zu werden, tiefer ergriffen fühlen, als wenn wir von ihren Taten erzählen hören oder eine ihrer Schriften lesen? So geht es mir im Augenblick. Denn Plato tritt mir vor die Seele, der hier seine Philosophie vortrug, und jene Gärten dort in der Nähe wecken in mir nicht nur Erinnerung an ihn, nein, es ist, als sähe ich ihn leibhaftig mir vor Augen. Hier weilte Speusippus, hier Xenokrates, hier sein Schüler Polemo – schaut, dort <im Halbrund der Säulen> sehen wir noch seinen Lehrstuhl, auf dem er zu sitzen pflegte. (Atzert (1964) 373)

Wie der Dialog *De natura deorum* ist *De finibus* so aufgebaut, dass Cicero mit der Debatte über die epikureische Philosophie beginnt, die ihm am fernsten steht. Dann inszeniert er ein Streitgespräch über die stoische Lehre, mit der er stärker sympathisiert. Ähnliche Sympathien bringt Cicero der ‚peripatetischen' Ethik entgegen, wenngleich er sein Alter Ego auch vom Standpunkt der akademischen Skepsis Einwände gegen Pisos Darlegung vorbringen lässt. Während sich Autor und ciceronaher Ich-Erzähler, von ihren Anti- bzw. Sympathien gelenkt, dem Zielpunkt des Gesprächs immer weiter annähern, entfernt sich das dramatische Datum des Dialogs immer weiter von der Gegenwart des Jahres 45. Ciceros Gesprächspartner sind eingeschworene Gegner Caesars. Der Konsul des Jahres 61, M. Pupius Piso Frugi, könnte eines natürlichen Tods gestorben sein. Die anderen verloren in den Bürgerkriegen unter Caesars Mitwirkung ihr Leben: Torquatus 49, Piso vor 47, Cato 46. Im Gegensatz zu *De natura deorum* finden die Unterhaltungen nicht an einem Tag statt. Das dramatische Datum der drei Teildialoge reicht vielmehr vom Jahr 50 v. Chr. für das erste, über 52 für das zweite bis zum Jahr 79 für das dritte Gespräch. Der wachsenden zeitlichen Distanz entspricht die räumliche Entfernung. Die beiden ersten Dialoge sind ‚Villendialoge' und in Cumae unweit von Neapel und in Tusculum bei Rom situiert. Der dritte Dialog spielt dagegen während Ciceros Aufenthalt in Athen. Mit der Erinnerung an seine ‚Studienerlebnisse' in Athen steht der ciceronahe Ich-Erzähler unwillkürlich im Mittelpunkt auch des fünften und letzten Buchs von *De finibus*. Auf diese Weise drückt der Autor der fortschreitenden Diskussion und graduellen Evaluation der ethischen Positionen dadurch, dass sich sein Alter Ego am Ende selbst zu Pisos Darlegung der peripatetischen Position äußert, wie in *De natura deorum*, dem ganzen Werk seinen persönlichen Stempel auf. Wie die Augusteer Horaz[3] und Ovid[4] mit einer Sphragis ihre Dichtwerke besiegeln werden, so beglaubigt Cicero mit der fiktionalen Darstellung eigenen Erlebens und der engagierten Beteiligung des ciceronahen Ich-Erzählers an den zurückliegenden philosophischen Diskussionen, in deren Verlauf die fraglichen Theorien gegeneinander abgewogen werden und ihr jeweiliger Probabilitätsgrad festgestellt wird, am Ende des philosophischen Traktats das in der Diskussion erzielte Ergebnis.

Zu welcher Erkenntnistheorie bekennt sich der Autor in der Erinnerung an seinen Studienaufenthalt in Athen? Als sich der ciceronahe Erzähler mit der platonischen Akademie an seinem bevorzugten Erinnerungsort befindet, hält er mit der ihm eigenen Vorsicht an der skeptischen Zurückhaltung des Urteils als erkenntnistheoretischer Grundlage akademischen Philosophierens fest. Daher gilt es nur, Ciceros ethische Position respektive die des ciceronahen Erzählers genauer zu bestimmen. Die Ethik der hellenistischen Philosophenschulen beruht formal und inhaltlich auf dem Eudaimoniebegriff des Aristoteles, demzufolge

---

3 Hor. *carm.* 3,30.
4 Ov. *Trist.* 4,10.

Menschen nach Glückseligkeit als letztem und äußerstem Ziel des Lebens streben. Aristoteles definierte ‚Glückseligkeit' als Tätigkeit der Seele gemäß der Tugend. Wenn es aber mehrere Tugenden gebe, gemäß der besten und vollkommensten Tugend, und dazu in einem vollendeten Leben.[5] Eine Schwalbe mache ja noch keinen Frühling und auch nicht ein einziger Tag. Ciceros moralphilosophische Position liegt nach Einschätzung Walter Burkerts zwischen der genuin stoischen beziehungsweise altakademischen Lehre des Antiochos (die aber fälschlich als ‚peripatetisch' bezeichnet wird), dass die Tugend allein zur Glückseligkeit genüge, und der (genuin peripatetischen) Position, dass die Tugend allein nicht ausreiche, sondern zur Glückseligkeit auch äußere und körperliche Güter erforderlich seien.[6] Cicero betont, dass ihre Meinungsverschiedenheit eigentlich nur marginal sei.[7] Die Kompromisslinie liegt auf einem schmalen Grat zwischen Pisos Eintreten für die These des Antiochos, dass die Tugend für die Glückseligkeit auch ohne äußere oder körperliche Güter ausreiche,[8] und Ciceros Einwand,[9] dass die ‚Peripatetiker' „inkonsequent seien, wenn sie einerseits äussere Dinge zu den Gütern zählten, andererseits aber den Weisen ohne Rücksicht auf äussere Güter für glücklich hielten."[10] Piso verteidigt die (stoisch-altakademischen) *Peripatetiker* gegen Ciceros Vorwurf mit dem Argument,[11] „der Begriff der Glückseligkeit lasse eine quantitative Abstufung zu: der Weise sei zwar glücksig, aber falls es ihm an äusseren Gütern mangle, sei er nicht im höchsten Maße glücksig."[12] Aristoteles hätte diesem Argument wahrscheinlich nicht zustimmen können, da die Eudaimonie, handlungstheoretisch betrachtet, für ihn im mehrfachen Sinne ἀρχή ist: Prinzip ist sie erstens als Anfangspunkt und Auslöser der Bewegung, da die Menschen um der Eudaimonie willen alles tun.[13] Prinzip ist sie als Endpunkt und Grenze der Bewegung, da menschliches Streben ohne diesen Platzhalter des höchsten Gutes ziellos bliebe und umsonst ins Leere liefe.[14] Prinzip ist sie drittens als Axiom der politischen bzw. ethischen Wissenschaften, aus der sich das System der Ethik nach ethischen und dianoetischen Tugenden entfaltet. Im Sinne des Aristoteles, der die Eudaimonie aufgrund ihres Status als ἀρχή für einen wohl nicht mehr abstufbaren Grenzbegriff gehalten haben dürfte, erklärt sich der ciceronahe Ich-Erzähler mit Pisos Antwort zunächst nicht einverstan-

---

5 Vgl. Arist. *EN* 1098 a16–18.
6 Burkert (1965) 198 ff. und dazu Leonhardt (1999) 54.
7 Cic. *fin.* 5,76.
8 Cic. *fin.* 5,71.
9 Cic. *fin.* 5,75–85; bes. 77; 84.
10 Gawlick u. Görler (1994) 1040.
11 Cic. *fin.* 5,95.
12 Gawlick u. Görler (1994) 1040.
13 Arist. *EN* 1102a2–4.
14 Arist. *EN* 1094a18–22.

den.[15] Am Ende stimmt er Piso aber doch vorsichtig zu,[16] als ihm sein Gegenüber mit plausiblen Beispielen verdeutlicht,[17] „dass wegen des starken Übergewichts der Tugend das Vorhandensein oder Fehlen der äusseren und körperlichen Güter nur einen ganz geringen Unterschied im ‚Glück' bewirken könne ..."[18] ‚Vorsichtig' bedeutet hier, dass Cicero Piso nur unter dem Vorbehalt zustimmt, dass dieser im Sinne der Suffizienzthese nachweist,[19] dass alle Weisen allzeit glücklich seien.[20]

Wird die Aporie ihres Gesprächs auch mit einer philosophisch nicht ganz tragfähigen Lösung überwunden, so wird Ciceros Grundgedanke, dass der Einzelne für sich unter vernünftiger Abwägung aller Argumente eine Wahl zwischen

---

15 Cic. *fin.* 5,85–86.
16 Cic. *fin.* 5,95.
17 Cic. *fin.* 5,90–91.
18 Gawlick u. Görler (1994) 1040.
19 Vgl. Cic. *Tusc.* 5,119 sowie *div.* 2,2 und dazu Müller u. Müller (2020) 24 und 37.
20 Cic. *fin.* 5,95 *Atqui iste locus est, Piso, tibi etiam atque etiam confirmandus, inquam; quem si tenueris, non modo meum Ciceronem, sed etiam me ipsum abducas licebit.* Bei der inhaltlichen Diskussion der Glücksthematik und der darauf bezogenen Suffizienzthese im Spannungsfeld von stoischer und antiocheischer Ethik wurde darauf verwiesen, dass Ciceros Umgang mit den griechischen Philosophenschulen und ihren Vertretern in *De finibus* (3–5) und *Tuskulanen* (5) „Diskontinuitäten", möglicherweise sogar eklatante „Widersprüche" aufweist. Diese Widersprüche und auch die Vereinbarkeit mit Ciceros philosophischer Position in *De officiis*, so Müller und Müller (2020) 24–28 in der klaren Beschreibung der Forschungskontroverse, hätten bislang noch keine überzeugende Deutung gefunden (ebenda 28). Vor dem Hintergrund, dass Cicero im 5. Buch der *Tuskulanen* in immer neuen Anläufen selbst mit verschiedenen Verben und Nomina nach der Konsistenz seiner philosophischen Aussagen und der seiner philosophischen Mitstreiter fragt (Cic. *Tusc.* 5,33 ... *constantia* ... *fueritne consentaneum* ... *conveniat*; 5,79 *constanter dicatur* ... *dissentiat* ... *inter se cohaerere*; 5,84 ... *convenire* ...), scheint es sinnvoll, die offenbar wichtige Frage wenigstens zu streifen. Beruht die Vereinbarkeit der philosophischen Positionen am Ende von *De finibus* und in den *Tuskulanen* möglicherweise darauf, dass Cicero hier konsequent mit einer besonderen Denkfigur operiert? Wie Cicero in *De finibus* 5,95 nicht sagt, dass er von Pisos Argumentation überzeugt sei, sondern sich überzeugen lassen könnte, wenn Piso seine Position argumentativ erhärtet hätte, und damit die Beweislast für die Richtigkeit der Suffizienzthese unter den Voraussetzungen des aristotelischen Systems auf die Schultern seines Gesprächspartners verlagert, so gehört es zur Strategie der *Tuskulanen*, dass Cicero mit ähnlichen Worten immer wieder hervorhebt, dass er es allen Philosophen zwar gern einräume, die Suffizienzthese zu vertreten (und ganz damit einverstanden sei, wenn sie es täten), dass sie aber selbst zusehen sollten, wie die von ihnen vertretene These zu ihrem philosophischen System passe. Zu dieser Form der inhaltlichen Distanzierung bzw. des Rückzugs auf die akademische Grundposition des Vorbehalts und letzten Zweifels, der sich vorläufig jedoch mit dem Nachweis eines *consensus omnium* hinsichtlich der Suffizienzthese begnügt, vgl. die analoge und nach Art einer Ringkomposition wiederkehrende Denkfigur in Cic. *Tusc.* 5,33 *quare demus hoc sane Bruto, ut sit beatus semper sapiens – quam sibi conveniat, ipse viderit* und 5,120 *Quare hunc locum ceterarum disciplinarum philosophi quem ad modum optinere possint, ipsi viderint.*

den Optionen der hellenistischen Philosophenschulen zu treffen habe, nicht nur stillschweigend mit dem Bestehen der Meinungsverschiedenheiten offengehalten, sondern direkt angesprochen. Ciceros Vetter Lucius wird vom *Narrating I*, das Piso nach seiner Lebensplanung fragen lässt, mit der Frage nach seinen philosophischen Präferenzen konfrontiert und damit mehr oder weniger zu einer Entscheidung gedrängt (Cic. *fin.* 5,76):

> Tum Lucius: Mihi vero ista valde probata sunt, quod item fratri puto. Tum mihi Piso: Quid ergo? inquit, dasne adolescenti veniam? an eum discere ea mavis, quae cum plane perdidicerit nihil sciat? Ego vero isti, inquam, permitto.

> Darauf sagte dieser Lucius: „Mir hat alles wirklich gut gefallen, und ich glaube, auch meinem Vetter." Nun wandte sich Piso an mich: „Nun? Was sagst du? Bist du bereit, unserem jungen Freunde freie Wahl zu lassen? Oder willst du ihn lieber das lernen lassen, was, wenn er's noch so gründlich lernt, ihm doch kein rechtes Wissen gibt? „Ich stelle es ihm ganz anheim." (Atzert (1964) 455)

Das Ende des Wortwechsels verdeutlicht, dass Cicero als *Acting I* Lucius die Freiheit lässt, die ihm genehme Philosophie zu wählen. Lucius hat die Wahl zwischen Ciceros Philosophie der akademischen Skepsis, die nur ‚Wahrscheinlichkeiten' bereithält und „kein rechtes Wissen gibt", und Pisos dogmatischer Schule des Antiochos von Askalon, die mit der φαντασία καταληπτική die Möglichkeit des Wissens einräumt. Am Schluss wird ein Gedanke der Eingangsszenerie in Erinnerung gerufen. Lucius hatte dort bekannt, dass er unter dem Einfluss verschiedener Geistesmächte stehe und sich von den Reizen der Literatur und Rhetorik angezogen fühle. Im Mekka der antiken Philosophie habe er mit dem Phalerischen Hafen daher bewusst einen Gedenkort der Rhetorik aufgesucht. Demosthenes habe dort beim Geräusch der Brandung mit einem Kieselstein im Mund zu reden geübt.[21] Als Piso sich erkundigt, ob Lucius bereits Antiochos höre und, mit anderen Worten, bereits zu seinem Schüler geworden sei, hatte Ciceros Vetter eingeräumt, noch zwischen dem Dogmatismus des Antiochos und dem Skeptizismus des Karneades zu schwanken. Damit war Lucius Cicero zum Modell des philosophischen Adepten geworden. Wie Lucius in seiner Unentschlossenheit die Situation und Vormeinung von Lesern spiegeln konnte, so mochte er ihnen in seiner Offenheit als Identifikationsfigur dienen.

Im Dialog *De finibus* finden sich Grundzüge, die für das Verhältnis von Philosophie und Literatur in Ciceros Oeuvre insgesamt charakteristisch sind. Diese Grundzüge werden hier vorläufig zusammengefasst, um die Interdependenzen

---

[21] Cic. *fin.* 1,5. Zur Eingangsszenerie der Bücher 1, 3 und 5 von *De finibus* Becker (1938) hier 52–53.

von Philosophie und Literatur bei Cicero besser mit dem Verhältnis von Philosophie und Literatur in Werken der griechischen Antike und europäischen Moderne vergleichen zu können. Cicero stellt in seinem philosophischen Werk die Lehren der hellenistischen Philosophenschulen nicht nur meisterhaft in ihrer Pluralität dar, sondern setzt auch Dialogfiguren in Szene, die philosophisch vor der Wahl stehen, welcher Philosophenschule sie sich anschließen oder welche Lehre sie als richtige zu der ihren machen sollen. Bei diesen Dialogfiguren handelt es sich entweder um Cicero selbst als *Acting I*, der, hier, verkürzt gesprochen, seine skeptische Auffassung wie in *De divinatione* im Gespräch verteidigt oder seinen Standpunkt in der Götterlehre wie in *De natura deorum* erst am Ende des Gesprächs zu finden oder doch zu offenbaren scheint. Oder es handelt sich um andere, meist jüngere, daher vielleicht offenere und noch leichter form- und beeinflussbare Menschen wie seinen Vetter.[22] Am Ende von *De finibus* schwankt Lucius Cicero nicht nur zwischen verschiedenen Philosophenschulen, sondern fragt sich, nach Art einer Lebenswahl, noch grundsätzlicher, ob er sich der Philosophie, der Rhetorik oder der Dichtung widmen solle. Cicero setzt in seinen Dialogen rhetorische Mittel auf eine subtile Art zur unmerklichen Gliederung des Gesprächs, zur Strukturierung des philosophischen Gedankengangs und zur subtilen Lenkung des Lesers ein und damit zur philosophischen Pro- und Apotreptik. Auffällig ist die Verwendung rhetorischer Strategien bei der systematischen Abwertung der epikureischen Philosophie in *De natura deorum*. Cicero greift in seinen philosophischen Werken oft auf die archaische Poesie der Römer zurück, um seine abstrakten Ausführungen mit lebensnahen Beispielen zu veranschaulichen. Zugleich bringt er mitunter längere Zitate aus seinen Dichtungen wie den *Aratea* oder *De consulatu suo* an, um seine eigene philosophische Position mittels des propositionalen Gehalts dieser Dichtwerke unauffällig zu unterstreichen oder bei der Abwägung des Für und Wider eines philosophischen Theorems zu darstellerischen Zwecken auf einen Widerspruch in seiner eigenen Haltung aufmerksam zu machen. Cicero schließt in seinem philosophischen Werk durch Übersetzungen griechischer Autoren wie Platon, Aristoteles, Demosthenes und andere Arten von Bezugnahmen auf die griechische Literatur sowie durch häufige Zitate aus der archaischen Poesie der Römer an die literarische Tradition der Griechen und Römer an. Dabei entwickelt er nicht nur Strategien der Selbstkanonisierung, sondern stellt sich auch in ähnlicher Weise als vorläufigen Endpunkt von Roms archaischer Dichtung dar, wie er sich in seiner rhetorischen Autobiographie *Brutus* als Überwinder des führenden römischen Redners Hortensius und damit als Vollender und finalen

---

22 Mit der ‚Konversion' des Hortensius von der Rhetorik zur Philosophie dürfte Cicero eine vergleichbare Entscheidungssituation auch in seinem gleichnamigen Dialog inszeniert haben, der nur fragmentarisch erhalten ist.

Höhepunkt der römischen Rhetorik dargestellt hatte. Die kontrastierende Darstellung der Lehren einander widersprechender Philosophenschulen und ihre kontroverse Erörterung sind für Cicero kein Selbstzweck. Die engagierte Diskussion, ob Tugend allein zur Glückseligkeit genüge oder nicht, lässt es nicht zu, dass ein philosophischer Standpunkt vorschnell abgewertet oder absolut gesetzt wird. Damit helfen solche Diskussionen: vordergründig beim Einüben eklektischen Philosophierens, hintergründig bei der Entwicklung von Toleranz. Zu dem generellen Eindruck, dass die Gesprächspartner ihr Urteil frei und eigenständig bilden, trägt bei, dass im Unterschied zu platonischen Dialogen, in denen Sokrates den Gesprächsverlauf bestimmt, bei Cicero im Typus des aristotelischen Dialogs nicht alle Gespräche auf den Ich-Erzähler zugeschnitten sind, sondern wechselnde Gesprächsführer begegnen.[23] In *De natura deorum* hüllt sich Cicero nach dem Eröffnungsdialog sogar ganz in Schweigen, was ihm bei seiner notorischen Redseligkeit nicht ganz leicht gefallen sein dürfte und daher als besondere Leistung gewürdigt werden sollte.

4.2 Wollen oder Sollen? Quellen der Normativität in Ciceros *De officiis*

Wenn Cicero in *De finibus* in mehreren Gesprächsgängen die Ziele menschlichen Strebens aus den Blickwinkeln verschiedener Philosophien erörtert und am Ende mit Lucius Cicero einen jungen Mann präsentiert, der, vor die Wahl einer Lebensform gestellt, sich weder für die Rhetorik und Politik noch für die Philosophie, geschweige denn für eine bestimmte Philosophenschule entschieden hat, dann könnte dieses Mitglied seiner Familie nicht nur als Identifikationsfigur für jugendliche Adepten der Philosophie dienen. In seinem Zögern und Zweifeln dürfte Lucius auch dem Autor selbst gleichen, der dem jungen Mann in der Fiktion des Gesprächs liberal seinen eigenen Weg zu finden erlaubt. Unsicherheit, welcher Lebensweg der richtige sei, bei gleichzeitiger energischer Suche nach diesem Weg scheinen nicht nur zwei komplementäre respektive gegensätzliche Eigenschaften von Ciceros achtsamem Naturell zu sein. Dieser Wesenszug unterscheidet ihn auch von seiner resoluten Frau Terentia, seinem mutigeren Bruder Quintus und seinem ungestümen Sohn Marcus. Ja, Cicero scheint den Zweifel geradezu für die Philosophie entdeckt

---

[23] Zu antiken Dialogen als Gesprächen unter Ungleichen, „in denen seit Platon eine überlegene Lehrerfigur mit dialektischen Mitteln einen Schüler oder Juniorpartner auf mitunter verschlungenen Wegen stufenweise zu einer Erkennntnis führt", vgl. am Beispiel des augustinischen Frühdialogs *De immortalitate animae* Tornau (2020) 16–17 mit Hinweisen zur Forschungsliteratur. Zur Gesprächsführung im herakleidischen Dialog Ciceros vgl. hier die Ausführungen zu *De re publica* und zum *Laelius*.

zu haben, ein philosophischer Zweifel, der im Gottesstaat des Kirchenvaters Augustinus wiederkehrt[24] und bei René Descartes die Gestalt des universalen Zweifels annimmt, der allererst das Denken als das schlechthin Unbezweifelbare und damit das Sein des Denkenden begründet: *Cogito ergo sum*.[25] Ciceros Zweifel ist zwar nicht derart universal wie derjenige Descartes, aber doch vielfältig, und er besitzt einen ähnlich fundierend-produktiven Charakter. Es ist Zweifel, was Cicero antreibt. Zweifel bewirkt, dass Cicero sich auf die Suche begibt. Es ist die Suche nach der jeweils besten Lösung, die Cicero umtreibt, ob in *De oratore* der perfekte Redner, im *Laelius* die vollkommene Freundschaft, in *De re publica* die beste Staatsform oder in *De finibus* das über alles erhabene Strebensziel gesucht wird. Der Cicero eigentümliche Zweifel ist nicht nur ein lästiges Hindernis, das destruktiv wirken kann. Der Zweifel ist auch eine nicht zu unterschätzende Triebkraft, die konstruktiv wirken kann. Erst der Zweifel und der unverdrossene Erkenntniswille, der unstillbare Wissensdurst des *homo viator* bringen Cicero dazu, in einer skeptischen Philosophie des Als-Ob Möglichkeiten des menschlichen Lebens durchzuspielen und alle denkbaren Lebensentwürfe gleichsam auf den Prüfstand zu stellen. Das gilt auch für das Werk *De officiis*, das nach Caesars Tod entstand und dem in Athen studierenden Sohn gewidmet ist. Cicero scheint zwar vom Boden des Stoizismus aus zu argumentieren. Im Interesse seines Sohns begibt sich Cicero aber gleichsam in das Innere der stoischen Ethik und macht sich auf die Suche nach moralisch richtigen oder, wie die Stoiker sich ausdrücken, pflichtgemäßen Handlungen und den Quellen ihrer Normativität.

Bevor wir Cicero auf seiner Suche begleiten, ist auf die Entstehungsbedingungen, die Kommunikationssituation und die literarische Form des Werks einzugehen. Cicero gehörte nicht zu dem Typus von Eltern, die ihren Kindern alle Hindernisse aus dem Wege räumen und heute ‚Helikoptereltern' heißen. Er war durchaus anspruchsvoll. Cicero hatte hohe Erwartungen an seinen Sohn und stand Marcus nicht unkritisch gegenüber, als er 45/44 mit eher zweifelhaftem Erfolg in Athen studierte. Zwar gab es damals noch keine Modulprüfungen und keine Examina, in denen der Junior versagen konnte. Es gab aber Stimmen, die sich kritisch über sein Verhalten äußerten, so dass Cicero ihm den Umgang mit dem Redelehrer Gorgias untersagte. Wenn sie denn so unterhaltsam waren wie der Peripatetiker Kratippos, ließ es sich mit den Athener Lehrern nämlich recht gut feiern. Marcus Tullius Cicero iunior beschreibt

---

[24] Aug. *civ.*11, 26.
[25] Descartes (1977) 30–44 (*Meditationes de prima philosophia I et II*).

das abendliche Treiben in einem Brief an Tiro.[26] Die Situation war derart dubios, ja verfahren, dass der Senior beschloss, von Rom nach Athen zu reisen und bei seinem Sohn persönlich nach dem Rechten zu sehen. Als Cicero schon auf der Reise war, machte er jedoch plötzlich kehrt. Cicero wurde nämlich, wie er in *De officiis* seine Zweifel und seine Revision des Entschlusses verklärend beschreibt, vom Vaterland mit gebieterischer Stimme zurückgerufen (Cic. *off.* 3,121).

> *sed, ut, si ipse venissem Athenas, quod quidem esset factum, nisi me e medio cursu clara voce patria revocasset, aliquando me quoque audires ...*
>
> aber wie du auch mich einmal hättest hören können, wenn ich selbst nach Athen gekommen wäre – was bestimmt geschehen wäre, wenn mich das Vaterland nicht von unterwegs mit lauter Stimme zurückgerufen hätte ... (Nickel (2008) 305)

Cicero reiste also nicht selbst zu seinem Sohn, sondern schickte als Ersatz sein Werk *Über die Pflichten*, um den Junior zu unterweisen und seine philosophische und rhetorische Kompetenz zu stärken. Tatsächlich wäre Cicero besser selbst nach Athen gefahren. In Rom kam es nämlich zu einem eskalierenden Schlagabtausch mit Antonius, der in den *Philippischen Reden* festgehalten ist. Die Eskalation des Streits sollte Cicero den Kopf kosten, als er nach Bildung des Zweiten Triumvirats proskribiert wurde. Hätte Cicero seine Reise nach Athen nicht abgebrochen, hätte er die Proskriptionen womöglich überstanden und erleben können, wie sein Sohn den *cursus honorum* durchlief. Als Mitkonsul von Kaiser Augustus sollte er die gesellschaftliche Stellung seiner Familie befestigen und als Legat in Syrien und als Prokonsul von Asien ihr Ansehen vermehren.[27] Was im Gedankenexperiment des ‚ungeschehenen Geschehens' erhaben klingen mag, schrumpft im literarischen Alltag auf eine moralphilosophische Abhandlung in drei Büchern zusammen. In den ersten beiden Büchern wird nach dem Stoiker Panaitios das *honestum*, das moralisch Gute sowie das *utile*, das Nützliche, und im dritten Buch nach Poseidonios der vermeintliche Konflikt zwischen dem moralisch Guten und dem Nützlichen dargestellt.[28] Aus literarischer Perspektive betrachtet handelt es sich bei *De officiis* um einen Brief, in dem der Sohn am Anfang jeden Buches angeredet und am Ende mit allen guten Wünschen für seinen Lernerfolge verabschiedet wird. Damit wird ihm das Buch zugeeignet.[29] Der literarische Brief war von Demetrios als halbierter Dia-

---

26 Cic. *fam.* 16,21,3.
27 Plut. *Cic.* 49,6.
28 Cic. *Att.* 16,11,4.
29 Cic. *Att.* 16,11,5.

log mit einem abwesenden Freund definiert worden.[30] Die literarische Form verschleiert so das hierarchische Verhältnis zwischen *pater familias* und dem gewaltunterworfenen Sohn. Als der Vater auf Entlassung des Redelehrers Gorgias drängt, gehorcht ihm der Sohn, wie er Tiro schreibt, aufs Wort (Cic. *fam.* 16,26 (21),6):

> De Gorgia autem quod mihi scribis, erat quidem ille in quotidiana declamatione utilis, sed omnia postposui, dummodo praeceptis patris parerem, διαρρήδην enim scripserat, ut eum dimitterem statim: tergiversari nolui, ne mea nimia σπουδή suspicionem ei aliquam importaret, deinde illud etiam mihi sucurrebat, grave esse me de iudicio patris iudicare.

> Was Gorgias betrifft, nach dem Du fragst, so ist er für die täglichen Redeübungen gut zu gebrauchen, aber ich habe alles hinangestellt, um nur meines Vaters Anweisung zu gehorchen; er hat mir ausdrücklich geschrieben, ich solle ihn sofort entlassen. Ausflüchte habe ich nicht machen wollen, sonst hätte mir mein Eifer vielleicht erst recht Verdacht bei ihm eingetragen. Außerdem meine ich auch, es wäre nicht recht, wenn ich mir ein eigenes Urteil über meines Vaters Urteil anmaßte. Aber Dein gutgemeinter Rat ist mir doch willkommen und erwünscht. (Kasten (2004) 933–935)

Die literarische Form suggeriert sogar, dass es sich um einen philosophischen Dialog unter Freunden und, das heißt, unter eher gleichberechtigten Partnern handelt. Die Frage, ob der Junior seinem Vater intellektuell gewachsen war und damit im Dialog überhaupt ein ebenbürtiger Gesprächspartner sein konnte, steht nicht zur Debatte. Die literarische Form von *De officiis* erlaubt auf die Frage nach der Art des Textes und den Quellen seiner Normativität auf jeden Fall mehr als eine Antwort: Spricht Cicero senior in *De officiis* mit der Autorität des *pater familias*, der von seinem Sohn absoluten Gehorsam verlangt? Oder hören wir eher die Stimme des liebenden Vaters, der die väterliche Sorge nach Tullias Tod ganz auf den verbliebenen Marcus konzentriert? Stützt sich Cicero im Gespräch mit seinem Sohn ausschließlich auf die Autorität stoischer Philosophen? Oder sucht er im transformierenden Umgang mit der griechischen Philosophie die römischen Lebensverhältnisse zu berücksichtigen? Will Cicero auf dieser Grundlage Empfehlungen aussprechen, welche die peripatetische Lehre des Kratipp ergänzen und den Sohn zum eigenständigen Vernunftgebrauch anleiten können? Vor diesem Hintergrund wird nach dem Verhältnis von Wollen und Sollen in *De officis* und besonders nach den Quellen der Normativität gefragt. Unter ‚Normativität' wird der Inbegriff der Gebote und Verbote verstanden, die menschliches Handeln normieren. In der Gegenwart wird zwischen deskriptiver Ethik, normativer Ethik und Metaethik unterschieden. Deskriptive Aussagen über moralische Sachverhalte sind Sätze über die Wirklichkeit, die überprüft und durch Gegenbeispiele widerlegt beziehungsweise eingeschränkt werden. Normative Sätze erklären, wel-

---

30 Dem. *eloc.* 223.

che Handlungen moralisch geboten, verboten oder erlaubt sind, und schreiben so ein bestimmtes Handeln vor. Die Metaethik sucht den Status normativer Sätze zu bestimmen und fragt, was das Prädikat ‚Sollen' im jeweiligen Kontext bedeutet.

Die hellenistische Philosophie beantwortete die Frage nach dem guten Leben oder genauer nach dem gelungenen Leben, wie das von Herodot überlieferte Gespräch Solons mit Kroisos erkennen lässt,[31] aus der Perspektive seines Endes mit dem Konzept der Eudaimonie, das in der aristotelischen Ethik als formales Endziel menschlichen Strebens bestimmt wird.[32] Worin die Eudaimonie inhaltlich konkret besteht, war freilich umstritten. Die Meinungen der dogmatischen Philosophen divergieren daher beträchtlich. So war es eine lohnende Aufgabe, die Telosformeln der Philosophen, welche das Ziel menschlichen Lebens konkret bestimmen, in einem mehrteiligen Schema systematisch zu erfassen. Nach seinem Urheber wird es *divisio Carneadea* genannt.[33] Der akademische Philosoph Karneades kam in seiner Einteilung der Telosformeln auf nicht weniger als sieben verschiedene Antworten auf die Frage nach dem höchsten Gut.[34]

Um ihre in den Telosformeln deklarierte Bestimmung des höchsten Gutes plausibel zu machen, suchen hellenistische Philosophenschulen ihre Ethik anthropologisch zu fundieren. Wie an *De finibus* abzulesen, verwenden sie dazu verschiedene Spielformen der Oikeiosislehre. Danach eignen sich Mensch (und Tier) nach ihrer Geburt an, was ihrer Natur entspricht.[35] Auf dieser Linie argumentiert der Epikureer Torquatus im ersten Buch von *De finibus* mit dem sogenannten *cradle*-Argument,[36] dass Kleinkinder (aber auch Jungtiere) unmittelbar nach ihrer Geburt, wenn ihr Streben noch nicht in irgendeiner Weise überformt und kulturell gesteuert ist, nach Lust streben, für die Auffassung, dass Lust, *voluptas*, Ἡδονή beziehungsweise die Vermeidung von Unlust das höchste Ziel des Strebens sei.[37] Cato, der im dritten Buch die stoische Ethik darstellt, betont dagegen, dass Kleinkinder von Anfang an nicht nach Vergnügen streben, sondern sich zunächst das aneignen, was ihre Existenz sichert. Mit dem Eintreten der Pubertät streben sie dann nach der Vernunft als dem ihnen spezifischen Vermögen und einem vernunftgemäßen Leben.[38] Im fünften Buch von *De finibus* stellt Piso die Oikeiosis-

---

[31] Arist. *EN* 1,11 1099 a 10–18.
[32] Arist. *EN*. 1,5–6 1096 a 14 – 1098 a 20.
[33] Cic. *fin*. 5,16 ff.
[34] Leonhardt (1999) 156.
[35] Striker (1983) 145–167; Engeberg Pedersen (1990); Forschner (1995) 142–159.
[36] Dazu generell Brunschwig (1986).
[37] Cic. *fin*. 1,30.
[38] Cic. *fin*. 3,16–17.

lehre der Peripatetiker nach Theophrast vor.[39] Daher greift auch Cicero im ersten Buch von *De officiis* auf eine verkürzte Version der Oikeiosislehre zurück, welche die Stoiker zur anthropologischen Fundierung ihrer Ethik verwendeten. Cicero betont, dass „es einem Lebewesen jeder Art von Natur aus gegeben [sei (Ergänzung des Verfassers)], dass es sich, sein Leben und seinen Körper schützt und alles, was ihm schädlich erscheint, ablehnt, und alles, was zum Leben notwendig ist, sucht und sich verschafft, wie Nahrung, Unterschlupf und so weiter." (Cic. *off.* 1,11 Übersetzung nach Nickel (2008) 17).

Offenbar handelt es sich um seit Platon und Aristoteles bekannte Versuche, aus der Natur des Menschen Normen für sein Verhalten abzuleiten. Das Problem ist freilich, dass hier, wie David Hume im 18. und G.E. Moore im 20. Jahrhundert betonten, ein sogenannter ‚naturalistischer Fehlschluss' vorliegt, wenn aus einem ‚Sein' ein ‚Sollen', und analog, wenn aus Seinssätzen Sollenssätze deduziert werden. Wenn nun gilt, dass es sich, wie die analytische Philosophie einschärft,[40] bei dem *naturalistic fallacy* um einen unzulässigen Übergang von einem ‚Sein' zu einem ‚Sollen' handelt, dann ist es klar, dass das *cradle*-Argument in *De officiis* zwar eine von Cicero intendierte und von zeitgenössischen Philosophen akzeptierte Begründung darstellt, aber nach den Maßstäben neuzeitlichen Philosophierens schlechterdings keine legitime Quelle der Normativität darstellen kann.

Auf der Suche nach legitimen Quellen der Normativität ist der Leser auf seine Ausgangsposition zurückgeworfen und fragt abermals: Was berechtigte Cicero dazu, einen ethischen Traktat zu verfassen und seinem Sohn Verhaltensvorschriften zu machen? Ciceros Briefe lassen vermuten, dass der Vater aus Liebe zu seiner Tochter und zur Sicherung seiner sozialen Position anfangs vor allem auf seine geliebte Tullia gesetzt hatte.[41] Cicero bewundert ihre Klugheit, ihren gesunden Menschenverstand und ihre Reife.[42] *Tulliola*, schreibt Cicero, ist das Ebenbild meiner Züge, meiner Rede, meines Geistes.[43] Ihre während seiner Abwesenheit in Kilikien angebahnte Ehe mit Publius Cornelius Dolabella und die anschließende Scheidung von dem Caesarianer waren daher ein schwerer Schlag für Cicero.[44] Der zweite und jetzt tödliche Schlag kam, als Tullia im Kindbett verstarb.[45] Cicero war wie von Sinnen und lange untröstlich.[46] In *De officiis* scheint er seine väterli-

---

[39] Cic. *fin.* 5,41–43 und dazu Dirlmeier (1937) und Gill (2016).
[40] Lacey (1986) 156–159 s.v. naturalism. Vgl. auch Görler (1978) 6–7.
[41] Cic. *Att.* 1,8,3 ... *deliciae nostrae* ...
[42] Cic. *Quint.* 1,3,4.
[43] Cic. *ad Q. fr.* 1,3,3.
[44] Cic. *Att.* 11,23,3.
[45] Cic. *Att.* 12,14,3; *fam.* 6,18,5.
[46] Cic. *fam.* 4,5; 4,6.

che Liebe und Sorge allmählich auf den Sohn zu übertragen, der vorher im Schatten seiner Schwester stand. Wird der Junior jetzt auf die Rolle des Prinzen vorbereitet? Es ist eine ziemlich undankbare Rolle, welcher, wie die Geschichte des englischen Königshauses verdeutlicht, selbst ältere Prinzen auf Lebenszeit nicht immer gerecht werden (Cic. off. 2,44):

> Nam si quis ab ineunte aetate habet causam celebritatis et nominis aut a patre acceptam, quod tibi, mi Cicero, arbitror contigisse, aut aliquo casu atque fortuna, in hunc oculi omnium coniciuntur atque in eum, quod agat, quemadmodum vivat, inquiritur et tamquam in clarissima luce versetur, ita nullum obscurum potest nec dictum eius esse nec factum.

> Denn wenn jemand von frühester Jugend an günstige Voraussetzungen besitzt, um berühmt zu werden und sich einen Namen zu erwerben, die er entweder seinem Vater verdankt, was dir, mein Cicero, wie ich meine, zuteilwurde, oder die durch einen glücklichen Zufall gegeben sind, richten sich auf diesen die Augen der Öffentlichkeit; man fragt sich bei ihm, was er tut und wie er lebt, und so, als ob er sich in hellstem Licht bewegte, kann keines seiner Worte und keine seiner Taten unentdeckt bleiben (Nickel (2008) 169).

Dass der Vater den Sohn auf die scharfe Beobachtung durch die Öffentlichkeit und ihre hohen Erwartungen aufmerksam macht, ist ein akzeptabler Akt der Aufklärung.[47] Zu wissen, welche Konsequenzen seine Fehler haben, liegt durchaus im Interesse des Sohnes. Auf einem anderen Blatt steht es, wenn der Vater den Sohn aus Sorge um seinen guten Ruf und seine gesellschaftliche Stellung und also aus Eigeninteresse dazu drängt, sich gesellschaftskonform zu verhalten. So hatte es der ältere Marcus mit dem jüngeren Quintus getan, als dieser die Provinz Asia mit mangelnder Selbstkontrolle und übertriebener Härte verwaltete.[48] Wie dem jüngeren Bruder gegenüber besitzt Cicero wohl auch bei seinem Sohn nicht immer das nötige Fingerspitzengefühl. Damit kommt es zum Eklat. Der Vater versichert dem Sohn zwar seine Liebe. Aber ist sie rückhaltlos? Wie wörtlich sollen wir die Brieffloskeln nehmen? Der Vater bedroht den Sohn zwar nicht explizit mit Liebesentzug. Aber ist es nicht an Manipulation grenzende emotionale Erpressung, wenn der Vater dem Sohn eine Steigerung seiner Liebe nur unter der Bedingung verspricht, dass der Junior seine Vorschriften befolgt? (Cic. off. 3,121):

> Vale igitur, mi Cicero, tibique persuade esse te quidem mihi carissimum, sed multo fore cariorem, si talibus monumentis praeceptisque laetabere.

> Lass es dir also gut gehen, mein Cicero, und sei überzeugt davon, dass ich dich zwar schon sehr liebe, aber bestimmt noch viel mehr lieben werde, wenn du an Aufzeichnungen und Lehren wie diesen deine Freude haben wirst. (Nickel (2008) 305)

---

47 Cic. off. 3,6; 3,1,6.
48 Cic. ad Q. fr. 1 und 2.

Wie sich beim Versuch der moralischen Belehrung seines Sohns intersubjektiv gültige Begründungsstrategien und subjektive und damit willkürliche Interessen des Vaters vermischen, lässt sich auch an Ciceros Darstellung der Kardinaltugenden im ersten Buch von *De officiis* erkennen. Das Konzept stammt aus Platons Politeia. Platon konstruiert seinen idealen Staat auf Grundlage der Übereinstimmung von Mikrokosmos und Makrokosmos. Wie es der menschlichen Seele gut geht, wenn sich ihre Teile ihren Funktionen entsprechend verhalten, so geht es dem Staat gut, wenn seine Stände ihre spezifischen Aufgaben wahrnehmen. Die fraglichen Seelenteile sind hier die Kardinaltugenden Weisheit, Tapferkeit, Besonnenheit und Gerechtigkeit. Im platonischen Idealstaat leben Philosophenkönige, der Lehrstand, Soldaten bzw. Wächter, der Wehrstand, und Bauern bzw. Kaufleute, der Nährstand. Wenn sich die Stände gemäß ihrer spezifischen Tugend weise, tapfer und besonnen verhalten und damit ihrer besonderen Aufgabe gerecht werden, ist Gerechtigkeit im Staat verwirklicht. Panaitios knüpft zwar an Platons Staat an. Er modifiziert seinen Prätext aber, soweit wir wissen, in der Hinsicht, dass er bestimmte natürliche Einstellungen beziehungsweise Grundorientierungen postuliert, die in ihrer Wirkung grosso modo Platons Kardinaltugenden entsprechen.[49] Diese Grundgefühle sollen den Menschen vom Tier unterscheiden. Auf diesen Gefühlen soll auch das moralisch Gute, das *honestum* beruhen.[50] Aus den Grundgefühlen sollen bestimmte Arten von Pflichten erwachsen.[51] Die Quadriga von Grundeigenschaften sind die Suche nach und das Aufspüren der Wahrheit (*veri inquisitio*), soziale Empfindungen (*amor in eos, qui procreati sunt*), innere Größe und Gleichgültigkeit gegenüber menschlichen Dingen (*magnitudo animi*) sowie der Sinn für Ordnung und Schönheit (*pulchritudo, constantia, ordo*). In seinem Traktat *Über die Pflicht*, von dem sich keine Fragmente erhalten haben,[52] erörterte Panaitios allerdings wohl nicht die vollkommenen Handlungen des Weisen (*officia perfecta*). Es ging ihm vielmehr um, wie die stoische Philosophie es definierte, mittlere Pflichten (*officia media*) der Menschen, die noch auf dem Weg zur Weisheit sind.[53] An diese προκόπτοντες wendet sich Cicero in *De officiis*. Damit werden die Stoiker zu realen, die Akademiker und Peripatetiker zu potentiellen Quellen von Normativität. Ariston, Pyrrhon und Erillus scheiden dagegen *a priori* als Quellen von Normativität aus (Cic. *off.* 1,6):

---

[49] Cic. *off.* 1, 11 *vis, amor, appetitio*.
[50] Cic. *off.* 1,13–14.
[51] Cic. *off.* 1,15 *tamen ex singulis certa officiorum genera nascuntur*.
[52] Van Straaten (1962).
[53] Dazu Steinmetz (1994a) 658–659 unter Bezugnahme auf Cic. *off.* 1,46 sowie 1,7–8.

Hae disciplinae igitur si sibi consentaneae velint esse, de officio nihil queant dicere, neque ulla officii praecepta firma, stabilia, coniuncta naturae tradi possunt, nisi aut ab iis, qui solam, aut ab iis, qui maxime honestatem propter se dicant expetendam. Ita propria est ea praeceptio Stoicorum, Academicorum, Peripateticorum, quoniam Aristonis, Pyrrhonis, Erilli iam pridem explosa sententia est, qui tamen haberent ius suum disputandi de officio, si rerum aliquem dilectum reliquissent, ut ad officii inventionem aditus esset. Sequemur igitur hoc quidem tempore et hac in quaestione potissimum Stoicos, non ut interpretes, sed, ut solemus, e fontibus eorum iudicio arbitrioque nostro quantum quoque modo videbitur, hauriemus.

Wenn also diese philosophischen Schulen nicht in Widerspruch zu sich selbst geraten wollten, könnten sie nichts über die Pflicht sagen; und gut begründete, verlässliche und mit der Natur übereinstimmende Lehren können nur von denen vermittelt werden, die die Auffassung vertreten, dass ausschließlich die Moral, oder von denen, die behaupten, dass vor allem die Moral um ihrer selbst willen erstrebenswert ist. So ist diese Lehre für die Stoiker, die Akademiker und die Peripatetiker maßgebend, da die Überzeugung des Ariston, des Pyrrhon und des Erillus schon längst widerlegt ist, denen trotzdem das Recht zustände, über die Pflicht zu diskutieren, wenn sie irgendeine Rangfolge unter den Dingen eingeräumt hätten, so dass es einen Zugang zur Feststellung der Pflicht gäbe. Ich schließe mich also zu diesem Zeitpunkt und in dieser Frage vor allem den Stoikern an, nicht um ihr Übersetzer zu sein, sondern ich werde, wie üblich, aus ihren Quellen nach eigenem Urteil (*iudicium*) und eigener Entscheidung (*arbitrium*) schöpfen, soweit ich es von Fall zu Fall gebracht habe. (Nickel (2008) 13)

Die tautologisch anmutende Aussage, dass unter den Quellen der Pflicht derjenige Beweggrund, auf dem die Gemeinschaft der Menschen beruht, die größte Bedeutung für ihr Zusammenleben besitze, umschreibt das zweite Handlungsfeld nach der Weisheit. Es besteht aus zwei Teilbereichen (Cic. *off.* 1,20). Es sind „die Gerechtigkeit, in der sich die Tugend am glänzendsten bewährt, ... und die mit ihr verbundene Hilfsbereitschaft, die man ebenso auch Güte oder Großzügigkeit nennen kann." (Nickel (2008) 25). Die Gerechtigkeit (*iustitia*) wird in *De officiis* nicht nur um die Großzügigkeit (*beneficentia*) erweitert, sondern dieser Teilaspekt nahezu gleichberechtigt neben der platonischen Kardinaltugend behandelt. Interpreten bemühten sich vergeblich, Cicero diese Veränderung zuzuschreiben.[54] Das Scheitern ihrer Bemühungen ist symptomatisch für Versuche, sauber zwischen Cicero und seinen Quellen zu trennen. Aus dem Werk des Panaitios *Über die Pflicht* ist kein griechisches Originalzitat erhalten. Deswegen gibt es keine Möglichkeit, Hypothesen zu bestätigen oder, besser, zu falsifizieren, die sich auf das Verhältnis von *De officiis* zu seinen griechischen Prätexten beziehen. Auch gibt es keinen guten Grund, Panaitios eine Veränderung der philosophischen Tradition zugunsten von Cicero abzusprechen.[55] Als Panaitios in Rom lebte, hatte er ausreichend Gelegenheit, die Prinzipien der römischen Gabentauschgesellschaft zu studieren.

---

54 Lefèvre (2001) 80; vgl. zuvor Pohlenz (1934); Heilmann (1982).
55 Van Straaten (1962).

Auf Reisen in Scipios Begleitung lernte Panaitios die Gesellschaftsformen Griechenlands und des Alten Orients kennen. Anlass zu der Vermutung, dass es sich um Eigengut aus der Feder des akademischen Philosophen Cicero handelt, besteht hier also zwar nicht. Grund zu der Zuschreibung von Gedanken an den römischen Philosophen besteht aber wohl da, wo Cicero auf Geschehnisse der römischen Geschichte des 1. Jahrhunderts oder der Zeitgeschichte eingeht und diese Geschehnisse auf sich selbst oder seine Zeitgenossen bezieht und wo er ein philosophisches Gespräch unter diesen Prämissen selbst gestaltet. Aussagekräftiger sind daher die Ausführungen zu Tapferkeit und Seelengröße.[56] Als Cicero die dritte Kardinaltugend erörtert, bezieht er sich nicht nur durch massives *name dropping* auf Ereignisse der griechisch-römischen Geschichte. Er benutzt auch den *mos maiorum* als Quelle der Normativität. Die Auffassung, Kriegstaten seien höher zu bewerten als innenpolitische Leistungen, weist Cicero zurück.[57] Um dem Vorurteil entgegenzutreten, stützt sich Cicero mit Themistokles als Außen- und Solon als Innenpolitiker auf Beispiele aus der griechischen Geschichte[58]. Auch habe Rom der Feldherr Scipio Africanus mit der Eroberung Numantias nicht mehr genützt als der Politiker Publius Nasica mit dem Mord an Tiberius Gracchus.[59] Am Ende kommt Cicero auf sich selbst und seine Leistungen für Rom zu sprechen. Das wichtigste Prinzip, wogegen verbrecherische und neiderfüllte Elemente nach Ciceros Vernehmen Sturm liefen, stecke in den Versen, die er selbst geschrieben habe (Cic. *off.* 1,77):

> *cedant arma togae, concedat laurea laudi.*
>
> Die Waffen sollen hinter der Toga zurücktreten und ebenso der Lorbeer hinter dem Kriegsruhm.

Als Catilina den Umsturz plante, seien die Verschwörer durch seine umsichtigen Entscheidungen entwaffnet worden.[60] Welcher militärische Triumph lasse sich mit seiner innenpolitischen Großtat vergleichen? Sogar Gnaeus Pompeius, der zahlreiche militärische Erfolge vorzuweisen habe, habe Cicero vor vielen Zuhörern eingeräumt, er hätte seinen dritten Triumph vergeblich davongetragen, wenn er nicht durch Ciceros Einsatz zur Rettung des Staats einen Platz für seinen Triumph gehabt hätte.[61] Formen ziviler Tapferkeit stünden militärischen nicht

---

56 Cic. *off.* 1,61–92.
57 Cic. *off.* 1,74.
58 Cic. *off.* 1,75.
59 Cic. *off.* 1,76.
60 Cic. *off.* 1,77.
61 Cic. *off.* 1,78.

nach. Für zivile Tapferkeit müsse man sich stärker engagieren als für militärische (Cic. off. 1,78):

> sunt igitur domesticae fortitudines non inferiores militaribus; in quibus plus etiam quam in his operae studiique ponendum est.

> Demnach stehen zivile Formen der Tapferkeit den militärischen nicht nach; für jene muss man sogar noch mehr Mühe und Eifer aufbringen. (Nickel (2008) 69)

Was mochte der Sohn denken, wenn er las, wie sein Vater die eigene Zivilcourage über jede Art militärischer Tapferkeit stellte? Wie wirkte es, wenn Cicero bekennt (Cic. off. 1,78): „Ich darf mich nämlich vor dir rühmen, mein lieber Sohn Marcus, an den das Erbe dieses Ruhms fällt und dem die Nachahmung dieser Taten auferlegt ist." (Nickel (2008) 69) Es gehört nicht viel Phantasie dazu, sich vorstellen, dass der Sohn über die mangelnde Sensibilität in der Ich-Botschaft des Vaters nicht unbedingt erfreut war. Die Botschaft verkennt die Stärken des Sohns und verleugnet die väterlichen Schwächen. Wenn der Sohn in seinen intellektuellen Kapazitäten dem Vater auch hoffnungslos unterlegen sein mochte, so wird er sich doch bewusst gewesen sein, dass er den Vater im Hinblick auf Mut und Tapferkeit weit übertraf. Hatte sich der Vater den Anfeindungen des Clodius nach der Catilinarischen Verschwörung nicht durch Gang ins Exil entzogen? Hatte er im Exil nicht depressiv und eher weinerlich gewirkt? War der Sohn nicht von Pompeius an die Spitze einer Reiterabteilung gestellt worden? Hatte der Sohn in der Schlacht von Pharsalos nicht tapfer gegen Caesar gekämpft,[62] während sich der Vater in der Etappe befand? War der Vater nicht eher durch defätistische Witze als durch persönliches Engagement aufgefallen? Als Nonius nach der Entscheidungsschlacht bemerkte, man dürfe zuversichtlich sein, da noch sieben Adler im Lager des Pompeius verblieben seien, witzelte Cicero in defätistischer Manier: „Das wäre ein wirklicher Trost, wenn wir Krieg gegen Dohlen führten".[63] Wenn der Senior bemerkt, dass sich der Junior zwar als Kommandeur einer Reiterschwadron des Pompeius durch seinen Einsatz beim Reiten, beim Waffengebrauch und beim Ertragen aller Strapazen im Krieg Ruhm erworben habe, dieser Ruhm aber zusammen mit der Republik vergangen sei und seine Taten nur bis zum Untergang der Republik als lobenswert gegolten hätten, dann kann man sich die Enttäuschung darüber, ja die bittere Reaktion des Sohns darauf gut vorstellen (Cic. off. 2,45):

> Quo tamen in bello cum te Pompeius alae praefecisset, magnam laudem et a summo viro et ab exercitu consequabere equitando, iaculando, omni militari labore tolerando. Atque ea quidem tua laus pariter cum re publica cecidit.

---

[62] Cic. off. 2,45.
[63] Plut. Cic. 38,7.

> Doch als dich Pompeius in diesem Krieg an die Spitze einer Reiterabteilung gestellt hatte, hast du ein ganz großes Lob von einem sehr bedeutenden Feldherrn und vom Heer für deinen Einsatz beim Reiten, beim Waffengebrauch und beim Ertragen aller Strapazen im Krieg bekommen. Allerdings galten deine Taten nur bis zum Untergang der Republik als lobenswert (mit Auslassungen nach Nickel (2008) 171)

Persönliche Befindlichkeiten spielen auch bei der Diskussion der vierten Kardinaltugend eine Rolle: der Selbstbeherrschung und Mäßigung und den damit verbundenen Bereichen moralischen Verhaltens. Während seines Studienaufenthalts in Athen war der Sohn im Beisein des Redelehrers Gorgias durch übermäßigen Alkoholkonsum auffällig geworden. Als Cicero davon hörte, hatte er auf sofortige Entlassung des Lehrers gedrängt und seinem Sohn den weiteren Umgang mit ihm strikt verboten.[64] Cicero ist aber vernünftig genug, um den heiklen Punkt hier nicht so unverblümt anzusprechen, wie er es in dem vorausgehenden Briefverkehr getan hatte.[65] Cicero gliedert seine Ausführungen über die vierte Kardinaltugend systematisch „in drei deutlich abgegrenzte Teile a) die Einführung des vierten Bereichs des Sittlichen (Cic. off. 1,93–99), b) die Darstellung der aus diesem Bereich abgeleiteten Pflichten (Cic. off. 1,100–125), in deren Zentrum die Vier-Rollen-Theorie steht (Cic. off. 1,107–125), c) auf verschiedene Bereiche des Lebens zielende Einzelvorschriften (Cic. off. 1,126–151)."[66] Einleitend fasst er den Begriff der Selbstbeherrschung (*temperantia*) und seine Konkurrenzausdrücke wie Maß (*modus*) und Mäßigung (*moderatio*) unter der Kategorie des *decorum* respektive πρέπον zusammen (Cic. *off.* 1,93):

> *Sequitur ut de una reliqua parte honestatis dicendum sit, in qua verecundia et quasi quidam ornatus vitae, temperantia et modestia omnisque sedatio perturbationum animi et rerum modus cernitur. Hoc loco continetur id quod dici Latine decorum potest; Graece enim prepon dicitur...*

> Man muss im Anschluss daran über einen noch nicht behandelten Bereich der Moral sprechen, wo sich taktvolles Verhalten und sozusagen ein in gewissem Sinne gepflegter Lebensstil, Zurückhaltung und Mäßigung und dazu noch eine weitestgehende Beruhigung der seelischen Leidenschaften und das rechte Maß in allen Dingen zeigen. Diese Qualitäten lassen sich mit dem lateinischen Wort „das Angemessene" zusammenfassen; denn auf Griechisch heißt es „was sich gehört". (Nickel (2008) 81 mit Anpassungen)

Der Begriff πρέπον stammt ursprünglich aus Rhetorik und Ästhetik. Das griechische Wort und sein lateinisches Äquivalent werden von dort auf die Ethik übertragen und bedeuten ein Verhalten, „das angemessen ist" und „sich schickt".

---

[64] Plut. *Cic.* 24,8.
[65] Cic. *fam.* 16,21,4.
[66] Vgl. Becker (1994) 162.

4.2 Wollen oder Sollen? Quellen der Normativität in Ciceros *De officiis* — 111

Decorum ist somit ein Begriff ohne eigenen Inhalt.[67] Das Wort gibt nur ein proportionales Verhältnis zwischen zwei Begriffen oder Größen an. Auf der einen Seite der Gleichung steht die handelnde Person. Die handelnde Person ist, wie später detailliert erläutert wird, durch vier Rollen bestimmt, welche ihre Lebensweise teils aufgrund unbeeinflussbarer äußerer Umstände, teils aufgrund eigener Wahl bestimmen. Auf der anderen Seite stehen die Handlungen der betreffenden Person, die auf beliebigen Handlungsfeldern und in beliebigen Situationen unter jeweils ganz bestimmten Umständen erfolgen und dementsprechend entweder angemessen oder unangemessen sein können.

Das so definierte *decorum* ist auf allen vier Feldern des moralisch Guten vorhanden. Daher gibt es nach stoischer Lehre ein generelles *decorum*, das auf dem für den Menschen konstitutiven Vernunftvermögen beruht und für alle Kardinaltugenden gleichermaßen Gültigkeit besitzt, und ein spezielles *decorum*, das sich nur mit der vierten Kardinaltugend, der Selbstkontrolle und Mäßigung, verbindet (Cic. *off.* 1,96):

> Est autem eius discriptio duplex; nam et generale quoddam decorum intellegimus, quod in omni honestate versatur, et aliud huic subiectum, quod pertinet ad singulas partes honestatis. Atque illud superius sic fere definiri solet, decorum id esse, quod consentaneum sit hominis excellentiae in eo, in quo natura eius a reliquis animantibus differat. quae autem pars subiecta generi est, eam sic definiunt, ut id decorum velint esse, quod ita naturae consentaneum sit, ut in eo moderatio et temperantia appareat cum specie quadam liberali.

> Es lässt sich aber zweifach unterteilen: Denn wir können einerseits einen allgemeinen Begriff von Angemessenheit erkennen, der mit jeder Moral verbunden ist, und ein dieser untergeordnetes Angemessenes, das für die einzelnen Teilbereiche der Moral gilt. Der erstgenannte Begriff von Angemessenheit wird gewöhnlich etwa folgendermaßen definiert: Angemessen sei alles, was mit dem Vorrang des Menschen auf dem Gebiet übereinstimme, wo sich seine Natur von der der übrigen Lebewesen unterscheide. Das spezielle Angemessene, das dem generellen untergeordnet ist, definieren sie so: Angemessen sei alles, was mit der Natur des Menschen in der Hinsicht übereinstimme, dass in ihm Mäßigung und Zurückhaltung verbunden mit einem entsprechend würdigen Erscheinungsbild sichtbar seien. (Nickel (2008) 83 mit Anpassungen)

Wie das *decorum* in der Öffentlichkeit wahrgenommen wird, verdeutlicht Cicero durch Vergleiche aus dem Theaterwesen. Dramendichter achteten bei der großen Verschiedenartigkeit der Rollen eines Theaterstücks genau darauf, welche Worte und welche Verhaltensweise zu schlechten (und guten) Charakteren passten.[68] ‚Angemessen' sei unser Verhalten, wenn wir Gerechtigkeit übten und unsere Mitmen-

---
67 Dyck (1996) 240.
68 Cic. *off.* 1,97–98.

schen achtsam mit dem nötigen Respekt (*reverentia*) behandelten.[69] Handlungsgründe (*officia*) seien dann ‚schicklich' und ‚pflichtgemäß', wenn das menschliche Triebleben durch die Vernunft kontrolliert werde.[70] Diese Regel gelte sowohl für ernsthaftes Tun als auch für Scherz und Spiel.[71]

Auf dieser Grundlage erläutert Cicero die stoische Rollentheorie. Diese lehrt, es gebe vier Rollen (πρόσωπα, *personae*), durch die das menschliche Leben bestimmt werde. Die erste Rolle sei Menschen als Vernunftwesen gemeinsam und beruhe auf ihrer Teilhabe an der Vernunft.[72] Eine zweite Rolle definiere sich durch individuelle Eigenschaften und Begabungen der Person.[73] Die dritte ergebe sich aus der Konfrontation mit Ereignissen, die dem Menschen schicksalhaft oder zufallsbedingt begegneten.[74] Viertens spiele das Individuum im gesellschaftlichen Leben eine Rolle, die es sich dank seiner Urteilskraft selbst wähle. Das gelte etwa für seinen Beruf.[75]

Die ersten drei Rollen entzögen sich ganz oder teilweise dem menschlichen Einfluss. Denn als Vernunftwesen mit auf Vererbung beruhenden Anlagen und Begabungen werde der Mensch in eine so oder so beschaffene Umwelt und Zeit hineingeboren. Die vierte Rolle individuell zu gestalten liege dagegen stärker in der Hand des Menschen. Während die erste und dritte Rolle unverbunden koexistierten, könne die vierte Rolle von der zweiten beeinflusst oder bestimmt sein. Menschen wählen ihren ‚Beruf' und damit ihre Rolle im Leben nicht selten nach ihren Interessen und Begabungen. Hier gelte das Sprichwort, es gehöre sich nicht, etwas gegen Minervas Willen zu tun (*nihil decet invita Minerva*).[76] Cicero will sagen: Wer seine beruflichen Anstrengungen nicht an seiner individuellen Begabung orientiert und damit gegen seine Natur verstößt, wird vermutlich weniger Erfolg haben. Dass sich die zweite und vierte Rolle des Menschen individueller interpretieren und gestalten lassen, verdeutlichen Exemplareihen, in denen Cicero die besonderen Begabungen griechischer und römischer Politiker nach Art von Plutarchs Parallelviten miteinander vergleicht.[77] Ist es abwegig zu vermuten, dass Cicero senior junge Römer mit solchen Reflexionen zur *condicio humana* zu einer überlegten Rollen-

---

[69] Cic. *off.* 1,99.
[70] Cic. *off.* 100–101.
[71] Cic. *off.* 1,103–106.
[72] Cic. *off.* 1,107 ... *particeps rationis* ... Vgl. auch 1,105 zum Unterschied zwischen dem vernunftbegabten Menschen und dem triebgeleiteten Tier. Zur stoische Rollentheorie vgl. Fuhrmann (1982).
[73] Cic. *off.* 1,107 ... *persona, quae proprie singulis est tributa*.
[74] Cic. *off.* 1,115 ... *casus, tempus* ...
[75] Cic. *off.* 1,115 *quarta (sc. persona), quam nobismet ipsi iudicio nostro accomodamus*.
[76] Cic. *off.* 1,110.
[77] Cic. *off.* 1,108–109; 112–114.

wahl und zu einem korrekten Rollenverhalten anleiten wollte? Cicero iunior wird jedenfalls mit der stoischen Rollentheorie ein Kontrollinstrument an die Hand gegeben, mit dem er seine Position in der römischen Gesellschaft bestimmen kann. In Bezug auf verschiedene Bereiche menschlichen Lebens kann sich der Sohn Klarheit darüber verschaffen, welches Handeln für eine beliebige Person, die über ein definiertes Rollenset verfügt, angemessen ist, und, natürlich, für ihn selbst. Cicero empfiehlt, nicht von der einmal gewählten Lebensform (*genus vitae*) abzuweichen und sich seiner Berufsrolle konform zu verhalten.[78] Prinzipiell besteht also Identitätspflicht. Sollte sich eine Lebensentscheidung freilich als falsch erweisen, ist auch ein Wechsel der beruflichen Rolle denkbar, wenn dieser behutsam vor sich geht. Auch bei der Auflösung von Freundschaften raten Weise ja zu einem langsamen und taktvollen Vorgehen (Cic. *off.* 1,120):

> *nisi forte se intellexerit errasse in deligendo genere vitae. Quod si acciderit, potest autem accidere, facienda morum institutorumque mutatio est. Eam mutationem si tempora adiuvabunt, facilius commodiusque faciemus; sin minus, sensim erit pedetemptimque facienda, ut amicitias, quae minus delectent et minus probentur, magis decere censent sapientes sensim diluere quam repente praecidere.*

> es sei denn, er ist zu der Erkenntnis gekommen, er habe sich bei seiner Lebenswahl geirrt. Wenn das geschehen sollte – es kann tatsächlich passieren – muss er seine Gewohnheiten und Einstellungen ändern. Wenn die äußeren Umstände diese Änderung begünstigen, werden wir sie leichter und bequemer vollziehen; andernfalls wird sie allmählich und nur schrittweise erfolgen müssen, wie es nach Auffassung der Weisen auch eher angemessen ist, unerfreuliche und nicht mehr akzeptable Freundschaften langsam aufzulösen, statt plötzlich abzubrechen. (Nickel (2008) 101)

Die Rollentheorie und die ihr zugrunde liegende Idee des *decorum* wirken sich auf fast alle Aktivitäten des Menschen aus. Reden und Handeln, Bewegungsabläufe und Körperhaltung beruhen auf Taktgefühl (*formositas*), auf der Berücksichtigung von Zeit und Ort (*ordo*) und auf dem jeweils passenden Erscheinungsbild (*ornatus*).[79] Wer die stoische Rollentheorie akzeptiert und sich ihre Prämissen zu eigen macht, kann sich unter Berücksichtigung seiner Lebensumstände und der in seinem Umfeld geltenden Konventionen leicht ausrechnen, welche Pflichten für ihn gelten. Cicero erspart uns diese Mühe. Er erläutert seinen Lesern, wie sie sich bei der Konversation verhalten,[80] wie sie in heiklen Situationen taktvoll handeln,[81] wie sie den passenden Beruf ergreifen sollen.[82] Sein Publikum erfährt, wie ein Römer

---

[78] Cic. *off.* 1,111 ... *sic in actiones omnemque vitam nullam discrepantiam conferre debemus.*
[79] Cic. *off.* 1,126.
[80] Cic. *off.* 1,132–137.
[81] Cic. *off.* 1,142–149.
[82] Cic. *off.* 1,150–151.

standesgemäß sein Haus erbaut.[83] Die Einzelvorschriften normieren sogar den privaten bzw. intimen Bereich, wenn dem Leser vorgeschrieben wird, wie er mit seinem Körper umzugehen habe.[84]

Was Cicero über den Körper des Menschen und über sein Schamgefühl äußert, entspricht dem sonstigen Tenor seiner Schriften, in denen Sexualität so gut wie nie zum Gegenstand wird. Nur einmal lässt sich Cicero dazu hinreißen, einen anzüglichen Wortwitz wiederzugeben, mit dem er im Bona-Dea-Skandal, als er gegen Clodius aussagte, ein angeblich inzestuöses Verhältnis mit seiner Schwester Clodia persifliert hatte.[85] In einen eher juristischen Kontext gehören Spitzen gegen Clodia in seiner Rede *Pro Caelio*.[86] Das menschliche Schamgefühl (*verecundia*) begründet Cicero unter Hinweis auf Mutter Natur. Die Natur habe den Menschen so geschaffen, dass sein Gesicht und seine Hände sichtbar seien, Körperteile, wegen der er sich schäme, dagegen verborgen.[87] Anal- und Genitalbereich seien deshalb absolute Tabuzonen und im Gespräch nicht zu berühren. Kyniker und radikale Stoiker werden kritisiert, weil sie gegen diese Praxis verstoßen.[88] Genderspezifischen Charakter haben Ciceros Ausführungen über die beiden Arten menschlicher Schönheit. Von den beiden Arten sei die eine, Anmut (*venustas*) genannt, weiblich, die andere, Würde (*dignitas*) genannt, dagegen männlich.[89] Die darauf beruhende Normgebung berücksichtigt nur die männliche Perspektive. In Bewegung und Gestik das Verhalten einer Frau zu imitieren sei unangemessen, wirke affektiert und bedeute einen Verstoß gegen die männliche Rolle.[90]

Breiteren Raum beansprucht die menschliche Kommunikation. Während Cicero in *De oratore* Regeln für die öffentliche Beredsamkeit vermittelt, entwickelt er in *De officiis* die Grundzüge einer Gesprächsrhetorik. Verständlichkeit und angenehmer Klang der Stimme sind Bedingungen für ein Gelingen der Konversation.[91] Sprecher sollen Silben nicht zu sehr dehnen, aber auch nicht verschlucken. Die Aussprache soll weder undeutlich noch affektiert, weder monoton noch einschläfernd sein. Viele Regeln verstehen sich von selbst. Das Gespräch soll locker geführt werden. Konversation lebt von Rede und Gegenrede. Monologisieren ist verboten. Heiteres soll in heiterem Ton, Ernstes in ernstem Ton angesprochen

---

[83] Cic. *off.* 1,138–140.
[84] Cic. *off.* 1,126–132.
[85] Cic. *Att.* 2,1,5.
[86] Cic. *Cael.* 30–31; 51–53; 61.
[87] Cic. *off.* 1,127.
[88] Cic. *off.* 1,128.
[89] Cic. *off.* 1,130.
[90] Cic. *off.* 1,130–131.
[91] Cic. *off.* 1,133.

werden.⁹² Über Abwesende herzuziehen ist unfein und offenbart den schlechten Charakter des Redenden.⁹³ Bevorzugte Gegenstände des Gesprächs sind private, aber auch politische und künstlerische Themen. Teilnehmer sollten charmant sein, keineswegs rechthaberisch.⁹⁴ Unachtsamkeit im Umgang miteinander ist zu vermeiden. Zu vermeiden sind auch Störungen der Kommunikation, die schärfere Töne und emotionale Entgleisungen zur Folge haben.⁹⁵ Wie es eine Kunst gibt, ein Gespräch angemessen zu eröffnen, so gibt es auch eine Kunst, es angemessen zu beenden.⁹⁶

Damit ist deutlich geworden, wie Cicero aus dem Begriff des *decorum* und der stoischen Rollentheorie allgemeine Verhaltensregeln ableitet, um so unterschiedliche Lebensbereiche wie den Umgang des Menschen mit seinem Körper und sein Gesprächsverhalten zu normieren. Bedarf es der vertiefenden Betrachtung von Ciceros Darlegungen über so divergente Gegenstände wie das Taktgefühl im menschlichen Umgang oder einer Analyse seiner Anweisungen zum Bau bzw. zum Wiederaufbau eines Hauses? Oder genügen die beiden etwas genauer behandelten Beispiele, um zu erkennen, dass in dem antiken Traktat der Ursprung des modernen Manierenbüchleins liegt? Was Cicero seinem Sohn in *De officiis* vermitteln wollte, wird von der Renaissance bis in die Gegenwart durch Castiglione, Knigge und Asserate rezipiert und zu einer eigenen Art des Sachbuchs entwickelt.

„Mit dem universal begabten und gebildeten Menschen der Renaissance" kreierte Castiglione „den Prototyp jenes „Gentiluomo", der als *Honnete homme* und *Gentleman* zum gesellschaftlichen Leitbild der nachfolgenden Jahrhunderte werden sollte. Der *Hofmann* avancierte zum Handbuch gesellschaftlichen Aufstiegs und bürgerlicher Selbstverwirklichung. Erst dem aufgeklärten späten 18. Jahrhundert sollten Castigliones geistvolle Gespräche nicht mehr weit genug gehen."⁹⁷ Castiglione nimmt *De officiis* als Muster, wenn er in seinem für beide Geschlechter gedachten Manierenbüchlein von den Kardinaltugenden ausgeht.⁹⁸ *De officiis* wird zum Vorbild der Konversationslehre des *Cortegiano*. Sie lehrt, in der Rede sei Anmut anzustreben, Affektiertheit dagegen zu vermeiden.⁹⁹ Castiglione rät, auf veraltete toskanische Wörter besser zu verzichten. Einfachheit und Lässigkeit

---

92 Cic. *off.* 1,134.
93 Cic. *off.* 1,134.
94 Cic. *off.* 1,134.
95 Cic. *off.* 1,136.
96 Cic. *off.* 1,135.
97 Beyer in: Castiglione (1996) 8.
98 Castiglione (1996) 46 (1,41).
99 Castiglione (1996) 39 (1,28).

(*sprezzatura*) verliehen der Sprache die äußerste Anmut.[100] Eine bei Hof lebende Dame solle eine soziale Ader haben, „die sie befähigt, Menschen jeder Art durch angenehme und ernsthafte Gespräche zu unterhalten, passend zu Zeit und Ort und zu der Gemütslage der Person, mit der sie spricht ..."[101]

In der Aufklärung sucht Adolf Freiherr Knigge mit seinem Werk *Über den Umgang mit Menschen* die Menschenkenntnis zu befördern. Er entwickelt eine umfassende Anthropologie und unterscheidet mehrere Temperamente und Charaktere.[102] Im Laufe der Zeit wurde der 1788 erschienene *Knigge* von seinen Bearbeitern wiederholt umgeschrieben. Stilistische und sachliche Anpassung an den Geschmack und die Bedürfnisse breiterer Schichten des Bürgertums machten das Werk zu einer *Anstandsfibel* und einem universalen *Benimmbuch*. Die öffentliche Rede und die Kunst der Konversation spielen darin eine zentrale Rolle.[103]

Im Zeitalter der Globalisierung vergleicht Asfa-Wossen Asserate, der nach dem Besuch der Deutschen Schule in Addis Abeba in Tübingen und Cambridge studierte, die Sitten der Europäer, namentlich der Deutschen und Engländer, mit den Manieren der Bewohner anderer Kontinente wie Afrika, Asien und Amerika. Auf Cicero und die europäischen Salons der Aufklärung zurückblickend hat der Großneffe des äthiopischen Kaisers Haile Selassie hohe Erwartungen an die Konversationskunst der Europäer.[104] Seine Idealvorstellung von Konversation als gleichmäßiger Munterkeit des Redestroms und einer nicht abreißenden Kette witziger Bonmots wird aber gründlich enttäuscht. Nach dem Hörensagen seien in der europäischen Konversation bestimmte Themen verboten wie die Religion und, im Anschluss an Ciceros Vorschriften in *De officiis*, die Sexualität.[105] Auch letztere Erwartung erweist sich für die meisten Länder Europas als falsch. Deutschland sei diesbezüglich zwar die zahmste Nation, obwohl keineswegs prüde. Dagegen herrsche in den Vereinigten Staaten von Amerika noch immer ein absolutes Tabu. Im Gespräch sexuelle Themen anzuschneiden solle man besser vermeiden.[106]

Die Schlaglichter zur Rezeptionsgeschichte verdeutlichen, wie Regeln der Gesprächskunst und Gedanken zur Körperlichkeit des Menschen, die Cicero in *De officiis* entwickelt hatte, von der Renaissance bis in die Gegenwart weiterwirken und zur Normierung unseres Verhaltens beitragen. Die Bedeutung des Traktats erschöpft sich jedoch nicht darin. Ciceros Gedanken zur Wahl der Lebensform er-

---

100 Castiglione (1996) 43 (1,39).
101 Castiglione (1996) 91 (3,5).
102 Zaehle (1933).
103 Ueding (2012) 87–98.
104 Asserate (2018) 274.
105 Asserate (2018) 278.
106 Asserate (2018) 278.

lauben es jungen Römern, wenn sie nur ein Faible für den *mos maiorum* als Quelle der Normativität haben, zu begründeten Entscheidungen über ihren beruflichen Weg und ihre Lebenschancen zu gelangen. Römer unterscheiden ehrenhafte Berufe von schmutzigen Erwerbsquellen. Bestimmte Berufe sind in Rom absolut verpönt. Das Gewerbe des Steuereintreibers und das Geschäft des Geldverleihers sind bei der Bevölkerung geradezu verhasst.[107] Auch das Tun des Tagelöhners gilt als schmutziger Erwerbszweig. Verkauft er seine Arbeitskraft doch Tag für Tag in sklavischer Manier. Kleinhändler gehören in diese Kategorie, und sogar Handwerker, vor allem diejenigen, welche Genusswaren für ihre Kunden herstellen. Nach einem Zitat des Dichters Terenz sind es Fischhändler, Schlachter, Köche und Fischer, aber auch die Zunft der Drogisten, Tänzer und Schauspieler (Cic. *off.* 1,150):

> *Iam de artificiis et quaestibus, qui liberales habendi, qui sordidi sint, haec fere accepimus. Primum improbantur ii quaestus, qui in odia hominum incurrunt, ut portitorum, ut feneratorum. Illiberales autem et sordidi quaestus mercennariorum omnium, quorum operae, non quorum artes emuntur; est enim in illis ipsa merces auctoramentum servitutis. Sordidi etiam putandi, qui mercantur a mercatoribus, quod statim vendant; nihil enim proficiant, nisi admodum mentiantur; nec vero est quicquam turpius vanitate. Opificesque omnes in sordida arte versantur; nec enim quicquam ingenuum habere potest officina. Minimeque artes eae probandae, quae ministrae sunt voluptatum: Cetarii, lanii, coqui, fartores, piscatores, ut ait Terentius; adde huc, si placet, unguentarios, saltatores, totumque ludum talarium.*

Über die Berufe und die Möglichkeiten des Geldverdienens, von denen man einerseits annehmen muss, dass sie mit der Würde eines freien Mannes vereinbar sind, und die andererseits als schmutzig gelten, ist uns nun etwa die folgende Auffassung überliefert: Zunächst stehen die Erwerbsmöglichkeiten, die die heftige Ablehnung der Menschen hervorrufen, in keinem guten Ruf; dazu gehören zum Beispiel die Tätigkeiten der Zöllner und der Geldverleiher. Eines freien Mannes unwürdig und schmutzig sind die Erwerbsmöglichkeiten aller Tagelöhner, die man für ihre körperliche Arbeit und nicht für ihre handwerklichen Fähigkeiten bezahlt; bei ihnen ist nämlich der Lohn als solcher ein Handgeld für die Abhängigkeit. Für schmutzig sind auch die diejenigen zu halten, die bei Großhändlern kaufen, was sie sofort weiterverkaufen; denn sie würden nichts verdienen, wenn sie nicht in hohem Grade schwindelten; nichts aber ist schändlicher als Lug und Trug. Und alle Handwerker treiben ein schmutziges Gewerbe. Denn eine Werkstatt kann nichts Anständiges an sich haben. Und am wenigsten sind die Gewerbe anzuerkennen, die sich als Dienerinnen der Lüste betätigen: „Fischhändler, Fleischer, Köche, Geflügelzüchter, Fischer", wie Terenz sagt. Füge ruhig noch, wenn du willst, die Salbenverkäufer, Tänzer und das ganze derbe Volkstheater hinzu." (Nickel (2008) 123–125)

---

[107] Cic. *off.* 1,150 *primum improbantur ii quaestus, qui in odia hominum incurrunt, ut portitorum, ut faeneratorum.*

Die Tätigkeiten des Arztes, Lehrers oder Architekten sind hingegen durchaus angesehen, weil sie mit intellektueller Aktivität einhergehen und der Gesellschaft erheblichen Nutzen bringen. Diese Art von Berufen eignet sich allerdings nur für Freigelassene und nicht für Angehörige des Senatorenstands (Cic. *off.* 1,151):

> Quibus autem artibus aut prudentia maior inest aut non mediocris utilitas quaeritur ut medicina, ut architectura, ut doctrina rerum honestarum, eae sunt iis, quorum ordini conveniunt, honestae.

> Die Künste aber, die eine größere Qualifikation voraussetzen oder mit denen ein nicht unerheblicher Nutzen erzielt wird, wie z. B. die Medizin, die Baukunst, der Unterricht in den allgemein anerkannten Disziplinen, sind für diejenigen ehrenvoll, zu deren gesellschaftlichem Stand sie passen. (Nickel (2008) 125)

Aufgrund der Briefe an Atticus und des anhaltenden Streits über die Mietshäuser seiner Frau Terentia, der dort dokumentiert ist, lässt sich die prekäre Vermögenslage des Vaters recht gut einschätzen. Für den Sohn war daher weder das Leben eines Latifundisten eine mögliche Option noch konnte der Junior als Rentier leben. Wollte sich Ciceros Sohn an römische Konventionen halten, die ihm der Vater nahebringt, beschränkten sich seine Wahlmöglichkeiten somit auf die Berufe des Juristen, Politikers oder Militärs. Die Betonung liegt dabei auf ‚Wollen' und ‚Konventionen'. Was Cicero von seinem Sohn erwartet, ist, dass er römischen Konventionen, dem *mos maiorum*, unter der fraglosen Voraussetzung folgt, dass er sie teilt und daher anerkennen ‚will'. Es geht bei der Diskussion in *De officiis* also nicht um ein ‚Sollen' im Sinne eines absoluten ethischen Imperativs, sondern um die generationenübergreifende Vermittlung eines ‚Wollens', das sich aus der Zugehörigkeit zu einer bestimmten Gesellschaftsschicht und der Anerkennung ihrer Standespflichten ergibt.

Nach seiner Darstellung der Pflichten auf Grundlage des moralisch Guten, die *prima facie* durch die platonischen Kardinaltugenden begründet zu sein scheint, in der wirklichen Begründung aber auf den gesellschaftlichen Konventionen Roms und genauer ihres Senatorenstands beruht, behandelt Cicero am Ende des ersten Buchs das Spezialproblem der Pflichtenkollision. Wie, fragt Cicero, lässt sich in einem solchen Fall entscheiden? Zuerst hierarchisiert er die Kardinaltugenden. Die dianoetische Tugend der Weisheit und des Erkennens ist weniger wichtig, als es die ethischen und als solche gemeinschaftsbezogenen Pflichten sind.[108] Eine andere Hierarchisierung betrifft die sozialen Tugenden. Cicero fragt, ob im Handeln der Nutzen der Gemeinschaft

---

108 Cic. *off.* 1, 160.

prinzipiell den Vorzug verdiene vor der Bewahrung des richtigen Maßes durch Selbstkontrolle.[109] Gegen das postulierte Prinzip macht er geltend, dass manche Taten derart schändlich seien, dass der Weise solche Taten nicht einmal zur Rettung des Vaterlands als der grundlegendsten Gemeinschaft begehen werde. Der ungünstige Fall, dass es im Interesse des Staates liege, dass der Weise Verbrechen verübe, trete glücklicherweise jedoch nicht ein. Auch gegenüber den verschiedenen Mitgliedern einer Gesellschaft gebe es unterschiedliche Grade der Verpflichtung. Darauf beruht eine dritte Hierarchisierung von Pflichten. Absoluten Vorrang bei der Pflichterfüllung hätten die unsterblichen Götter. An zweiter Stelle stünde das Vaterland, an dritter die Eltern. Auf den hinteren Rängen befänden sich, weiter abgestuft, die übrigen Mitglieder und Gruppen einer jeden, respektive hier der römischen Gesellschaft.[110] Cicero entwickelt so eine vollständige Kasuistik für das römisches Gemeinwesen. Ausgespart bleiben nur Pflichten gegenüber Fremden und Ausländern, die Cicero schon erörtert hatte,[111] als er die Stufen der Universalisierung von Gemeinschaften behandelte.[112] Desgleichen werden weder Pflichten gegenüber Tieren noch der Natur gegenüber zum Gegenstand gemacht. Bei der Kasuistik, die Cicero hier vorlegt, lässt sich freilich fragen, inwieweit sie für ihn selbst Geltung hatte. Cicero redet häufig von Verpflichtungen gegenüber dem Vaterland. Wie sein Verhältnis zu den Göttern und zu den Eltern war, lässt sich allerdings nur schwer eruieren, da dazu kaum aussagekräftige Ego-Dokumente existieren.[113]

Pflichtgemäße Handlungen, die auf dem Nützlichen (*utile*) beruhen, behandelt Cicero im zweiten Buch (Cic. *off.* 2,9):

> *Quinque igitur rationibus propositis officii persequendi, quarum duae ad decus honestatemque pertinerent, duae ad commoda vitae, copias, opes, facultates, quinta ad eligendi iudicium, si quando ea, quae dixi, pugnare inter se viderentur, honestatis pars confecta est, quam qui-*

---

109 Cic. *off.* 1,159.
110 Cic. *off.* 1,160.
111 Cic. *off.* 1,51–52. *Una ex re satis praecipit ut quidquid sine detrimento commodari possit, id tribuatur vel ignoto.*
112 Cic. *off.* 1,53–54.
113 Ciceros Reden sind in dieser Frage nicht aussagekräftig, vgl. Vielberg (1995). Und in den Briefen an Terentia ist es auffällig, wie er sein eigenes Verhalten von der Religiosität seiner Frau abgrenzt, als er sich im April 58 auf dem Weg in die Verbannung befindet (Cic. *fam.* 14,1,1): ... *quoniam neque dii, quos tu castissime coluisti, neque homines, quibus ego semper servivi, nobis gratiam rettulerunt.* Im Juni 49, als Cicero in Formiae an Bord eines Schiffes geht, um vor Caesar zu fliehen, berichtet er Terentia von einer akuten Gallenkolik, die von einem Gott geheilt worden zu sein scheine. Er bittet aber ausdrücklich seine Frau, dem Heilgott, ob Apoll oder Äskulap, so wie es ihre Art sei, zu danken (Cic. *fam.* 14,8,1): χολὴν ἄκρατον noctu eieci; statim ita sum levatus, *ut mihi deus aliquis medicinam fecisse videatur, cui quidem tu deo, quem ad modum soles, pie et caste satisfacies, id est Apollini et Aesculapio.*

> *dem tibi cupio esse notissimam. Hoc autem de quo nunc agimus, id ipsum est, quod utile appellatur. In quo verbo lapsa consuetudo deflexit de via sensimque eo deducta est, ut honestatem ab utilitate secernens constitueret esse honestum aliquid, quod utile non esset, et utile, quod non honestum, qua nulla pernicies maior hominum vitae potuit afferri.*
>
> Es wurden schon fünf Fragestellungen erwähnt, unter denen pflichtgemäßes Handeln zu erfassen ist: Zwei von ihnen hatten mit Angemessenheit und Moral zu tun, zwei mit günstigen Lebensbedingungen, materiellen Mitteln, Wohlstand und anderen Möglichkeiten, die fünfte mit einer Wahlentscheidung, wenn sich einmal das, was ich erwähnt habe, in Widerspruch zueinander befindet. Der Abschnitt, der sich mit der Moral befasst, ist erledigt; ich habe allerdings den Wunsch, dass du ihn sehr gut kennst. Doch das, womit wir uns jetzt befassen, ist genau das, was als „das Nützliche" bezeichnet wird. Bei diesem Begriff ist der Sprachgebrauch außer Kontrolle geraten und von der Bahn abgekommen, und er hat sich allmählich so weit verändert, dass er die Moral von dem Nützlichen trennte und zu der Behauptung führte, es gebe etwas Moralisches, das nicht nützlich, und etwas Nützliches, das nicht moralisch sei: Dem Leben der Menschen hätte kein größerer Schaden zugefügt werden können. (Nickel (2008) 140 mit Auslassungen)

Utilitaristen und Wirtschaftstheoretiker wie Adam Smith und Jeremy Bentham fragten, wie der Nutzen für eine möglichst große Gruppe von Mitgliedern eines Sozialverbands maximiert werden könnte und machten damit das größtmögliche Glück (*happiness*) für die größtmögliche Zahl von Menschen zu ihrem Kriterium für die Beurteilung der Moralität von Handlungen. Im Unterschied zum modernen Utilitarismus geht es Cicero nicht um den gemeinen Nutzen für ein Kollektiv, sondern um den Eigennutz des jeweils Handelnden. Bei der Einschätzung und Kalkulation verschiedener Formen des *utile* gerät der Mensch als entscheidender Faktor in den Focus. Der Mensch wird als das Wesen betrachtet, das dem Mitmenschen am meisten schaden oder nützen kann. Cicero vermittelt dem Leser daher systematisch Strategien, wie er Mitmenschen für sich gewinnen kann. Das entspricht der Vorgehensweise Ciceros als Politiker, der ständig auf der Suche nach politischen Anhängern und Bündnispartnern war und mit seinen Erwartungen an aufstrebende Politiker nicht hinter dem Berg hielt.[114] Im Streben, den persönlichen Nutzen zu maximieren, macht sich Cicero nicht nur die Auffassung des aufgeklärten Egoismus zu eigen, der wie ein guter Kaufmann genau darauf Acht gibt, was ihm in Geschäften mit anderen Menschen langfristig nützt. Cicero vertritt sogar die stärkere These, dass eine nützliche Handlung dann und nur dann pflichtgemäß sei, wenn sie auch dem Maßstab des moralisch Guten (*honestum*) entspreche und damit ehrenhaft sei. Trotz der Behauptung, dass das Nützliche

---

[114] Die Briefe an C. Scribonius Curio sind ein gutes Beispiel dafür, wie Cicero einen jungen Politiker umwarb und für die republikanische Sache zu gewinnen suchte, seine Erwartungen aber durch Caesars Einfluss enttäuscht wurden, vgl. Cic. *fam.* 2,1–7.

zwingend an das moralisch Gute gebunden sei, die Cicero erst im dritten Buch von *De officiis* ausbuchstabieren wird, bewegt sich seine Erörterung, insofern hier ‚Eigennutz' oder ‚Neigung' Triebfedern des Handelns sind, nach Kants Terminologie weiter im Reich der Hypothetischen Imperative. Am Ende hierarchisiert Cicero verschiedene Arten des Nutzens und entwickelt so wie am Schluss des ersten Buchs eine vollständige Kasuistik seines Gegenstands. Zu diesem Zweck vergleicht er nicht nur äußere und körperliche Güter, sondern hierarchisiert diese beiden Klassen von Gütern untereinander und auch äußere Güter.[115] Ohne seine Behauptungen über die relative Wertigkeit materieller Güter zu begründen, konfrontiert uns Cicero mit den Thesen, dass öffentliche Anerkennung dem Reichtum und Einkünfte in der Stadt Einkünften aus der Landwirtschaft vorzuziehen seien, und bereitet damit indirekt den Buchschluss mit dem bekannten Bonmot des älteren Cato vor.[116]

Ciceros Quelle Panaitios hatte keine Kasuistik entwickelt, um verschiedene Arten des Nutzens zu vergleichen.[117] Der Gewährsmann für das zweite Buch hatte auch den Konflikt zwischen dem moralisch Guten (*honestum*) und dem Nützlichen (*utile*) unberücksichtigt gelassen. Panaetios soll das Problem zwar erkannt, aber nicht behandelt haben.[118] Deswegen diskutiert es Cicero in Anlehnung an Poseidonios im dritten Buch. Die Diskussion erfolgt unter der Prämisse, dass die Nützlichkeit niemals in einen Gegensatz zur Moral geraten könne.[119] Bei Licht besehen handelt es sich nicht um einen tatsächlichen Konflikt, sondern, wie es Vertreter der analytischen Philosophie ausdrücken würden, um ein philosophisches ‚Scheinproblem'.[120] Der scheinbare Widerspruch beruht darauf, dass Nützlichkeit und Moral zwar auf der unaufgeklärten Ebene der unvollkommenen Pflichten auseinanderfallen, auf der sich Cicero im Gespräch mit seinem Sohn bewegt. Vater und Sohn sind keine stoischen Weisen, sondern befinden sich als *proficientes* auf dem Weg dorthin. Der vermeintliche Widerspruch löst sich durch einen Perspektivenwechsel. Aus dem gesinnungsethischen Blickwinkel des stoischen Weisen, der das Wesen der Natur mit seiner Vernunft erfasst, kommt es ausschließlich auf die Tugend an. Für den Weisen ist nur das nützlich, was auch moralisch gut ist. Das Scheinproblem wird im dritten Buch durch die Diskussion aussagekräftiger Beispiele gelöst.

---

115 Cic. *off.* 2,88.
116 Cic. *off.* 2,89.
117 Cic. *off.* 2,88 *sed utilitatum comparatio, quoniam hic locus erat quartus, a Panaetio praetermissus, saepe est necessaria.*
118 Cic. *off.* 3,9.
119 Cic. *off.* 3,11.
120 Wittgenstein (1984) 85 [Satz 6,53]. Vgl. auch Gabriel (2019) 1243–1245 unter Hinweis auf den Wiener Kreis und Rudolf Carnaps Buch „Scheinprobleme in der Philosophie".

Zu diesem Zweck entwirft Cicero eine Verfahrensregel (*formula*), mit der noch nicht gänzlich aufgeklärte Adepten der Philosophie (*proficientes*), die sich noch auf dem Weg zum Ideal des stoischen Weisen befinden, bei einem scheinbaren Widerstreit des ‚moralisch Guten' und des ‚Nützlichen' beurteilen können, ob eine Handlung pflichtgemäß sei oder nicht, eine Verfahrensregel, die Immanuel Kant in der Zeit der Aufklärung in verallgemeinerter Form seiner Pflichtethik zugrunde legen sollte.

Der Begriff der ‚Formel' stammt aus dem Prozesswesen und dient der Entscheidungsfindung. In der stoischen Ethik beruht die Formel auf dem Ziel menschlichen Lebens und ist damit eine Telosformel. Es wird jeweils gefragt, ob eine Handlung der Vernunftnatur gemäß oder entgegen den Gesetzen der Natur geschieht. Die Schädigung, Verletzung, Ermordung eines anderen Menschen wird grundsätzlich als widernatürlich und verwerflich eingestuft, weil sie die menschliche Gemeinschaft aufhebt und damit der Natur des Menschen widerspricht. Der Grundsatz der Unversehrtheit des Menschen, der ἀβλάβεια, wird von Cicero mehrfach eingeschärft und begründet.[121] Vor diesem allgemeinen Hintergrund wird am Extremfall des Tyrannenmords die Frage erörtert, wie bei einem vermeintlichen Konflikt von *utile* und *honestum*, der in Wirklichkeit nicht existiere, zu handeln sei.[122] Konkret wird das Problem aufgeworfen, warum zwar kein Verbrechen schändlicher sei als der Mord an einem Freund, die Ermordung eines befreundeten Tyrannen aber kein schändliches Verbrechen, sondern eine vom römischen Volk für rühmenswerte gehaltene Tat.[123] Offensichtlich handelt es sich um ein Handeln unter ganz spezifischen Umständen (*tempore*), „in der es zu einer Umkehrung der Bewertung kommen kann, die, wenn sie vom Handelnden nicht realisiert wird, in der Vorstellung zu einem Zweifel an der Identität von *honestum* und *utile* führt".[124] Die spezifische Situation, die hier impliziert wird, ist das Leben unter einem menschenverachtenden Tyrannen. Zeitgenössische Leser mochten an Caesar denken. Als historisches Beispiel eines blutrünstigen Tyrannen wird aber nicht Caesar, sondern der Gewaltherrscher Phalaris genannt.[125] Warum ist der Mord an einem Tyrannen wie Phalaris nun nicht gegen die Natur und hebt nicht die menschliche Gemeinschaft auf? Ciceros Lösung des Scheinproblems lautet, mit einem Tyrannen bestehe keine menschliche Gemeinschaft mehr, sondern jegliche Gemeinschaft sei zuvor einseitig von dem

---

121 Cic. *off.* 3,21; 23; 26 und dazu Becker (1994) 236–238.
122 Becker (1994) 237.
123 Cic. *off.* 3,19.
124 Cic. *off.* 3,19 und dazu Becker (1994) 236–237.
125 Cic. *off.* 3,29; 32.

Gewaltherrscher aufgehoben worden.[126] Daher bestehe beim Tyrannenmord kein Konflikt zwischen dem ‚Nützlichen' und dem ‚moralisch Guten'. Einen Tyrannen zu töten sei vielmehr für das Gemeinwesen *utile* und (zugleich) *honestum*. Ohne dass Caesar irgendwo genannt wäre, wird die Tat des Brutus so als Tyrannenmord gerechtfertigt.

Als sich das Königtum in der sagenhaften Urgeschichte Roms zur Tyrannis entwickelte, hatten die Römer nicht auf die *ultima ratio* des Tyrannenmords gesetzt, sondern sich in der Auseinandersetzung mit den Fremdherrschern aus Etrurien auf die Vertreibung des Tyrannen Tarquinius Superbus und seiner Angehörigen beschränkt. Da ihm die die eigene Geschichte keine Vorbilder zur Legitimierung des Attentats auf Caesar bietet, greift Cicero auf die traditionelle Würdigung des Widerstands gegen Willkürherrschaft im Griechenland des 6. Jahrhunderts als Quelle der Normativität zurück. Die Athener würdigten beim Symposion in Tyrannenskolien das Attentat der Tyrannenmörder Harmodios und Aristogeiton.[127] Eine Statuengruppe, die nach dem Sieg der Griechen über die Perser geschaffen wurde, stellt Harmodios und Aristogeiton im Moment des Attentats dar. Die Attentäter galten als Vorkämpfer der attischen Demokratie, obwohl schon Thukydides ihre Tat mit privaten Motiven verband. Die Tyrannenmörder sollen ein päderastisches Paar gewesen sein, das sich gegen die Nachstellungen des Hipparchos zur Wehr setzte. Der Bildhauer inszeniert den Augenblick der Tat in dramaturgisch geschickter Weise. Der bärtige Aristogeiton beschützt den jüngeren Harmodios mit seinem linken Arm und einem darüberliegenden Mantel, die Attentäter vereint aber das gemeinsame Ziel ihres Handelns. Harmodios erhebt sein Schwert zum Schlag gegen Hipparch, während Aristogeiton mit der rechten Hand zum Stoß ansetzt. Die allgemeine Wertschätzung der Tyrannenmörder kommt in einer Fabel Hygins zum Ausdruck, die ideale Freundespaare vorstellt. Als Harmodios gefangengenommen und verhört wurde, soll er sich, um Aristogeiton nicht zu verraten, die Zunge abgebissen und dem Tyrannen ins Gesicht gespuckt haben.[128]

In seiner *Grundlegung zur Metaphysik* der Sitten wird Immanuel Kant bei den Formulierungen des ‚Kategorischen Imperativs' an Cicero anknüpfen.[129] Dazu

---

126 Cic. *off.* 3,32.
127 D.L. Page, Lyrica graeca selecta, Oxford 1984 (Nachdruck der Ausgabe von 1968), 447–450 (*carmina convivalia*).
128 Hyg. *fab.* 257,12 *qui cum ad regem interficiendum venissent, deprehensi sunt a satellitibus armati, et cum perducerentur ad tyrannum, Aristogiton a satellitibus effugit, Harmodius autem solus cum perductus esset ad regem quaererentque ab eo, quis ei fuisset comes, ille, ne amicum proderet, linguam dentibus sibi praecidit eamque regis in faciem inspuit.*
129 Gibert (1994) 80–81 Anm. 251; 85; 88.

könnte der Königsberger Weise von Christian Garve angeregt worden sein.[130] Der Breslauer Popularphilosoph hatte *De officiis* im Auftrag Friedrichs des Großen ins Deutsche übersetzt[131]. Ciceros Faustformel erläutert der Übersetzer dabei in kommentierenden Anmerkungen durch die Figur eines allgemeinen Gesetzgebers.[132] Diesen Gedanken greift Kant auf und kommt in seiner Formulierung des ‚Kategorischen Imperativs' zu einer strikten Verallgemeinerung des Moralprinzips. Die Maxime des Handelns lässt sich so durch universalisierende Betrachtung ihrer Konsequenzen für das menschliche Zusammenleben unter Abstraktion von der Kontingenz der äußeren Umstände auf ihre Richtigkeit kontrollieren.[133]

4.3 Ergebnisse

Fassen wir zusammen: In Ciceros ethischen Schriften lässt sich ein Muster identifizieren, das sich wie ein roter Faden auch durch seine Schriften zur Logik und Physik zieht. Das Muster trägt zur Einheit seines Werkes bei. Es begründet die Originalität seines Ansatzes, der die hellenistische Philosophie darstellt und in der Art ihrer Darstellung transformiert. Am Anfang seines akademischen Philosophierens steht fast immer ein Zögern, ein Zweifeln, ein aus Unsicherheit erwachsendes Fragen. Eine sich absichernde Vorsicht liegt in Ciceros Naturell. Vorsicht ist aber auch eine prägende Vorgabe skeptischer Philosophie, die vor übereilter Zustimmung warnt und Zurückhaltung des Urteils empfiehlt. Cicero verinnerlicht diese Vorgehensweise. Daher geht er immer wieder von mehreren oder, im besten Fall, von allen sich als vielversprechend anbietenden Wegen griechischen Philosophierens aus und macht sich auf die mühevolle Suche nach der besten Lösung eines philosophischen Problems. Dafür spricht Ciceros Insistieren auf der Pluralität philosophischer Theorien, die in *Academica*, *De natura deorum* und *De finibus* an Logik, Physik und Ethik demonstriert wird. Die Pluralität der hellenistischen Philosophenschulen und ihrer konkurrierenden Theorien wird nicht nur demonstriert, sondern im philosophischen Gespräch in einer für den Leser nachvollziehbaren Weise inszeniert. Der ciceronahe Ich-Erzähler ist an den Prozessen des Abwägens und Aushandelns philosophischer

---

130 Gibert (1994) 88.
131 Gibert (1994) 72.
132 Garve, Philosophische Anmerkungen und Abhandlungen, 12 „Wenn sie (sc. die Regel, dass niemand geschädigt werden soll,) auch für Menschen gelten soll, so muß er sich zur Höhe dieses Gesetzgebers (sc. der „das menschliche Geschlecht im Ganzen, und in seiner ewigen Fortdauer übersieht [ebenda S. 12]) erheben."
133 Kant (1965) (Metaphysik der Sitten) 42 „[H]andle nur nach derjenigen Maxime, durch die du zugleich wollen kannst, daß sie ein allgemeines Gesetz werde".

Probleme und ihrer Lösungen entweder selbst beteiligt oder unmittelbar als Zuhörer zugegen. Mitunter will Cicero auch nur mittelbar durch andere Gewährsmänner involviert gewesen sein, wenn diese Prozesse nach der Konstruktion der narrativen Realität in der Vergangenheit stattzufinden schienen oder gegenwärtig noch stattzufinden scheinen. Indem der Autor die Prozesse des Abwägens vorführt, setzt er großes Vertrauen in die Mündigkeit seines Rezipienten. Er macht ihn zum Gesprächspartner auf Augenhöhe, der selbstdenkend alle Argumente für und wider eine Position und auch die überraschenden Wendungen eines Gesprächs kritisch mitvollzieht. Mit dieser Technik emanzipatorischer Leserführung lässt er seinem Rezipienten nicht nur die Wahl, sondern drängt ihn förmlich zu selbstständigem Denken und eigenständigen Entscheidungen. Zu diesem Zweck macht Cicero dem Leser bewusst, dass die Möglichkeit der Wahl keine von der skeptischen Philosophie suggerierte Chimäre ist, sondern tatsächlich existiert. Dazu setzt er besonders in den ethischen Schriften junge Römer in Szene, die sich in einem Prozess der Entscheidung und Lebenswahl befinden und bei erfahrenen Lehrern Rat suchen. Wie Herakles am Scheideweg personifizieren sie die Möglichkeit der Wahl und dienen jugendlichen Lesern als Identifikationsfiguren, deren Entscheidungsspielräume mit einer differenzierten Raum- und Bewegungsmetaphorik unterstrichen werden.[134] Zu diesen Identifikationsfiguren gehören Lucius Cicero in *De finibus*, der sich weder zwischen Philosophie und Rhetorik geschweige denn zwischen stoischer oder peripatetischer Ethik zu entscheiden weiß, oder der anonyme Schüler, dessen Thesen in den *Tusculanae disputationes* auf den Prüfstand gestellt und von dem mit Cicero zu identifizierenden Lehrer widerlegt werden. Wie fügt sich aber *De officis* in dieses Muster ein? Belehrt Cicero hier mit seinem Sohn nicht einen realen Adressaten? Scheint er ihm durch sein Optieren für die stoische Ethik nicht jede Möglichkeit der Wahl zu nehmen? Tatsächlich ist das festgestellte Muster wieder versteckt vorhanden. Wir müssen nur die gedankliche Klammer beachten, mit der Cicero *De officiis* am Anfang und Ende versieht.

---

134 Ausdrucksweisen wie *abstrahere aliquem a disciplina* oder *deducere* bzw. *rapere aliquem ad suam disciplinam* (Cic. *ac.* 2,114) verdeutlichen erhebliche Bewegungsspielräume der Philosophenschüler. Eine Selbstäußerung von Lucius Cicero lässt sogar auf ein Schwanken zwischen verschiedenen Lehrern und damit auf eine Pendelbewegung schließen: Cic. *fin.* 5,6 *rapior illuc, revocat autem Antiochus*. Wechsel von einer Philosophenschule zur anderen werden im Bild der Wanderschaft und des Umzugs aus einer alten in eine neue Behausung verdeutlicht (Cic. *ac.* 1,13): *Quid ergo ... Antiocho id magis licuerit, ... remigrare in domum veterem e nova quam nobis in novam e vetere*? Äußere und innere Bewegungsfreiheit sind dogmatischen Philosophen mitunter vorenthalten und diese Privation wird durch ihre Negation markiert, wobei Sturm und Schiffbruch oder Gefangenschaft mit Kerkerhaft und Fesseln als Bildspender dienen und mit Worten und Wortgruppen wie *capere, vinculis astringere, cogere* beschrieben werden können (Cic. *ac.* 2,8; 61–62).

Mit Marcus wird ein junger Römer in Fragen der Lebensführung belehrt. Marcus bleibt die Wahl zwischen Philosophien, die hier, was bei Cicero einmalig ist, nur aus dem fiktionalen Raum herausgenommen und zur Hälfte externalisiert ist. Marcus wird, wie Cicero betont, in Athen von dem Peripatetiker Kratipp über peripatetische Philosophie belehrt. Aus dem fernen Rom stellt Cicero einen stoischen Traktat dagegen und schafft damit eine auf seinen Sohn zugeschnittene reale Wahlmöglichkeit, die auch in anderen ethischen Schriften, dort jedoch im fiktiven Raum des Dialogs existiert. Dabei belehrt er den Sohn nicht über die vollkommenen Pflichten eines stoischen Weisen, bei denen (und für den) es keine Handlungsspielräume und Entscheidungsmöglichkeiten gibt. *Secundum naturam vivere* bedeutet für den stoischen Weisen, dass er mit seiner Vernunft die Gebote der Natur erfasst und sie, von seiner Vernunftnatur bestimmt, in idealer Weise befolgt. Wie der Vater scheint der Sohn aus der Perspektive stoischer Ethik eher ein *proficiens* zu sein. Daher lohnt sich die Belehrung über ‚mittlere Pflichten', die mit dem vermeintlichen Widerspruch von *honestum* und *utile* nicht nur Diskussionsmöglichkeiten und gedankliche Spielräume bieten. Es ergeben sich auch Optionen der Wahl zwischen verschiedenen Handlungen, die ein philosophischer Anfänger durch vernünftigen Gebrauch der ‚Faustformel' selbstständig lösen kann. So betrachtet liegt *De officiis* nicht nur auf einer Linie mit den anderen ethischen Schriften Ciceros, sondern auch das bekannte Muster kehrt wieder. Es kehrt in der angepassten Form zurück, dass Cicero seinem Sohn auf einer mittleren Ebene der Pflichten (*officia media*), ausgehend von der stoischen Rollentheorie und dem *mos maiorum*, vielfältige Wahlmöglichkeiten eröffnet. Diese vom *mos maiorum* und der stoischen Ethik gedeckten Ratschläge fasst der auktoriale Erzähler so abstrakt, dass sie nicht nur für Ciceros Sohn, sondern für Rezipienten späterer Epochen gelten konnten. Die Ratschläge sind umgekehrt auch hinreichend konkret, so dass ihre praktische Bedeutung späteren Generationen von Lesern einleuchten mochte. Mit kleinteiligen Vorgaben für verschiedene Felder des Alltagslebens wurde Ciceros Alterswerk jedenfalls zum Ausgangspunkt späterer Manierenbücher von Castiglione und Knigge bis zu Asserate. Und der Weise aus Königsberg verdankt einer durch Garve angeregten Rezeption von *De officiis* sogar die zentrale Idee seiner Pflichtethik in der kritischen Periode seines Philosophierens.

5 Zu Sinn und Zweck staatlicher Ordnung: Ciceros *De re publica* und die philosophische Tradition der Verfassungsdebatte

5.1 Von der Verfassungstheorie der Griechen zu ihrer praktischen Anwendung in Rom

Rechts- und Staatsphilosophie sind eine Schöpfung der Griechen. In seiner *Politeia* entwirft Platon einen Idealstaat, der in vieler Hinsicht utopische Züge trägt. Seine *Nomoi* sind der Urtyp einer Theokratie. Mit der Verfassungswirklichkeit Griechenlands haben sie nur wenig gemeinsam. Aristoteles legt in Gestalt der Verfassungssammlung zwar eine breite empirische Basis für seine staatstheoretischen Erörterungen. Seine *Politica* sind dennoch ein Traktat, der in seinen spekulativen Teilen erkennbar von der Wirklichkeit der griechischen Polis abstrahiert.[1] Vertreter der hellenistischen Philosophenschulen verfassten staatstheoretische Schriften gewöhnlich in Form der aristotelischen Pragmatien. Ihre Werke sind jedoch bis auf wenige Fragmente verloren.[2]

Was bei den Griechen als theoretischer Diskurs beginnt, wird von den Römern auf die staatliche Realität bezogen und mit praktischer Zielsetzung verändert. Politisches Geschehen wird gedeutet und politische Entscheidungen werden gerechtfertigt. Mit der inhaltlichen Verschiebung geht eine formale Verengung einher. Die von Aristoteles begründete Form des politischen Traktats wird von Cicero und seinen Nachfolgern aufgegeben zugunsten von Gesprächen über Roms Staatlichkeit und seine Verfassungen. Cassius Dio schreibt einen Verfassungsdialog, in dem die Kontrahenten mit symbuleutischen Reden für die von ihnen be-

---

[1] Aristoteles entfernt sich im ersten und siebten Buch der *Politik* weit von der staatlichen Wirklichkeit. Eine klare Sprache sprechen auch die Anfangskapitel des zweiten Buches seiner *Politica*.
[2] In den hellenistischen Philosophenschulen mehren sich Stimmen, die zum Rückzug aus der Politik raten. Eine solche Haltung kennzeichnet den Epikureismus. Die Kyniker vertreten ein kosmopolitisches Ideal. Diogenes von Sinope soll sich als ‚Weltbürger' bezeichnet haben (Diog. Laert. 6,63). Als früher Befürworter globaler Vernetzung war er für eine Weltverfassung (Diog. Laert. 6,72). Wie die Schüler des Aristoteles sammelte Dikaiarch Material, um Verfassungsgeschichten zu schreiben. Der Peripatetiker schrieb eine Politeia von Sparta (Dörrie (1979a) 20), womöglich auch von anderen Stadtstaaten (Sharples (2003–2012) 564–566). Ein τριπολιτικόν genanntes Werk aus Dikaiarchs Feder setzte sich polemisch mit Platons Staatslehren auseinander. Der Titel spielt auf die drei Verfassungen an, welche nach Platon Entartungen des Idealstaats sind (Wehrli (1967) 28–29 (frg. 67–72)) und dazu Schmidt (1973) 312. Als Vertreter der Staatstheorie nennt Cic. *leg.* 3,6,14 neben Diakaiarch, der nach Phot. *Bibl.* 37 (Wehrli fr. 71) die Dialogform für seine politischen Traktate wählte, auch Theophrast und Herakleides Pontikos.

vorzugte Verfassung werben. In der Verfassungsdebatte, die Philostrat in der *Vita Apollonii Tyanei* gestaltete, wechseln wie in Ciceros Staatsschrift platonische Gesprächsszenarien und monologische Partien miteinander ab. Gemeinsam ist den Verfassungsdialogen ihr eigentümlicher, ja paradoxerweise fehlender ‚Sitz im Leben'. Es handelt sich durchweg um Gespräche historischer Persönlichkeiten, die weder so, wie sie literarisch gestaltet sind, noch in einer anderen Form stattgefunden haben. Die fiktiven Dialoge spielen in der Vergangenheit der römischen Geschichte. Sie dienen aber seit Cicero, etwa in Gestalt von Hinweisen auf grundlegende Bürgerrechte, die von der in Rede stehenden Staatsform gewährleistet oder gefährdet werden, dem Erkennen der staatlichen Gegenwart und der Erklärung ihrer Rechtmäßigkeit und mahnen politische Reformen an, die in der Zukunft liegen.

Wie entwickelte sich der ursprünglich von der Rechts- und Staatsphilosophie und später auch von der Geschichtsschreibung der Griechen inspirierte Verfassungsdialog in Rom bei Cicero und bei seinen Nachfolgern bis Philostrat? Beruhen die Übereinstimmungen der späteren Verfassungsdialoge mit Ciceros Staatsschrift auf Zufall oder finden sich neben dem unbestreitbaren Einfluss griechischen Staatsdenkens auch Spuren von Ciceros Wirken?[3] Der wichtigste Vermittler griechischer Philosophie in Rom gewann seit der Spätantike zwar zunehmend an Einfluss. In der frühen und mittleren Kaiserzeit lastete aber noch ein Bann des Schweigens auf dem getöteten ‚Staatsfeind', der von den Triumvirn proskribiert, von den Häschern des Antonius gestellt und grausam ermordet worden war. Cicero und sein Werk *De re publica* werden in den späteren Verfassungsdialogen nicht ausdrücklich erwähnt, obschon ihre Urheber mit seinen philosophischen und rhetorischen Werken vertraut sind und seine Reden zitieren. Wenn nicht andere Wege der Traditionsvermittlung wirksam waren, stellen sich daher die folgenden Fragen: Gehen die Übereinstimmungen zwischen Ciceros Staatsschrift und den kaiserzeitlichen Verfassungsdialogen unmittelbar oder mittelbar auf den Einfluss seines staatstheoretischen Denkens zurück? Oder handelt es sich um Konvergenz des Denkens aufgrund vergleichbarer Erfahrungen in einer ähnlichen politischen Situation und damit um mehr oder weniger zufällige Anklänge und Ähnlichkeiten? War Cicero ein, in freilich engen Grenzen, eigenständiger Vermittler griechischen Staats- und Verfassungsdenkens in Rom? Oder war er vor allem Vordenker in einer

---

3 Zur Wirkungsgeschichte von Ciceros Staatsschrift vgl. Zielinski (1912); Rolfe (1963); Becker (1957); Heck (1966). Die Forschung konzentrierte sich auf die Auseinandersetzung der Kirchenväter mit Cicero, besonders Ambrosius und Augustinus; zur Diskussion der möglichen Wirkung auf Octavian und dessen *Res gestae* und zur Entwicklung des Prinzipats die grundlegende Übersicht zur Forschungsdiskussion bei Schmidt (1973) 323–332 sowie Girardet (1996) 217–251, hier bes. 227 und Meyer (2006) bes. 113–136.

sich unter dem prägenden Einfluss der historischen Wirklichkeit gleichsam ‚von selbst' fortschreibenden Problemgeschichte? Welche Staatsformen erachtete er in der Krise der späten Republik für besonders wichtig? Wie brachte er sie seinen zeitgenössischen und späteren Lesern nahe? Zur Beantwortung dieser Fragen werden vor dem Hintergrund griechischer Rechts- und Staatsphilosophie drei von der römischen Staatlichkeit ausgehende und sie rechtfertigende Verfassungsdialoge, die bei Cicero eine eigenständige Schrift ausmachen, bei Dio und Philostrat dagegen Einlagen in umfangreichen Prosawerken sind, unter Rücksicht auch auf die ihnen zugrunde liegenden und ihrer Rechtfertigung dienenden Denkformen und Rechtsprinzipien vergleichend betrachtet.

5.2 Verfassungsdialoge im Vergleich: Cicero, Cassius Dio, Philostrat

Als Cicero in den Jahren 54 bis 51 v. Chr. sein staatstheoretisches Hauptwerk verfasste, hatte er bereits den Zenit seiner politischen Laufbahn überschritten. Der Konsul des Jahres 63 hatte sich 58 den Anfeindungen seiner Gegner durch freiwilligen Gang ins Exil entzogen. Im Jahr darauf kehrte er zwar auf einstimmigen Beschluss des Senats nach Rom zurück; seinen früheren Einfluss konnte er aber nicht mehr zurückgewinnen. Cicero hatte sich schon der Einrichtung des Ersten Triumvirats widersetzt, weil er dadurch das geordnete Bestehen der Republik gefährdet sah. Nun musste er feststellen, dass die diagnostizierte Krise keineswegs überwunden war. Die Triumvirn gaben ihm deutlich zu verstehen, dass sein Verbleiben in Rom von seinem politischen Wohlverhalten abhänge.[4] Vor diesem Hintergrund ist Ciceros Staatsschrift zu sehen. Das Werk dient gleichsam der Suche nach der besten Staatsform unter den schwierigen Verhältnissen der späten Republik.

Ein gewisser Sallustius hatte Cicero vorgeschlagen, seinen ursprünglichen Plan zu verwerfen. Der Dialog solle nicht an den *feriae Latinae* des Jahres 129 stattfinden. Cicero solle das dramatische Datum vielmehr in seine eigene Zeit verlegen. Als ehemaliger Konsul verfüge er über große Autorität und sei Staatsmann genug, um selbst als Gesprächspartner aufzutreten. Auch Aristoteles habe im eigenen Namen gesprochen. Reden und Wortwechsel, die er Personen, die vor langer Zeit gelebt hätten, in den Mund lege, könnten dagegen leicht erfunden erscheinen.[5] Cicero zeigt sich beeindruckt. Er hatte die Zeitgeschichte ausgespart, um keinen Anstoß zu

---

4 Fuhrmann (1992).
5 Cic. *ad Q. fr.* 3,5,1. Zur Entstehungsgeschichte Gelzer (1983) 218–224.

erregen. Hatte er nicht bedacht, dass er so auf die Behandlung von Gegenwartsproblemen verzichten mußte? Im Juni 54 schreibt er an Atticus, die Unterredung über den Staat solle von Scipio Africanus und dessen Freunden geführt werden.[6] Im November 54 verspricht er Quintus, ihn zum Gesprächspartner zu machen.[7] Am Ende stand ein Kompromiss. Cicero wählt mit der Scipionenzeit einen fiktionalen Raum in der Vergangenheit für das Gespräch; dessen Inhalt wird von ihm selbst beglaubigt, indem er seine Vita in den ‚fiktionalen Raum' des Dialogs hineinragen lässt, ihn damit zeitlich abstuft und auf die Gegenwart bezieht. Cicero gibt an, er sei von P. Sulpicius Rufus, den er 78/77 in Smyrna besuchte, über das Gespräch unterrichtet worden.[8] Sulpicius Rufus will als junger Erwachsener Scipios Worten gelauscht haben. Scipio wünscht sich, der Stoiker Panaitios, mit dem er in Gegenwart des Polybios oft über den Staat philosophiert habe, möge bei dem Gespräch anwesend sein.[9] Alle Dialogpartner greifen bei ihren Erörterungen auf staatstheoretische Erkenntnisse zurück, die ihnen Vertreter der hellenistischen Philosophenschulen vermittelt hatten. Die Begründer dieser Tradition aber waren Platon und Aristoteles.[10]

Platon hatte, ausgehend von seinen Erfahrungen mit den staatlichen Verhältnissen in Athen, den Verfassungswandel als eine kontinuierliche Abwärtsbewegung von der besten Verfassung der Aristokratie bis zur schlechtesten Staatsform der Tyrannis konstruiert.[11] Als Ursache des Verfassungswandels nahm Platon den sich verändernden Charakter der jeweils nächsten Generation der Herrschenden und den damit veränderten Leitwert der Verfassung an. Aristoteles kritisierte Platon, weil er keinen Verfassungskreislauf herstellte oder den Kreislauf jedenfalls nicht vollendete.[12] Es ist schwer zu beurteilen, ob Platon Verfassungskreisläufe

---

6 Cic. *Att.* 4,16,2.
7 Cic. *ad Q. fr.* 3,5,2 *Nunc et id vitabo, et loquar ipse tecum et tamen illa, quae institueram ad te, si Romam venero, mittam.*
8 Cic. *rep.* 1,13 *nec vero nostra quaedam est instituenda nova et a nobis inventa ratio, sed unius aetatis clarissimorum ac sapientissimorum nostrae civitatis virorum disputatio repetenda memoria est, quae mihi tibique quondam adulescentulo est a P. Rutilio Rufo, Smyrnae cum simul essemus compluris dies, exposita ....*
9 Cic. *rep.* 1,15 *hic Scipio: ‚quam vellem Panaetium nostrum nobiscum haberemus!* 1,34 *... sed etiam quod memineram persaepe te cum Panaetio disserere solitum coram Polybio ...*
10 Zur verwickelten Quellenlage in Ciceros Staatsschrift vgl. Schmidt (1973) 309–314.
11 Plat. *Plt.* 291c-d; 302d-e. Die Abfolge ist: Aristokratie, Timokratie (Kreta, Sparta), Oligarchie, Demokratie, Tyrannis. Dazu von Fritz (1954) 63–66.
12 Vgl. Arist. *Pol.* 5,12 1316a25–29 ἔτι δὲ τυραννίδος οὐ λέγει οὔτ' εἰ ἔσται μεταβολὴ οὔτ' εἰ [μὴ] ἔσται, διὰ τίν' αἰτίαν καὶ εἰς ποίαν πολιτείαν, τούτου δ' αἴτιον ὅτι οὐ ῥᾳδίως ἂν εἶχε λέγειν. ἀόριστον γάρ, ἐπεὶ κατ' ἐκεῖνον δεῖ εἰς τὴν πρώτην καὶ τὴν ἀρίστην. Οὕτω γὰρ ἂν ἐγίγνετο συνεχὲς καὶ κύκλος. Dazu von Fritz (1954) 66.

annahm oder nicht. Auf jeden Fall scheint es so zu sein, dass Aristoteles glaubte, dass Platon den Kreislauf für notwendig und zwangsläufig hielt. Wenn Aristoteles aber dieser Ansicht war, ist es klar, dass er Platon kritisieren mußte, wenn nach dessen Darstellung alle Staaten auf die Tyrannis hinauslaufen, was auch der Erfahrung widerspricht.[13] Aristoteles selbst nahm Umschwünge der Verfassungen in alle Richtungen an. Diese Einschätzung gründete auf der vergleichenden Verfassungssammlung, die im Peripatos zur Vorbereitung der *Politica* angelegt worden war.[14]

Was immer Aristoteles gegen seinen Lehrer vorbringen mochte, Polybios folgte Platon und interpretierte dessen Modell des Verfassungswandels in der striktesten Form.[15] Und Cicero? Von Platon will er gelernt haben, dass es Verfassungswandel gebe.[16] Er erwähnt auch *miri ... orbes et quasi circuitus in rebus publicis commutationum et vicissitudinum* und kennt also die Vorstellung des Verfassungskreislaufs.[17] Aber orientiert sich Cicero tatsächlich an Platon? Oder folgt er doch eher Aristoteles und nimmt Verfassungswandel in mehrere oder sogar alle Richtungen an? Es fällt nicht leicht, Cicero einer der beiden philosophischen Traditionen zuzuordnen. Das Diagramm des Verfassungswandels, das aufgrund seiner Äußerungen dazu erstellt wurde, trägt ein eigenes Gepräge.[18] Cicero kennt zahlreiche, aber im Unterschied zu Aristoteles nicht beliebig viele Formen des Verfassungswandels. Die von Cicero erwogenen Kombinationsmöglichkeiten sind begrenzt.[19] Die Begrenzungen selbst sprechen für eine auch historische Gebundenheit seines Verfassungsdenkens. Cicero erwähnt vor allem einen Ausgangspunkt der Verfassungsentwicklung: die Monarchie. Cicero kennt keinen Umschlag zwischen einfachen Verfassungen: also

---

13 Vgl. von Fritz (1954) 66–67.
14 Der 329/328 erschienene *Staat der Athener* (*Athenaion politeia*) leitet eine Sammlung von 158 Politien (Staatsverfassungen) ein und stammt von Aristoteles selbst. Die folgenden Arbeiten sind wohl Schülern anvertraut worden. Vgl. zu den Politien frg. 381–603 bei Rose (1966) Die *Athenaion politeia* wurde 1890 auf einem Papyrus in Fayum entdeckt und, nach der Ausgabe von Blass u. Thalheim (1909), von Chambers (1990) herausgegeben, übersetzt und erläutert.
15 Plb. 6,3,5–6,4,13 vgl. von Fritz (1954) 67.
16 Cic. div. 2,9 ... *conversiones rerum publicarum* ...
17 Cic. rep. 1,45.
18 Zetzel (1995) 19: Jede der drei Grundformen kann die ursprüngliche Form der Verfassung eines Staates sein; jede Art von Übergang ist möglich. So auch Sharples (1986) 30–50; bes. 36–9, der 44 ein Diagramm des Verfassungskreislaufs nach Cicero entwirft. Dieser Entwurf ist nur auf Cic. rep. 1,65–68 bezogen und daher unvollständig.
19 Ob die Annahme stimmt, dass Cicero nicht willkürlich auswählt, sondern alle möglichen Arten des Verfassungswandels explizit erwähnt, ist schwer zu klären; dass in der Zusammenfassung rep. 1, 68 vor allem die vorher benannten *metabolai* in derselben Reihenfolge aufgezählt werden, spricht dafür, dass Cicero vor allem an diese Formen des Verfassungswandels dachte und andere weniger in Betracht zog.

etwa von der Monarchie zur Demokratie. Das könnte ein Reflex myth-historischer Erfahrungen der Römer sein. Die Königszeit war der sagenhafte Ausgangspunkt ihrer Staatlichkeit. Der Weg in die Republik führte über die Tyrannis eines Tarquinius Superbus. Unter der Tyrannis des Tarquinius war Rom jedoch keine *res populi* mehr und daher (nach Ciceros Staatsdefinition) auch keine *res publica* (Cic. rep. 3,43):

> *ergo ubi tyrannus est, ibi non vitiosam, ut heri dicebam, sed, ut nunc ratio cogit, dicendum est, plane nullam esse rem publicam.*[20]

> Wo also ein Tyrann ist, dort, muß man sagen, ist nicht ein verdorbenes, wie ich gestern sagte, sondern, wie jetzt der Gedanke zwingend zeigt, überhaupt kein Gemeinwesen. (Büchner (1979) 293)

Aus der römischen *res publica* war also eine *res privata* geworden. Der Staat hatte aufgehört, ein Staat zu sein, ein Vorgang, den Augustinus (civ. 4,4) in die rhetorische Frage kleidete *remota iustitia quid sunt regna nisi magna latrocinia?* Als sich Brutus gegen den Angriff auf die Persönlichkeitsrechte der Lucretia zur Wehr setzte und für die Freiheit der Römer eintrat, befand er sich nach Ciceros Staatsverständnis deshalb augenblicklich zwar nicht mehr in einem Rechtsstaat. Aber Brutus sicherte, ohne ein staatliches Amt zu bekleiden, das ganze Gemeinwesen für die republikanische Zukunft, indem er für das Recht der Römer auf Freiheit und die Unverletzlichkeit und Würde ihrer Person eintrat (Cic. rep. 2,46):

> *qui cum privatus esset, totam rem publicam sustinuit, primusque in hac civitate docuit in conservanda civium libertate esse privatum neminem.*

> Obwohl er Privatmann war, hat er doch das ganze Gemeinwesen vertreten und hat als erster in diesem Staate gelehrt, daß in der Erhaltung der Freiheit der Bürger niemand Privatmann ist. (Büchner (1979) 213)

Wie ernst diese Erzählungen aus der römischen Frühzeit genommen wurden, ist schwer zu sagen. Der Leser der Staatsschrift kann aus dem historischen Präzedenzfall des Brutus aber die allgemeine Maxime ableiten, dass es ein Widerstandsrecht gab und gibt, welches sich beim Übergang von der Königszeit zur Republik in dem Einstehen des Brutus für die Bürgerfreiheit äußerte. Cicero übertrifft Platons Staatstheorie in jedem Fall mit der Annahme sukzessiver Verfassungswechsel und kennt wie Platon einen regelrechten Verfassungskreislauf, d. h.

---

20 Auch Oligarchie und Ochlokratie sind keine Staaten, weil zur *res publica* die Realisierung des *consensus iuris* und der *communio utilitatis* gehört. Cicero und seine Korrespondenten befürchten und beklagen in ihren Briefen den Untergang des Gemeinwesens oder sehen sein Ende gekommen (Cic. fam. 4,5,4). Die *res publica* kann aber auch wiederaufleben (Cic. fam. 4,4,3).

die Anakyklosis, etwa durch Rückkehr von der Volksherrschaft zur Tyrannis.²¹ Diese beiden Verfassungen sind auch als Brennpunkte der Entwicklung markiert, insoweit andere Staatsformen vermehrt in sie umschlagen oder die Entwicklung von ihnen zu den Ausgangsformen zurückkehrt.²²

Die den Verfassungswandel bzw. –kreislauf begleitenden Umbrüche bedrohen die Existenz der Römer. Wenn aber durch politischen Umsturz das Leben der Bürger oder, modern gesprochen, das Gemeinwohl gefährdet wird, ist das ein starkes Argument für eine stabile Verfassung, die diese grundlegenden Staatsziele garantiert. Menschen, die nach Cicero Staaten weniger aus Schwäche gründen als deswegen, weil sie sich als *animal sociale* begreifen und, wie Aristoteles dachte, auch gemeinschaftsbildende Lebewesen sind, deren Vernunftnatur nur in Gemeinschaft zur Eudaimonie gelangen kann, bilden nur dann ein Staatsvolk (*populus*) und damit eine wirkliche, d. h. legitime und legitimierbare, *res publica*, wenn ihre Zusammenkunft auf Übereinstimmung im Recht (*consensus iuris*) und Gemeinsamkeit des Nutzens (*communio utilitatis*) beruht.²³ Cicero sieht diese Staatsziele und gerade die Dauerhaftigkeit des Staats am besten in der überkommenen römischen Verfassung verwirklicht durch Teilhabe aller gesellschaftlichen Gruppen am Recht und an der Herrschaft und ein die Regierung überwachendes Kontrollsystem.²⁴ Diese in der römischen Republik verwirklichte Mischverfassung, die griechische Autoren auch als Demokratie beschreiben,²⁵ wird damit nicht nur als

---

21 Vgl. Cic. *rep.* 1,65 und 68.
22 Wenn die Tyrannis in sieben, die Demokratie/Ochlokratie in sechs Fällen als Ausgangs-, Endpunkt oder Zwischenstadium des Verfassungswandels erwähnt werden, mögen darin Befürchtungen legalistisch denkender Römer der späten Republik zum Ausdruck kommen.
23 Cic. *rep.* 1,41. Dem entspricht, dass Cicero und seine Briefpartner Rom schon nicht mehr für eine Republik halten: *Att.* 4,18,2 *rem publicam verbo retinemus, re ipsa iam amisimus; fam.* 4,4,4 *qui* (sc. Caesar*) fortasse arbitraretur me hanc rem publicam non putare, si perpetuo tacerem; fam.* 4,5,4. Ciceros Staatsdefinition diskutiert Schofield (2021) 66–69.
24 Cic. *rep.* 1,29.
25 Polybios sieht die drei einfachen Verfassungen zu gleichen Teilen in der römischen Mischverfassung verwirklicht (6,11,11). Dionysios von Halikarnass klassifiziert die römische Republik als Aristokratie (*Ant. Rom.* 5,2), wogegen die hier untersuchten Autoren die römische Republik mit der Demokratie gleichsetzen: Cassius Dio (52,1 und dazu Reinhold (1988) 167; Philostrat, *VA.* 5,33: „Die Römer schätzen die Demokratie sehr hoch ein. Ihr verdanken sie vieles von dem, was sie besitzen. Mache der Alleinherrschaft ein Ende, über deren Inhaber du selbst so schreckliche Dinge gesagt hast; gib den Römern die Demokratie zurück und erwirb dir selbst den Ruhm, ihre Freiheit begründet zu haben." Mumprechts (1983) Übersetzung „gib den Römern die Demokratie zurück" ist ziemlich frei; eindeutig ist aber die vorangehende Aussage: Ῥωμαίοις τὸ δημοκρατεῖσθαι πολλοῦ ἄξιον καὶ πολλὰ τῶν ὄντων αὐτοῖς ἐπ' ἐκείνης τῆς πολιτείας ἐκτήθη.

den übrigen Staatsformen überlegen gekennzeichnet.[26] Es werden auch das *Imperium Romanum* und seine historisch gewachsene Staatlichkeit gerechtfertigt, da das römische Staatswesen die nach Cicero zu allen Zeiten in Gemeinwesen angestrebten Staatsziele (d. h. auch in Athen, Sparta und Karthago)[27] wie das Recht auf Leben und körperliche Unversehrtheit durch Rechtsschutz gegen Willkürakte der Obrigkeit sowie die Freiheit und Gleichheit der Bürger am besten garantiert.

Wenn, wie Cicero verdeutlicht, Verfassungswandel jedoch natürlich ist,[28] dann drohen nicht nur die Grundformen zu entarten. Der Wandel kann selbst die relativ stabilste Staatsform erfassen: die republikanische Mischverfassung. Damit kommt der Staatslenker (*rector rei publicae*) ins Spiel. Die *civilis prudentia* befähigt ihn, den drohenden Verfassungswandel zu erkennen und vorbeugend Schritte zu unternehmen, die den Umsturz verhindern.[29] Cicero entwickelt einen Katalog von Anforderungen an den *rector rei publicae*. Diesen Anforderungen können innerhalb einer Generation mehrere Staatsmänner entsprechen.[30] Um rechtzeitig in das Geschehen eingreifen zu können, sollen potentielle Staatslenker schon vorab über politische Macht verfügen.[31] In einer bestimmten Notlage kann aber nur ein Staatsmann das in keiner Verfassung verankerte Amt,[32] mit dem sich eine diktatorische Machtfülle verbindet,[33] in einem unter Umständen putschartigen Akt der Machter-

---

26 Cic. *rep.* 1,34 ... *optimum longe statum civitatis esse eum quem maiores nostri nobis reliquissent.*
27 Vgl. Cic. *rep.* 1,44; 2,43.
28 Cic. *div.* 2,6 *a Platone ... didiceram, naturales esse quasdam conversiones rerum publicarum.* Vgl. auch *rep.* 1,45; 2,45.
29 Cic. *rep.* 2,45 *id enim est caput civilis prudentiae, in qua omnis haec nostra versatur oratio, videre itinera flexusque rerum publicarum, ut cum sciatis quo quaeque res inclinet, retinere aut ante possitis occurrere.* *rep.* 1,45 *quos cum cognosse sapientis est, tum vero prospicere inpendentis, in gubernanda re publica moderantem cursum atque in sua potestate retinentem, magni cuiusdam civis et divini paene est viri.*
30 Cic. *rep.* 6,13. Vgl. dazu Meister (1939). Die Anforderungen an den *rector rei publicae* beschreibt Krarup (1956). In Anlehnung vor allem an Heinze betont Powell (1994) 28, dass der in Rom nach Ciceros Worten ungebräuchliche Begriff *rector rei publicae* erst in *De oratore* 1,211 eingeführt wurde. Dieser Zentralbegriff von *De re publica*, der von Platons *Aner Politikos* angeregt worden sein könnte, sei von Cicero später wahrscheinlich deswegen aus seinem politischen Wortschatz gestrichen worden, weil es in den Bürgerkriegen, unter Caesars Diktatur und nach den Iden des März keine Möglichkeit mehr gab, ihn sinnvoll zu gebrauchen.
31 Zu der Machtposition, über die der Staatslenker bereits vorher verfügen sollte, vgl. Meister (1939) 104.
32 Cic. *rep.* 1,63 zur verfassungsmäßigen Diktatur; *rep.* 6,12 über Scipio: *dictator rem publicam constituas oportebit.*
33 Girardet (1996) 231 erinnert an zwei „kommissarische Diktaturen": die in der Verfassung vorgesehene Diktatur auf ein halbes Jahr (Cic. *leg.* 3,9) und den *dictator legibus scribundis et rei publicae constituendae* (228; 230 vgl. zu dieser konstituierenden Diktatur (Weissagung an Scipio) Cic. *rep.* 6, 12 *in te unum atque in nomen tuum se tota convertet civitas, te senatus, te omnes boni*). Diese beiden „kom-

greifung an sich ziehen.³⁴ Der *rector rei publicae* gewinnt so eine monarchische Statur,³⁵ auch wenn Cicero es nicht wollte oder nur nicht hinreichend bedachte. In der Zeit der Gracchen scheint es für ihn nur einen Staatsmann gegeben zu haben, der dieser Aufgabe gerecht werden und das gefährdete Gemeinwesen retten konnte: Scipio Africanus. Daher wird ihm die Rolle eines *dictator rei publicae constituendae* nicht nur angetragen; er wird von Laelius geradezu genötigt, sich dieser Herausforderung zu stellen.³⁶

Im Gespräch mit Laelius hatte sich Scipio zunächst zur republikanischen Mischverfassung als absolut bester Staatsform bekannt. Als Laelius sein Gegenüber jedoch fragt, welche der drei einfachen Staatsformen er für die relativ beste halte,³⁷ erörtert Scipio in einer fragmentarisch überlieferten Partie zunächst die Vor- und Nachteile von Demokratie³⁸ und Aristokratie.³⁹ Als sich Laelius nach diesen Erörterungen, die in ihrer Anordnung an die Verfassungsdebatte bei Herodot

---

missarischen Diktaturen" bezeichnet Cicero als *regnum* auf Zeit (Cic. *rep.* 1,63; 2,56). Das letztere Amt, das in keiner Verfassung vorgesehen ist und auch von C. Julius Caesar beansprucht wird, ist nach Girardet (1996) 243 von der integralen, „souveränen" oder totalitären Diktatur zu unterscheiden, von dem *dictator in perpetuum, perpetuus, perpetuo*, wie sich Caesar vor seiner Ermordung nannte. In einer lückenhaften Inschrift aus Tarent, die weniger auf Augustus denn auf den Diktator Caesar bezogen wird, ist auch von einem *imperatore rei publicae constituendae* die Rede (Girardet (1996) 236). Tatsächlich handelt es sich wohl um eine politische und damit auch sprachliche Grauzone und einen schleichenden Übergang. Die problematische Stelle, an der sich die gesamte Diskussion entzündete, ist Cic. *rep.* 2,51. Cicero stellt dem Tyrannen Tarquinius Superbus dort den Typus des guten Staatslenkers gegenüber: *sit huic oppositus alter, bonus et sapiens et peritus utilitatis dignitatisque civilis, quasi tutor et procurator rei publicae; sic enim appelletur quicumque erit rector et gubernator civitatis; quem virum facite ut agnoscatis; iste est enim qui consilio et opera civitatem tueri potest. quod quoniam nomen minus est adhuc tritum sermone nostro, saepiusque genus eius hominis erit in reliqua nobis oratione trac <tandum>.* Das Konzept des *rector et gubernator civitatis* enthalte neben dem Unterbegriff *gute Staatsmänner* als zweiten Unterbegriff auch den des *guten Monarchen*, gibt Powell (1994) 21–22 zu bedenken. Wenn Cicero den *rector* preise, hätte er der Monarchie das Wort geredet. Diese Konsequenz lehnt Powell vernünftigerweise ab.

34 Auf dieser Linie wird Cicero den Antiaten in der Pattsituation nach den Iden des März raten, die Lenkung des Staats ganz zu übernehmen (Cic. *Att.* 15,11,2 ... *totam suscipere rem publicam ...*).
35 Cic. *rep.* 6,12. Zur Interpretation dieser Passage vgl. auch Stevenson (2005), 140–152, bes. 147.
36 Ebenda.
37 Cic. *rep.* 1,46 ... *ex tribus istis modis rerum publicarum quod optimum iudices* ... und 1,54 *E tribus istis quod maxime probas?*' Vgl. nach Heinze (1960) (zuerst 1924) 141–159 und Wilsing (1929) aus späterer Zeit Büchner (1952), vor allem Kroymann (1958) 309–332 sowie Blänsdorf 1961. Zur Weiterführung der Diskussion bis in die Gegenwart vgl. Schofield (2021).
38 Cic. *rep.* 1,47–49.
39 Cic. *rep.* 1,51–53.

erinnern,⁴⁰ wieder bei ihm erkundigt, welche Verfassung Scipio für die beste der drei einfachen halte, bekennt er sich zur Monarchie⁴¹ und begründet seine Auffassung in einem langen Gesprächsgang.⁴² Mit dem Göttervater Zeus beginnend erinnert Scipio an Homers Vorstellung eines monarchisch organisierten Götterhimmels. Auf dieser Vorstellung beruht sein Plädoyer für eine vom Sohn des Kronos verliehene Alleinherrschaft.⁴³ Der Eroberer Karthagos dürfte die Überlegenheit der Monarchie zudem mit ihrer universellen Verbreitung unter zivilisierten Völkern und bei den Barbaren begründet haben.⁴⁴ Scipio bedient sich dabei der sokratischen Methode. Er stellt Laelius Fragen, um seine Antworten als Prämissen der Argumentation zu verwenden. Nur wenn sein Freund antwortet, geht die Argumentation voran. Laelius hatte nun zugestanden, dass sein Inneres von einem einheitlichen Imperium der Vernunft beherrscht, d. h. monarchisch regiert werde.⁴⁵ Scipio geht daher von dieser Selbstwahrnehmung des Laelius aus und legt ihm den aus Platons Staat bekannten Analogieschluss nahe, dass in dem politischen Makrokosmos des Staates dieselben Verhältnisse wie in dem seelischen Mikrokosmos des Individuums zu gelten hätten,⁴⁶ um die Monarchie als überlegene Staatsform zu erweisen. Der Freund zeigt sich von der Argumentation *ex similitudine* zwar kaum beeindruckt.⁴⁷ Scipio wird aber nicht müde, in sokratischer Manier weitere Argumente für die Monarchie als relativ beste Staatsform zu entwickeln.

Dem Gesprächsgang weiter zu folgen ist hier nicht erforderlich. Es genügt, das Ergebnis festzuhalten. Cicero privilegiert nicht einseitig eine Verfassung, wie es Herodot in seiner Verfassungsdebatte getan hatte. Er orientiert sich nicht in schematischer Weise an Platons Modell des Verfassungswandels wie vor ihm Polybios. Es ist auch nicht so, dass er Aristoteles in seiner scharfen Platonkritik folgte und wie dieser von einer Beliebigkeit der *metabolai* mit allen Kombinationsmöglichkeiten ausginge. Cicero zeichnet in *De re publica* vielmehr zwei Verfassungen aus: die republikani-

---

40 Hdt. 3,80–82 ist nach herrschender Meinung kein Reflex von Diskussionen unter persischen Granden, sondern von einem sophistischen Traktat über Staatsverfassungen inspiriert. In diesem Sinn äußern sich Lasserre (1976) und Bringmann (1976). Zu der Vermutung einer sophistischen Schrift als Quelle der Debatte bemerkt Bleicken (1979) 153 „die meisten nennen auch Autoren, so Antiphon und insbesondere Protagoras". Nach Evans (1981) 83 waren die Antilogien von Protagoras Vorbild der Verfassungsdebatte.
41 Cic. rep. 1,54 *sed si unum ac simplex p < r > obandum < sit >, regium < pro > bem* ....
42 Cic. rep. 1,56–63.
43 Cic. rep. 1,56 *imitemur ergo Aratum, qui magnis de rebus dicere exordiens a Iove incipiendum putat* .... Vgl. Hom. *Il.* 2,204 ff.
44 Cic. rep. 1,58.
45 Cic. rep. 1,59. Vgl. Gorman (2005) 35–47.
46 Cic. rep. 1,60.
47 Cic. rep. 1,61.

sche Mischverfassung *und* die frührömische Monarchie.[48] Cicero legitimiert diese beiden Verfassungen historisch und staatstheoretisch aus ihrer Wahrung von grundlegenden Bürgerrechten. Die staatliche Ordnung der republikanischen Mischverfassung mit ihrem Leitwert der Gerechtigkeit wird von Scipio als Korrektiv menschlichen Handelns anerkannt. Diese Rechtsordnung soll nach Meinung seines Gesprächspartners Philus nicht auf natürlichem Wege oder durch eine Willensentscheidung der Menschen, sondern aufgrund ihrer Schwäche durch eine Art von Vertragsschluss (*pactio*) aus einem Zustand der Anarchie entstanden sein, in welchem die Menschen und Gesellschaftsgruppen einander mit Furcht und Misstrauen begegneten (Cic. *rep.* 3,23)[49]:

> *sed cum alius alium timet, et homo hominem et ordo ordinem, tum quia sibi nemo confidit, quasi pactio fit, inter populum et potentis; ex quo existit id, quod Scipio laudabat, coniunctum civitatis genus; etenim iustitiae non natura nec voluntas sed imbecillitas mater est.*
>
> Wenn aber der eine den anderen fürchtet, der Mensch den Menschen, der Stand den Stand, dann kommt, weil niemand Zutrauen zu sich hat, eine Abmachung zwischen dem Volk und den Mächtigen zustande; daraus entsteht das, was Scipio lobte, die vereinigte Form des Staates; denn der Gerechtigkeit Mutter ist nicht die Natur und nicht der Wille, sondern die Schwäche. (Büchner (1979) 271–273)

Cicero rechtfertigt die Monarchie auch religionsgeschichtlich, introspektiv-psychologisch und mit der sokratischen Art der Gesprächsführung. Es wäre trotzdem voreilig, aus der Bevorzugung der Monarchie gegenüber Demokratie und Aristokratie oder aus der Billigung des kaum legalen Vorgehens des *rector rei publicae* abzuleiten, dass Cicero seine republikanischen Ideale verraten hätte und unterschwellig für einen Prinzipat einträte.[50] Die Hervorhebung von Königtum *und* Republik verweist vielmehr auf den starken Realitätsbezug eines Staatsdenkens,[51] das fest in der sagenhaften Urgeschichte Roms verankert ist und zugleich den politi-

---

48 Die aus der römischen Geschichte bekannten beiden Staatsformen sind darin miteinander verbunden, dass die republikanische Mischverfassung als demokratische Adelsrepublik mit den Konsuln monarchische Elemente enthält und dass die frührömische Monarchie, indem die Vorstellung der Mischverfassung in sie hineinprojiziert und so historisch legitimiert wird, auch demokratische Züge aufweist. Auf dem Gedanken, dass die staatsrechtlichen Grundlagen Roms von Beginn ähnlich und aus ihrer organischen Entwicklung die spätere Staatlichkeit Roms als System zu entwickeln seien, beruht Mommsens Kernthese im Römischen Staatsrecht. Er ist dem verhassten Republikaner also gedanklich tief verpflichtet.
49 Zu philosophischen Vertragstheorien, mit denen Staatsgründungen bereits in der Antike erklärt wurden, vgl. Sprute (1989) 3–93.
50 Die Darstellung der Kontroverse bei Schmidt (1973) 327 und von Haehling (2007) 65–83.
51 Der empirische Grundzug der Staatsschrift wird von Schuller (2013) 104 betont. Vgl. auch Schmidt (1973) 301.

schen Veränderungen der späten Republik gerecht zu werden versucht. Soweit zu Cicero.

Der Geschichtsschreiber Cassius Dio Cocceianus wurde 163 oder 164 in Nikaia in Bithynien geboren. Über das wiederholte Konsulat bis zum Amt des Statthalters der Provinzen Afrika, Dalmatien und Oberpannonien durchlief er eine steile politische Karriere.[52] 193, während der Krise des zweiten Vierkaiserjahres, war Cassius Dio Curator von Smyrna und Pergamon.[53] Unter den Severern erlebte er den blutigen Machtkampf nach dem Thronwechsel des Jahres 212, als Caracalla seinen Bruder und Mitregenten Geta und die meisten von dessen Anhängern ermorden ließ.[54] Selbst der Kronjurist Papinian musste sein Leben lassen, als er, nach einer glaubhaften Version der Überlieferung, verlauten ließ, es sei leichter, einen politischen Mord zu begehen als ihn juristisch zu legitimieren.[55] In dieser Krisenzeit, wohl gegen Ende des Jahres 214, als das römische Bürgerrecht mit der *Constitutio Antoniana* (212) bereits allen freien männlichen Provinzialen verliehen und damit, unter den Beschränkungen der antiken Gesellschaftsform, soweit wie möglich ausgedehnt worden war, verfasste der Historiker den für die Frage der Cicerorezeption maßgeblichen Teil seiner Römischen Geschichte.[56] Am Beispiel Roms verdeutlicht er darin seine Vertrautheit mit den Grundformen der Verfassungen und mit Verfassungswechseln, auch wenn der Begriff ‚δυναστεία' bei Dio wohl nicht Oligarchie bedeutet, sondern, pluralisch gebraucht, auf exzeptionelle Machtakkumulationen in der Spätphase der römischen Republik verweist.[57] Wie bei Cicero ist die im 52. Buch anschließende Verfassungsdebatte im fiktionalen Raum der Vergangenheit angesiedelt.[58] Es ist die Zeit des Übergangs von der Republik zum Prinzipat. Sein Biograph Sueton berichtet, dass Augustus im Jahr 29 zweimal daran dachte, seine Herrschaft niederzulegen und die Republik wiederherzustellen.[59] Das ist der historische Kern des sonst fiktiven Verfassungsdialogs. Wie viele Herrscher der julisch-claudischen und der flavischen Dynastie hat der kaisertreue Geschichtsschreiber Vorbehalte gegen Magier, Philosophen und Intellektuelle jeder Art.[60] Diese Vorbehalte betreffen auch Cicero. Zwar werden seine rednerischen und philosophischen Werke in der Römischen Ge-

---

52 Millar (1964) 13; 15–26.
53 Millar (1964) 16 und bes. 134 ff.
54 Millar (1964) 150 ff. Zur Chronologie der Ereignisse vgl. Krüpe (2011) 197.
55 Kunkel u. Schermaier (2005) 161.
56 Millar (1964) 104, 102–118.
57 Vgl. Reinhold (1988), 196.
58 D. C. 52, 2–40.
59 Suet. *Aug.* 28, 1. Dazu Millar (1964) 105.
60 D. C. 52,36,4 „Eben dieses Spiel (d. h. Umsturzversuche) betreiben auch nicht wenige von denen, die sich als Philosophen ausgeben. Mein Rat lautet daher: Nimm dich auch vor ihnen in acht! Denn hüte dich, weil du etwa in Areios und Athenodoros wackere und ehrenwerte Männer

schichte rezipiert. Das geistige und politische Wirken ihres Autors wird aber mit Geringschätzung betrachtet.[61] In der Verfassungsdebatte des Cassius Dio wird dementsprechend ausdrücklich vor Vertretern der Deutungselite gewarnt. Die Angehörigen der Machtelite bleiben vorsichtshalber ganz unter sich. Im Kronrat des Augustus, der in der Staatskrise des Jahres 29 um Rat bittet, tritt zunächst Agrippa für die Rückkehr zur republikanischen Staatsform ein. Der Vorschlag des Agrippa gründet in der historischen Wirklichkeit. Bis zu Caligulas Ermordung und der Einsetzung des Claudius durch die Prätorianergarde soll die Wiederherstellung der Republik erwogen worden sein.[62] Auf eine Lücke im überlieferten Text[63] folgt die Rede des Mäzenas. Der andere Berater des Augustus spricht sich gegen die Rückkehr zur demokratischen Verfassung der Republik aus. Der von etruskischen Königen abstammende Mäzenas plädiert für die Beibehaltung der Monarchie. Das erhaltene Plädoyer des Mäzenas ist länger als Agrippas Rede. Mäzenas hat auch die besseren Argumente. Der Kaiser folgt am Ende seinem Rat, die Monarchie zu bewahren und nicht zur republikanischen Verfassung zurückzukehren. Mäzenas gibt genaue Anweisungen,[64] wie die Monarchie gefestigt werden könne und wie Roms Herrschaft zum Wohle der Reichsbevölkerung zu gestalten sei. Es könne durch Herstellung von Rechtssicherheit durch Appellationsverfahren geschehen,[65] wie sie Cicero in seiner Staatsschrift gegen die Willkürherrschaft der Decemvirn gefordert hatte (Cic. *rep.* 2,62):

> in hoc statu rei publicae ... erat penes principes tota res publica, praepositis Xviris nobilissimis, ... non provocatione ad populum contra necem et verbera relicta.

> In diesem Zustand des Gemeinwesens ... lag das ganze Gemeinwesen bei den fürstlichen Männern, wobei an der Spitze die Zehn-Männer standen aus höchstem Adel ... und keine Berufung an das Volk gegen Tötung und Schläge übriggelassen war. (Büchner (1979) 231)

---

kennengelernt hast, deswegen zu glauben, daß auch all die anderen, die da behaupten, Philosophen zu sein, ihnen gleichen!" (Übersetzung Veh (1985–1986) Bd. 4, 92)

61 Millar, 1964, 46–55.

62 Suet. *Claud.* 10,3 *nam consules cum senatu et cohortibus urbanis forum Capitoliumque occupaverant asserturi communem libertatem.*

63 Der Inhalt der Lacuna kann nicht vollständig rekonstruiert werden. Überliefert ist die Inhaltsangabe aus der Epitome des Zonaras 10,32 p. 408, 20 ff., die bis Kap. 17 der Mäzenasrede reicht: „Maecenas aber erteilte einen gegenteiligen Rat, indem er sagte, er (sc. Caesar) habe schon lange Zeit die Alleinherrschaft ausgeübt und müsse daher notgedrungen eines von zwei Dingen tun, entweder die bisherige Stellung beibehalten oder sie aufgeben und damit das Leben verlieren". (Übersetzung nach Veh (1986) Bd. 4, 59) Entsprechend hatte Agrippa den Kaiser zum Rücktritt aufgefordert; der Rückzug ins Privatleben werde ihm Sicherheit verschaffen (D.C. 52,13,1).

64 D. C. 52,19–40.

65 D. C. 52,33,1.

Die Ratschläge, die in der Verfassungsdebatte gemacht werden, beziehen sich zwar größtenteils auf die politischen Zustände im republikanischen und augusteischen Rom. Sie werden allerdings besser vor dem gesellschaftlichen Hintergrund der späteren Kaiserzeit als Maßnahmen von Imperatoren des dritten Jahrhunderts verständlich. Es handelt sich also um Anachronismen. Wie Scipio in *De re publica* als autornahe Stimme Ciceros begriffen wurde, so wurde Mäzenas als Sprachrohr des Historikers betrachtet.[66] Auch Agrippas Rede hat politischen Charakter. Agrippa rechtfertigt den augusteischen Prinzipat. Er unterstreicht, dass es dem Kaiser nicht von vornherein um die absolute Macht ging. Der Kaiser habe sich um eine sachgerechte Lösung der staatlichen Probleme bemüht, als er sich auf den Willen von Senat und Volk berief und als Caesars Erbe auftrat.[67] Cicero gehörte zwar nicht zu den bevorzugten Gewährsmännern von Cassius Dio. Wie andere Autoren der frühen Kaiserzeit begegnete er dem Märtyrer der Republik mit einer diffusen Feindseligkeit. Trotzdem sind in Cassius Dios Verfassungsdebatte, die wie Ciceros Staatsschrift in einem ‚fiktionalen Raum' der Vergangenheit angesiedelt ist, nicht nur eine nach Gehalt und Umständen vergleichbare Grundsituation, sondern auch sachliche Anklänge an und Rückverweise auf *De re publica* zu verzeichnen.

Der Sophist Philostrat wurde zwischen 160 und 170 geboren. In Ephesos und Athen wurde er in der Rhetorik ausgebildet. In Rom und im gallischen Westen war er anfangs im Gefolge des römischen Kaisers tätig. Später lehrte er Rhetorik in Athen und verstarb zwischen 244 und 249 n. Chr.[68] Wie Cassius Dio erlebte Philostrat die Thronwirren nach dem Tod des Septimius Severus. Wohl im Auftrag der Kaiserin Julia Domna verfasste Philostrat die vielgelesene *Vita Apollonii Tya-*

---

[66] Vgl. Bleicken (1962) bes. 454–455; 466–467; Millar (1964) 102–105; 107–114; 117–118; Flach (1973) 130–143, 136. Vorsichtiger betrachtet Manuwald (1979) 21 den zweiten Teil der Mäzenasrede als ‚politische Denkschrift'. Dass die Gattung der Verfassungsdebatte in Form der *suasoriae* in römischen Schulen praktiziert wurde, unterstreicht Reinhold (1988) 166. Tatsächlich gab es in Geschichtswerken eine Tradition solcher Debatten an Wendepunkten des Geschehens (Dio Cass. 43,15,2–18,5 zur Vertreibung der Könige; 44,2,1–4; Dion. Hal. 4,72–75). Sueton erwähnt, dass Augustus darüber nachdachte abzudanken. Damit existierte ein historischer Anknüpfungspunkt (Reinhold, ebenda). Dio und Sueton könnten Asinius Pollio als gemeinsame Quelle benutzt haben (vgl. RE 2,1594–1597 = Asinius 25 Groebe). Aus den genannten Gründen geht Reinhold eher von der Historizität der Debatte aus. Auf dieser Linie argumentieren auch Hammond (1932) 88 ff., der aber den Anachronismus der Debatte betont, und vor allem Steidle (1987) 211. McKechnie (1981) 150–155 unterscheidet die Reden danach, dass Mäzenas sich pragmatisch an den römischen Verhältnissen orientiere. Die Agripparede sei dagegen auf die griechische Welt bezogen und impliziere eine ideale Demokratie (150–151); das Wort *Tyrannis* begegne sechsmal in der Rede des Agrippa, aber nicht einmal bei Mäzenas (153). Damit vertrete Agrippa eine unrömische Ideologie.
[67] D. C. 52,2,3–5.
[68] Vgl. Mumprecht (1983) 987 und Vielberg (2000) 152–164 mit weiterer Literatur.

nei, die auch ins Lateinische übersetzt wurde.[69] Der neupythagoreische Philosoph Apollonios von Tyana lebte in der zweiten Hälfte des ersten Jahrhunderts. Politische und religiöse Reformversuche und Reisen durch die römische Welt brachten ihn angeblich mit verschiedenen Kaisern in Verbindung. Im fünften Buch der *Vita Apollonii Tyanei* schildert Philostrat, wie der Pythagoreer im Jahre 69 in Anwesenheit des Begründers der flavischen Dynastie mit den Stoikern Dion von Prusa und Euphrates von Tyros ein Gespräch über die beste Verfasssung führte.[70] Der historische Kern des fiktiven Verfassungsdialogs ist der Besuch des späteren Kaisers Vespasian im Serapistempel von Alexandria.[71] Der Kaiser wollte sich durch Befragung des dortigen Orakels über die gegenwärtige Lage und die künftige Entwicklung des römischen Reiches unterrichten lassen und seinen Anspruch auf die Herrschaft legitimieren.

Als Vespasian und Apollonios einander im Serapistempel begegnen, entschuldigt sich der römische Kronprätendent in einem Vorgespräch zunächst dafür, dass er die Kaiserwürde anstrebt. Der griechische Philosoph bestärkt ihn jedoch in seinem Willen zur Macht.[72] Daraufhin bittet Vespasian den neupythagoreischen Philosophen zu einer Privataudienz am nächsten Tag. Daran nehmen auch die Stoiker Dion von Prusa und Euphrates von Tyros teil.[73] Bei dieser Begegnung räumt Vespasian seinen Gesprächspartnern ein, die Monarchie sei durch Tyrannen wie Nero, die gegen das Wohl der Bürger regiert hätten, in Mißkredit gebracht worden. Vespasian erkundigt sich bei den Philosophen, wie er zum Wohle der Menschen, nicht nur der Bürger oder Reichsbewohner, sondern, wegen des universalen Herrschaftsanspruchs Roms über den Erdkreis, der ganzen Menschheit regieren könne. Desgleichen, wie er dem Kaisertum zu seinem früheren An-

---

69 Philostr. *VA* 1,3.
70 Dörrie (1979) 60: „D. Cocceianus (vgl. Plin. ep. ad Trai. 81.82) später Chrysostomus umbenannt, aus Prusa in Bithynien. Dort ist D. um 40 n. Chr. geboren; nach anfänglicher Gegnerschaft wurde D. zur Philosophie bekehrt: er wurde Schüler des Stoikers Musonius." Ebenda 61 „Philostrat lobt ihn vit. soph. 1,7 und vit. Apoll. 5,37." Vgl. auch Weißenberger (2003–2012) 621–622. Zu Euphrates vgl. Inwood (2003–2012) Bd. 4, 269 und Speyer (1979) 436 „E. v. Tyros (so Philostr.; von Epiphaneia: Steph. Byz.). Angesehener Stoiker (wohl Musoniusschüler), der in Syrien (er war Schwiegersohn des Pompeius Iulianus) u. später in Rom wirkte; er starb betagt durch Freitod (119)." Philostrat bringt *Vit. soph.* 1,7 Dion von Prusa bereits mit Apollonius und Euphrates als Zeitgenossen in Verbindung.
71 Mumprecht (1983) 1082 denkt an den Besuch Vespasians in Ägypten, den Tacitus *hist.* 4,82 schildert. Nach Tac. *hist.* 2,82,3 und Jos. *B.J.* 4,656 hatte Vespasian Ägypten schon vorher besucht. Vgl. zur politischen und religiösen Bedeutung dieser Aufenthalte für Vespasian und seine Nachfolger Engster (2010) 289–307; Pfeiffer (2010) 273–288; Schirren (2005) 15–68; Flinterman (1995) 137–141, bes. 138.
72 Philostr. *VA* 5,27–30, bes. 28–29.
73 Philostr. *VA* 5,32.

sehen verhelfen könne.[74] Das ist der Auftakt zu einer Verfassungsdiskussion. Euphrates, der als Erster spricht, plädiert für die Rückkehr zur Verfassung des republikanischen Rom[75]: Die Römer, erläutert Euphrates, verabscheuten die Monarchie. Kaiserliche Tyrannen hätten immer wieder Gräueltaten verübt. Die Demokratie schätze man dagegen als überkommene Verfassung Roms. Dion von Prusa hüllt sich zunächst in Schweigen. Er muss eigens um seine Stellungnahme gebeten werden.[76] Da stellt der andere Stoiker verschiedene einfache und entartete Verfassungen vor. Er verdeutlicht ihre relative Wertigkeit in der Weise, dass er sie in eine hierarchische Ordnung bringt: Aristokratie, Demokratie, Monarchie und Oligarchie. Unter den herrschenden Umständen empfiehlt Dion dem ratsuchenden Vespasian, den Bürgern des Römischen Reiches die Wahl zu lassen zwischen Monarchie und Demokratie.[77] Damit stellt Philostrat ein weiteres Mal die beiden in *De re publica* von Cicero hervorgehobenen Verfassungen heraus. Der griechische Sophist kennt Ciceros Schriften und macht seine Villa in Dikaiarchia zum Schauplatz eines beziehungsreichen Gesprächs von Apollonius und Demetrius über den Widerstand, den Sokrates und andere Philosophen gegen Willkürherrschaft leisteten.[78] Sollte es so sein, dass sich die Römer für die Monarchie entschieden, sei, so Dion, zu erwarten, dass sie Vespasian zu ihrem Herrscher machten.[79] Dions Einschätzung brüskiert den römischen Kronprätendenten nicht weniger als der Vorschlag seines stoischen Vorredners. Das Gespräch droht in einem Eklat zu enden. Vespasians Miene verrät, dass er schockiert ist.[80] Apollonius rettet die Situation, indem er sich für die Monarchie einsetzt. Der neupythagoreische Wanderlehrer erinnert die Vertreter des Stoizismus daran, dass hier nicht Philosophen unter sich seien. Sie stünden im Gespräch mit einem römischen Konsular und Thronanwärter. Vespasian, so Apollonius, verliere mit der Aufgabe des Herrschaftsanspruchs sein Leben. An Abdankung sei daher nicht zu denken.[81] Der Geschichtsschreiber Dio hatte ähnlich mit der Logik der Macht argumentiert.[82] Der Redner Philostrat lässt seinen Protagonisten das Argument um einen Vergleich erweitern: Einem siegreichen Olympioniken empfehle man doch auch nicht, auf seine Ausrufung als Sieger zu verzichten.[83] Warum dann Vespa-

---

74 Philostr. *VA* 5,32.
75 Philostr. *VA* 5,33.
76 Philostr. *VA* 5,34.
77 Ebenda.
78 Philostr. *VA* 7,11.
79 Ebenda.
80 Philostr. *VA* 5,35.
81 Philostr. *VA* 5,35.
82 Vgl. die Inhaltsangabe zu D. C. 52,14,1 bei Zonaras 10,32 p. 408, 20 ff.
83 Philostr. *VA* 5,35.

sian? Apollonius ergänzt, Vespasian sei Vater zweier Söhne und potentieller Erben seiner Herrschaft. Sollte er auf die Herrschaft verzichten, betrüge er Titus und Domitian dann nicht um ihr Erbe und mache sie zu seinen Feinden? Bleibe man beim Status quo, seien sie jedoch zusätzliche Garanten seiner Herrschaft. Vespasian sei Erfolg zu gönnen. Das Römische Reich: benötige es nicht einen gerechten Herrscher wie einen guten Hirten. Wie ein einzelner Mann, der Tugend habe, eine Demokratie so formen könne, dass sie zur Herrschaft ‚eines Mannes' werde, so werde eine Monarchie, in der man auf das gemeinsame Wohl achte, zu einer Demokratie.[84] Indem Philostrat die Gnome des Thukydides ins Paradoxe wendet,[85] verengt er die Auswahl der Verfassungen, die in Alexandria zur Diskussion stehen. Zugleich erinnert er nicht nur generell an das von Cicero favorisierte Konzept der Mischverfassung. Wie vor ihm Cicero und Cassius Dio suggeriert Philostrat dem Leser, die Monarchie sei die einzige Alternative zur demokratischen Mischverfassung der römischen Republik.

Mit diesen Argumenten habe sich Vespasian von Apollonius überzeugen lassen und entschieden, die Kaiserwürde, trotz der Vorbehalte der Stoiker, anzunehmen.[86] Als Apollonius definieren soll, was einen guten Herrscher ausmache, erwidert der Pythagoreer zunächst pauschal, die Monarchie sei zwar die beste Verfassung, aber nicht lehrbar.[87] In einer Art ‚Fürstenspiegel', der in seiner Kasuistik an die Ratschläge des Mäzenas erinnert,[88] gibt Apollonius dem reformwilligen Kronprätendenten aber doch einigen Regeln an die Hand, die zum Gelingen einer Alleinherrschaft beitragen. Wie bei dem Historiker Dio handelt es sich einerseits um zeitlose Maximen. Der Kaiser solle für bedürftige Reichsbewohner sorgen und das Eigentum begüterter Bürger schützen. Andererseits sind es ziemlich konkrete Anweisungen, die sich mit dem Anklingen zeitgenössischer Bezüge als für ganz bestimmte Adressaten gedacht erweisen. Der Ratschlag, Vespasian solle die Erziehung von Titus und Domitian nicht vernachlässigen,[89] lässt sich wegen der analogen familiären Konstellation im regierenden Königshaus auf Sep-

---

84 Ebenda.
85 Th. 2,65,8 ff.
86 Philostr. VA 5,36.
87 Philostr. VA 5,36.
88 Mumprecht (1983) 1084, Anm. 89 „Die in den letzten Kapiteln wiedergegebene Dialexis über die beste Staatsform ist offenbar eine Nachbildung der bekannten, von Dio Cass. 52,1 dargestellten Unterredung von Augustus, Agrippa und Maecenas."
89 Philostr. VA 5,36 in der Übersetzung von Mumprecht (1983) 553: „Du hast zwei Söhne, und sie sind, wie es heißt, von edler Art. Über diese herrsche besonders, fallen doch ihre Fehler auf dich selbst zurück. Drohe ihnen auch mit Entzug der Herrschaft, wenn sie nicht edel und tüchtig bleiben wollen, damit sie die Herrschaft nicht als Erbteil, sondern als Preis der Tugend betrachten."

timius Severus und seine Söhne Geta und Caracalla anwenden.[90] Aus den früheren Verfassungsdialogen bekannte Argumentationen kehren wieder. An Ciceros Staatsschrift erinnert die Legitimation der Alleinherrschaft aus der monarchischen Organisation des Götterhimmels.[91] Dagegen wird die aus der Politik des Aristoteles geläufige Maxime verworfen, die hervorragendsten Bürger seien als Konkurrenten um die Macht zu beseitigen.[92] Der Präventivschlag gegen politische Konkurrenten wird durch einen Grundsatz ersetzt, der die Sicherheit der Bürger garantiert: Der gute Monarch solle sich darauf beschränken, mögliche Kronprätendenten durch Androhung schwerer Strafen abzuschrecken. Philostrat gestaltet seine Verfassungsdebatte so nach dem aus *De re publica* bekannten Muster und verwendet die aus Cicero geläufigen Denkformen und Begründungsweisen.

5.3 Ciceros philosophische Methode in der Rechts- und Staatsphilosophie

Platon und Aristoteles haben rechts- und staatsphilosophische Werke geschaffen, deren theoretischer Gehalt in der römischen Welt von Cicero aufgenommen und aufgrund der eigentümlichen Rückbindung der römischen Literatur an Politik und Gesellschaft mit praktischer Zielsetzung in neue Zusammenhänge eingebunden wurde. Die in diesem Transformationsprozess entstandenen Verfassungsdialoge sind wegen ihrer formalen und inhaltlichen Gemeinsamkeiten als zusammengehörig zu betrachten. Es sind fiktive Gespräche historischer Persönlichkeiten über die Verfassung Roms. Die geschichtlichen Situationen, in denen die Dialoge spielen, werden von ihren Autoren so gewählt, dass sich in den realen Krisen der Vergangenheit gegenwärtige Problemlagen spiegeln und so mit dem nötigen Abstand untersucht und durchdacht werden können. Die Verfassungsdialoge dienen nicht nur der politischen Standortbestimmung, sondern auch der geistigen Selbstbehauptung. Die Gesprächsszenarien sind in der Weise gestaltet, dass das römische Staatswesen und die Angehörigen der imperialen Machtelite von ihresgleichen oder Vertretern der Deutungselite durch Hinweis auf die Verwirklichung wesentlicher Staatsziele wie Freiheit und Sicherheit der Bürger gerechtfertigt werden. Mit dieser praktischen Zielsetzung werden nicht mehr alle Verfassungen in gleicher Weise in den Blick genommen. Cicero scheint der Erste zu sein, der in *De re publica* zwar alle Verfassungen und viele ihrer Umschlagsmöglichkeiten ineinander offen diskutiert,

---

90 Hdn. 3,10 und 13; Hist. Aug. (Spart.) *Sept. Sev.* 21.
91 Philostr. *VA* 5,36.
92 Arist. *Pol.* 3,11; 5,10. Vgl. Hdt. 5,92; Liv. 1,54.

bei dem sich aber der Blick im Laufe der kontroversen Erörterung von Scipio und Laelius auf die beiden für die römische Geschichte maßgeblichen Staatsformen verengt: die ‚demokratische' Mischverfassung der Republik und die monarchische Verfassung der römischen Königs- und Kaiserzeit. Diese beiden Staatsformen scheinen sich nämlich in der römischen Geschichte bewährt zu haben. Und sie scheinen die grundlegenden ‚Bürgerrechte' der Römer, die einerseits auf vorstaatlichen Rechten gründen und andererseits, unabhängig von Zeit und Ort, als Maßstab zur Bewertung beliebiger Staatswesen und ihrer jeweiligen Verfassungen herangezogen und so universalisiert werden, dauerhaft am besten zu bewahren. Diese Debatte erster Ordnung zwischen Scipio und Laelius erweitert Cicero durch eine Debatte zweiter Ordnung zwischen Laelius und Philus. Die Diskussion der Staatsformen im ersten Buch, die dann und nur dann Staaten sind, wenn sie auf Rechtsprinzipien gründen, wird im dritten Buch in der Weise ergänzt, dass mit der Gerechtigkeit das sie begründende und daher grundlegende Rechtsprinzip zur Diskussion gestellt wird. Karneades hatte 155 bei der Philosophengesandtschaft in Rom an einem Tag für und am nächsten Tag gegen die Gerechtigkeit argumentiert. Von dieser Erinnerung ausgehend lässt Cicero Philus im dritten Buch von *De re publica* als *advocatus diaboli* gegen und Laelius für die Gerechtigkeit argumentieren. Die politische Erdung in der römischen Geschichte und die pragmatische Verengung, die sich in Ciceros Staatsschrift gegenüber der platonischen und aristotelischen Art der Verfassungsdebatte vollziehen, scheinen in den Verfassungsdialogen von Cassius Dio und Philostrat nachzuwirken. Ob die Summe der Ähnlichkeiten, welche die grundlegende Form des Dialogs und seinen inhaltlichen Kern sowie auch Denkweisen und Begründungsstrategien der Gesprächsteilnehmer betreffen, auf der direkten Rezeption von Ciceros Staatsschrift beruht oder ob Cicero nur ein Vordenker war, auf dessen Problemlösungen aufgrund ähnlicher Ausgangslagen spätere Autoren unabhängig von ihm kamen, ist nicht leicht zu entscheiden. Die Rückkehr von der Monarchie zur republikanischen Staatsform stand von Augustus bis zu Claudius als politische Option weiter im Raum und vermochte die Verfassungsdiskussion nachhaltig zu beeinflussen. Daher kann nicht mit letzter Sicherheit ausgeschlossen werden, dass spätere Denker unabhängig von Cicero zu ähnlichen oder identischen Lösungen kamen. Die Art der inhaltlichen und formalen Ähnlichkeiten der Verfassungsdebatten, ihre fiktionale Einbindung in reale historische Krisensituationen und die durchgängige Beteiligung von Vertretern der römischen Machtelite sind aber wohl zu spezifische Gemeinsamkeiten, als dass sie auf ‚reinem Zufall' beruhen könnten und daraus erklärbar wären. Es ist wahrscheinlicher, dass Ciceros Staatsschrift der philosophische und literarische Ausgangspunkt der Verfassungsdebatten bei Cassius Dio und Philostrat war.

6 Was ist ein *amicus*? Anspruch und Wirklichkeit der Freundschaft im Spiegel von Ciceros *Laelius* und der *Epistulae ad Atticum*

6.1 Ciceros Laelius

Wie Platon in den Frühdialogen hinter Sokrates zurücktrat und ihn bis in seine späten Dialoge zum Gesprächsführer machte, so hält Cicero in seinem späten Freundschaftsdialog an den Gesprächspartnern seiner früheren Staatsschrift fest. In Bezug auf die Szenerie des Gesprächs und das dramatische Datum von *De amicitia* knüpft Cicero beinahe bruchlos an *De re publica* an.[1] Doch Scipio war 129 verstorben. Ein wesentlicher Unterschied besteht daher darin, dass Laelius nach dem Tod des Freundes, der sich in einer Regiebemerkung des *Somnium Scipionis* ankündigt,[2] von dem Verstorbenen die Rolle des Gesprächsführers übernimmt. Die Diskussion um Fiktion und Realität des sogenannten ‚Scipionenkreises' erinnert daran, dass wir, so wie sich bei Platon historische Person und literarische Figur des Sokrates unterscheiden, die historische Person des Laelius besser von ihrer literarischen Gestaltung durch Cicero trennen sollten. Sokratesschüler wie Xenophon und Platon dürften noch eine ‚dritte' Figur des Sokrates unterschieden haben. Ihre Unterscheidung könnte auch für die Gestalt des Laelius in *De amicitia* belangvoll sein. Sokratiker werden die Geradlinigkeit des Sokrates im Arginusenprozess, seine Urbanität im Umgang mit stadtbekannten Größen wie Alkibiades, seine Majeutik im Gespräch mit Durchschnittsathenern und sein dialektisches Geschick in der Auseinandersetzung mit Sophisten wie Gorgias und Kallikles bewundert haben. Aber es war seine Prinzipienfestigkeit in der Befolgung der Gesetze, seine Gesetzestreue bis in den Tod, die ihm eine herausragende Rolle in der Philosophiegeschichte sicherte.[3] Trotz des immensen Standesunterschieds zwischen Platon und Sokrates, dem athenischen Aristokraten auf der einen und dem auf seiner Hände Arbeit angewiesenen Banausen auf der anderen Seite, dürfte das damit gegebene Potenzial zur Identifikation mit Sokrates nicht wesentlich kleiner gewesen sein als bei dem sozialen Aufsteiger Cicero mit Patriziern wie Scipio auf der einen und

---

1 *De re publica* und *De amicitia* widersprechen sich inhaltlich nur in wenigen Punkten. Zu den wenigen Diskrepanzen gehört, dass Cicero Fannius zwar in *De re publica* auftreten lässt (Cic. rep. 1,18), im *Laelius* aber bestreitet, dass Fannius an dem Gespräch über den Staat in den Gärten des Scipio teilgenommen habe (Cic. Lael. 25).
2 Cic. rep. 6,12 *dictator rem publicam constituas oportebit, si impias propinquorum manus effugeris*.
3 Kuhn (1959); Lesky (1971) 561, „Wir können früher Gesagtes genauer umschreiben: der Sokrates vor Gericht und in den Stunden seines Todes ist recht eigentlich die Gestalt, von der die gewaltige Wirkung auf die geistige Überlieferung des Abendlandes ausging."

Laelius auf der anderen Seite. Laelius war wie Sokrates eine mit einem hohen Maß an kulturellem und sozialem Kapital ausgestattete Identifikationsfigur für den aufstrebenden *homo novus* und als solche von der historischen Person und ihrer literarischen Gestaltung durch den ciceronahen Autor zu unterscheiden.[4]

Als Parteigänger der Optimaten widersetzte sich Laelius, der von etwa 190 bis nach 129 v. Chr. lebte, den Reformen des Tiberius Gracchus.[5] Wenigstens einmal scheint sich der Weggefährte des jüngeren Scipio auch für eine Besserung der Lage der italischen Bauern eingesetzt zu haben.[6] Der Konsul des Jahres 140 gehörte zum Priesterkollegium der Auguren.[7] Laelius war ein besonnener Politiker und vorzüglicher Redner.[8] Ob sein Beiname *sapiens* eher auf sein diplomatisches Geschick zurückging oder auf seinen philosophisch-literarischen Kenntnissen beruhte, liegt im Dunkeln. Laelius hatte sein Wissen im Umgang mit Philosophen wie Panaitios und Dichtern wie Terenz und Lucilius erworben. Jetzt versuchte er es seinen Schwiegersöhnen zu vermitteln.[9] In der Antike gab es keine Vita des Laelius und damit ‚weiße Flecken' in seinem Leben. Dieser biographische Spielraum war im Abstand von zwei Generationen, die Cicero von Laelius trennen, eine Einladung zur literarischen Ausgestaltung.

Der literarische Laelius des Jahres 44, der uns aus dem Freundschaftsdialog entgegentritt,[10] lebt in tiefer Trauer um den gerade verstorbenen Gefährten. Als Scipio in einer prophetischen Vorausschau der Staatsschrift auf sein Ende anspielte, hatte schon die literarische Figur des Staatsdialogs mit einer Klage reagiert.[11] In *De re publica* hatte der ciceronahe Erzähler Gedanken über die Unsterblichkeit der Seele aus Platons *Phaidon* verarbeitet. Diese Gedanken wiederholt und aktualisiert der Laelius des Jahres 44 bei seiner Trauerarbeit.[12] Indem der literarische Laelius seine Freundschaft zu Scipio

---

[4] Van der Blom (2010) passim.
[5] Münzer (1924); Combès (1993) XVff.; Reid (1897) 14; De Franchis (2008) 51–56.
[6] Combès (1993) XVI; De Franchis (2008) 51–56.
[7] Cic. *Lael.* 7.
[8] Cicero bewunderte die Reden des Laelius, vgl. Cic. *nat. deor.* 3,43 ... *in illa aureola oratiuncula* ...
[9] Cic. *off.* 2,40 *C. Laelius, is qui Sapiens usurpatur*; *Brut.* 213; *Tusc.* 4,5.
[10] Zur Datierung des Laelius auf die Zeit zwischen den Iden des März und dem 5. November 44, als Cicero Atticus die beiden ersten Bücher von *De officiis* schickte (*Att.* 16, 11; *off.* 2,31), vgl. Habinek (1990) 166 im Anschluss an Zetzel (1972).
[11] Cic. *rep.* 6,12 *Hic cum exclamavisset Laelius ingemuissentque vehementius ceteri, leniter arridens Scipio: 'st! quaeso' inquit 'ne me e somno excitetis, et parumper* (Bouhier, *parum rebus* codd.) *audite cetera.'* Ihre auf wechselseitiger Bevorzugung beruhende Freundschaftsbeziehung wird schon Cic. *rep.* 1,18 betont.
[12] Der platonische Gedanke aus Cic. *rep.* 6,14, dass eigentlich erst diejenigen leben, die sich aus den Fesseln ihres Körpers wie aus einem Kerker befreit haben, wird Cic. *Lael.* 14 wieder aufgegriffen.

aus schwärmerischer Verehrung für den Verstorbenen idealisiert, weckt er die Neugier seiner Schwiegersöhne C. Fannius und Q. Mucius Scaevola Augur. Die Schwiegersöhne wollen nicht nur an seinen politischen Erfahrungen partizipieren. Sie möchten auch über das Wesen der Freundschaft belehrt werden. Ihre Belehrung vollzieht sich in einem Gespräch, das von den Fragen der wissbegierigen Gesprächspartner gelenkt wird.[13] Es geht von den Alltagserfahrungen eines römischen Politikers aus, der in besonderer Weise zur Freundschaft befähigt zu sein scheint. Von der Alltagswelt schreitet der Lehrvortrag zu stärker philosophischen Betrachtungen fort. Der Theorie des Aristoteles entsprechend wird das *Ethos* der literarischen Figur so plausibel gestaltet.[14] Der mit grundlegender Bildung ausgestattete und in diesem Sinn ‚weise' Laelius will den philosophischen Gegenstand der Freundschaft, wie er selbst bekundet, *pingui ... Minerva* behandeln.[15] Dieser Behandlung ‚mit römischem Hausverstand' entspricht, dass anfangs und teilweise auch später vieles ausgespart wird, was an eine fachphilosophische Durchdringung erinnern könnte. Die Namen griechischer Philosophen und ihrer Schulen werden unterdrückt. Selbst Sokrates wird nur als *Weiser aus Athen* adressiert, während sein Name in dem ungefähr gleichzeitig entstandenen *Cato maior* mehrmals genannt wird.[16] Im Unterschied zu Platons aporetischen Frühdialogen, in denen sich Sokrates durch Ironie und dialektische Fragetechnik auszeichnet, spricht Ciceros Laelius eher *ex cathedra* und die von Cicero sonst bevorzugte Methode akademischen Philosophierens tritt zunächst ganz in den Hintergrund.[17] Erst als das philosophische Panorama breiter entwickelt wird und die anthropologischen Voraussetzungen, die dem Freundschaftsbegriff der hellenistischen Philosophenschulen zugrunde liegen, sowie die daraus abgeleiteten Konzepte der Stoiker, Epikureer und Peripatetiker kontrovers diskutiert werden, finden sich Ansätze des *in utramque partem disserere*. Die vorgebrachten Argumente führen zur Ablehnung des epikureischen Freundschaftsbegriffs.[18] Mit einer gewissen Vorliebe für stoische und peripatetische Vorstellungen[19] entwickelt der Dialog *De amicitia* eine Kasuistik richtigen Verhaltens bei der An-

---

13 Cic. *Lael.* 16; 25; 26; 32.
14 Arist. *Rhet.* 1356a1–13.
15 Cic. *Lael.* 19 ... *agamus igitur pingui, ut aiunt, Minerva* ... Dazu Dubourdieu (2008) 38.
16 Cic. *Lael.* 7; 13 ... *Apollinis oraculo sapientissimus iudicatus* ...; die Anonymisierung führt freilich zu einer graduellen Abwertung des Sokrates gegenüber Laelius.
17 Gawlick u. Görler (1994) und Görler (1995) mit guten Argumenten gegen Glucker (1988) und Steinmetz (1989); vgl. auch Leonhardt (1999) mit seiner grundsätzlichen Einschätzung (81–86) und weiterführenden Deutung (86–88), dass „in den letzten Schriften – Cato, Laelius und De officiis – der Skeptizismus Ciceros keine bzw. (in De officiis) nur mehr eine marginale Rolle spielt" (87).
18 Vgl. etwa Cic. *Lael.* 26–32.
19 Bei der Erörterung der Quellen wird Panaitios als Vorlage angenommen. Mit Aulus Gellius (1,3,11) werden auch Theophrasts Traktat „Über die Freundschaft" und für bestimmte Grundgedanken natürlich Aristoteles in Erwägung gezogen; vgl. u.a. Steinmetz (1967) 6 et passim.

bahnung und Pflege von Freundschaft, welche die Verarmung des Denkens in der Moderne und zumal in unserem digitalen Zeitalter verdeutlicht.[20] In Bezug auf die gedankliche Tiefe braucht Cicero den Vergleich mit den Autoren neuzeitlicher Traktate nicht zu scheuen. Die Kasuistik reicht von der idealen Freundschaft unter Philosophen bis zu gewöhnlichen, von der Politik geprägten Alltagsfreundschaften. Der ciceronahe Erzähler diskutiert die topische Unterscheidung von Freund und Schmeichler, die im Peripatos vorgedacht wurde und von Plutarch weiter ausbuchstabiert werden sollte. In der kunstvollen Komposition des Dialogs ergibt sich so eine durchgehende Dekadenzlinie mit dem Proömium und dem Lob Scipios als Auftakt. Mit den Erzählungen von berühmten Freundschaftspaaren aus der griechischen und römischen Welt fließen Traditionen der griechischen Polisgesellschaft ein,[21] aber auch der auf dem *mos maiorum* beruhende Freundschaftskodex des frührepublikanischen Rom.[22] Daneben stehen anachronistische Aussagen. Auf den *historischen* Laelius gehen sie insofern nicht zurück, als sie erst in der Krise der ausgehenden Republik ihren Sinn gewannen.[23]

Cicero nutzt die Titelfigur des Dialogs in verschiedener Weise, um sein Konzept der Freundschaft zu plausibilisieren und zu propagieren. Die Freundschaft des ‚historischen' Laelius mit Scipio ist Anlass und Grundlage des Dialogs. Im Dialog wird die philosophisch-literarische Tradition durch den Mund des ‚literarischen' Laelius artikuliert. Wegen seiner Attraktivität als Rollenvorbild eignet sich Scipios Weggefährte als Projektionsfläche für die Idealisierung vergangener Freundschaften. Ob als Vertreter des römischen Amtsadels, als bekannter Redner oder als Mitglied eines angesehenen Priesterkollegiums: der ‚modellhaft-paradigmatische' Laelius bekleidet gesellschaftliche Rollen, die ihn für Rezipienten des Dialogs und den Autor selbst attraktiv machen. In der philosophischen Auseinandersetzung um die Natur der Weissagung war das von Cicero geschätzte Priesteramt zwar momentan zu einer argumentativen Belastung geworden. Der ciceronahe Erzähler hatte sich dieser Bürde aber mit der Hilfe von Ciceros Bruders Quintus entledigt. Im Freundschaftsdialog gewinnt das Augurenamt nun seinen früheren Stellenwert zurück. Cicero ist stolz auf ein Priesteramt, das vor ihm zwei Vertreter des ‚Scipionenkreises' bekleideten. Der Augur Quintus Mucius Scaevola war Ciceros erster Mentor. Dieser Mentor unterrichtete Cicero, wie der Erzähler im Proömium suggeriert, an-

---

20 Vgl. den Reader zur Freundschaft von der griechisch- römischen Antike bis in die Gegenwart: Eichler (1999).
21 Konstan (1997).
22 Brunt (1988); Gotter (1996).
23 So, wenn Cic. *Lael.* 41 Tiberius Gracchus die Züge Caesars verliehen werden: *Tib. Gracchus regnum occupare conatus est vel regnavit is quidem paucos menses ...* dazu Bringmann (1971) 207; 214; Steinmetz (1967) 67.

geblich über das Gespräch mit Laelius.[24] Über den Schwiegersohn des Laelius gibt es eine direkte Verbindung von Cicero zu Laelius, und Laelius soll, woran der Dialog diskret erinnert, seine Aufgaben als Augur recht genau genommen haben.[25] Wie attraktiv der Gefährte Scipios als Identifikationsfigur für Autor und Leser war, wird auch mit dem aus *De oratore* bekannten Verfahren unterstrichen, dass der Gesprächsführer nach Art des Redners Crassus von seinen Dialogpartnern wiederholt dazu genötigt wird, sein überlegenes Wissen preiszugeben.[26] Die Schwiegersöhne des Laelius stehen mit ihrer Neugier für das tatsächliche oder vermeintliche Bildungsstreben der Römer. Sie bekunden ihren Wissensdrang mit einer neuen Art von Protreptik, bei der die Schüler mit ihren bohrenden Fragen den Lehrer, der sein Wissen zu vermitteln versucht, ersetzen.[27]

In der Gestalt des Laelius, der in vielen seiner Rollen, Vorlieben und Ansichten mit dem Autor des Dialogs übereinstimmte, ein wichtiges, wenn nicht ‚das' bevorzugte Rollenvorbild und Sprachrohr Ciceros zu sehen, liegt daher nahe. Cicero hatte schon früher mit dem Gedanken dieser Gleichsetzung gespielt und in seinen Briefen den Namen ‚Laelius' als Pseudonym gewählt. Als Cicero zu seinem Schutz einen Decknamen einführte, wollte er mit dieser Maßnahme verhindern, dass die Triumvirn ihn ihm Jahre 59 als Verfasser politisch brisanter Schreiben an Atticus identifizierten. Verschlüsselungen waren in der späten Republik keine Seltenheit. Caesar war, wie Sueton berichtet, Meister darin, seine Briefe mit einer Geheimschrift zu kodieren.[28] Einfacher ist die Kodierung, wenn Cicero Atticus das Pseudonym ‚Furius' vorschlägt und sich selbst ‚Laelius' als Decknamen aussucht.[29] Dass

---

24 Cic. *Lael.* 3 .... *exposuit nobis sermonem Laeli de amicitia habitum ab illo secum et cum altero genero C. Fannio Marci filio paucis diebus post mortem Africani. Eius disputationis sententias memoriae mandavi, quas hoc libro exposui arbitratu meo.* Es gab und gibt Interpreten, die Ciceros Behauptung für bare Münze nehmen, er habe sich das Gespräch des Laelius über die Freundschaft wie zuvor Scaevola Wort für Wort eingeprägt und (nach 85 Jahren!) aus dem Gedächtnis wiedergegeben; so zuletzt Burton (2007). Zur Bestätigung dieser These sind zahlreiche Stützhypothesen notwendig. Burton erwähnt selbst einige davon. Cicero hatte keine schriftlichen Aufzeichnungen über das Gespräch und müsste die Worte Scaevolas beim einmaligen Hören auswendig gelernt haben. Trotz des hohen Standards antiker Mnemotechnik ist schon diese Hypothese (die um eine Reihe anderer ergänzt werden müsste) eher unwahrscheinlich. Die von Burton vertretene Grundthese ist daher nicht zu halten, sondern durch die einfachere Annahme zu ersetzen, dass der Dialog *De amicitia* mindestens in Teilen fiktional ist.
25 Cic. *Lael.* 7 ... *quod proximis Nonis cum in hortos D. Bruti auguris commentandi causa ut adsolet venissemus, tu non adfuisti, qui diligentissime semper illum diem et illud munus solitus esses obire.*
26 Cic. *Lael.* 16; 25; 26; 32.
27 Cic. *Lael.* 16; 25.
28 Suet. *Iul.* 56.
29 Cic. *Att.* 20,5 und 2,19,5: *Sed haec scripsi properans et mehercule timide. Posthac ad te aut, si perfidelem habebo, cui dem, scribam plane omnia, aut, si obscure scribam, tu tamen intelleges. in*

Cicero keinen anderen Träger dieses Namens als den Freund Scipios meint, geht aus einem früheren Brief an Pompeius hervor. Als Cicero seine Freundschaft mit dem Triumvirn durch Gleichsetzung mit einem exemplarischen Freundespaar überhöhen will, setzt er Pompeius wegen seiner politisch-militärischen Leistungen mit ‚Scipio Africanus', sich selbst mit ‚Laelius' gleich.[30] Die Annahme, dass sich Cicero mit Laelius identifiziert, ergibt sich auch aus einer Überlegung, die davon ausgeht, dass das vorgerückte Alter Ciceros annähernd mit dem seines Brieffreunds Atticus übereinstimmt. In Analogie zum Dialog *Cato maior* werden im Dialog *Laelius* Autor, Adressat und Gegenstand miteinander korreliert und Cicero schlüpft dabei spielerisch einmal in die Rolle von Cato und dann in die von Laelius: Wie dort der Greis (*Cicero = Cato*) zum Greis über das Greisenalter gesprochen habe, so schreibe hier der Freund (*Cicero = Laelius*) zum Freund über die Freundschaft.[31] Wenn der Adressat Atticus nun ausdrücklich in seiner Rolle als Freund angesprochen wird, gibt es gute Gründe für die Annahme, dass Cicero, wenn er sagt, dass sich Atticus bei der Lektüre der Erörterung des *Laelius* selbst erkennen werde, nicht ganz unbedarft und unbedacht spricht.[32] Vielmehr ist es wahrscheinlich, dass Cicero mit seiner Rede von der Selbsterkenntnis seines Gegenübers zwar vielleicht nicht nur, aber angesichts des gewählten Themas *De amicitia* jedenfalls auch ihre beiderseitige Freundschaft meint, die Atticus bei der Lektüre der Erörterung wiedererkennen werde (Cic. *Lael.* 5):

---

iis epistulis me Laelium, te Furium faciam; cetera erunt ἐν αἰνιγμοῖς. Bei der Wahl des Namens Furius könnte Cicero an L. Furius Philus, den Konsul des Jahres 136, gedacht haben. Philus wird *Lael.* 14; 25; 69; 101 als Mitglied des Scipionenkreises erwähnt und spricht in *De re publica* als Widersacher des Laelius gegen die Gerechtigkeit (*Lael.* 25 und *rep.* 3).

30 Cic. *fam.* 5,7,3. Strasburger (1966) 68 „Das Leitbild des Laelius als des weisen Ratgebers hatte ihm schon im Jahre 62 vorgeschwebt, als er dem aus dem Osten heimkehrenden Pompeius, den er mit Scipio verglich, seine Freundschaft anbot."

31 Cic. *Lael.* 5 ... *sed ut tum ad senem senex de senectute sic hoc libro ad amicum amicissimus scripsi de amicitia*.

32 Anders Neuhausen (1981) 206–208 mit insgesamt nicht besonders guten und teilweise an einen Selbstwiderspruch grenzenden Argumenten. Die Wortfolge *te ipse cognosces* (Cic. *Lael.* 5) erinnert offensichtlich an den berühmten Spruch des delphischen Apolls. Dass Atticus zwar nicht nur selbst, aber immerhin *auch selbst* in seiner Freundschaft zu Cicero Gegenstand der Erkenntnis sein wird, ist eine ausreichend starke Lesart, um die hier versuchte Interpretation zu rechtfertigen. Wenn Atticus auch womöglich nicht sein Spiegelbild als Zentralobjekt der Darstellung Ciceros erkennt, so „mußte die langjährige enge Privatfreundschaft Ciceros mit Atticus ihren besonderen Niederschlag finden, da C. ihm diese Schrift widmete" (vgl. Neuhausen (1981) 207). Der hier gewählte Ansatz findet sich auch bei Habinek (1990) 179, aber ohne Begründung und nur unter Bezugnahme auf Cic. *Att.* 1,17, und bei Citroni Marchetti (2009) 94 unter besonderer Bezugnahme auf den aristotelischen Topos des *alter ego*.

> *respondet Laelius, cuius tota disputatio est de amicitia, quam legens te ipse cognosces.*
>
> Laelius antwortet ihnen und führt die ganze Untersuchung über die Freundschaft; wenn du sie liest, wirst du dich selbst darin erkennen. (Faltner (1966) 11)

Wenn wir Cicero beim Wort nehmen, ergeben sich die Fragen, ob, und, wenn ja, wie Atticus seine Freundschaft mit Cicero wiedererkennen konnte? Meinte der proömiale Ich-Erzähler des *Laelius* seine in der futurischen Ankündigung versteckte Aufforderung so, dass sich Atticus im Spiegel von Laelius Darstellung seiner langjährigen Freundschaft mit Scipio als Freund Ciceros wiedererkennen sollte? Ist der Paratext vielleicht so zu deuten, dass Atticus die langjährige Praxis seiner Freundschaft mit Cicero, die er als Urfreund erlebt und in den Egodokumenten ihrer Briefe zur Kenntnis genommen hatte, unter der Voraussetzung mit dem idealen Freundespaar der Römer vergleichen und überdenken sollte, dass Briefe nach der antiken Brieftheorie[33] halbierte, auf eine der beiden Rollen reduzierte, Dialoge mit einem abwesenden Freund sind?[34] Enthalten Prätext, Kontext und auch der Subtext nicht dieselbe Botschaft, dass sich hier alte Freunde im Gespräch begegnen? Verständigen sie sich in diesem halbierten Dialog nicht tatsächlich über ihre Freundschaft? Und doch: Gibt es nicht auch Bedenken gegen diese Deutung? Werden keine Einwände gegen die Interpretation erhoben? Wie soll die Disputation eines Politikers der Scipionenzeit die Lebenswirklichkeit des spätrepublikanischen Rom treffen? Wie kann die Erörterung des Laelius der Freundschaftspraxis zwischen Cicero und Atticus gerecht werden? Gab es in der von den Gracchen ausgelösten staatlichen Krise, die auch eine Krise der Freundschaft war, hinreichend große Analogien zur staatlichen Krise der späten Republik? Einmal angenommen, dass in der popularen Politik eines Marius oder Caesars das Reformprogramm der Gracchen in verwandelter Gestalt weiterwirkte, vermochte Atticus diese analoge Szenerie richtig zu lesen? Konnte Atticus in der teils auch anachronistischen Darstellung der politischen Kämpfe der Scipionenzeit im *Laelius* das Auf und Ab der politischen Auseinandersetzungen der späten Republik mit den zugehörigen politischen Ordnungsvorstellungen und Freundschaftsbegriffen wiedererkennen, die in ihrer langjährigen Korrespondenz geschildert werden und die sich der kollektiven Memoria eingeschrieben, aber auch dem individuellen Gedächtnis der beiden Freunde eingebrannt hatten?

Diese Fragen sollen an ausgewählten Briefen Ciceros an Atticus so behandelt werden, dass für bestimmte Phasen ihrer Freundschaft gefragt wird, ob dort Motive und Gedanken, in denen ‚Ansprüche' der Freundschaft geltend gemacht werden, die auf gesellschaftlichen Konventionen, politischen Erfordernissen oder

---

33 Dem. *eloc.* 223.
34 Vgl. Garcea (2003).

philosophischen Einsichten beruhen, im Alltag ihrer Freundschaft begegnen oder bei ernsthaften Belastungsproben, die sich aus familiären oder politischen Krisen ergeben mochten, ins Spiel gebracht werden, so dass sich Atticus, ob als vorgestellter oder wirklicher Leser, vermöge eines guten Gedächtnisses oder auch bei Relektüre der Cicerobriefe daran hätte erinnern können. Atticus konnte, so die These, bei der Lektüre des ihm gewidmeten Dialogs *Laelius* bestimmte Erlebnisse und Situationen aus seiner Freundschaft mit Cicero assoziieren oder hätte sie assoziieren können, wenn er sich, mit Hilfe der Originale, der Kopialbücher oder der Veröffentlichungen Tiros, das Auf und Ab ihrer langjährigen Freundschaft, das in den Briefen minutiös dokumentiert ist, tatsächlich ins Gedächtnis rief oder sich hätte ins Gedächtnis rufen wollen. Zur Prüfung dieser These werden ausgewählte Stellen der Atticusbriefe daraufhin untersucht, ob sie mit den von Laelius verbreiteten Lehren über die Freundschaft in dem Maße übereinstimmen, dass Atticus bei der Lektüre einschlägige Assoziationen gehabt haben könnte.

6.2 Belastungsproben: Die Freundschaft von Cicero und Atticus im Spiegel ihrer Briefe

(1) Als die Ehe zwischen Ciceros Bruder Quintus und Atticus' Schwester Pomponia geschlossen wurde, mochten sich die Freunde von dieser verwandtschaftlichen Verbindung ein zusätzliches Band zur Stärkung ihrer Freundschaft versprochen haben. Der gewünschte Effekt ist sicher eingetreten. Die Ehe zwischen Quintus und Pomponia wurde aber auch zu einer Quelle ständigen Ärgernisses. Die Freunde waren bald als ‚Mediatoren' gefragt, mussten pikante Details aus dem zerrütteten Eheleben erörtern.[35] Darüber kam es bald zu Meinungsverschiedenheiten und dann zu gegenseitigen Vorhaltungen und Verdächtigungen (*odiosae suspiciones*) zwischen Quintus und Atticus, über die sich Atticus bei Cicero beklagte.[36] Die Krise verstärkte sich, als Quintus seinen Schwager 61 auf der Reise in die Provinz Asien nicht in Epirus besuchte, sondern ihm erst in einer gereizten Stimmung aus Thessalonike schrieb, nachdem er sich zuvor in Rom und auf der Reise über Atticus beklagt hatte.[37] Quintus hatte Asien als Proprätor erhalten und seinen Schwager wohl vergeblich für ein Amt in der Provinzverwaltung zu gewinnen versucht.[38] Aus Ciceros Antwort auf die Beschwerden

---

35 Cic. *Att.* 5,1,3–4; dazu Hutchinson (1998) 126ff.
36 Cic. *Att.* 1,17,1.
37 Cic. *Att.* 1,17,4.
38 Cic. *Att.* 1,17,7 und Nep. *Att.* 6,4 *multorum consulum praetorumque praefecturas delatas sic accepit, ut neminem in provinciam sit secutus, honore fuerit contentus ...: qui ne cum Q. quidem Cicerone voluerit ire in Asiam, cum apud eum legati locum obtinere posset.*

des Atticus geht hervor, dass sich die Krise von der Peripherie der Freundschaft in ihr Zentrum verlagert und das gute Einvernehmen zwischen Cicero und Atticus erheblich gestört hatte. Cicero war alarmiert. Atticus hatte etwas ganz Unerhörtes getan, was nach den ungeschriebenen Gesetzen des gesellschaftlichen Comments verboten war. Atticus hatte ihm vorgerechnet, was er wann für Cicero getan hatte und welche günstigen Gelegenheiten zu Vorteilsnahmen er dabei in Rom oder den Provinzen verpasst hatte.[39] Cicero hatte den Freund tatsächlich im Jahre 65 um seine Anwesenheit in Rom und um aktive Unterstützung im Wahlkampf gebeten.[40] An diesen Freundschaftsdienst erinnert ihn nun Atticus, obwohl der Freundschaftskodex des *Laelius* vorschreiben sollte, dass sich nur und nur der erinnern dürfe und solle, der Freundesdienste empfangen habe, unter keinen Umständen aber, wer sie erwiesen habe.[41] Unter ungleichen Freunden sei nichts lästiger, als wenn der schwächere dem stärkeren Partner eine erwiesene Freundespflicht vorhalte.[42]

Wie reagiert Cicero auf die Vorhaltungen des Freundes, der offenbar verletzt und in seiner Ehre gekränkt ist? Wiederholt beteuert Cicero seine Liebe und Sympathie. Das Zerwürfnis zwischen Atticus und Quintus bereite ihm großes Unbehagen, da er beide, den Bruder und den Freund, über die Maßen liebe.[43] Sollte es Abstufungen in der Liebe geben, gebühre dem Freund der erste Rang hinter Bruder, Frau und Kindern.[44] Cicero versichert Atticus, dass es zwischen ihnen keine relevanten Unterschiede gebe, einmal abgesehen von den verschiedenen Lebenswegen, die sie eingeschlagen hätten: ihn selbst, Cicero, habe Ehrgeiz zur Bewerbung um politische Ämter getrieben; eine andere Denkart, die keineswegs zu tadeln sei, habe Atticus eine Existenz in ehrenvoller Muße wählen lassen (Cic. *Att.* 1,17,5):

---

39 Cic. *Att.* 1,17,5 *Illa pars epistulae tuae minime fuit necessaria, in qua exponis, quas facultates aut provincialium aut urbanorum commodorum et aliis temporibus et me ipso consule praetermiseris.*
40 Cic. *Att.* 1,2,2.
41 Cic. *Lael.* 71 *quae* (sc. officia priora) *meminisse debet is in quem conlata sunt, non commemorare qui contulit.* Eine analoge Regel gilt nach Seneca für den Austausch von Wohltaten: *benef.* 2,10,4 ... *inter prima praecepta ac maxime necessaria sit, ne umquam exprobrem, immo ne admoneam quidem. Haec enim beneficii inter duos lex est: alter statim oblivisci debet dati, alter accepti numquam.*
42 Cic. *Lael.* 71 *quorum* (sc. inferiorum amicorum) *plerique aut queruntur semper aliquid aut etiam exprobrant, eoque magis, si habere se putant quod officiose et amice et cum labore aliquo suo factum queant dicere. odiosum sane genus hominum officia exprobrantium.*
43 Cic. *Att.* 1,17,1 *qua ex re et molestia sum tanta adfectus, quantam mihi meus amor summus erga utrumque vestrum adferre debuit ...*
44 Cic. *Att.* 1,17,5 ... *amoris vero erga me, cum a fraterno amore domesticoque discessi, tibi primas defero.*

> neque ego inter me atque te quidquam interesse umquam duxi praeter voluntatem institutae
> vitae, quod me ambitio quaedam ad honorum studium, te autem alia minime reprehendenda
> ratio ad honestum otium duxit.

> und den einzigen Unterschied zwischen Dir und mir habe ich von je nur in der Verschiedenheit unserer Lebensrichtung gesehen: während mich ein gewisser Ehrgeiz trieb, die Laufbahn des Politikers zu ergreifen, hat Dich Deine andersgeartete Veranlagung, die ich deswegen durchaus nicht tadeln will, dazu geführt, in ehrenvoller Muße Dein Ideal zu suchen. (Kasten (1976) 59)

Außer dieser Differenz gebe es keine relevanten Unterschiede. Aufrichtigkeit und Seelengröße des Freundes seien ihm bekannt.[45] Sie stimmten in Rechtschaffenheit, Umsicht und Gewissenhaftigkeit überein.[46] Atticus habe seine Ängste und Sorgen geteilt und sich mit ihm gefreut.[47] Er sei ein vorzüglicher Ratgeber und äußerst angenehmer Gesprächspartner. Deswegen vermisse er Atticus bei allen politischen und juristischen Geschäften und in Phasen der Erholung.[48]

Wer Kategorien sucht, um genauer zu beschreiben, wie Cicero hier vorgeht, wird in *De amicitia* und anderen Freundschaftsdialogen fündig. Was Cicero im Gespräch mit Atticus geltend macht, wenn er ihre wechselseitige Liebe und Einmütigkeit in allen Belangen betont, ist die im *Laelius* mehrfach wiederholte Bestimmung des Wesens der Freundschaft als „Übereinstimmung in allen göttlichen und menschlichen Dingen verbunden mit Wohlwollen und Liebe" (Cic. *Lael.* 20):

> Est enim amicitia nihil aliud nisi omnium divinarum humanarumque rerum cum benevolentia
> et caritate consensio.

> Es ist nämlich die Freundschaft nichts anderes als die Übereinstimmung in allen irdischen und überirdischen Dingen, verbunden mit Zuneigung und Liebe. (Faltner (1966) 29)

Die Definition der Freundschaft als eine auf Dauer angelegte, privilegierte Zweierbeziehung wird im *Laelius* mit leichten Variationen in der Wortwahl mehrmals wiederholt.[49] In die topische Begriffsbestimmung dürfte als grundlegende Vorbedingung die von Platon im *Lysis* formulierte Einsicht eingeflossen sein, dass Freunde einander ähnlich sind. Im Gespräch mit Sokrates wird dieser Gedanke in

---

45 Cic. *Att.* 1,17,5 *mihi enim perspecta est et ingenuitas et magnitudo animi tui.* Angesprochen bei Konstan (1997) 124–125.
46 Cic. *Att.* 1,17,5.
47 Cic. *Att.* 1,17,6 *vidi, enim, vidi penitusque perspexi in meis variis temporibus et sollicitudines et laetitias tuas.*
48 Cic. *Att.* 1,17,6 *quin mihi nunc te absente non solum consilium, quo tu excellis, sed etiam sermonis communicatio, quae mihi suavissima tecum solet esse, maxime deest ...*
49 Vgl. Cic. *Lael.* 6; 15; 61; 92.

poetische Worte gekleidet und religiös überhöht: „Wie doch stets den Gleichen ein Gott gesellet zum Gleichen".[50] Wenn Atticus als fürsorglicher Ratgeber gelobt wird, der den Freund in Höhen und Tiefen des Lebens begleitet und auch emotional an seinem Schicksal Anteil nimmt, wird ihm zugesprochen, dass sein Handeln dem im *Laelius* kodifizierten ‚obersten Grundsatz' der Freundschaft entspricht. Dieser Grundsatz rückt nicht nur die guten Absichten im Handeln der Freunde und ihrer Bereitwilligkeit zum Freundschaftsdienst in den Vordergrund. Er betont auch ihre Tätigkeit als unbestechliche, ja, wenn sachlich geboten, unerbittlich strenge Ratgeber, was sich Cicero von Atticus in allen Lebenslagen erbeten hatte (Cic. *Lael.* 44):

> *Haec igitur prima lex amicitiae sanciatur ut ab amicis honesta petamus, amicorum causa honesta faciamus, ne exspectemus quidem, dum rogemur; studium semper adsit, cunctatio absit; consilium vero dare audeamus libere. plurimum in amicitia amicorum bene suadentium valeat auctoritas eaque et adhibeatur ad monendum non modo aperte, sed etiam acriter, si res postulabit, et adhibitae pareatur.*

> Das also soll als oberstes Gesetz der Freundschaft gelten: Nur sittlich Gutes von Freunden zu verlangen, nur sittlich Gutes Freunden zuliebe zu tun, ja damit gar nicht erst zu warten, bis man darum angegangen wird; bereitwilliger Eifer sei stets vorhanden, ein Zögern soll es da nie geben; offen heraus aber unseren Rat zu erteilen wollen wir uns nicht scheuen! Größtes Gewicht in der Freundschaft soll der Einfluß wohlmeinender Freunde haben, und dieser Einfluß soll eingesetzt werden, nicht nur zu deutlichem Mahnen, sondern auch, wenn es sein muß, zu scharfer Warnung: Und wenn Freunde ihren Einfluß geltend gemacht haben, dann soll man auf sie auch hören. (Faltner (1966) 57)

Was unterscheidet nun die einander sonst so ähnlichen Freunde? Es ist ihre auf einer Anfangswahl beruhende Lebensweise: hier der Weg des der Politik verfallenen Senators, dort der Weg des der Muße ergebenen Ritters. Der wirklich relevante Unterschied, der mit einer Willensentscheidung des Atticus begründet wird, ist nun, und daran erkennen wir Ciceros Kunst als Briefschreiber, genau das, was die Entscheidung des Atticus, das ihm von Quintus angebotene Amt in der Provinz Asien auszuschlagen (was ja zum Auslöser des eskalierenden Streits und Anlass des Briefs geworden war), prinzipiell rechtfertigen konnte: seine Bevorzugung der *vita comtemplativa* gegenüber der *vita activa* in der römischen Politik.[51] Mit beachtlichem Einfühlungsvermögen hatte Cicero, indem er die Präferenzen des Atticus offenlegte und dessen Handeln daraus erklärte, einen gemeinsamen Nenner gefunden, mit dem er den Freund beruhigen und ihn vor seinem Bruder Quintus rechtfertigen konnte.

---

50 Plat. *Lys.* 214 a6. Zur Herkunft des Grundgedankens vgl. Müller (1965); Steinmetz (1967) 8–10.
51 Cic. *Att.* 1,17,7 *atque in ista incommoditate alienati illius animi et offensi illud inest tamen commodi, quod et mihi et ceteris amicis tuis nota fuit et abs te aliquanto ante testificata tua voluntas omittendae provinciae, ut, quod una non estis, non dissensione ac discidio vestro sed voluntate ac iudicio tuo factum esse videatur ...*

Was war geschehen und brieflich so erörtert worden, dass beide Freunde es nachlesen und sich beim Schreiben oder Lesen des Dialogs *De amicitia* daran erinnern konnten? Über den Querelen mit Quintus hatte Atticus ihre Freundschaft in Frage gestellt, indem er Cicero seine Verdienste um ihn vorrechnet und damit gegen die ungeschriebenen Gesetze der Freundschaft verstößt. Cicero antwortet darauf, indem er so, als ob *De amicitia* oder ein früherer Freundschaftsdialog geöffnet vor ihm läge, die beiderseitige Grundlage ihrer Freundschaft hervorhebt und sie damit bekräftigt. Dazu wendet er die komplexe Definition der Freundschaft, die auf Liebe und Konsens in allen Bereichen des Lebens beruht, auf ihre Beziehung an und versichert, dass Atticus als charmanter Gesprächspartner und zuverlässiger Ratgeber die *prima lex amicitiae* erfüllt habe. Die Verbindung topischer Merkmale, die je für sich aus antiker Freundschaftsliteratur geläufig waren, dürfte bei Atticus als intendiertem Leser einen hohen Wiedererkennungswert garantiert haben.

(2) Dass guter Rat teuer ist, lernte Cicero während seines Konsulats und im Anschluss daran, als er zuerst im Mittelpunkt des Geschehens und dann der öffentlichen Aufmerksamkeit und Anfeindungen stand. Der Grund war, dass er die in Rom verbliebenen Catilinarier, ohne dass Gefahr für den Staat im Verzuge war, und ohne ordentliches Gerichtsverfahren am 5. Dezember 63 hatte hinrichten lassen. Als der Tribun Clodius, der seit Ciceros Aussage im Bona-Dea-Skandal sein Todfeind war, im Januar 58 mit Billigung der Triumvirn das Gesetz einbrachte, es solle mit dem Exil bestraft, wer einen römischen Bürger ohne Verurteilung getötet habe,[52] legte Cicero Trauerkleidung an. Rat und Hilfe suchend, wandte sich Cicero an seine politischen Weggefährten.[53] Pompeius ließ sich verleugnen, als Cicero auf dem Albanum bei ihm vorsprach.[54] Obwohl sich eine Gruppe von Senatoren für den bedrohten Konsular einsetzte, antwortete der Triumvir ausweichend.[55] Die meisten Freunde, darunter Cato und Atticus, rieten Cicero, noch vor Verabschiedung des Gesetzes freiwillig ins Exil zu gehen. Auch wenn der Antrag keinen Namen nannte, war das Gesetz augenscheinlich gegen seine Person gerichtet.[56] Abwarten wollte Lucullus. Er dachte, die Affäre werde im Sande verlaufen.[57] Cicero hielt dem öffentlichen Druck nicht länger stand. In einer der ersten

---

52 Cass. Dio 38,14,4; Vell. Pat. 2,45,1 *qui civem Romanum indemnatum interemisset, ei aqua et igni interdiceretur* ... Zur cronologia ciceroniana in den folgenden Fußnoten vgl. Malaspina u. Marinone (2004).
53 Cass. Dio 38,14,7; Plut. *Cic.* 30,6.
54 Plut. *Cic.* 31,2.
55 Cic. *Pis.* 77.
56 Cass. Dio 38,17,4; Plut. *Cat. min.* 35,1; Cic. *Att.* 3,15,2; 4; 4,1,1. Vgl. Gelzer (1983) 139.
57 Plut. *Cic.* 31,5; vgl. Gelzer, 1983, ebenda.

Märzwochen verließ er Rom im Schutz der Nacht, nachdem er tags zuvor der Minerva auf dem Kapitol eine Statue geweiht hatte.[58] Während Cicero im März und April durch Italien reiste und von Brindisi nach Durazzo übersetzte, um am 23. Mai 58 in Thessalonike mit dem Haus des Prokonsuls von Makedonien den Ort seines Exils zu erreichen,[59] der außerhalb des Bannkreises von 500 Meilen um Rom lag, den ein nach dem förmlichen Verbannungsgesetz zusätzlich verabschiedetes Dekret des Clodius festlegte,[60] bemerken wir, wie sich die Tonlage der Briefe, die er von verschiedenen Stationen seiner Reise an Terentia, Quintus und Atticus richtete, allmählich veränderte, als er davon hörte, wie mit der Plünderung des Hauses in Rom seine bürgerliche Existenz vernichtet wurde und seine Frau und seine Familie unter den Repressalien der Clodianer zu leiden hatten.[61] Ciceros Niedergeschlagenheit verstärkte sich, als sich die Aussicht auf eine schnelle Rückberufung, auf die er gehofft hatte, verschlechterte. Der sonst hochgemute Konsular geriet in eine depressive Stimmung. Auch äußerlich sollte sich Cicero verändert und durch Kummer an Gewicht verloren haben. In Rom kam sogar das Gerücht auf, er sei vor Schmerz verrückt geworden.[62] Einer der Tiefpunkte dieser Entwicklung, wegen der Cicero schon in der Antike und nach Wiederentdeckung seiner Briefe in der Moderne von seinem Bewunderer Petrarca scharf kritisiert wurde,[63] weil er unablässig klage und ständig seine Meinung ändere, ist der Brief 3,15. Darin erhebt Cicero schwere Vorwürfe gegen Atticus und stellt ihre Freundschaft damit auf eine wirkliche Zerreißprobe.

Cicero antwortet in *Att.* 3,15 nacheinander (2–3) auf vier Briefe des Atticus (1) und kommt dabei, ohne dass im Weiteren (4–8) eine systematische Gliederung erkennbar wäre, auf ihre frühere Freundschaft, die Freundschaftsdienste des Atticus während des gegenwärtigen Tiefpunkts ihrer Beziehung und darauf zu sprechen, wie sich ihre Freundschaft entwickeln könnte für den Fall, dass Atticus seine Rückberufung aus dem Exil erreicht haben sollte. Diese Momentaufnahme aus der Geschichte ihrer Freundschaft ist nicht nur wegen der Implikationen für das beiderseitige Handeln und wegen der praktischen Prinzipien

---

58 Plut. *Cic.* 31,6; Cic. *fam.* 12,25,1; *Att.* 7,3,3.
59 Cic. *Att.* 3,8,1.
60 Plut. *Cic.* 32,1.
61 Plut. *Cic.* 33,1; Cic. *Att.* 3,4 *ego enim idem sum. inimici mei mea mihi, non me ipsum ademerunt*; Cic. *Att.* 3,7,1 *odi enim celebritatem, fugio homines, lucem adspicere vix possum ...*
62 Cic. *Att.* 3,14,2 *nam quod scribis te audire me etiam mentis errore ex dolore adfici, mihi vero mens integra est.* 3,15,1–2; 1 *alteram* (sc. epistulam), *qua Crassi libertum ais tibi de mea sollicitudine macieque narrasse.* Zum eigentümlichen Stil der Exilbriefe vgl. Jäger (1986).
63 Petrarca XXIV 3 *epistolas tuas diu multumque perquisitas atque ubi minime rebar, inventas avidissime perlegi. Audivi multa te dicentem, multa deplorantem, multa variantem, Marce Tulli, et qui iam pridem, qualis praeceptor aliis fuisses, noveram, nunc tandem, quis tu tibi esses, agnovi.*

von Interesse, die dabei angewendet und geltend gemacht werden, sondern auch, weil in ihrer Auseinandersetzung Denkfiguren, Regeln und Topoi ins Spiel kommen, die uns auch und eher aus philosophischen Kontexten bekannt sein dürften. Methodisch besteht ein, freilich grundsätzliches, Problem darin, dass Tun und Lassen des Atticus nicht sauber von ihrer Darstellung durch Cicero zu trennen sind. Das Ego-Dokument scheint zwar durch ein Bedürfnis der Rechtfertigung und nur unvollkommen kontrollierte Emotionen, die zu Wunschdenken und einem partiellen Realitätsverlust führen, subjektiv gefärbt zu sein. Cicero nimmt aber die Sicherheit eines klaren Verstands für sich in Anspruch und besteht auf seiner Objektivität.[64]

Was war in Rom unter den Freunden geschehen? Cicero blendet die langjährige Geschichte ihrer Freundschaft aus. Er konzentriert sich ausschließlich auf den Abschnitt, der zu seinem Gang ins Exil führte. Als Clodius das Gesetz einbrachte, Cicero sich durch Anlegen der Trauerkleidung und Appell an das Volk unbedacht zu dessen Zielscheibe machte und sich vom brüsken Verhalten des Pompeius schockieren liess, habe ihn weder Atticus noch ein anderer Freund von dem falschen Entschluss, ins Exil zu gehen, abgehalten. Dabei sei es die bessere Option gewesen, in Rom ehrenhaft zu sterben oder als Sieger dort zu leben.[65] Atticus habe, so Cicero, wie andere falsche Freunde geschwiegen und ihm seinen Rat vorenthalten, obwohl er es besser gewusst habe. Cicero wirft dem Freund daher vor, wenn Atticus ihn so sehr geliebt hätte, wie er ihn hätte lieben sollen, dann hätte er nie geduldet, dass Cicero zu der Überzeugung gekommen sei, dass die Einbringung des Gesetzes über die Kollegien für ihn nützlich gewesen sei.[66] Atticus habe nur Tränen um ihn vergossen. Aber er habe ihn nicht aktiv von seinem falschen Entschluss, freiwillig ins Exil zu gehen, abgehalten. Als schuldig an der Misere sehe er in erster Linie sich selbst. Aber er klage auch Atticus an, sein Alter Ego, und suche so einen Mitschuldigen (Cic. *Att.* 3,15,4):

> hic mihi ignosces; me enim ipsum multo magis accuso, deinde te quasi me alterum, et simul meae culpae socium quaero.

---

64 Cic. *Att.* 3,15,2 *Ad primam tibi hoc scribo, me ita dolere, ut non modo a mente non deserar, sed id ipsum doleam, me tam firma mente ubi utar et quibuscum non habere.*
65 Cic. *Att.* 3,15,4 *quod si non modo tu sed quisquam fuisset, qui me Pompei minus liberali responso perterritum a turpissimo consilio revocaret, quod unus tu facere maxime potuisti, aut honeste occidissemus aut victores hodie viveremus.*
66 Cic. *Att.* 3,15,4 *sed profecto, si, quantum me amas et amasti, tantum amare deberes ac debuisses, numquam esses passus me, quo tu abundabas, egere consilio nec esses passus mihi persuaderi utile nobis esse legem de collegiis perferri.*

> So wirst Du mir verzeihen: ich klage mich selbst ja noch viel härter an, Dich gleichsam nur als mein zweites Ich; im übrigen suche ich nach einem Mitschuldigen. (Kasten (1976) 179–181)

Was geschieht unter den in Rom verbliebenen Freunden und was in Griechenland? Atticus setzt sich unablässig für Cicero ein. Wie über seine Rückberufung verhandelt wird, erfährt Cicero von Atticus. Er macht Cicero bewusst, was die Hauptstadt über sein Verhalten in der Verbannung denkt und sagt. Das Alter Ego berät den Freund unablässig, ungefragt und ungeschützt: Cicero dürfe sich nicht so gehen lassen. Es gebe Gerüchte, der Konsul des Jahres 63 habe den Verstand verloren. Cicero wirkt eher beratungsresistent. Der Exilierte schwankt zwischen Aggressivität und Larmoyanz: Wenn Atticus ihn vernünftig beraten hätte, als es Zeit gewesen wäre, hätte er sich seine teilnahmsvollen Kommentare sparen können. Jetzt kämen sie zu spät, wie auch sein gegenwärtiges Antichambrieren für Cicero in Rom. Nie, jammert Cicero, habe ein Mensch so viel verloren wie er mit der Verbannung: seinen gesellschaftlichen Status, sein Vermögen, seine vertraute Umgebung, sein Haus und seine Familie. Mit den äußeren Attributen seiner bürgerlichen Existenz scheint Cicero auch jedes Selbstbewusstsein verloren zu haben, wenn er den Freund am Ende dieser Aufzählung pathetisch fragt, was er denn noch sei (Cic. *Att.* 3,15,2):

> *desidero enim non mea solum neque meos, sed me ipsum. Quid enim sum?*
>
> Ich vermisse ja nicht nur mein Hab und Gut, meine Lieben, sondern mein eigenes Ich. Was bin ich denn noch? (Kasten (1976) 177)

Auf der Reise ins Exil hatte Cicero noch optimistisch geklungen. Bei der Ankunft am Verbannungsort aber hatte er nicht nur jeglichen Respekt vor sich selbst verloren. Er hatte noch etwas anderes eingebüßt, was er weder in diesem noch in einem anderen der Atticusbriefe des dritten Buches anspricht oder verlauten lässt, was für die Freundschaft der beiden Philhellenen aber von zentraler Bedeutung war.[67] Mit dem Gang ins Exil hatte Cicero das Griechische als Sprache ihrer gemeinsamen Bildungserlebnisse in Griechenland verloren, ihren durch *code-switching* erreichbaren Rückzugsort in eine exklusive Zweisamkeit, in der sich drückende Alltagssorgen in dem Witz von Wort- und Sprachspielen auflösen lassen mochten.[68] Diese sprachlich induzierte ‚Leichtigkeit des Seins', welche die übrige Korrespondenz der Freunde durchzieht, geht Cicero nämlich paradoxerweise am Ende des zweiten Buchs der im März und April 58 geschriebenen Atticusbriefe verloren, als er sich

---

67 Cic. *Att.* 1,15,1 *Nunc, quoniam et laudis avidissimi semper fuimus et praeter ceteros φιλέλληνες et sumus et habemur* ...
68 Zum Phänomen des *code-switching* in den Atticusbriefen vgl. allgemein Dunkel (2000) 122–129. Die Belegstellen vor und nach dem ‚Sprachverlust' im Griechischen sind Cic. *Att.* 2,25,1 und Cic. *Att.* 4,2,7.

nach Makedonien begibt. Cicero sollte sie erst mit der Rückkehr nach Rom zurückgewinnen, von der im vierten Buch der Atticusbriefe berichtet wird. Wer eine Erklärung dafür sucht, warum Cicero, als er in Griechenland lebt, im Gespräch mit dem Philhellenen Atticus plötzlich die griechische Sprache verliert, wird vielleicht darauf hinweisen wollen, dass sich Cicero während des unfreiwilligen Aufenthalts in der Fremde auf das Eigene zurückgeworfen fühlte und schon aus Selbstschutz nicht auf die sprachliche ‚Heimat' des Lateins verzichten mochte. Aber Cicero büßte das Griechische schon auf der Reise durch Italien ein. Die Ursache des zeitweiligen Sprachverlusts könnte man daher wohl auch darin suchen, dass die Beziehung der Freunde durch die depressive Stimmungslage des Verbannten doch in einer Weise gestört war, dass wenigstens Cicero mit dem Griechischen die Sprache ihrer Freundschaft verloren ging, bis sich ihre Beziehung mit der triumphalen Rückberufung wieder normalisiert hatte.

Was soll und wird unter den Freunden künftig geschehen? Als sei ihre Freundschaft nicht betroffen, kümmert sich Atticus unablässig um die Belange des Freundes und setzt so seine Rückberufung ins Werk. Atticus denkt im Modus des Du. Das Alter Ego dagegen im Modus des Selbstmitleids. Was der für ihn tätige Freund empfinden mochte, wenn er sich ständig mit Vorwürfen konfrontiert sah, scheint Cicero nur mäßig zu interessieren. Er bricht seinen Vorwürfen zwar die Spitze ab, indem er die Hauptverantwortung für seine Misere nicht Atticus zuschiebt, sondern selbst übernimmt. Mit dem Versprechen, versäumte Freundespflichten ausgleichen und den Freund nach seiner Rückberufung mit seinen Verwandten gleichstellen zu wollen, sucht er Atticus aber zu noch größerem Einsatz zu motivieren.[69]

Wer nach Spuren dieser beiderseitigen Lebenskrise in *De amicitia* sucht, tut gut daran, nicht mit dem Topos des *Alter ego* oder *Alter idem* zu beginnen. Der Gemeinplatz begegnet nämlich schon bei Aristoteles in beiden Varianten, war im Hellenismus gängige Münze und ebenso weit verbreitet wie die aristotelischen Pragmatien. Von Cicero wird der Topos in der Korrespondenz mit Caesar zu manipulativen Zwecken eingesetzt. So versucht er den Verhaltensspielraum des Diktators mit der Maxime einzuschränken, dass sich Caesar nicht allzu sehr von seinem *Alter ego* Cicero entfernen dürfe.[70] Auf der anderen Seite betont Cicero in *De amicitia*, dass wahre Freundschaft nicht bestehen könne, wenn sie nicht um ihrer selbst willen bestünde. Wie man sich ja nicht in der Absicht selbst liebe, um einen Lohn für seine Selbstliebe zu bekommen, sondern weil man sich selbst teuer sei, so werde es niemals einen wahren Freund geben, wenn man das Prin-

---

69 Cic. *Att.* 3,15,4.
70 Cic. *fam.* 7,5,1 *Vide, quam mihi persuaserim te me esse alterum ...*

zip der bedingungslosen Selbstliebe nicht auf den wahren Freund übertrage, der gleichsam ein zweites Selbst sei und wie das eigene Selbst einen Selbstwert habe (Cic. *Lael.* 80):

> *ita pulcherrima illa et maxume naturali carent amicitia per se et propter se expetita nec ipsi sibi exemplo sunt, haec vis amicitiae et qualis et quanta sit. ipse enim se quisque diligit, non ut aliquam a se ipse mercedem exigat caritatis suae, sed quod per se sibi quisque carus est. quod nisi idem in amicitiam transferetur, verus amicus numquam reperietur; est enim is qui est tamquam alter idem.*

> So bleibt ihnen die schönste, dem menschlichen Wesen in höchstem Sinne gemäße Freundschaft, die ohne alle Nebenvorteile und sonstige Rücksichten erstrebt wird, versagt, und sie können das Wesen und den hohen Wert dieser Freundschaft nicht an sich selbst beispielhaft erfahren; jeder liebt ja sich selbst, nicht etwa weil er sich irgendeinen Lohn für seine Liebe herausschlagen wollte, sondern weil eben die Selbstliebe ein Naturgesetz ist. Wendet man nicht die gleiche Voraussetzungslosigkeit auf die Freundschaft an, dann wird man nie einen wahren Freund finden können. Denn der wahre Freund ist gleichsam ein zweites Ich. (Faltner, 1966, 93)

Diese doppelte Thematik wird in den Atticusbriefen in verschiedenen Variationen zum Gegenstand der Reflexion. Cicero wirft Atticus vor, er habe, als er das Grundgesetz der Freundschaft verletzte, den Freund richtig zu beraten, deswegen so gehandelt, weil er die ihm von Cicero unterstellte Freundesliebe nicht in dem Maße besaß, wie Cicero sie bei ihm erwartete. Aber stimmt Ciceros Beurteilung des Geschehens? Ist seine Perspektive die einzig mögliche? Als Cicero das Exil drohte und er freiwillig ins Exil ging, haben sich da nicht die Vorzeichen geändert, unter denen ihre Beziehung als Freunde stand und steht? Es ist doch Cicero, der die für wahre Freundschaft erforderliche Selbstliebe, mit anderen Worten sein früheres Selbstbewusstsein, nach eigenem Bekunden eingebüßt hat.[71] Trotzdem vergilt ihm Atticus nicht Gleiches mit Gleichem, sondern hebt die schwerlich golden zu nennende Reziprozitätsregel der Freundschaft so auf, wie Cicero es im *Laelius* vorschreiben sollte, als er die dritte und unzulänglichste Grenzbestimmung der Freundschaft neu definierte. Die Maxime lautet, wie hoch sich jeder selbst einschätze, so solle er auch von seinen Freunden eingeschätzt werden. Dem hält Cicero entgegen, das Selbstwertgefühl manches Freundes sei extrem niedrig. Der wahre Freund müsse den Mut des Freundes daher eher bestärken als ihn so zu behandeln, wie der Freund sich zu sich selbst verhalte (Cic. *Lael.* 59):

> *tertius vero ille finis deterrumus, ut quanti quisque se ipse faciat, tanti fiat ab amicis. saepe enim in quibusdam aut animus abiectior est aut spes amplificandae fortunae fractior. non est*

---

71 S. oben Cic. *Att.* 3,15,2.

igitur amici talem esse in eum qualis ille in se est, sed potius eniti et efficere ut amici iacentem animum excitet inducatque in spem cogitationemque meliorem.

Die dritte Abgrenzung vollends ist die verwerflichste – die Einschränkung, dass jeder entsprechend seiner Selbsteinschätzung von den Freunden geschätzt werden solle; denn mancher ist zu verzagt oder traut sich nicht recht auf Besserung seiner Lage zu hoffen. Da ist es nun keineswegs Freundesart, so gegen ihn zu sein, wie er zu sich selbst steht, sondern es kommt vielmehr darauf an, mit aller Anstrengung dahin zu wirken, daß man den niedergeschlagenen Freund wieder aufrichtet, ihm Hoffnungen macht und ihn auf bessere Gedanken bringt. (Faltner (1966) 71)

Atticus dürfte sich, so unsere Vermutung, aus eigenem Antrieb gegenüber dem mit dem Exil bedrohten und im Exil befindlichen Cicero in der geschilderten Weise verhalten haben. Mit seinem Altruismus entspricht Atticus der in *De amicitia* gegebenen Definition freundschaftlichen Verhaltens nicht nur darin, dass er in seinem selbstlosen Eintreten für den Verbannten auch die erste und zweite *Grenze* der Freundschaft aufhebt.[72] Sein Verhalten ist auch ganz natürlich. Aber weder das eine noch das andere schließt aus, dass Cicero seine nicht nur recht präzise, sondern auch rückbezüglich präzisierbare Handlungsanweisung in *De amicitia* aus der Erinnerung an das selbstlose Verhalten des Atticus während seines Exils verfasst und Atticus sie als ‚nachträgliches Drehbuch' seiner Hilfeleistung gelesen haben könnte.

(3) Es lag kaum einen Monat zurück, dass Caesar den Rubikon überschritten hatte,[73] als Cicero am 17. Februar 49 brieflich mit Atticus in Kontakt trat.[74] Atticus war aus Griechenland angereist. In Rom, wo das Geld knapp und der Verkaufsdruck für die in Geldnot befindlichen Parteigänger des Pompeius enorm war, plante er Immobiliengeschäfte zu machen.[75] Cicero befand sich in Calenum. Denn Pompeius hatte die Räumung Roms befohlen und den Küstenstreifen von Formiae bis Kampanien seinem Befehl unterstellt.[76] Der tiefere Grund, warum Cicero an Atticus schreibt, dürfte die schwierige politische Situation gewesen sein. Die Lage war überaus verworren, verlangte aber eine klare Entscheidung für oder gegen Pompeius. Nach dem Ausbruch des Bürgerkriegs war der kriegerische Konflikt zwischen Caesar und Pompeius absehbar. Die Kräfteverhältnisse schienen so verteilt zu sein, dass Pompeius, wenn Caesars kampferprobte Legionen aus Gallien einträfen, wohl nicht nur Rom, sondern auch Italien würde räumen müssen. Wie der Krieg dann weiter verlaufen sollte, stand in den Sternen, und Pompeius äußerte

---

72 Cic. *Lael.* 56–57.
73 Es war am 10. Januar 49 geschehen, vgl. Jehne (1997) 75.
74 Cic. *Att.* 8,3.
75 Perlwitz (1992) 54–55.
76 Gelzer (1983) 245.

sich weder zu seinen Plänen für die nähere noch für die fernere Zukunft. Wollte er nach Kleinasien gehen oder in Italien bleiben? Pompeius war nun von der Senatspartei mit der Verteidigung der Republik beauftragt worden und Cicero nicht nur als Wortführer der republikanischen Partei an ihn gebunden.[77] Er war dem politischen Freund auch wegen ihres langen Klientelverhältnisses und wegen dessen Hilfe bei der Rückberufung aus dem Exil verpflichtet.[78] Daher befand sich Cicero in einer wirklichen oder doch so erscheinenden Zwangslage, die keinen Mittelweg erlaubte, sondern eine an die vermutliche Strategie des Pompeius gebundene Entscheidung zu verlangen schien. Schon im Jahre 58 hatte sich Cicero in einer vergleichbaren Situation befunden und sich entscheiden müssen, entweder in Rom zu bleiben oder die Heimat zu verlassen. Aber Cicero und Atticus hatten aus der ersten Krise, die auch zur Krise ihrer Freundschaft wurde, offenbar gelernt, so dass wir bei der zweiten Krise des Jahres 49 und ihrer Bewältigung auf die Unterschiede achten sollten, die sich im Vergleich zu ihrem Verhalten im Jahr 58 und zu seiner Beschreibung im *Laelius* ergeben.

Cicero hätte sich sicher gern in einem Gespräch unter vier Augen mit dem abseits der politischen Fronten stehenden Freund verständigt.[79] Aber Cicero befindet sich nicht in Rom. Atticus, der außerhalb des Konflikts und jenseits der politischen Fronten steht, bittet Cicero daher brieflich um seinen Rat. Cicero erleichtert es dem Freund, ihn in adäquater Weise zu beraten, indem er Atticus die Hauptgründe, die für und gegen seinen Verbleib in Italien sprechen, selbst vorstellt. Dabei bedenkt Cicero auch Nebengesichtspunkte, Wahrscheinlichkeiten ihres Eintretens sowie primäre und sekundäre Folgen seiner jeweiligen Entscheidung.[80] Sich in formalisierter Weise beraten zu lassen war nicht nur unter Politikern, sondern auch im römischen Militärwesen verbreitet. Caesar, Livius und Tacitus schildern, wie sich vor wichtigen Operationen ein Kriegsrat gestaltete, bei dem Offiziere und Unterführer das Für und Wider einer militärischen Entscheidung diskutierten. Cicero mochte sich beim Ausbruch des Bürgerkriegs an solche Szenen aus dem Kriegswesen erinnert haben, war aber kein Militär. Sein unmilitärischer Geist lässt eher daran denken, dass er eine auch in anderen Entscheidungssituationen gebräuchliche Methode verwendet, mit der er als Anwalt seine rhetorischen Abwägungen und seine philosophischen Erörterungen Pro und Contra gestaltete. Was Cicero als Philosoph und Redner tut, hat hier seinen Sitz im Leben und wurde als „Entdeckung des Zweifels" beschrieben.[81] Die

---

77 Cic. *Att.* 8,3,2 *tum ipsa rei p. causa me adducit, ut ...*
78 Cic. *Att.* 8,3,2 *Cum merita Pompei summa erga salutem meam familiaritasque, quae mihi cum eo est ...*
79 Cic. *Att.* 8,3,1.
80 Cic. *Att.* 8,3,1 *et quo facilius consilium dare possis, quid in utramque partem mihi in mentem veniat, explicabo brevi.*
81 Gawlick (1956) 109–114.

Übereinstimmungen reichen bis in die Wortwahl. Wenn Cicero am Ende seines Briefs die Entscheidung seinem Freund überlässt, indem er sich nach Sammlung der Argumente Für und Wider selbst des Urteils enthält, wählt er zur Bezeichnung dafür die Junktur *iudicium interponere*, die er am Ende von *De divinatione* als *terminus technicus* für die skeptische Urteilsenthaltung verwendet hatte.[82] Die Argumente, die für und gegen Pompeius und damit für Caesar sprechen, liegen auf der Hand, so dass sie nicht im Einzelnen aufgeführt zu werden brauchen. Cicero nimmt auf jeden Fall kein Blatt vor den Mund, wenn er seinen politischen Freund Pompeius wegen seines früheren Engagements für Caesar kritisiert[83] und an seine schmähliche Flucht aus der Hauptstadt erinnert. Cicero fragt sich, welche Konsequenzen es für seine Familie, für seinen Sohn, Bruder und Neffen haben werde,[84] wenn er Italien verließe. Cicero fragt sich auch, und vielleicht etwas zu emphatisch, ob er den Triumph, der ihm für seinen Sieg in Kilikien in Aussicht gestellt worden war und der nur vom Senat in Rom verliehen werden konnte, nicht abschreiben müsse, wenn er Italien verlassen sollte.[85] Nach Abwägung der Argumente scheinen sich seine Sorgen am Ende des Briefs etwas zerstreut zu haben. Aus Gallien sind gute Nachrichten eingetroffen. Cicero bekundet, nun *sedatiore animo* zu schreiben.[86]

Was Atticus dem Freund geraten und wie sich Cicero auf dieser Basis entschieden hatte, ist nicht im Wortlaut überliefert, ergibt sich sinngemäß jedoch aus späteren Briefen. Ob und wie die Freunde in ihrem Verhalten dem Grundgesetz der Freundschaft entsprachen, sind daher Fragen, auf welche die Briefe wieder eine Antwort versprechen. Ausgangspunkt der Überlegungen ist Cic. *Att.* 8,9a. Das Datum des Briefs ist der 25. Februar 49. Nach diesem *terminus ante quem* zu urteilen, hatte Atticus den Freund nicht auf die Folter gespannt, sondern Cicero, wie es das Grundgesetz der Freundschaft verlangte,[87] binnen einer Woche, mit anderen Worten, ohne zu zögern, mit seinem Rat geholfen. Cicero erwähnt die guten Ratschläge des Atticus jedenfalls neben den Entschlüssen anderer Konsulare (Cic. *Att.* 8,9a3):

> Εὐγενῆ tua consilia et tamen pro temporibus non incauta mihi valde probantur. Lepido quidem (nam fere συνδιημερεύομεν, quod gratissimum illi est) numquam placuit ex Italia exire, Tullo multo minus; crebro enim illius litterae ab aliis ad nos commeant. sed me illorum sen-

---

82 Cic. *Att.* 8,3,7 ... *nullum meum iudicium interponens, sed exquirens tuum*. Cic. *div.* 2,150.
83 Cic. *Att.* 8,3,3.
84 Cic. *Att.* 8,3,3.
85 Cic. *Att.* 8,3,5 *age iam, has compedes, fasces, inquam, hos laureatos ecferre ex Italia quam molestum est!*
86 Cic. *Att.* 8,3,7.
87 Cic. *Lael.* 44 *studium semper adsit, cunctatio absit* ...

tentiae minus movebant; minus multa dederant illi rei p. pignora: tua mehercule auctoritas vehementer movet; adfert enim et reliqui temporis recuperandi rationem et praesentis tuendi.

Deine Ratschläge, edel und doch, den Zeitverhältnissen angemessen, nicht unbedacht, leuchten mir sehr ein. Auch Lepidus – wir verbringen zu meiner großen Freude meist die Tage miteinander – hat es nie gefallen wollen, Italien zu verlassen, und Tullus erst recht nicht, wie ich seinen Briefen an andere entnehme, die ich nicht selten in die Hand bekomme. Aber weniger ihre Einstellung ist es, die mich beeindruckt, – dazu haben sie dem Vaterlande zu wenig Beweise ihrer Anhänglichkeit gegeben -; Dein Rat vor allem beeinflusst mich stark, weil er die Möglichkeit ins Auge faßt, mich für den Augenblick zu sichern und mir die Zukunft nicht zu verbauen. (Kasten (1976) 485)

Atticus empfiehlt Cicero offenbar eine abwartende Haltung. Das lässt sich aus ihrer späteren Korrespondenz erschließen[88] und entspricht dem Entschluss der beiden anderen Konsulare, die Italien überhaupt nicht verlassen wollten (*numquam placuit ex Italia exire*). Die Empfehlung spiegelt Naturell und philosophische Position des Atticus, der sich politischen Auseinandersetzungen bewusst entzieht und als Epikureer auf eine Neutralität zielt, die über den verfeindeten Lagern der späten Römischen Republik und des Bürgerkriegs steht. Worin liegt der Vorteil seines Vorschlags? Cicero hält sich so mehrere Optionen offen. Die Bewahrung des Handlungsspielraums erlaubt, sowohl die unklare politische Lage zu berücksichtigen als auch der *prima lex amicitiae* gerecht zu werden.

Die Ratschläge des Atticus haben Doppelcharakter. Cicero beurteilt sie daher als „edelmütig" (εὐγενῆ) und dennoch als „nicht unvorsichtig" (*non incauta*) und damit als den Zeitläuften gemäß. Solange der Konsular Italien nicht verlässt und sich (nicht allzu auffällig) für die republikanische Sache engagiert, bewahrt er zwei Handlungsoptionen: (1) Cicero folgt Pompeius, sollte es unvermeidlich sein, später nach Griechenland. Diese erste Option wird wegen Ciceros Einstehens für das Vaterland und der Berücksichtigung des Klientelverhältnisses zu Pompeius als ‚edel' bezeichnet. Der Rat des Atticus wird als ‚moralisch gut' bewertet. Das beiderseitige Handeln der Freunde entspricht damit der *prima lex amicitiae*, dass wir von Freunden nur moralisch gute Handlungen fordern[89] und zu ihrer Unterstützung nur moralisch richtig handeln dürfen.[90] (2) Cicero kann sich als vermeintlich neutraler Partner notfalls auf die Seite Caesars schlagen. Die andere Option wird als Gebot der politischen Klugheit eingestuft (*non incauta*). Mit Letzterer lässt sich gegebenen-

---

88 Cic. *Att.* 8,3 bis Cic. *Att.* 10,20.
89 Cic. *Lael.* 44 ... *honesta petamus* ...: d.h. hier in Bezug auf Cicero, von Atticus zu fordern, dass er einen moralisch richtigen Rat erteilt.
90 Cic. *Lael.* 44 ... *honesta faciamus* ...: d.h. hier in Bezug auf Atticus, dass er Cicero einen moralisch einwandfreien Rat gibt. Steinmetz (1967) 73–76 betont demgegenüber vor allem, wie großen Einfluss die Kontroverse mit Matius auf Ciceros „Grundgesetz der Freundschaft" hatte.

falls ein Dilemma vermeiden, das Q. Mucius in den sullanischen Wirren zum eigenen Schaden vermieden hatte, als er die Gewaltherrschaft in Rom, damals unter Marius und jetzt analog dazu unter Caesar, dem Waffengang gegen die Mauern der eigenen Vaterstadt, damals unter Sullas Ägide und jetzt analog dazu unter Führung des Pompeius, vorgezogen hatte.[91] In seiner etwas kryptischen Antwort deutet Cicero an, warum ihm der Rat des Atticus gerade in seiner Ambiguität zusagt. Atticus eröffnet ihm einen Weg (*rationem adfert*), sich im Augenblick, also unter Caesars potentieller Diktatur, zu schützen (*praesentis tuendi*) und sich die Zukunft, also den Schulterschluss mit Pompeius, nicht zu verbauen (*reliqui temporis recuperandi*).

Cicero folgt Anfang 49 nicht nur den Ratschlägen des alten Freundes (*tua consilia ... valde probantur*). Er beugt sich auch seiner Autorität (*tua auctoritas*). Damit entspricht Cicero in anderer Weise dem Grundgesetz der Freundschaft, das *De amicitia* (44) formuliert. Es verlangt Gehorsam (*pareatur*) gegenüber der Autorität von Freunden (*valeat auctoritas*), die einen guten Rat erteilen (*amicorum bene suadentium*). Cicero gehorcht Atticus so lange, bis er sich Caesars Zugriff nach dem 7. Juni 49 nur noch mit heimlicher Flucht aus Cumae entziehen kann.[92]

6.3 Facetten der Freundschaft im Spannungsfeld von philosophischem Idealismus und politischer Realität des spätrepublikanischen Rom

Ausgewählte Briefe Ciceros, die einen Einblick in die Praxis seiner Freundschaft mit Atticus gewähren, und seine stärker philosophisch geprägte Darstellung der Freundschaft im *Laelius* werden miteinander verglichen. Was ergibt sich daraus für Theorie und Praxis der Freundschaft bei Cicero und in der römischen Republik? Wie eng waren philosophische Rede und gesellschaftliche Praxis miteinander verzahnt? Selbst wenn Cicero seine Rezeptionsanweisung im Proömium des Dialogs nicht ernst gemeint haben sollte, und es sich also nur um eine achtlos hingeworfene Bemerkung handelte, selbst wenn Cicero die Gestaltung des Dialogs trotz seines exponierten und expliziten Lektürehinweises nicht darauf angelegt haben sollte, dass sich Atticus beim Lesen der Erörterungen der Hauptfigur er-

---

91 Die Distanzierung von diesem ... *armatum ad patriae moenia accedere* ... erinnert daran (Cic. *Att.* 8,3,6), dass Cicero es kategorisch ablehnt, wenn das Wohl eines Freundes über das Wohl des Staats gestellt und das Vaterland angegriffen wird (Cic. *Lael.* 36–37 ... *ferre contra patriam arma* ...). Zu dem theophrastischen Hintergrund der gleichlautenden Maxime bei Gellius (1,3,19) ‚*Contra patriam*‘, *inquit Cicero*, ‚*arma pro amico sumenda non sunt*‘, vgl. Steinmetz (1967) 66 und, unter Berücksichtigung der politischen Entwicklung im vierten Jahrhundert, Konstan (1997) 133.
92 Cic. *Att.* 10,20.

kannte, konnte sich Atticus, so unsere These, bei sorgfältigem Studium des *Laelius* in seiner Freundschaftsbeziehung zu Cicero durchaus selbst erkennen. Er mochte sich wiederfinden in den Fehlern, die beide gemacht und aus denen sie beide gelernt hatten. Seine Freundesdienste mochte er in Ciceros Spiegelung dessen anerkannt sehen, was er intuitiv richtig gemacht hatte, als er dem entmutigten Cicero im Exil trotz seiner beleidigenden Vorwürfe weder seinen Rat noch seine Hilfe versagte. Unter dem bestimmenden Gesichtspunkt, dass vertraute Freunde als Helfer und Ratgeber füreinander tätig sein sollen, lassen sich in den Kernbereichen der Definition, des Grundgesetzes und der Grenzen der Freundschaft zahlreiche sprachliche und sachliche Berührungen zwischen den an Atticus gerichteten Freundschaftsbriefen und dem ihm gewidmeten Dialog *De amicitia* erkennen. Wie Cicero im *Laelius* Lehrstücke aus *De re publica* aktualisiert, so bereichert er *De amicitia* mit bewussten Reminiszenzen an ihre in den Atticusbriefen aufgehobene, gemeinsame Vergangenheit. Atticus kann sie daher als Einladung zur Reflexion der Ansprüche und Grenzen ihrer Freundschaft und seiner Erlebnisse mit Cicero begreifen. Was dabei unter dem Gesichtspunkt des Freundes als Helfer und Ratgeber sichtbar gemacht wird, lässt sich auf andere Gegenstände ihrer Korrespondenz übertragen und mit anderen Gedanken und Lehrstücken des Freundschaftsdialogs verbinden. Denn als ‚Bankier', ‚Verleger' und politischer Berater betrieb Atticus eine Art von umfassender Daseinsfürsorge für Cicero. Das ist das eine.

Auf der anderen Seite stellt sich die Frage, ob und wie Atticus das, was er bei der Lektüre des *Laelius* über das Wesen ihrer beiderseitigen Freundschaft, über die im Wandel begriffene Freundschaftspraxis der römischen Gesellschaft und über ihre philosophische Grundlegung erkennen und wiedererkennen konnte, auch akzeptiert haben mochte. Dabei ist nicht so sehr an philosophische Gedanken über die Freundschaft und zumal an Ciceros Ablehnung des epikureischen Freundschaftsbegriffs gedacht. Atticus konnte damit kaum konform gehen, auch wenn er den philosophischen Standpunkt des Freunds natürlich kannte. Atticus war Kummer gewohnt. Die übliche Polemik gegen Epikur dürfte er daher mit einem Achselzucken quittiert haben. Wichtiger waren andere Fragen: Bewertete Atticus seine Beziehung zu Cicero mit den Kategorien des *Laelius* als Freundschaft unter Weisen? Oder betrachtete er sie angesichts der in Krisenzeiten mitunter irrationalen Anwandlungen Ciceros eher als gewöhnliche Freundschaft? Wie beurteilte Atticus die Entwicklung der Freundschaft in der spätrepublikanischen Gesellschaft, welche ihre Spuren in *De amicitia* hinterlassen hat, obschon es sich nach dem dramatischen Datum des Dialogs und aus der Perspektive des Autors und seiner zeitgenössischen Leser um anachronistische Bezüge handelt. Um sich zu darüber klar zu werden, dass der traditionelle Freundschaftsbegriff der römischen Oberschicht (und damit auch der des historischen Laelius), nach dem jeder Aristokrat bis zum Beweis des Gegenteils als Freund jedes anderen

Aristokraten zu gelten hatte,[93] in den spätrepublikanischen Wirren der sullanischen und postsullanischen Zeit erledigt war, musste Atticus nicht erst gelesen haben, wie Caesar seinen innenpolitischen Feinden im *Bellum civile* den Krieg erklärte.[94] Atticus hatte die Konsequenzen der von Caesar betriebenen Spaltung der römischen Gesellschaft, nach der die mit Ämtern und Geld belohnte Freundschaft an die Person des Autokraten gebunden und schwerlich mit der Treue zur *res publica* vereinbar war,[95] im persönlichen Scheitern und in den Notlagen römischer Politiker erlebt und die bitteren Konsequenzen, die sich aus Caesars Feindschaft ergaben, durch seine Freundschaftspraxis und großzügige finanzielle Hilfen zu überbrücken versucht.[96] Wenn Atticus nun wahrnahm, wie Cicero die Freundschaft an die Tugend und die *res publica* zu binden versuchte und den Lesern seines Freundschaftsdialogs einschärfte, dass das Gemeinwesen und die Bindung an das Staatswohl über persönlichen Bindungen stehen müssten und nicht zugunsten eines noch so mächtigen Freundes verraten werden dürften, mochte er darin einen vergeblichen Versuch gesehen haben, sich gegen den gesellschaftlichen Wandel zu stemmen, der angesichts der Überlegenheit Caesars und seiner unbegrenzten Machtmittel kaum aufzuhalten war. Vielleicht trübte die Bindung der Freundschaft an das Staatswesen sogar sein Urteilsvermögen, als er sein Verhältnis zu Antonius nach diesen Kategorien bestimmte. Cicero attackierte den Caesarianer in seinen *Philippischen Reden* ja nicht nur als *inimicus*, sondern schloss ihn als *hostis publicus* aus der römischen Gesellschaft aus. Diese Attacken sollte Cicero bei der späteren Ausgrenzung durch die Proskriptionen, die vielleicht auch eine Antwort auf solche Angriffe waren, mit dem Leben bezahlen. Dennoch wird sich Atticus bewusst gewesen sein, dass seine lebenslange Freundschaft mit Cicero nicht nur auf der grundsätzlichen Übereinstimmung ihrer Ansichten und Interessen in Fragen von Bildung, Familie, Lebensstil und Politik beruhte, sondern angesichts der Spannungen, die es in einer Freundschaft unter Weisen nicht gegeben hätte, ohne Orientierung an festen Prinzipien, die das Handeln des Atticus nach Nepos bestimmten, auf Dauer nicht hätte bestehen können.

---

93 Gotter (1996) hier: 342–346; Brunt (1988).
94 Zu den *veteres inimicitiae* vgl. Caes. *civ.* 1,3,4; 1,4,1.
95 Schuller (2016).
96 Nep. *Att.* 2,3–4; 4,4; 8,6; 9,3–5; 11,4–5. Aus dem Eintreten des Atticus für Caesarianer und deren Angehörige ergaben sich ähnliche Vorwürfe wie bei Matius, vgl. Nep. *Att.* 9,7 *sed sensim is a nonnullis optimatibus reprehendebatur, quod parum odisse malos cives videretur.*

6.4 Von Ciceros Werk zu seiner Wirkung: Rückblick und Ausblick

Ciceros philosophische Werke sind in einem nicht geringen Maß von Prätexten der klassischen und hellenistischen Philosophie der Griechen abhängig und in diesem Sinne heteronom. Als ‚heteronome' Texte besitzen sie zugleich einen hohen Grad einer ihnen jeweils eigentümlichen ‚Autonomie'. Es handelt sich keineswegs um einfache Übersetzungen, welche an sich schon literarisch kreativ und in raffinierter Weise kunstvoll sein sollten, obwohl es sie aus Ciceros Feder mit dem fragmentarisch erhaltenen *Timaios* und kürzeren Einlagen vor allem aus Platons Apologie und anderen Dialogen wie dem *Phaidros* und der *Politeia* gibt und mit dem nicht überlieferten *Protagoras* jedenfalls gegeben hat.[97] Vielmehr sind es Umsetzungen und dabei höchst kreative Verarbeitungen griechischer Vorlagen. Worin besteht der Unterschied? Warum geht es nicht um schlichte ‚Translation' griechischer Originale oder ihren bloßen ‚Transfer' in die römische Lebenswelt? Auf welchen Prinzipien beruht die systematische ‚Transformation' philosophischer Prätexte der Griechen? Eine Antwort auf diese Fragen lässt sich mit einer Gruppe von Kategorien geben, die zur Erforschung der „Autonomie heteronomer Texte" entwickelt wurden.[98] (1) Ciceros Dialoge sind keine simplen Übertragungen griechischer Vorlagen, sondern planvoll hergestellte ‚Sammlungen' (*collectiones*). Es sind, mit anderen Worten, eigenständige Darstellungen von Grundgedanken und Lehren der griechischen Philosophenschulen, die Cicero unter von ihm selbst gewählten Gesichtspunkten sammelte und in Auszügen und mit Hilfe fremder Kompendien zusammenstellte. So werden in den *Academici libri*, in *De natura deorum* und *De finibus* ausgewählte Theorien und Theoreme der hellenistischen und klassischen Philosophie der Griechen unter den Gesichtspunkten der Logik, Physik und Ethik dargestellt und damit ihr Vergleich ermöglicht. Im Vorwort von *De officiis* wird mit der Idee der bewussten, rational gesteuerten Auswahl von Auszügen aus vorhandenen Quellen der hellenistischen Philosophie sogar ein eklektisches Programm formuliert: *e fontibus eorum iudicio arbitrioque nostro, quantum quoquo modo videbitur, hauriemus.*[99] (2) Die Theorien und Theoreme der hellenistischen Phi-

---

[97] Zu Übersetzungen aus dem Griechischen in Ciceros philosophischer Prosa vgl. Müller-Goldingen (1992) sowie Fladerer (2003–2012) Artikel „Übersetzung III. Lateinischer Bereich", in: DNP, Bd. 12,2, 1186–1188, hier 1186: Plat. *Tim.* 28a–47b; Cic. *rep.* 6,27 und Cic. *Tusc.* 1,53 ~ Plat. *Phaidr.* 245c–246a; Cic. *rep.* 1,66f. ~ Plat. *Rep.* 562c4–563e; Cic. *Cato* 79–81 ~ Xen. *Kyr.* 8,7,17–22; Cic. *Tusc.* 1,97–99 ~ Plat. *apol.* 40c4–42a5.
[98] Bracht, Harke, Perkams, Vielberg (2022).
[99] Cic. *off.* 1,6. Metaphern des Schöpfens und Trinkens aus einer Quelle bzw. des Kostens und vorsichtigen Probierens aus einem Reservoir mit Flüssigkeit werden schon in den *Tuskulanen*

losophenschulen werden nicht einfach zusammengestellt, sondern in einer nach klaren Prinzipien bewusst gestalteten Form ‚wiedererzählt'. Die ‚Wiedererzählung' (*renarratio*) geschieht meist indirekt in einem literarischen Dialog, bei dem die Ansätze und Grundthesen der Philosophenschulen von philosophisch ambitionierten Römern, die als Spezialisten oder Anhänger der jeweiligen Philosophenschule gelten, vorgestellt und nach Pro und Contra erörtert werden. Die offenen Erörterungen regen den Leser dadurch, dass sie meist auf Polemik verzichten, dazu an, sich die philosophische Materie ohne Prädispositionen und Vorurteile anzueignen, zu Diskussionen unvoreingenommen aufgrund eigenen Nachdenkens Stellung zu nehmen und sich so eine eigene Meinung zu bilden. Dieser Prozess ergebnisoffener Suche und Meinungsbildung wird dem Publikum an jungen Römern in Entscheidungssituationen paradigmatisch vor Augen geführt. Ein gutes Beispiel dafür ist Ciceros Vetter Lucius im 5. Buch von *De finibus*. (3) Die philosophischen Lehren werden nicht nur gesammelt, in einer literarischen Form vorgestellt und kritisch erörtert, sondern bei der Erörterung auch in verschiedener Weise erläutert und kommentiert. Die ‚Erläuterungen' (*commentarii*) reichen von simplen sprachlichen Erklärungen über Angaben zu etymologischen Ableitungen und mythologischen Bezügen bis zur Wiedergabe philosophischer Syllogismen zur Stützung eines Arguments oder Gedankens. Eine Sonderform der Erläuterung besteht aus der kommentierenden Anwendung moralphilosophischer Probleme auf römische Verhältnisse, indem ethische Normen aus dem *mos maiorum* abgeleitet oder, wie in *De officiis*, auf Basis römischer Traditionen zu einem regelrechten Manierenbuch ausbuchstabiert werden. Eine andere Art der Kommentierung besteht aus der Applikation von Faustregeln zur Entscheidung von Konflikten zwischen moralisch guten und nützlichen Handlungen etwa in Zweifelsfällen des römischen Zivil- und Erbrechts. Fragen der zeitgenössischen Politik am Beispiel der Iden des März aufzugreifen und am Tun von Brutus und seiner Mitverschwörer vor dem Hintergrund der Loyalität unter politischen Freunden und Weggefährten die Legitimität des Tyrannenmords zu erörtern ist eine weitere Art erläuternder Aktualisierung. (4) In Ciceros Dialogen werden die Anstrengungen, welche klassische und hellenistische Philosophen unternommen hatten, um Erkenntnis zu gewinnen, nicht zuletzt auch ‚fortgeführt' (*continuatio*). Der Prozess philosophischer ‚Fortsetzung' manifestiert sich in Veränderung des epistemischen Status der überkommenen Dogmen der Philosophen-

---

von dem anonymen Gesprächspartner Ciceros zur Beschreibung des eklektischen Programms und seines zentralen Auswahlkriteriums verwendet (Cic. Tusc. 5,82): *libasque ex omnibus (*sc. disciplinis, d.h. aus den philosophischen Systemen der hellenistischen Schulen*), quodcumque te maxime specie veritatis movet*, und von Ciceros *Acting I* wird die sich in einer Wahlfreiheit äußernde Autonomie als Alleinstellungsmerkmal seines Philosophierens bestätigt (Cic. Tusc. 5,83): *utamur igitur libertate, qua nobis solis in philosophia licet uti ...*

schulen. Während Hauptlehren der traditionellen Philosophenschulen wie die *ratae sententiae* innerhalb des Epikureismus als vom Verstand beglaubigt und damit als ‚wahr' gelten, weist Cicero den überkommenen Lehren nicht den Wahrheitswert 1 zu, sondern stellt auf Grundlage der neuakademischen Erkenntnistheorie grundsätzlich alle Theorien auf den Prüfstand. Aus philosophischem Wissen, das für wahr gehalten wurde und damit als sicher galt, werden vorläufige und bestenfalls wahrscheinliche Annahmen, gegebenenfalls aber sogar zu falsifizierende Hypothesen. Die genuin akademische Methode des Argumentierens nach Pro und Contra dient nicht mehr nur negativ zur Falsifizierung und Abweisung philosophischer Behauptungen. Das gezielte Abwägen der Argumente dient durch Ermittlung des Glaubwürdigen (*probabile*) auch konstruktiv der Plausibilisierung bestimmter philosophischer Thesen und ethischer Normen, die damit eine das Individuum zum Handeln befähigende relative Gewissheit, aber nie vollkommene Sicherheit gewinnen. So wird dem aufmerksamen und aktiven Leser die Entwicklung einer auf Eklektik beruhenden ‚Patchwork-Philosophie' ermöglicht. Die probabilistische Entwicklung einer Patchwork-Philosophie führt nicht automatisch zu einer widerspruchsfreien Synthese der Lehren verschiedener Philosophenschulen. Als *Platonis aemulus*[100] privilegiert Cicero jedoch mit der Vorstellung von der Unsterblichkeit der Seele aus Platons Apologie am Ende von *De re publica* und zu Beginn der *Tusculanae disputationes* und mit der Idee der Freiheit als menschliche Selbstbestimmung in *De fato* sokratische respektive platonische Lehren und bewahrt so Grundzüge des altakademischen Weltbilds. Die probabilistische ‚Fortführung' griechischen Philosophierens und die kreative Weiterentwicklung der Methodendiskussion der neuakademischen Skepsis sind dabei signifikante philosophische Errungenschaften Ciceros, welche die Entwicklung der Philosophie und Wissenschaft bis in die Moderne und von dort bis in die Gegenwart bestimmen.

Mit dem Übergang von Ciceros *Werken*, deren ‚Autonomie' als ‚heteronome Texte' deutlich gemacht wurde, zu ihrer *Wirkung* auf spätere Autoren verkehrt sich die grundlegende Perspektive. Ciceros Dialoge werden fortan nicht mehr unter dem Gesichtspunkt betrachtet, wie sie sich auf Prätexte beziehen und in einem dialektischen Prozess eine ihnen eigentümliche, höchst originelle und philosophisch folgenreiche ‚Autonomie' entwickeln. Ciceros Dialoge sind nun die Prätexte, auf die sich die Werke seiner Rezipienten in Kaiserzeit und Spätantike mehr oder weniger deutlich beziehen und im Kontext dieser aus unterschiedlichen Gründen und zu verschiedenen Zwecken selbst gewählten sekundären ‚Heteronomie' eine wieder nur ihnen jeweils eigentümliche ‚Autonomie' ausbilden.

---

100 Quint. *inst.* 10,1,123.

Sicher wird man viele Werke Ciceros in Antike und Mittelalter meist einfach nur gelesen und unter dem überlieferten Titel oder einer anderen Bezeichnung in den jeweiligen Lektürekanon aufgenommen haben. Aber es gab auch eine über diese mechanische Verarbeitung hinausgehende Auseinandersetzung mit seinem philosophischen Oeuvre als Prätext, die über die Kaiserzeit und Spätantike, die Renaissance und Aufklärung bis in die Moderne reicht und sich nach den an Ciceros Werk erprobten Kategorien auf ihre spezifischen Modi von ‚Autonomie' und ‚Heteronomie' untersuchen lässt.

III **Wirkung**

1 *In umbra Ciceronis?* Senecas Strategien der Cicerorezeption

In Rom gab es eine Erinnerungskultur, aber auch eine Kultur oder, vielleicht präziser, ‚Unkultur' bewussten Ausgrenzens und Vergessens. Davon waren missliebige Politiker betroffen. Aber auch Intellektuelle, die die Machthaber störten und sich bei ihnen unbeliebt machten, unterlagen Repressionen und konnten der Spirale des Schweigens nur schwer entkommen. Zu Maßnahmen der Unterdrückung kam es schon in der frühen Republik, als die Athener Philosophengesandtschaft im Jahr 155 auf Betreiben Catos ausgewiesen wurde, aber auch in der späten Republik und in der Zeit des Übergangs von der Republik zum Prinzipat. Im Hinblick auf den Erfolg der Maßnahmen, die ergriffen wurden, um Intellektuelle mundtot zu machen, waren Gallus und Ovid zwei einander entgegengesetzte Fälle. Während es Augustus gelang, Gallus mit dem Bann des Schweigens zu belegen und die Erinnerung an sein Werk so gut wie auszulöschen, schien der Ruhm Ovids mit dem Grad der Repression noch zu wachsen. Wie er es im Epilog der Metamorphosen prophezeit hatte, lebte er, als Long- und Bestseller mit Martial vergleichbar, in seinem Werk fort. Bevor wir die Cicerorezeption im frühen Prinzipat und besonders bei Seneca betrachten, gehen wir auf die beiden Elegiker ein, um Cicero leichter in diesem Feld verorten zu können.

1.1 Staatsfeinde und missliebige Intellektuelle im augusteischen Rom: Gallus und Ovid

C. Cornelius Gallus wird kurz nach 70 v. Chr. in Forum Iulii geboren.[1] Nach Caesars Tod befindet sich der römische Ritter in der Nähe von C. Asinius Pollio und kann sich „als dessen *praefectus fabrum*" für Vergil einsetzen.[2] „Gegen Ende der dreißiger Jahre v. Chr." gehört Gallus zur Gefolgschaft Octavians. Im Bürgerkrieg befehligt er dessen Truppen in der Kyrenaika und bringt den Befehlshaber des Marc Anton, L. Pinarius Scarpus, mit „seinen vier Legionen zum Frontwechsel".[3] Nach dem Sieg von Aktium wird der römische Ritter 30 v. Chr. vom Kaiser zum *praefectus Alexandreae et Aegypti* ernannt. Als Vizekönig von Ägypten führt Gallus sein Heer am Oberlauf des Nils in das Gebiet jenseits des ersten Katarakts.

---

1 Vgl. Stickler (2002) 14 unter Hinweis auf Hier. *chron.* p. 164 (Helm).
2 Stickler (2002) 14. Vgl. Prob. *Verg. Ecl. Praef.* p. 328 (Thilo): *Sed (sc. Vergilius) insinuatus Augusto per Cornelium Gallum condiscipulum suum, promeruit, ut agros suos reciperet.*
3 Stickler (2002) 15 vergleicht Dio Cass. 51,9,1–4; Plut. *Ant.* 79 und Oros. *hist.* 6,19,15.

Nach dem Zeugnis der Trilingue von Philae will der Präfekt Ägyptens die Thebais der römischen Herrschaft unterworfen haben.⁴ Ob Gallus seine Rolle als Verwalter von Ägypten so interpretierte, dass er als loyaler Vertreter des Kaisers auftrat, ob er sich eher als Erbe der Pharaonen gerierte oder sogar versuchte, „die Ressourcen des Landes für seine Zwecke zu mobilisieren und so seine persönliche Machtstellung gegenüber dem Prinzeps zu behaupten",⁵ ist eine unter Experten umstrittene Frage.⁶ Hätte sich Gallus überheblich verhalten⁷ oder politisch mit dem Prinzeps rivalisiert,⁸ erklärte seine Hybris, warum sich Augustus plötzlich von ihm abwandte und ihm die Freundschaft aufkündigte. Das Rätsel, warum Gallus 27 oder 26 v. Chr. überraschend und aus Gründen, die nicht klar aus den Quellen hervorgehen, seines Amts enthoben, im Senat angeklagt und so in den Selbstmord getrieben wurde,⁹ wäre dann vielleicht leichter zu lösen.

Wegen seiner politischen Verbindungen dürfte Gallus schon vor seiner Zeit als Präfekt von Ägypten einen gewissen Einfluss besessen haben. Der römischen Öffentlichkeit wurde er als unglücklich verliebter Dichter bekannt. Vergil, der nach der Schlacht bei Philippi von den Landkonfiskationen zur Versorgung der Veteranen betroffen war, scheint von Asinius Pollio, Alfenus Varus und Cornelius Gallus politisch geschützt oder entschädigt worden zu sein.¹⁰ Wie Vergil Asinius Pollio die vierte Ekloge über den Anfang eines goldenen Zeitalters widmet und sich in den

---

4 CIL III 14147,5 = ILS 8995. Dazu Bernand (1969) und Alföldy (1990).
5 Stickler (2002) 111.
6 Zur Darstellung und Diskussion der Forschungslage vgl. Gall (1999) und unter Einbeziehung des Zeugnisses des P.Oxy. 37,2820 Stickler (2002) 16–69.
7 Dio Cass. 53,23,5.
8 Bei Serv. *Ecl.* 10,1 ist von einer Verschwörung gegen Augustus die Rede: *Hic* (sc. Gallus) *primo in amicitiis Augusti Caesaris fuit: postea cum venisset in suspicionem, quod contra eum coniuraret, occisus est.*
9 Suet. *Aug.* 66, 1 *alteri* (scil. Gallo) *ob ingratum et malivolum animum domo et provinciis suis interdixit. Sed Gallo quoque et accusatorum denuntiationibus et senatus consultis ad necem compulso laudavit quidem pietatem tanto opere pro se indignantium* ... Der Skandal um den Grammatiker Q. Caecilius Epirota scheint der Grund schwerwiegender Vorwürfe des Augustus, aber nicht der Anlass für die *renuntiatio amicitiae* gegen Gallus gewesen zu sein: Suet. *Gramm.* 16 *Q. Caecilius Epirota, [...] cum filiam patroni nuptam M. Agrippae doceret, suspectus in ea et ob hoc remotus, ad Cornelium Gallum se contulit vixitque una familiarissime quod ipsi Gallo inter gravissima crimina ab Augusto obicitur*; vgl. auch Amm. Marc. 17,4,5 *Longe autem postea Cornelius Gallus Octaviano res tenente Romanos Aegypti procurator exhausit civitatem plurimis interceptis reversusque cum furtorum arcessretur et populatae provinciae, metu nobilitatis acriter indignatae, cui negotium spectandum dederat imperator, stricto incubuit ferro. is est, si recte existimo, Gallus poeta, quem flens quodam modo in postrema Bucolicorum parte Vergilius carmine leni decantat.*
10 Serv. auct. *ecl.* 6,65 (Thilo) *Sed* (sc. Vergilius) *insinuatus Augusto per Cornelium Gallum, condiscipulum suum, promeruit, ut agros suos reciperet.*

Bucolica bei Alfenus Varus für Hilfe bei der Restituierung seines Landguts bedankt,[11] so verherrlicht er Gallus in der sechsten Ekloge als neuen Orpheus und führenden Dichter Roms. In der zehnten Ekloge besingt Vergil die unglückliche Liebe des Elegikers zu Lycoris.[12] Als Vergil die *Eklogen* vollendete, stand Gallus also noch in hohem Ansehen. Als Augustus ihm die Freundschaft aufkündigt, wird der gestürzte Gallus jedoch keines Wortes mehr gewürdigt. In den zwischen 36 und 29 v. Chr. entstandenen *Georgica* soll Vergil die *Laudes Galli* nach dem Sturz und Selbstmord des Präfekten von Ägypten sogar nachträglich getilgt und durch die Aristaeuserzählung ersetzt haben.[13] Gallus verschwindet aus dem kollektiven Gedächtnis. Horaz, Tibull und (vielleicht auch) Properz scheinen ihren Vorgänger nicht zu kennen.[14] Sein skandalöser Sturz scheint aus der öffentlichen Erinnerung gelöscht zu sein. Im Zentrum des Imperium Romanum gibt es weder Inschriften noch Gedichte, die an Gallus erinnern. Ausnahmen sind die in der oberägyptischen Peripherie befindliche Trilingue von Philae und der aus Alexandria stammende Obelisk mit einer verlorenen Widmung für Augustus und Tiberius, der jetzt auf dem Platz vor dem Petersdom in Rom steht.[15] Allein der Wüstensand Ägyptens gab dokumentarische Papyri frei, welche die Präfektur des Gallus in neuem Licht erscheinen lassen,[16] und 1979 wurde im oberägyptischen Fajum ein literarischer Papyrus mit achteinhalb Versen aus seinen Liebeselegien an Lycoris gefunden.[17] Erst Ovid sollte es wieder wagen, Gallus als in West und Ost bekannten Dichter zu feiern.[18] Ovid ließ sich sogar zu der latent augustuskritischen Behauptung hinreißen, Gallus habe sein Leben unter der Voraussetzung durch voreiligen Suizid verschleudert, dass der Vorwurf falsch gewesen sei, er habe ihre beiderseitige Freundschaft verraten.[19]

Mit derart freimütigen Äußerungen geriet der 43 v. Chr. in Sulmo geborene Dichter selbst ins Zwielicht und langfristig auf die schiefe Bahn. Zur Katastrophe

---

11 Verg. *ecl.* 5,86–87; 6,7–12; 9,26–29.
12 Verg. *ecl.* 10,2; 21–23: *Omnes "unde amor iste" rogant "tibi?" uenit Apollo: /"Galle, quid insanis?" inquit; "tua cura Lycoris/perque niues alium perque horrida castra secuta est."*
13 Serv. *georg.* 4,1.
14 Zu einem anderen Urteil hinsichtlich der Gallusrezeption von Properz kommt Gall (1999) 148 und bes. 181–191.
15 Plin. *nat.* 36,69–70.
16 Stickler (2002) 28–39.
17 Stickler (2002) 39–46 sowie Anderson (1979); Mazzarino (1982); Blänsdorf (1987).
18 Ov. *am.* 1,15,29–3 *Gallus et Hesperiis et Gallus notus Eois,/ et sua cum Gallo nota Lycoris erit.*
19 Ov. *am.* 3,9,65–66 *tu quoque, si falsum est temerati crimen amici,/ sanguinis atque animae prodige Galle tuae ...* Im Exil in Tomi betont Ovid, Gallus habe sich kritisch gegenüber Augustus geäußert: *trist.* 2,445–56 *non fuit opprobio celebrasse Lycorida Gallo, sed linguam nimio non tenuisse mero.*

kam es allerdings erst nach der Zeitenwende. Ovid war ein römischer Ritter. Auf Wunsch seiner Eltern sollte er eine politische Laufbahn einschlagen. Daher besuchte Ovid die Rhetorenschule und erzielte, wie Seneca maior berichtet, besondere Erfolge in der beratenden Rede.[20] Nach ersten Schritten auf der Karriereleiter empfand er die Tätigkeit auf dem Forum aber immer mehr als Belastung. Deswegen verschrieb er sich bald ganz seiner elegischen Muse, mit der er beim römischen Publikum früh reüssierte.[21] Die aus Perspektive des Dichterliebhabers geschriebenen *Amores*[22] werden von Liebesbriefen heroischer Frauen an ihre abwesenden Ehegatten und Liebhaber abgelöst. Mit der *Ars amatoria*, in der er um die Zeitenwende als Lehrer der Liebe auftrat, ist Ovid endgültig in aller Munde. In der Einleitung der *Liebeskunst* betont er zwar, dass er nur sichere Liebe lehre und sich seine Lehrdichtung nicht an ehrbare verheiratete Ehefrauen wende.[23] Es musste aber klar sein, dass sich seine erotische Didaktik schwerlich mit der rigiden Ehegesetzgebung des Augustus vertrug. Lange passiert nichts, bis die trügerische Ruhe 8 n. Chr. jäh unterbrochen wird. Ohne dass ihm der Prozess gemacht oder Gelegenheit zur Verteidigung gegeben wird, muss Ovid auf Befehl des Kaisers binnen eines Tages Rom verlassen und sich nach Tomi begeben. Als Gründe der Relegation in die römische Kolonie am Schwarzen Meer wird Ovid später *carmen* und *error* angeben.[24] Wenn mit *carmen* die vor acht Jahren erschienene *Ars amatoria* gemeint war, dann musste sich hinter *error* der rezente Auslöser eines Konflikts mit dem Kaiserhaus verbergen, der das Fass zum Überlaufen brachte. Ohne sicheres Wissen zu gewinnen, mutmaßte man, Ovid sei in eine dynastische Krise verwickelt gewesen. Julia minor, die Enkeltochter des Augustus und Trägerin des blauen Bluts, war im Jahre 8 n. Chr. in eine Ehebruchsaffäre verwickelt. Als Mitwisser könnte Ovid etwas gesehen haben, was nicht für seine Augen bestimmt war. Es würde erklären, warum die jüngere Julia zeitgleich mit Ovid verbannt und auf Nimmerwiedersehen aus dem Gesichtskreis des Augustus entfernt wurde. Schon auf der Reise an seinen Verbannungsort begann Ovid, an seiner Rückberufung zu arbeiten.[25] Aus Tomi, so die Fiktion der Eingangselegie, schickt der Dichter die personifizierte Papy-

---

20 Sen. *contr.* 2,2 [10] 8–11.
21 Ov. *trist.* 4,10,19–20 *at mihi iam puero caelestia sacra placebant, / inque suum furtim Musa trahebat opus.*
22 Ov. *trist.* 4,10,57–60 *carmina cum primum populo iuvenalia legi, / barba resecta mihi bisve semelve fuit. / moverat ingenium totam cantata per urbem / nomine non vero dicta Corinna mihi.*
23 Ov. *ars* 1,31–34.
24 Ov. *trist.* 2,207–210 *perdiderint cum me duo crimina, carmen et error, / alterius facti culpa silenda mihi: / nam non sum tanti, renovem ut tua vulnera, Caesar, /quem nimio plus est indoluisse semel.* 4,10,89–90 *scite, precor, causam (nec vos mihi fallere fas est)/errorem iussae, non scelus, esse fugae ...*
25 Ov. *trist.* 1,2.

rusrolle des ersten Buchs der Tristien nach Rom. Gesetzt den Fall, dass Ovids Buch auf dem Palatin vorgelassen werde, solle es bei Augustus Abbitte leisten für die Vergehen seines Schöpfers.[26] Potenziellen Rezipienten, die sich weigerten, die *Tristien* zu lesen, solle das Gedichtbuch unter Hinweis auf seinen Titel bedeuten, dass es kein Lehrer der Liebe sei. Die *Ars amatoria* habe bereits ihre verdiente Strafe erhalten.[27] Damit dürfte der vernichtende Doppelschlag gegen den Dichter gemeint sein: Wie Ovid aus dem Gesichtskreis des Augustus verbannt worden war, so war die *Ars amatoria* aus den öffentlichen Bibliotheken Roms entfernt worden. Auf diese Maßnahme staatlicher Zensur spielt der Dichter an, wenn er Brutus, den Adressaten der ersten Elegie seiner *Epistulae ex Ponto*, bittet, er möge Ovids Bücher, die sich nicht getrauten, öffentliche Gebäude zu betreten, in seinem Privathaus aufnehmen.[28] Ovid erklärt Brutus, dass es problemlos geschehen könne. Der Platz im Bücherschrank (*scrinium*) der Privatbibliothek von Brutus, an dem vormals die Buchrollen seiner *Ars amatoria* aufbewahrt wurden, sei doch geräumt und damit frei geworden für Ovids *Epistulae ex Ponto*.[29]

Während der Periode des Übergangs von der Republik zum Prinzipat scheint sich im Umgang der Mächtigen mit Intellektuellen, die sich missliebig gemacht haben, eine wiederkehrende Strategie abzuzeichnen. Die Machthaber reagieren in einem gestuften Prozess, der sich vom Respektieren der betreffenden Person und ihres Werks über das Inkriminieren bis zum Minimieren ihres Einflusses entwickelt. Differenzen entstehen daraus, dass es bald besser und bald weniger gut gelingt, den Einfluss der Intellektuellen einzudämmen. Mit dem Selbstmord des Gallus scheint die Erinnerung an sein Wirken nahezu ausgelöscht zu sein. Wenn wir von Ovids mutigem Bekenntnis zum Archegeten der römischen Liebeselegie absehen, überleben Spuren, die an sein Werk erinnern, nur im Wüstensand Ägyptens und auf entlegenen Inseln im Oberlauf des Nils. Anders ergeht es Ovid. Augustus versucht zwar die Erinnerung an Ovid und sein Oeuvre aus dem kommunikativen und kulturellen Gedächtnis zu entfernen, indem er den Dichter aus dem Zentrum in die östliche Peripherie des Imperium Romanum und seine Werke aus den öffentlichen Bibliotheken Roms verbannt. Das kaiserliche Unterfangen schlägt jedoch in grandioser Weise fehl. Während Gallus durch seine zwischen 39 und 27 v. Chr. entstandenen Elegien auf Lycoris nur einen begrenzten Bekanntheitsgrad erlangt hatte, war Ovid bereits um das Jahr 20 v. Chr. als Liebesdichter an die Öffentlichkeit getreten. Nach drei Jahrzehnten

---

26 Ov. *trist.* 1,1,69–71.
27 Ov. *trist.* 1,1,65–68.
28 Ov. *Pont.* 1,1,3–5 *si vacat, hospitio peregrinos, Brute, libellos /excipe dumque aliquo, quolibet abde modo. /Publica non audent intra monimenta venire, / ne suus hoc illis clauserit auctor iter.*
29 Ov. *Pont.* 1,1,12 *qua steterant Artes, pars vacat illa tibi.*

ununterbrochener Publikationstätigkeit war Ovid durch Best- und Longseller wie die Metamorphosen im Jahr 8 n. Chr. zum Star und unangefochtenen Liebling der römischen Kultur aufgestiegen. Ovid konnte zwar inkriminiert und relegiert, aber von der römischen Öffentlichkeit weder ignoriert noch aus dem kulturellen Gedächtnis gelöscht werden.

1.2 *In umbra Ciceronis?* Senecas Strategien der Cicerorezeption

Wie ging man nun mit Cicero um? Wer bestimmte sein Schicksal und das seiner Werke? Cicero geriet in die Fänge zweier einflussreicher Familien. Der römische Politiker wurde zum Spielball in den Händen der Senecae und einflussreicher Mitglieder der Julisch-Claudischen Dynastie. Cicero war im Jahr 43 von den Triumvirn proskribiert und wie sein Bruder von den Schergen des Antonius ermordet worden. Bei einem erklärten Staatsfeind war das weitere Prozedere eigentlich klar. Sofern es nicht darum ging, an Cicero ein Exempel zu statuieren (wie durch Ausstellung seiner Körperteile auf der Rednertribüne des Forum Romanum), wäre es nun an der Zeit gewesen, jede Erinnerung an seine Person systematisch auszulöschen. Was Cicero politisch und intellektuell geleistet hatte, war mit dem Bann des Schweigens zu belegen.[30] Aber Cicero war als Politiker nicht erfolglos gewesen und durch seine Publikationen bekannt geworden. Selbst Caesar hatte sich um seinen Widersacher bemüht. Die gegen Cicero gerichteten Repressionsversuche des Kaisers Augustus schlugen daher bekanntlich fehl. Cicero war nicht nur als Redner und Politiker in aller Munde. Der Intellektuelle hatte sich auch durch die Publikation seiner Reden und philosophischen Dialoge einen Namen gemacht. Die Aufnahme der Werke des getöteten Staatsfeindes konnte durch eine *damnatio memoriae* daher nicht wirksam unterdrückt werden. Als Augustus einen seiner Enkel bei der Cicerolektüre erwischte und von ihm nach dem Charakter des Philosophen gefragt wurde, soll der Kaiser geantwortet haben: „Ein wortgewaltiger Mann war er, wortgewaltig und vaterlandsliebend".[31] Die Anekdote verdeutlicht, dass der Kaiser das Verbot, Cicero zu rezipieren, weder in der eigenen Familie geschweige denn in der römischen Öffentlichkeit durchzusetzen vermochte. Wäre Claudius nicht daran gehindert worden, eine Ge-

---

30 Der Ausgangspunkt wird markiert von Fuhrmann (1992) 308 „Unter dem Regiment Octavians, der sich vom Jahre 27 an Augustus nannte, erreichte die römische Dichtung mit Vergil und Horaz ihren Höhepunkt. Damals lastete noch der Bann des Schweigens auf dem getöteten ‚Staatsfeind' Cicero - keiner der Dichter, die in augusteischer Zeit lebten, hat ihn je zu erwähnen gewagt, nicht einmal Horaz, der sich sonst ziemlich viel herausnahm."
31 Plut. *Cic.* 49,5.

schichte der späten Republik und des Bürgerkriegs zu schreiben, hätte der spätere Kaiser Cicero in seinem Werk wohl ein Denkmal gesetzt.

Das Verhalten der Mitglieder der Julisch-Claudischen Dynastie gegenüber Cicero war demnach ebenso divergent, wie das Urteil der Senecae über Cicero gespalten war. Der jüngere Seneca, so unsere These über den Protagonisten, die sich *mutatis mutandis* auf den älteren Seneca und auf Lucan ausdehnen ließe, verachtete Cicero als Menschen und Politiker wegen seiner vermeintlichen Wankelmütigkeit in den Auseinandersetzungen der späten Republik (I). Als Redner zollte Seneca seinem Vorgänger indirekt Anerkennung, indem er dessen literarische Prinzipien bekämpfte (II). Und er ignorierte seinen weltanschaulichen Gegner gezielt als Philosophen (III). Dabei gilt es zu beachten, dass die Verarbeitung der Vergangenheit, der erlebten und erlittenen Gräuel, in und nach Kriegen und Bürgerkriegen besonders schwierig war. Über Dekaden erlebte die römische Bevölkerung beide Seiten derselben Medaille: den hohlen Triumphalismus der Sieger, aber auch die Demütigung und Vernichtung der Verlierer. Traumatische Erfahrungen, denen sich Spiralen des Schweigens anschließen, belasteten Familien über Generationen hinweg und konnten, wenn überhaupt, erst spät verarbeitet und überwunden werden. Den Senecae blieben solche Erfahrungen nicht erspart. Daher ist es nicht erstaunlich, dass sich die Verarbeitung des Erlebten über drei Generationen erstreckte. Der ältere Seneca verfasste eine erst kürzlich auf herkulanensischen Papyri wiederentdeckte *Geschichte des Bürgerkriegs*.[32] Wie sich die römische Beredsamkeit mit dem Verfassungswandel von der Republik zum Prinzipat veränderte, legte Seneca maior in der Abhandlung *Oratorum et rhetorum sententiae, divisiones et colores* dar, die er seinen drei Söhnen widmete. Nach dem Höhepunkt der Cicerorezeption bei Seneca minor trat sein Neffe Lucan in neronischer Zeit mit den *Pharsalia*, einem Epos über den Bürgerkrieg zwischen Caesar und Pompeius, hervor.

(I) In den *Epistulae morales* wird Cato von Seneca mehrfach als Vorbild der Freiheit in einem Atemzug mit Sokrates genannt.[33] Der Stoiker sei seinen republikanischen Prinzipien treu geblieben. Als Stadtkommandant von Utica habe er sich unerschrocken durch Selbstmord dem Zugriff der Sieger entzogen (Sen. *epist.* 24,6–8):

> '*Decantatae*' inquis 'in omnibus scholis fabulae istae sunt; iam mihi, cum ad contemnendam mortem ventum fuerit, Catonem narrabis.' Quidni ego narrem ultima illa nocte Platonis librum legentem posito ad caput gladio? Duo haec in rebus extremis instrumenta prospexerat,

---

32 Vgl. Scappaticcio (2020).
33 Sen. *epist.* 11,10. Das Motiv, dass Cato sich seinem Schicksal stellt, findet sich auch bei Sen. *dial.* 1,2–9–12; 3,14.

alterum ut vellet mori, alterum ut posset. Compositis ergo rebus, utcumque componi fractae atque ultimae poterant, id agendum existimavit ne cui Catonem aut occidere liceret aut servare contingeret; et stricto gladio quem usque in illum diem ab omni caede purum servaverat, 'nihil' inquit 'egisti, fortuna, omnibus conatibus meis obstando. Non pro mea adhuc sed pro patriae libertate pugnavi, nec agebam tanta pertinacia ut liber, sed ut inter liberos, viverem: nunc quoniam deploratae sunt res generis humani, Cato deducatur in tutum.' Impressit deinde mortiferum corpori vulnus; quo obligato a medicis cum minus sanguinis haberet, minus virium, animi idem, iam non tantum Caesari sed sibi iratus nudas in vulnus manus egit et generosum illum contemptoremque omnis potentiae spiritum non emisit sed eiecit.

„Abgeleiert", sagst du, „worden sind in allen Schulen diese Geschichten; gleich wirst du mir, wenn es um die Verachtung des Todes geht, von Cato erzählen." – Warum sollte ich nicht erzählen, wie er in der letzten Nacht von Platon ein Buch las, das Schwert neben den Kopf gelegt? Diese beiden Hilfsmittel hatte er in der äußersten Not vorgesehen, das eine, sterben zu wollen, das andere, sterben zu können. Als er also seine Angelegenheiten geordnet hatte, wie immer sie – gescheitert und am Ende – geordnet werden konnten, glaubte er dafür sorgen zu müssen, daß niemandem Cato entweder zu töten möglich sei oder ihn zu retten gelinge. Und, das Schwert gezückt, das er bis auf diesen Tag von jeder Tötung reingehalten hatte, sprach er: „Nichts hast du dadurch geschafft, Glück, allen meinen Versuchen Widerstand zu leisten. Nicht für meine, bislang, sondern des Vaterlandes Freiheit habe ich gekämpft, und nicht versuchte ich das zu tun mit so großer Hartnäckigkeit, um frei, um unter Freien zu leben: nun, da ja verloren gegeben ist die Sache der Menschheit, soll Cato in Sicherheit gebracht werden." Er stieß sodann die todbringende Wunde in seinen Körper; die Ärzte verbanden sie, und obwohl er weniger Blut hatte, weniger Kräfte, aber dieselbe Willenskraft, faßte er – nunmehr nicht so sehr auf Caesar zornig, sondern auf sich selbst – mit bloßen Händen in die Wunde, und seine edle Seele, Verächterin aller Macht, schickte er nicht, sondern jagte sie fort." (Übersetzung nach Rosenbach (1987–1995) 199–201)

Seneca stört sich nicht daran, dass der Selbstmord des Stoikers in aller Munde war. In den *moralischen Briefen* schließt er sich der öffentlichen Meinung einfach an. Während Cato so immer wieder höchster Respekt gezollt wird, wird Ciceros Engagement für die Republik kaum je gewürdigt. Der akademische Philosoph wird vielmehr wegen seines Zweifelns und seiner Zögerlichkeit getadelt. Im Gegensatz zu Cato und seiner *libertas* wird Cicero in *De brevitate vitae* mit einem sonst nicht überlieferten Selbstzitat aus den Atticusbriefen als *semiliber* verunglimpft. Doch hören wir Seneca und, wie er Cicero zitiert (Sen. *dial.* 10,5,1–3 [*De brevitate vitae*]):

M. Cicero inter Catilinas, Clodios iactatus Pompeiosque et Crassos, partim manifestos inimicos, partim dubios amicos, dum fluctuatur cum re publica et illam pessum euntem tenet, nouissime abductus, nec secundis rebus quietus nec aduersarum patiens, quotiens illum ipsum consulatum suum non sine causa sed sine fine laudatum detestatur! Quam flebiles uoces exprimit in quadam ad Atticum epistula iam uicto patre Pompeio, adhuc filio in Hispania fracta arma refouente! "Quid agam", inquit, "hic quaeris? moror in Tusculano meo semiliber." Alia deinceps adicit, quibus et priorem aetatem complorat et de praesenti queritur et de

> *futura desperat. Semiliberum se dixit Cicero: at mehercules numquam sapiens in tam humile nomen procedet, numquam semiliber erit, integrae semper libertatis et solidae, solutus et sui iuris et altior ceteris. Quid enim supra eum potest esse qui supra fortunam est?*
>
> Marcus Cicero, hin- und hergeworfen zwischen Männern wie Catilina und Clodius, wie Pompeius und Crassus, die teils seine erklärten Feinde, teils zweideutige Freunde waren, während er mitsamt der Republik schwankte und sie vor dem Untergang zu bewahren suchte, schließlich bei Seite gedrückt, doch weder im Glück beruhigt noch gewappnet gegen das Unglück – wie oft verwünscht er selbst sein Konsulat, das nicht ohne Grund, aber maßlos gepriesen wird! Wie kläglich äußert er sich in einem Brief an Atticus zu jener Zeit, wo Pompeius, der Vater, bereits überwunden war, der Sohn aber in Hispanien die Niederlage wieder gut zu machen suchte. „Was ich hier tue," schreibt er, „fragst du? Ich weile in meinem Tusculanum, ein Halbfreier." Daran schließen sich noch weitere Äußerungen, teils Weherufe über die vergangene Zeit, teils Klagen über die Gegenwart, teils verzweifelnde Hinweise auf die Zukunft. Einen Halbfreien nannte sich Cicero. Aber wahrlich, nie wird ein Weiser sich zu einer solchen Erniedrigung seines Namens hergeben, niemals wird er ein Halbfreier sein, er, der doch immer im Besitz der ungeschmälerten und vollen Freiheit ist, aller Bande ledig, sein eigener Herr und emporragend über die anderen. Denn was könnte den überragen, der über dem Schicksal steht. (Übersetzung nach Apelt (1993) 120)

Seneca erinnert zwar daran, dass Cicero in den politischen Wirren der späten Republik wegen der Stärke und Zahl seiner Feinde und des zweideutigen Agierens seiner Freunde einen ausnehmend schweren Stand hatte. Aber Seneca ist weit davon entfernt, Cicero wegen seines Eintretens für die Republik ein Denkmal zu setzen. Cicero wird vielmehr wegen seines Zweifelns, seines Selbstmitleids und seiner Klagen getadelt. Grundlage des Urteils ist die stoische Ethik. Sie lehrt, dass der Weise vollkommene Einsicht in die Gründe des zwangsläufigen Weltgeschehens besitze, dank solcher Rationalität sein Schicksal akzeptiere und darin seine relative Freiheit liege. Cicero scheint dem Schicksal hilflos ausgeliefert zu sein und definiert diesen unerquicklichen Status quo nach der polarisierenden Darstellung Senecas selbst in seinem Brief an Atticus mit dem klagenden Kommentar, nur noch ein halbfreier Römer *(semiliber)* und damit doch auch ein halber Sklave zu sein. Ein stoischer Weiser wie Cato Uticensis ist demgegenüber in keiner Weise dem Zwang des Schicksals unterworfen. Auch wenn die Umstände noch so widrig sein sollten, erhebt sich der stoische Weise souverän und klaglos über die äußeren Bedingungen seiner Existenz.

(II) Welche Rolle Cicero in der römischen Revolution spielte, wird von den Senecae nicht erst in der Generation der Söhne und Väter, sondern schon in der Generation der Großväter reflektiert. Die erste Generation kannte das Geschehen nicht nur vom Hörensagen, sondern hatte die Bürgerkriege selbst erlebt und in einem Geschichtswerk beschrieben. Seneca maior lebte von etwa 50 v. Chr. bis 40 n. Chr. Im Alter verfasste Seneca das rhetorische Sammelwerk *Oratorum et rhetorum sententiae, divisiones, colores*, das für seine drei bereits erwachsenen Söhne bestimmt war. Es handelt sich „um eine gemischte Sammlung von oft sehr knappen Auszügen aus Deklamationen, von geschliffenen Porträts bedeutender Deklamatoren, von Anekdoten und kleineren literaturkritischen Essays bis hin zu Auszügen aus Geschichtswerken."[34] Senecas *Controversiae* bestehen aus zehn Büchern mit 74 teilweise fingierten Rechtsfällen. Das eine Buch der *Suasoriae* versammelt fiktive Erörterungen römischer Redner, in denen Gründe und Gegengründe des Handelns politischer Akteure in sieben Entscheidungssituationen behandelt werden. Der Vater widmet die *Suasoriae* seinen drei Söhnen, die wie Seneca minor, der zu jener Zeit wohl bereits Quästor war, schon am Beginn ihrer politischen Karriere standen. Als ob sie junge Erwachsene wären, spricht Seneca seine Söhne als *iuvenes* an.[35]

Die Proskriptionen des Jahres 43, als Cicero auf Betreiben von Antonius ermordet wurde, sind historischer Ausgangspunkt der fiktiven Situationen, in denen die für Senecas Cicerorezeption relevanten Suasorien spielen. Die Redner und Deklamatoren, deren Stimmen Seneca in der sechsten Suasorie versammelt, erörtern die Frage, wie der vom Tod bedrohte Cicero überlegt, ob er Antonius um Gnade bitten soll. Deshalb lautet ihr Thema: *Deliberat Cicero an Antonium deprecatur*.[36] Die meisten Redner, deren fiktionale Plädoyers und literarische Pointen der ältere Seneca seinen Söhnen vorstellt, raten Cicero davon ab, Antonius um Gnade zu bitten. Der Grund, weswegen sie Cicero von der finalen Selbsterniedrigung abraten, sei es, so Seneca, gewesen, dass sie eine hohe Meinung von der republikanischen Gesinnung des Redners gehabt hätten.[37] Das ehrgeizige Ziel, an den Lebenswillen des Proskribierten zu appellieren, habe sich nur Geminus Varius gesetzt. Auf dieser Linie habe der Deklamator versucht, Cicero davon zu überzeugen, den Triumvir um Gnade zu bitten.[38]

Das Schicksal des proskribierten Cicero wird in den Redeschulen auch in der siebten Suasorie behandelt. Diesen Typus der symbuleutischen Rede soll Asinius Pollio erfunden haben.[39] Cicero steckt danach in einem fiktiven Dilemma. Der Besiegte muss sich entscheiden, ob er sein literarisches Werk vernichten oder bewahren will. Antonius habe dem besiegten Todfeind nämlich die Schonung seines Lebens in Aussicht gestellt, sollte Cicero zu dem *sacrificium intellectus* bereit sein und seine Schriften wirklich verbrennen (Sen. *suas.* 7,1):

---

[34] Kirchner (2022) 196.
[35] Sen. *suas.* 6,16 … *iuvenes mei* … Dazu ausführlich Kirchner (2022) ebenda.
[36] Sen. *suas.* 6,1.
[37] Sen. *suas.* 6,12 *Alteram partem pauci declamaverunt; (fere) nemo ausus est Ciceronem ad deprecandum Antonium hortari; bene de Ciceronis animo iudicaverunt.*
[38] Sen. *suas.* 6,12. *GEMINVS VARIVS (de)clamavit alteram quoque partem et ait: spero me Ciceroni meo persuasurum, ut velit vivere.*
[39] Sen. *suas.* 6,14 *et is etiam occasionem scholasticis alterius suasoriae dedit. solent enim scholastici declamitare: deliberat Cicero, an salutem promittente Antonio orationes suas comburat. [15] haec inepte ficta cuilibet videri potest …;*

Deliberat Cicero an scripta sua conburat, promittente Antonio incolumitatem si fecisset.

Cicero überlegt, ob er seine Schriften verbrennen soll. Denn Antonius verspricht Cicero, er werde sein Leben schonen, wenn Cicero es getan hätte.

Seneca referiert, welche Ratschläge die Deklamatoren dem besiegten Cicero geben und welche Gründe ihren Rat bestimmten. Das Ergebnis ist ernüchternd. Die Deklamatoren hätten ausnahmslos an Ciceros Werke gedacht, niemand hätte sich für seine Person interessiert. Man hätte Cicero einstimmig davon abgeraten, sich auf den Handel mit Antonius einzulassen.[40] Publius Asprenas habe argumentierend gefragt, was Cicero bei diesem Deal (*pactio*) gewinnen könne. Sollte der greise Cicero die Beweise seiner Beredsamkeit verbrennen, verspreche ihm Antonius im Gegenzug dafür einige wenige Lebensjahre. Weigerte sich Cicero jedoch, seine Werke zu verbrennen, verspreche ihm seine Popularität beim römischen Volk alle (sc. nur denkbaren) Jahre. Der zeitlose Ruhm werde Cicero unsterblich machen.[41] Wer wollte bestreiten, dass das Andenken an Cicero in der siebten Suasorie hochgehalten wird? Doch darf man bei der Deutung davon absehen, wie die von Asinius Pollio erfundene Entscheidungssituation angelegt ist? Macht es nicht einen Unterschied, dass Cicero in dieser *Suasorie* auf dem Tiefpunkt seines Lebens dargestellt wird? Die *Suasorie* suggeriert und transportiert ein bestimmtes Bild des Redners. Obschon Cicero am Ende seines Lebens nicht um Gnade fleht, erstarrt er bei seinen Rezipienten in der Pose der Unterwerfung und des um Gnade bittenden Hiketes.[42] Mit Deklamationsübungen wie dieser wird in den Köpfen der kommenden Generation von Politikern und Intellektuellen dauerhaft ein unzutreffendes Bild von Cicero eingeschrieben: das falsche Bild des um sein Leben feilschenden Verlierers. Und wieder ist es Asinius Pollio, der dem üblen Spiel die Krone aufsetzt, indem er die latente Kritik der zeitgenössischen und späteren Rezipienten noch überbietet. Seneca bemerkt, mit Ausnahme von Asinius Pollio habe kein Geschichtsschreiber je daran gezweifelt, dass Cicero weder so von Angst besessen noch so

---

40 Sen. *suas.* 7,1–9, hier 10 *Huius suasoriae alteram partem neminem scio declamasse. omnes pro libris Ciceronis solliciti fuerunt, nemo pro ipso, cum adeo illa pars non sit mala, ut Cicero, si haec condicio lata ei fuisset, deliberaturus non fuerit.*
41 Sen. *suas.* 7,4 *P. ASPRENATIS. Vt Antonius Ciceroni parcat, Cicero in eloquentiam suam ipse animadvertet? quid autem tibi sub ista pactione promittitur? ut Cn. Pompeius et M. Cato et ille antiquos restituatur rei publicae senatus, dignissimus apud quem Cicero loqueretur? Multos care victuros animi sui contemptus oppressit; multos perituros parati ad pereundum animi ipsa admiratio eripuit et causa illis vivendi fuit fortiter mori. Permitte populo Romano contra Antonium liceri: (si) scripta combusseris, Antonius paucos annos tibi promittit: at si non combusseris, fama populi Romani omnes.*
42 Seneca maior ist unsere Quelle für Ciceros Todesumstände. *Suas.* 6,16–27 versammelt er die divergierenden Schilderungen römischer Historiker und Dichter wie Livius, Cremutius Cordus, Bruttedius Niger, Asinius Pollio, Cornelius Severus und Sextilius Ena.

naiv gewesen sei, dass er sich dazu hätte entschließen können, Antonius um Gnade zu bitten.[43] Was motiviert Asinius Pollio zu dem abschätzigen Urteil über Cicero? Warum unterstellt er Cicero in seiner Rede *Pro Lamia* solche Ängstlichkeit und Naivität?[44] Die Antwort auf diese Fragen scheint auf der Hand zu liegen. Pollio hatte sich im Bürgerkrieg zwischen Republikanern und Caesarianern anfangs alle Optionen offengehalten, war im Jahr der Proskriptionen jedoch zu Antonius übergegangen. Cicero war als Redner und Publizist sein literarischer Widersacher und Konkurrent. Asinius Pollio mochte zwar ein anerkannter Geschichtsschreiber sein.[45] Aber auf den Stil und die Sprache seines Geschichtswerks und den Reichtum und die Tiefe seiner Gedanken bezogen war er Cicero hoffnungslos unterlegen.[46] Vorsichtige Neutralitätspolitik sicherte Pollio einen Platz auf der Seite der Sieger, die den Bürgerkrieg überlebten. So vermochte Pollio seine Weltsicht durchzusetzen und konnte dem am Boden liegenden Gegner, der ihm jetzt wehrlos ausgeliefert war, mit der siebten *Suasorie* nachträglich (*postea*) auf moralischem Gebiet den *coup de grace* versetzen.[47] Der jüngere Seneca war als Redner und Publizist zwar ebenfalls ein literarischer Konkurrent Ciceros, der dessen Stil zu überbieten und zu erneuern suchte.[48] Aber es findet sich in seinem Werk nicht eine Stelle, die den Schluss erlaubte, dass er bereit gewesen wäre, sich über sachliche Kritik hinaus an einer derartigen Diffamierungskampagne gegen einen längst mundtot gemachten und als Staatsfeind ermordeten Gegner zu beteiligen. Offensichtlich folgt der Sohn dem Urteil seines Vaters, nach dessen Meinung die gegen Cicero erhobenen Vorwürfe derart falsch waren, dass ihr Urheber Asinius Pollio, der sie selbst in die Welt gesetzt hatte, sie in seinen *Historien* nicht zu wiederholen wagte.[49] Doch wie urteilte

---

43 Sen. *suas.* 6,14–15 *Quoniam in hanc suasoriam incidimus, non alienum puto indicare quomodo quisque se ex historicis adversus memoriam Ciceronis gesserit. nam, quin Cicero nec tam timidus fuerit ut rogaret Antonium nec tam stultus ut exorari posse speraret nemo dubitat, excepto Asinio Pollione, qui infestissimus famae Ciceronis permansit. Et is etiam occasionem scholasticis alterius suasoriae dedit; solent enim scholastici declamitare: deliberat Cicero an salutem promittente Antonio orationes suas comburat. Haec inepte ficta cuilibet videri potest. Pollio vult illam veram videri; ita enim dixit in ea oratione quam pro Lamia (e)didit.*
44 Sen. *suas.* 6,15.
45 Hor. *c.* 2,1.
46 Das zeigen die Fragmente seiner Historien Peter (1967) Bd. II 67–70.
47 Sen. *suas.* 6,15 *adieceratque his alia sordidiora multo, ut ibi facile liqueret hoc totum adeo falsum esse ut ne ipse quidem Pollio in historiis suis ponere ausus sit. Huic certe actioni eius pro Lamia qui interfuerunt, negant eum haec dixisse – nec enim mentiri sub triumvirorum conscientia sustinebat – sed postea composuisse.*
48 Zu den stilistisch motivierten Angriffen Seneca minors gegen Cicero und andere Redner vgl. das Urteil des Ciceroverehrers Quintilian *inst.* 10,126 ... *quos ille non destiterat incessere* ...
49 Sen. *suas.* 6,51.

der Enkel? In seinem historischen Epos *Pharsalia* stellt Lucan den Bürgerkrieg zwischen Caesar und Pompeius dar. Der Bürgerkrieg wird aus republikanischer Perspektive als Verbrechen am römischen Volk und Senat betrachtet. Machtgier und Ehrgeiz von Caesar und Pompeius werden als treibende Kräfte des Geschehens gewertet. Die Einheit des Epos beruht nicht auf der Gestalt eines Helden wie Aeneas, sondern auf der zielgerichteten Entwicklung der Handlung, die mit der Ermordung des Pompeius und der Belagerung Caesars in Alexandria endet. Das Werk wird so zu einer Anti-Aeneis mit einer Mehrzahl von Helden. Die Protagonisten sind Caesar, der schon beim Alpenübergang mit Hannibal und Alexander verglichen wird, sowie sein Gegenspieler Pompeius. Aber auch andere Republikaner wie der jüngere Cato kommen zur Geltung. Cato ist die Seele des Widerstands. Als prinzipientreue moralische Autorität wird er in einem berühmten Vers mit den Göttern verglichen und auf dieselbe Stufe gestellt (Luc. 1,128): *victrix causa deis placuit, sed victa Catoni*. Im Vergleich mit Cato, aber auch mit Curio und Caesar tritt der Politiker Cicero weniger prominent in Erscheinung. Während Caesar und Curio schon im ersten Buch mit fingierten Reden zu Wort kommen, darf der erste Redner Roms erst im siebten Buch die politische Bühne betreten.[50] Anlass der fingierten Cicerorede ist die Schlacht von Pharsalos. Mit seiner Beredsamkeit verleiht Cicero der an sich schwachen Argumentation der Republikaner die nötige Durchschlagskraft. Wenn sich Cicero mit Erfolg dafür einsetzt, die weniger erfolglose als vielmehr eine in einer militärischen Katastrophe endende Entscheidungsschlacht zu wagen, scheint tragische Ironie im Spiel zu sein.[51]

(III) Die Art und Weise, wie Cicero von frühkaiserzeitlichen Rednern und Redelehrern rezipiert und wie ihre Rezeption in Senecas Suasorien wahrgenommen und dargestellt wurde, könnte die Cicerorezeption des jüngeren Seneca noch in anderer Hinsicht beeinflusst haben. Wenn Ciceros Werke in den *Suasoriae* angesprochen werden,[52] verengt sich der Blick von Autor und Leser sofort auf seine Reden.[53] Diese Verengung der Perspektive ist an sich nicht erstaunlich. Cicero war seit seiner Anklage gegen Verres der führende Redner Roms und hatte Antonius in seinen *Philippischen Reden* bekämpft. Es bedeutet aber auch: Ciceros philosophische Dialoge und seine geistige Leistung als akademischer Philosoph werden von Seneca maior gänzlich ausgeklammert. So ergeben sich Fragen der folgenden Art: Wenn sich Senecas Sohn mit Cicero und dem Erbe der griechischen Philosophie aus-

---

50 Luc. 7,62–63 ... *Romani maximus auctor Tullius eloquii* ...
51 Luc. 7,68–85.
52 Sen. *suas.* 7,1 *sua scripta*; 7,4 *scripta*; 7,1 *in scripta Ciceronis*.
53 Sen. *suas.* 7,1 *eloquentia*; 7,2 *salvis eloquentiae monumentis*; 7,4 *in eloquentiam suam*; 7,5, *eloquentiam Ciceronis*; 7,8 *suum eloquentiae pretium*; 7,10 *ut insolentis Graeciae studia tanto antecederet eloquentia quanto fortuna; in hoc unum eloquentia utendum*.

einandersetzt, ist er dann in der Lage, sich von der einseitigen Rezeptionshaltung im Werk seines Vaters zu befreien? Beruft sich Seneca, zugespitzt gesagt, auf Ciceros philosophische Expertise, wenn er sich mit denselben philosophischen Gegenständen wie er beschäftigt? Sucht er die geistige Auseinandersetzung mit Cicero? Oder übergeht der jüngere Seneca seine philosophischen Schriften bewusst zugunsten anderer Autoritäten und reduziert Cicero so auf die Rolle des literarischen Gegenspielers, dessen antiquierter Stilwille nicht mehr ganz zeitgemäß erscheint. Zur Beantwortung dieser Fragen lohnt es sich, Werke des jüngeren Seneca zu betrachten, die philosophische Probleme, die Cicero in seinen Traktaten behandelt hatte, entweder eher beiläufig oder ganz gezielt zu ihrem Gegenstand machen. Vorab ist allerdings kurz auf den Stand der Forschung einzugehen (1) und an zwei Beispielen (2) zu verdeutlichen, dass Seneca auch dort, wo er es nicht eigens sagt, bestens mit Cicero vertraut ist. (1) Die Forscher sind sich weitgehend einig, Cicero habe Seneca generell beeinflusst, unterscheiden sich aber in ihrer Beurteilung der Art und des Grads der Beeinflussung. Pierre Grimal resümiert, Cicero übe eine *parenté spirituelle* über Seneca aus.[54] Miriam Griffin registriert eine Auswahl philosophischer Werke Ciceros, die Seneca rezipiert habe.[55] Cicero werde gezielt übergangen, wo Senecas Leser mit seiner Erwähnung rechnen mussten, gibt Gowing in seiner Deutung von Sen. *epist. mor.* 51 zu bedenken.[56] (2) Keeline analysiert Senecas Lektüre von Ciceros Staatsschrift in *epist.* 108,30–35. Er kommt zu dem Ergebnis, dass Seneca Ciceros Werke bestens kenne.[57] Seneca wisse, dass Cicero so viele philosophische Werke wie Fabianus geschrieben hat (*epist.* 100,9). Aber Seneca verliere kaum ein Wort über ihren Inhalt. Offenbar habe Seneca kein Interesse, Ciceros Thesen zu widerlegen. Er ignoriere sie lieber. Gelegentlich gebe es Anhaltspunkte dafür, dass Seneca heimlich auf Ciceros Gedanken zurückgreife. Aber diese Anhaltspunkte seien selten und schwer auszuwerten. Eine gemeinsame Quelle sei nie auszuschließen und manchmal wahrscheinlich. Das bewusste Verschweigen Ciceros könne auf verschiedenen Gründen beruhen. Einige Gründe, warum Cicero Seneca verschweige, seien aber auszuschließen: Seneca ignorierte Cicero nicht etwa aus Unkenntnis seiner philosophischen Schriften. Cicero hatte sehr viel geschrieben, was für Senecas Diskussionen unbedingt relevant war. Daher könne es nicht so gewesen sein, dass Seneca einfach etwas in Ciceros Werk nicht relevant fand. Vielmehr gab es Dinge, auf die sich Seneca hätte beziehen sollen, Dinge, die er zweifellos kannte, aber die er mit voller Absicht nicht erwähnte. Warum? Keeline gibt zu bedenken, es könne sein, dass er Cicero nicht als genuinen Philosophen betrachtete und die griechischen Au-

---

54 Grimal (1984) 656.
55 Griffin (1976) 483.
56 Gowing (2013) 240–243. Ähnlich Keeline (2018) 205–207.
57 Keeline (2018) 206.

toren lieber im Original las.[58] Umgekehrt ließe sich argumentieren, dass Seneca Cicero als gefährlichen Gegner aus einem feindlichen philosophischen Lager betrachtete und ihn nicht durch Rezeption größer machen wollte, als es sein Konkurrent ohnehin schon war. Zur Prüfung dieser Thesen wählen wir Beispiele aus Senecas literarischer und philosophischer Produktion.

In der *Apocolocyntosis Divi Claudii* wird die Vergöttlichung des Kaisers Claudius in satirischer Weise behandelt. Nach Senecas poetischer Beschreibung seiner letzten Stunde macht sich der verstorbene Kaiser auf den Weg in den Himmel. Vor den Toren des Olymps wird Claudius aufgehalten und nach der Feststellung seiner Identität von Herkules vor den Götterrat geführt. Bei der langwierigen Untersuchung seines Falls wird nicht nur die Frage erörtert, ob Claudius überhaupt zu einem Gott, sondern auch, zu welcher Art von Gott der Kaiser gemacht werden solle. In Rom war es üblich, einen verstorbenen Kaiser durch den Namenszusatz *divus* zu vergöttlichen. Warum wird also nicht nur die Möglichkeit seiner Apotheose in Frage gestellt, sondern am Ende durch das Plädoyer des Augustus auch abschlägig beschieden? Warum werden überhaupt verschiedene Möglichkeiten der Vergöttlichung des Claudius erwogen? Die Antwort ergibt sich aus dem satirischen Charakter des Werkes. Es zielt darauf ab, möglichst viele Schwächen des verstorbenen Kaisers aufzudecken und Claudius so lächerlich zu machen. Deshalb wird nach einer Textlücke im achten Kapitel der *Apocolocyntosis* auch die rhetorische Frage aufgeworfen, zu welcher Art von Gott Claudius werden solle. In der persiflierenden Antwort werden verschiedene Gottesvorstellungen erörtert und in einer Weise, die Claudius herabsetzt, verworfen. Es sind die philosophischen Konzeptionen der Epikureer (a) und Stoiker (b), der altrömische Gottesbegriff des Saturn, der im Ritus des Saturnalienfestes zum Ausdruck kommt (c), die barbarischen Auffassungen der Pharaonen in Ägypten (d) und die massive Ausprägung der römischen Loyalitätsreligion in Britannien, wo Claudius zu Lebzeiten ein Tempel errichtet wurde (e) (Sen. *apocol.* 8):

> *Modo dic nobis, qualem deum istum fieri velis.* Ἐπικούρειος θεός *non potest esse:* οὔτε αὐτὸς πρᾶγμα ἔχει τι οὔτε ἄλλοις παρέχει; *(a) Stoicus? Quomodo potest 'rotundus' esse, ut ait Varro, 'sine capite, sine praeputio'? Est aliquid in illo Stoici dei, iam video: nec cor nec caput habet. (b) Si mehercules a Saturno petisset hoc beneficium, cuius mensem toto anno celebravit, Saturnalicius princeps, non tulisset illud, (c) nedum ab Iove, quem quantum quidem in illo fuit, damnavit incesti. Silanum enim generum suum occidit propterea quod sororem suam, festivissimam omnium puellarum, quam omnes Venerem vocarent, maluit Iunonem vocare. 'Quare' inquis 'quaero enim, sororem suam?' Stulte, stude: Athenis dimidium licet, Alexandriae totum. 'Quia Romae' inquis 'mures molas lingunt.' Hic nobis curva corrigit? quid in cubiculo suo faciat, nescio, et iam 'caeli scrutatur plagas'? (d) Deus fieri vult: parum est quod templum in Britannia habet, quod hunc barbari colunt et ut deum orant* μωροῦ εὐιλάτου τυχεῖν;" *(e)*

---

58 Keeline (2018) 207.

Nun sag uns, welche Art von Gott du aus dem Typ da machen willst? ‚Ein epikureischer Gott' ist nicht möglich: ‚Der hat weder selbst etwas zu tun, noch macht er anderen zu schaffen.' Vielleicht ein stoischer? Doch wie könnte er, um mit Varro zu sprechen,‚kugelrund sein, ohne Kopf und ohne Vorhaut?' Und doch hat er etwas von einem stoischen Gott an sich, wie ich sehe: Ihm fehlen Herz wie Kopf. Bei Gott, selbst wenn er Saturn um diese Gnade gebeten hätte, dessen Festmonat er ja das ganze Jahr hindurch als Saturnalienkönig feierte, er hätte es nicht erreicht. Hätte er dann dies von Juppiter erreichen sollen, den er doch, soviel an ihm lag, des Inzestes beschuldigte? Er ließ ja seinen Schwiegersohn Silanus hinrichten. Ich schwöre bei <...>, daß er seine Schwester, ein allerliebstes Mädchen, das alle Venus nannten, lieber seine Juno nennen wollte. „Warum gerade seine Schwester", wird er sagen, „das möchte ich gern wissen." Hör gut zu, du Schwachkopf: In Athen ist es halb erlaubt, in Alexandria ganz. „Weil in Rom", sagst du, „die Mäuse die Mühlsteine lecken", deshalb soll der da uns das Krumme gerade machen? Was er in seinem Schlafzimmer treibt, weiß ich nicht, und jetzt *durchstöbert er des Himmels Zonen?* Ein Gott will er werden. Ist es ihm nicht genug, daß er in Britannien einen Tempel hat, daß <ihn> die Barbaren jetzt verehren und wie einen Gott anbeten, um *des Dummkopfs Gnade zu erlangen*? (Lund (1994) 41)

Das satirische Element besteht hier darin, dass in Stichworten verschiedene Gottesvorstellungen umrissen und dann probeweise auf Claudius übertragen werden. An den körperlichen Gebrechen des Kaisers und seinen geistig-moralischen Defiziten wird dann Schritt für Schritt verdeutlicht, warum die angedeuteten Gottesvorstellungen für die Vergöttlichung des Claudius nicht geeignet sind. Von besonderem Interesse sind hier die philosophischen Gottesvorstellungen der Epikureer und Stoiker. Cicero hatte sie in seiner Schrift *De natura deorum* von Velleius (Buch 1), Balbus (Buch 2) und Cotta (Bücher 1 und 3) ausführlich nach Pro und Contra erörtern lassen. So hätten sich Seneca Anknüpfungspunkte und ein reiches Anschauungsmaterial für eine satirische Darstellung der epikureischen Gottesvorstellung geboten. Cicero hatte ja nicht nur dargelegt, dass ein Gott nach Epikur nichts tue, in keine Geschäfte verwickelt und von keiner Arbeit belastet sei, sondern sich seiner Weisheit und Tugend erfreue und sich darauf verlasse, stets in höchsten und ewigen Wonnen zu leben.[59] Cicero hatte Epikurs Wesensbestimmung des Göttlichen sogar ins Lateinische übersetzt.[60] Doch Seneca ignoriert Cicero. Statt sich seiner Übersetzung und des in *De natura deorum* vorhandenen Materials zu bedienen, greift der Römer auf das griechische Original der *Kyriai Doxai* zurück. Zur Erinnerung an das Hauptcharakteristikum der epikureischen Götterlehre zitiert Seneca einen Halbsatz aus dem *Tetrapharmakos* Epikurs.[61] Der Satiriker setzt hier natürlich auf das mit

---

[59] Cic. *nat. deor.* 1,51 *Nihil enim agit* (sc. *deus*), *nullis occupationibus est inplicatus, nulla opera molitur, sua sapientia et virtute gaudet, habet exploratum fore se semper cum in maximis tum in aeternis voluptatibus.*

[60] Cic. *nat. deor.* 1,45 ... *quod beatum aeternumque sit, id nec habere ipsum negotii quicquam nec exhibere alteri ...*

[61] Vgl. Diog. Laert. 10,39 in Von der Muehls Ausgabe (1982).

einem Lachen quittierte Einverständnis des Lesers, dass Claudius auf keinen Fall ein epikureischer Gott sein könne. Wie in aller Welt konnte der Kaiser ein Gott nach Epikurs Vorstellung sein oder werden, wenn er sich selbst und die anderen Römer beständig in Schwierigkeiten brachte, wenn er Rom mit seiner Ungeschicklichkeit und seinen ungerechten Entscheidungen beständig in Atem hielt und permanent frustrierte? Auch für die Vorstellung der Stoiker, dass der Gott rund sei (*rotundus esse*), hätte Seneca Cicero zitieren können. Die Stoiker identifizierten ihren Gott nämlich mit dem Kosmos[62], und der Kosmos war, wie Cicero in *De natura deorum* darlegt, nach ihrer Meinung eine Kugel.[63] Aber statt Cicero als Philosophen zu würdigen, stützt sich Seneca auf ein Zitat aus den *Menippeischen Satiren* Varros, wonach der stoische Gott ... *rotundus* ... *sine capite, sine praeputio* ... sei, um aus dieser obszönen Zweideutigkeit eine unerwartete Pointe des anonymen Sprechers zu kreieren.[64] Dieser Sprecher will nun (*iam*) erkennen, dass Claudius etwas von einem stoischen Gott an sich habe (ohne, natürlich, ein stoischer Gott zu sein), da er weder Herz noch Verstand besitze.[65] Seneca lässt also wiederholt eine Gelegenheit verstreichen, sich bei der Erörterung griechisch-römischer Gottesvorstellungen mit Cicero auf einen Fachmann der hellenistischen Religionsphilosophie zu berufen. Gegen die Konklusion, dass sein Schweigen nicht auf Zufall beruhe, sondern sich dahinter eine Absicht verberge, wird man freilich einwenden können, dass es sich um ein Argument *e silentio* handelt, aus dem sich kein so weitreichender Schluss ziehen lasse wie der, dass Seneca Cicero hier bewusst ignoriere.[66]

Ciceros und Senecas Gesellschaftslehre ist ein anderer Testfall, um daran zu prüfen, ob bei Seneca eine bestimmte Art der Cicerorezeption vorliegt. Griechenland und Rom waren Gabentauschgesellschaften, die auf einer Erwiderungsmoral beruhten. Der Austausch von Wohltaten zwischen Geber und Empfänger stärkte

---

[62] Als Zugeständnis des Akademikers Cotta an den Stoiker Balbus ausgedrückt in Cic. nat. deor. 3,40 ... *sit sane deus ipse mundus*.
[63] Cic. nat. deor. 1,18 ... *neque vero mundum ipsum animo et sensibus praeditum, rutundum, ardentem, volubilem deum* ... Epikur veranlasste diese Vorstellung der Stoiker zu scherzhaften Bemerkungen, vgl. Cic. nat. deor. 2,46 *Hic quam volet Epicurus iocetur, homo non aptissimus ad iocandum minimeque resipiens patriam, et dicat se non posse intellegere qualis sit volubilis et rutundus deus* ...
[64] So Lund (1994) 90 „*Caput* ist im Kontext zweideutig, wie aus dem nachstehenden *praeputium* hervorgeht, und steht hier auch für den medizinischen Terminus *glans* (vgl. J.N. Adams [1973] 72)."
[65] Zur Interpretation der Aussage vgl. auch Lund (1994) 90: „Claudius wird als *excors* (*stultus*) und *amens* dargestellt."
[66] Zu diesem Schluss kommt Keeline (2018) 203: Cicero was by Seneca's own acknowledgement his most important philosophical predecessor writing in Latin, and Seneca knew his work in great detail, but Cicero is damned by sustained silence.

soziale Bindungen auf horizontaler und vertikaler Ebene. „Im Sinne strikter Reziprozität war jede auf eine Person oder Personengruppe bezogene Handlung, positiv wie negativ, zu vergelten; der Wohltat (εὐεργεσία, *beneficium*) hatte der Dank (χάρις, εὐχαριστία, *gratia*) zu entsprechen, so dass man fest damit rechnen, bzw. Erwartungen daran knüpfen konnte. Gesellschaftliche Reputation hing wesentlich von der Befolgung solcher Regeln ab."[67] Euergetismus, oft auch nur in Gestalt eines symbolischen Ausgleichs sozialer Ungleichheit, garantierte die Stabilität des politischen Systems, als es noch keinen Wohlfahrtsstaat gab. In republikanischer Zeit übten römische Aristokraten aus politischen Motiven ritualisierte *beneficentia*, indem sie zur Unterhaltung des Volkes aufwändige Spiele gestalteten. Römische Münzen mit der Aufschrift *liberalitas principis* erinnern daran, dass diese Art öffentlicher Munifizenz und andere gesellschaftlichen Aufgaben auf die römischen Kaiser übergingen. Städtische Honoratioren mochten in ihren Heimatorten öffentliche Bauten errichten und gemeinnützige Stiftungen gründen. Plinius der Jüngere schenkte seiner Heimatstadt eine öffentliche Bibliothek. Minderjährige Kinder alimentierte er mit jährlichen Aufwendungen. Mit Tacitus korrespondierte er über die Gründung einer Schule in Comum, um Schülern den beschwerlichen Weg nach Mailand zu ersparen.[68]

Daher wundert man sich nicht, wenn Cicero das gesellschaftliche Phänomen systematisch zum Gegenstand seiner Betrachtung machte. In *De officiis* wird Wohltätigkeit (*beneficentia*) als sozialer Aspekt der Gerechtigkeit (*iustitia*) behandelt.[69] *Beneficentia* sei eine vernünftige, pflichtgemäße Handlung (*officium*), wenn mehrere Bedingungen erfüllt seien. Aus Wohltätigkeit dürfe weder ein Schaden für den Geber[70] entstehen noch für den Empfänger[71]. Der Empfänger, so Cicero, müsse die Wohltat verdienen.[72] *Beneficentia* setze eine Reihe weiterer spezifischer Umstände voraus.[73] Zu seiner Diskussion in *De officiis* bemerkte man, es sei „auffällig, dass Cicero keine Definition von *beneficentia* und *liberalitas* gibt, sondern lange und ausführlich bei den *cautiones* verweilt, gleichsam das Problem von der Rückseite angeht und zu zeigen versucht, was *liberalitas* nicht ist."[74]

---

67 Vgl. Gehrke (2003–2012) Bd. 4, 228–229; Garnsey u. Saller (1989) 211–213.
68 Plin. *epist.* 1,8; 4,13 und die Inschrift aus Comum (CIL v. 5262 = ILS 2927) und dazu Manuwald (2003) 203–218.
69 Cic. *off.* 1,42–60.
70 Cic. *off.* 1,44.
71 Cic. *off.* 1,42b-43.
72 Cic. *off.* 1,45–58.
73 Cic. *off.* 1,59–60.
74 Kloft (1970) 40.

Ciceros Quelle der beiden ersten Bücher von *De officiis* ist ein Werk des Stoikers Panaitios über pflichtgemäße Handlungen.[75] Der stoische Kosmopolitismus erfährt insofern eine gewisse Einschränkung, als bei der Diskussion der Regeln zur praktischen Anwendung der *beneficentia* die Empfänger nach Graden der Nähe und Verwandtschaft unterschieden werden.[76] Diese Unterscheidungen entsprechen in gewisser Weise den sogenannten „Stufen der Universalisierung", die in der analytischen Ethik diskutiert werden. Cicero betont die Bedeutung gemeinsamer Kulte und Vorfahren bei der Ausübung der *beneficentia*.[77] Sollte es bei wohltätigen Maßnahmen zu einer Pflichtenkollision kommen und nicht alle denkbaren und würdigen Empfänger in den Genuss einer Wohltat kommen können, gelte die Faustregel, dass die Eltern (*parentes*) und das Gemeinwesen (*res publica*) den Vorrang vor anderen Empfängern haben sollten.[78]

De beneficiis ist Senecas umfangreichste Darstellung eines ethischen Problems. Die sieben Bücher des Traktats, welche einem sonst unbekannten Aebutius Liberalis gewidmet sind, bestehen aus einem systematischen Teil (1–4) und einer anschließenden Kasuistik (5–7). Die Pflichten von Geber[79] und Empfänger[80] werden systematisch erörtert. Dabei geht es Seneca vor allem um Widersprüche, welche auftreten, wenn die Akte des Schenkens und Beschenktwerdens nicht aus Sicht der geltenden gesellschaftlichen Praxis, sondern auf Grundlage stoischer Prämissen durchdacht werden. Aus der Perspektive stoischer Gesinnungsethik kommt es nicht auf äußere Güter an, die gegeben oder empfangen werden. Ausschlaggebend sind nach stoischer Lehre nur die innere Haltung und Absicht des schenkenden respektive des beschenkten Individuums. Unter der Voraussetzung, dass die beschenkte Person ein stoischer Weiser ist, erübrigen sich, so die paradoxe Konklusion, materielle Aspekte des Dankens und der äußere Akt reziproker Erwiderung. Als Gewährsmänner der stoischen Lehren und Urheber einschlägiger Prätexte werden griechische Philosophen genannt.[81] Seneca beruft sich fast am häufigsten auf Hekaton. Der Glaube, dieser Stoiker sei deshalb Senecas Hauptquelle gewesen, beruht aber auf keinem wirklich guten Grund. Es scheint nämlich eine Annahme zu sein, die weniger auf Quellenkritik als auf numerischer

---

75 Cic. *Att.* 16,11,4.
76 Vgl. u. a. Cic. *off.* 1,53–54; 63.
77 Cic. *off.* 1,55.
78 Cic. *off.* 1,57–58, hier 58: *Sed si contentio quaedam et comparatio fiat quibus plurimum tribuendum sit officii, principes sint patria et parentes, quorum beneficiis maximis obligati sumus, proximi liberi totaque domus, quae spectat in nos solos neque aliud ullum potest habere perfugium ...*
79 Sen. *ben.* 1,11–15 (Was soll man schenken?); 2,1–17 (Wie soll man schenken?).
80 Sen. *ben.* 2,18–3,17 (Wie soll man Geschenke annehmen?).
81 Senecas griechische Gewährsmänner von Platon und Xenophon bis Panaetios und Poseidonios bei Inwood (2005) 67–68.

Kalkulation beruhen dürfte. Seneca beruft sich zwar mehrere Male auf Hekaton.[82] Aber fast ebenso häufig kommen Zenon und Chrysipp[83] und auch Platon und Epikur zu Wort.[84] Wiederholt greift Seneca auf sozio-kulturelle Vorbilder aus der römischen Geschichte zurück. Seine Beispiele stammen aus Republik und Kaiserzeit. Die Periode des Übergangs von der Republik zum Prinzipat markieren Protagonisten der Bürgerkriege wie Caesar und sein Gegenspieler Brutus[85] und der spätere Kaiser Augustus mit seinen Beratern Agrippa und Mäzenas.[86]

Für Seneca wäre es ein Leichtes gewesen, Cicero in diesem Kontext als politischen Gegenspieler von Antonius zu erwähnen oder ihn als philosophische Autorität und Vordenker zu würdigen. Cicero geht in *De officiis* ja von dem Stoiker Panaitios aus, als er *honestum* und *utile* behandelt, und stützt sich bei der Erörterung ihres vermeintlichen Konflikts auf Poseidonios. Seneca hätte sich Ciceros Gedanken über den römischen Euergetismus umso leichter bedienen können, als sein Räsonnieren in *De officiis* stoisch gefärbt war. Aber Seneca erwähnt Cicero mit keinem Wort als Vorläufer.[87] Ebensowenig erwähnt er ihn als politischen Gegenspieler von Caesar oder Antonius. In einer Weise, die an die *Suasorien* des älteren Seneca erinnert, würdigt oder, um genau zu sein, entwürdigt Seneca minor Cicero vielmehr nur, indem er seinen Status als Opfer der Triumvirn und Verlierer des Bürgerkriegs betont. Cicero wird von Seneca nämlich nicht als führender Denker oder Politiker, wohl aber in einer rhetorischen Frage als postumer Empfänger von Wohltaten erwähnt (Sen. *ben.* 4,30,3):

> *Ciceronem filium quae res consulem fecit nisi pater?*

> Cicero der Sohn – welcher Sachverhalt hat ihn zum Konsul gemacht, wenn nicht der Vater? (Apelt (1993) 351)

Die Anspielung dürfte für Cicero und den primären Adressaten seiner Schrift *De officiis* alles andere als schmeichelhaft sein. Suggeriert Senecas rhetorische Frage dem Leser doch, Ciceros missratener Sohn wäre niemals Konsul geworden, hätte Octavian bei seinem politischen Mentor und früheren Bündnispartner, den er bei den Proskriptionen fallen ließ, nicht etwas gutzumachen gehabt. Cicero wird damit auf dem Tiefpunkt seiner Existenz vorgeführt. In Senecas argumentieren-

---

82 Hekaton: Sen. *ben.* 1,3,9; 2,18,2; 2,21,4; 3,18,1; 6,37,1. Zu Hekaton Steinmetz (1994b).
83 Chrysippos: 1,3,8; 9; 4,1; 4; 2,17,3; 2,25,3; 3,22,1; Zenon: 4,39,1; 2; 7,8,2.
84 Epikur: 3,4,1; 4,4,1; 19,1; 7,31,3; Platon: 3,32,3; 4,33,1; 5,7,5; 6,11,1;2; 18,1.
85 Caesar: 3,24,1 et passim; Brutus: 2,20,1–3.
86 Augustus: 3,32,5 et passim; Mäzenas: 4,36,2; 6,32,2;3;4; Agrippa: 3,32,4; 6,32,2; 3;4.
87 Die Quellen von Senecas *De beneficiis* erörtert Junghanß (2017) 110; ihrzufolge schließt Chaumartin (1985) eine direkte Bezugnahme auf Cicero aus. Er vermutet sogar, dass Seneca Ciceros *De officiis* nicht kannte (ebenda 48; 105).

der Frage müssen ja Ciceros physische Vernichtung und der dazu führende Verrat seines früheren Protegés und Bündnispartners als *condicio sine qua non* mitgedacht werden. Eine weitere Erwähnung Ciceros ist ähnlich pointiert und entwürdigend. Der Sieger über Catilina soll demnach im Exil, als er seines Hauses und seiner Güter beraubt wurde, all das erlitten haben, was Cicero erlitten hätte, wenn er von Catilina besiegt worden wäre.[88] Wenn bei einer weiteren Erwähnung zur logischen Differenzierung geistigen und physisch-materiellen Eigentums endlich von Ciceros Büchern die Rede ist, Ciceros Bücher aber nicht als die sieben Bücher *De beneficiis* identifiziert werden, an die römische Leser unwillkürlich gedacht haben werden, kann Senecas Schweigen, auch wenn es sich natürlich immer noch um ein *argumentum e silentio* handelt, wohl nicht mehr anders als beredt bezeichnet werden.[89]

1.3 Senecas Cicerorezeption und ihre Ursachen

Cicero war eine geistig überragende Gestalt und warf gewiss lange Schatten. Seneca attestiert zwar anderen Römern, Cicero habe ihren Ruhm verdunkelt.[90] Selbst stand er aber nicht in seinem Schatten. Wie konnte Seneca aus seinem Schatten seines Vorgängers hervortreten? Wie konnte er Cicero entkommen? Seneca scheint drei Strategien verfolgt zu haben, die er selbst entwickelte oder von Vorläufern übernahm. Erstens verringert Seneca den Schatten, den Cicero wirft, indem er ihn wegen seiner schwankenden Haltung gegenüber Caesar und den Triumvirn verunglimpft und damit systematisch herabsetzt. Seneca tritt zweitens mit seinem *Tragödienwerk* und den *Naturales Quaestiones* gezielt aus dem Wirkungsbereich seines Vorläufers heraus. Cicero hatte das Feld der Tragödie offenbar seinem Bruder Quintus überlassen[91] und sich in der Physik auf Fragen der Religionsphilosophie und der Philosophie des Geistes konzentriert. Eine dritte Strategie besteht darin, dass Seneca auf gedanklichen Feldern, auf denen er sich mit seinem geistigen Widersacher hätte auseinandersetzen können, ja müssen, gezielt auf andere Gewährsmänner wie griechische Philosophen oder den römischen Gelehrten Varro zurückgreift und Cicero so bewusst ignoriert.

---

88 Sen. *ben.* 5,17,2 *exulavit post Catilinam Cicero, diruti eius penates, bona direpta, factum quidquid victor Catilina fecisset ...*
89 Sen. *ben.* 7,6,1 *libros dicimus esse Ciceronis; eosdem Dorus librarius suos vocat, et utrumque verum est.*
90 Sen. *nat.* 2,56,1 *Hoc apud Caecinam inuenio, facundum uirum et qui habuisset aliquando in eloquentia nomen, nisi illum Ciceronis umbra pressisset.*
91 Cic. *ad Q. fr.* 3,5,7.

Was veranlasste Seneca zu diesem Rezeptionsverhalten, das in Grundzügen dem seiner Verwandten gleicht, sich in seiner Komplexität aber sowohl von dem seines Vaters als auch von dem seines Neffen Lucan unterscheidet? Seneca hatte wohl eine Reihe von Gründen, die, zusammengenommen, seine verhaltene, um nicht zu sagen, deutlich gedämpfte Cicerorezeption erklären. Das republikanische Ethos eines Cicero eignete sich im Rom der Caesaren weder für einen karrierebewussten Senator noch für einen Prinzenerzieher am Kaiserhof. Mit Ciceros unverhohlenem Republikanismus zu liebäugeln oder auch nur zu sympathisieren musste unweigerlich zu Argwohn im Kaiserhaus und damit zu Akzeptanzproblemen bei den Machthabern führen. Eine gewisse Distanz zu Cicero mochte Seneca daher opportun erscheinen. Ein anderer Grund mag auf literarischer Ebene liegen. Sollte es für die Rezeption belanglos gewesen sein, dass Cicero Senecas literarischer Gegenspieler und direkter Konkurrent war? Cicero hatte den Stil der klassischen römischen Kunstprosa zu ihrem Höhepunkt geführt. Seneca entwickelte eine neue, gleichsam barocke Art von Beredsamkeit und war Protagonist des modernen antiklassischen Stils. Eine dritte Differenz ist deswegen als mögliche Wirkursache zu berücksichtigen, weil sie in divergierenden Weltanschauungen gründet. Cicero und Seneca standen für unterschiedliche Arten des Philosophierens. Cicero war ein skeptischer Akademiker, Seneca ein dogmatischer Stoiker. Cicero bevorzugt in seinen philosophischen Dialogen einen diskursiven offenen Vortrag, in dem er die Stimmen verschiedener Philosophen vorbringen, seine Zweifel artikulieren und seine intendierten Leser so nicht nur unterrichten, sondern auch zu eigenem, eklektischem, Philosophieren anregen konnte. Seneca wählt selbst in seinen *Dialogi* genannten Schriften, indem ein aus dem *Off* auftauchendes Du dem auktorialen Ich widerspricht und eine zur Widerlegung gedachte These vorbringt, einen streckenweise predigthaften Stil. Die *Dialogi* sind nur ihrer Bezeichnung nach Dialoge. Philosophische Sachprobleme werden von Seneca selten *in utramque partem* erörtert. Problemlösungen werden eher *ex cathedra* vorgetragen und philosophischen Adepten ihre Richtigkeit eher suggeriert als mit guten Argumenten dargelegt. Derart prinzipielle, in divergierenden Schulen und Denkstilen wurzelnde Differenzen lassen sich nicht leicht nivellieren. Seneca betrachtet die Schriften seines Vorläufers nicht als maßgebliche Vorlagen, die als Prätexte der grundlegenden Orientierung dienen. Cicero hatte in *De officiis* die Prinzipien der antiken Gabentauschgesellschaft erörtert. Auf diesen Prätext hätte Seneca in *De beneficiis* nur zu leicht zurückgreifen können. Der ostentative Verzicht auf den Rekurs verdeutlicht, dass Seneca auch bei der Erörterung philosophischer Probleme, für die die Cicerorezeption nützlich oder geboten gewesen wäre, eigene Lösungen bevorzugt und damit gezielt aus dem Schatten seines Vorgängers hervorzutreten versucht.

2 Tacitus, Plinius und Pseudo-Longin oder: Zur Rezeption der Denkweise Ciceros in der frühen Kaiserzeit

2.1 Entwicklungs- und Verfallsdebatten in der Antike

Aszendenz- und Deszendenztheorien der Kultur sind beinahe so alt wie die Kultur selbst. Als sich Sprache und Literatur im archaischen Griechenland entwickelten, schilderte Hesiod, wie Prometheus in einem Narthex-Stengel heimlich Feuer vom Himmel holte und so den kulturellen Fortschritt der Menschen ermöglichte.[1] Im Mythos der Weltalter erzählte er dagegen von der graduellen Verschlechterung des Geschicks der Menschen von dem goldenen Geschlecht des Kronos bis zum eisernen Geschlecht der Gegenwart.[2] Entwicklungs- und Verfallsdebatten gab es auch in der Geschichte der antiken Beredsamkeit. Die Redekunst soll im Gefolge der politischen Veränderungen auf Sizilien von Korax und Teisias erfunden worden sein und sich mit der Entstehung und Blüte der Demokratie in Athen entwickelt haben.[3] Der Verfall der Beredsamkeit nach dem Tod Alexanders des Großen habe eher auf literarästhetischen Gründen beruht, als dass er vom Untergang der attischen Demokratie und dem Verlust der politischen Freiheit, der damit einher ging, verursacht wurde.[4] Die in Griechenland begonnene Debatte über Aufstieg und Niedergang der Redekunst wurde in der römischen Republik wiederaufgenommen und in der frühen Kaiserzeit nochmals verstärkt. Daher ist zu fragen: Welche neuen Erkenntnisse konnten Tacitus und Ps.-Longin der oft behandelten Frage nach dem Verfall der Beredsamkeit abgewinnen, die eine gesonderte Behandlung ihrer Werke rechtfertigen? Welche Rolle spielte dabei die Cicerorezeption?

2.2 Der *Rednerdialog* des Tacitus: Gegenstand, Widmung und Datierung des Gesprächs

Wie Ciceros Dialoge beginnt der *Rednerdialog* des Tacitus mit einem persönlichen Vorwort, das der Einführung des Lesers dient.[5] Einführende Elemente sind die

---

1 Hes. *erg.* 51.
2 Hes. *erg.* 108–201.
3 Cic. *Brut.* 45–46; Heldmann (1982) 13–31, 13; Schindel (1982).
4 Heldmann (1982) 121; 294–295.
5 Tac. *dial.* 1.

Widmung des Werks und die Angabe des Gesprächsgegenstands. Die Gesprächspartner werden vorgestellt, die Gesprächssituation wird beschrieben.[6] Das Werk ist L. Fabius Iustus gewidmet, der *dial.* 1,1 angeredet wird. Fabius Iustus war im Jahr 102 *consul suffectus*. Der *Rednerdialog* wird daher gewöhnlich auf das Jahr 102 und selten früher datiert. Tacitus betont, dass Fabius Iustus ihn immer wieder fragte, warum Rom in der Vergangenheit große Redner hervorbrachte, es in der Gegenwart aber keine Rednertalente mehr gebe (Tac. *dial.* 1,1):

> *Saepe ex me requiris, Iuste Fabe, cur, cum priora saecula tot eminentium oratorum ingeniis gloriaque floruerint, nostra potissimum aetas deserta et laude eloquentiae orbata vix nomen ipsum oratoris retineat.*

> Oft fragst du mich, Justus Fabius, warum gerade unsere Zeit, obwohl die früheren Jahrhunderte durch die Talente und den Ruhm so hervorragender Redner geglänzt hätten, verödet und des Rufes der Beredsamkeit beraubt worden ist und kaum noch den bloßen Namen Redner zu bewahren vermag. (Volkmer (1976) 7)

Tacitus erreicht damit dreierlei: Der Verfall der Beredsamkeit wird als Thema gestellt. Es wird deutlich, dass es sich um eine ernsthafte Untersuchung der Frage handelt.[7] Fabius Iustus wird für das entstandene Werk in die Verantwortung genommen.

Tacitus betont aber auch, dass er es nicht gewagt hätte, auf die Frage des Fabius Iustus zu antworten, wenn er seine eigene Meinung und nicht die der beredtesten Männer seiner Zeit darlegen müsste.[8] Als ganz junger Mann (*iuvenis admodum*) habe er an ihrer Unterhaltung teilgenommen. Daher bedürfe es nicht der Erfindungsgabe, sondern nur der Erinnerung, um ihr Gespräch wiederzugeben. Wenn der um 55/56 n. Chr. geborene Tacitus zum Zeitpunkt des Gesprächs ein junger Mann war, d. h. 18–20 Jahre alt, dann lässt sich das dramatische Datum des Dialogs auf die Jahre 73–76 eingrenzen. Auf 75 weist auch die Berechnung aus Vespasians Regierungsjahren.[9]

2.3 Gesprächsteilnehmer und Anlass des Gesprächs

Damals sollen sich die Gesprächsteilnehmer im Haus des Curiatius Maternus begegnet sein. Der Redner und Dichter habe sie, mit einer Buchrolle in den Händen, in seinem Schlafgemach empfangen.[10] Es handelt sich um seine Tragödie über

---

6 Tac. *dial.* 2,1–3,1.
7 Tac. *dial.* 1,1 *requiris*; 1,2 *percontationi tuae*; 1,3 *eandem hanc quaestionem* usw.
8 Tac. *dial.* 1,2.
9 Tac. *dial.* 17,3
10 Tac. *dial.* 3,1.

M. Porcius Cato, den prinzipientreuen Republikaner und unbeugsamen Caesargegner. Maternus hatte seinen *Cato* am Tag zuvor öffentlich vorgetragen und damit bei den Machthabern Anstoß erregt.[11] Die in der Hauptstadt umlaufenden Gerüchte werden zum Anlass des Gesprächs. Die anderen Gesprächsteilnehmer sind Marcus Aper und Iulius Secundus. Die beiden Lehrer des Tacitus gehören zu Roms führenden Rednern.[12] Alle Gesprächspartner stammen aus Gallien.[13] Vielleicht auch Tacitus, der ihnen schweigend zuhört. Später trifft Vipstanus Messalla ein. Er ist Stadtrömer und wohl ein Nachkomme von Messalla Corvinus. Tacitus wird dem Militärtribun und Kriegsberichterstatter auch in seinen *Historien* mit Respekt begegnen.

2.4 Literarische Vorbilder und Aufbau des Dialogs

Das wichtigste literarische Vorbild des *Rednerdialogs* ist Ciceros Schrift *De oratore*. Das ergibt sich nicht nur aus der Anspielung auf den Titel und aus dem gemeinsamen Thema der Redekunst. Tacitus markiert die Nähe zu seinem literarischen Vorbild Cicero auch *dial.* 2,1 mit dem wörtlichen Zitat von *postero die quam* aus *De oratore* 2,3,12. Der *Dialogus de oratoribus* ist wie *De oratore* ein aristotelischer Gegenwartsdialog mit einem persönlichen Vorwort. Wie Cicero spricht Tacitus nicht im eigenen Namen. Vielmehr geben beide Verfasser ein Gespräch ihrer Lehrer wieder,[14] welche die bedeutendsten Redner ihrer Zeit waren.[15] Wie Cicero charakterisiert Tacitus seine beiden Lehrer und nimmt sie zugleich gegen Kritiker in Schutz.[16] Das Profil, das Tacitus von Aper zeichnet,[17] erinnert in verschiedener Weise an die Charakterisierung des Antonius durch Cicero.[18] Literarische Vorbilder sind auch andere Dialoge Platons und Ciceros, während kaiserzeitliche Schriftsteller von Seneca d.Ä. bis Quintilian eher gedankliche Vorläufer und Wegbereiter waren.

Aufbau und Entwicklung des *Rednerdialogs* sind durch die Wiederkehr formaler Elemente bestimmt. Auf das persönliche Vorwort und die Einleitung in die Gesprächssituation folgen drei Gesprächsgänge[19] mit je zwei Reden,[20] die von mehreren

---

11 Tac. *dial.* 2,1.
12 Tac. *dial.* 2,1–2.
13 Tac. *dial.* 10,2; 28,3 und dazu Heubner (1980) 198–199.
14 Cic. *de orat.* 2,2; 2,7.
15 Cic. *de orat.* 2,7; 3,16.
16 Tac. *dial.* 2,1–2.
17 Tac. *dial.* 2,1; 15,2; 24,2.
18 Cic. *de orat.* 1,263; 2,1; 2,4; Michel (1962) 15–22.
19 Tac. *dial.* 5,3–41.
20 Tac. *dial.* 5,3–10,8 und 11,1–13,6; 16,4–23,6 und 25,1–26,8; 28,1–35,5 und 36,1–40,5.

Zwischendialogen[21] und einer durch Textausfall im Codex Hersfeldensis bedingten Lücke unterbrochen werden.[22] Die Gesprächsgänge werden als *numeri* bezeichnet.[23] Der Begriff stammt aus der Sprache des Sports und bezeichnet die ‚Runden' eines Ring- oder Boxkampfs.[24] Der ‚Kampf' geht also über drei ‚Runden'. Die ernsthafte Auseinandersetzung wird durch den Wechsel der Kontrahenten und ihre ironischen Einwürfe in den Zwischengesprächen aufgelockert. Der leichten Einleitung entspricht der scherzhaft-freundliche Ton am Ende des Gesprächs.[25]

2.5 Erzählperspektive und Erzählhaltung

Erzähltechnisch gesehen handelt es sich um eine Ich-Erzählung aus der Autorenperspektive. Der Ich-Erzähler tritt nur am Anfang und am Schluss des Gesprächs in Erscheinung.[26] Er ist nicht Schiedsrichter, sondern stummer Beobachter und steht damit für eine neutrale Erzählhaltung. Die Entwicklung des Gesprächs wird von den Gesprächsteilnehmern und dem Aufeinanderprallen ihrer Ansichten vorangetrieben. Dazu gehören die literarischen Urteile des Secundus, der von Aper, ob scherzhaft und erfolgreich oder nicht, gebeten wird, die Rolle des Schiedsrichters zu übernehmen[27] und die Rolle auch tatsächlich übernimmt.[28] Einfluss auf den Fortgang des Gesprächs hat auch das späte Erscheinen des Vipstanus Messalla,[29] der sofort gebeten wird, seine Meinung über die Entwicklung der Beredsamkeit darzulegen. Messalla entspricht der literarischen Figur des ‚späten Gastes', der dem Gespräch eine neue Wendung gibt, wie Alkibiades in Platons *Symposion* oder Habinnas in Petrons *Cena Trimalchionis*. Wenn der Ich-Erzähler auch strikte Neutralität zu wahren scheint, bedeutet es nicht, dass der Rednerdialog nicht von einer klaren Perspektive bestimmt wäre. Die Perspektive des Gesprächs wird im persönlichen Vorwort durch die Frage des Fabius Iustus nach dem Verfall der Beredsamkeit als (schwerlich hintergehbare) Prämisse vorgegeben und dadurch im Gespräch bestätigt, dass die Gesprächsteilnehmer, gegen den Widerstand Apers, dessen Eintreten für die neue Rhetorik als gespielt ‚entlarvt' wird,[30] einen Konsens über den

---

21 Tac. *dial.* 14,1–16,3; 24,1–3; 27,1–3.
22 Im Anschluss an Tac. *dial.* 35,5.
23 Tac. *dial.* 1,3.
24 Andresen (1879) 12.
25 Vgl. Tac. *dial.* 2–3,1 und 42.
26 Tac. *dial.* 1; 2,1–2; 3,1; 42.
27 Tac. *dial.* 4,2–5,4.
28 Tac. *dial.* 14,2; 16,1.
29 Tac. *dial.* 14,1.
30 Tac. *dial.* 15,2; 24,2.

Niedergang der römischen Rhetorik erzielen.[31] Der Konsens über den Verfall der Beredsamkeit wird aber nicht nur für die römische Rhetorik behauptet, sondern auch auf die griechische Redekunst in Hellenismus und Kaiserzeit ausgedehnt.[32] Es ist schwer vorstellbar, dass diese Sichtweise von Vertretern der Zweiten Sophistik wie Dion Chrysostomos oder später Aelius Aristides und Philostrat hätte geteilt werden können.[33] Die griechischen Intellektuellen waren stolz auf ihre rhetorische Bildung und erlebten ihre Zeit als kulturelle Blüte, von der auch bei Ps.-Longin die Rede ist.

2.6 Erklärungen des Verfalls der Beredsamkeit und ihre Herkunft

Die drei Gesprächsgänge entwickeln sich wie folgt: Im ersten Gesprächsgang stellt Aper die Beredsamkeit als überlegene geistige Kraft dar und setzt die Dichtung herab. Maternus lobt dagegen das Dichterdasein und stellt die Tätigkeit des Redners in Frage. Im zweiten Gesprächsgang führt Aper die Überlegenheit der kaiserzeitlichen über die republikanischen Redner darauf zurück, dass sie sich dem veränderten Publikumsgeschmack besser angepasst hätten und den neuen Bedürfnissen des Zeitgeistes damit eher gerecht würden. Messalla hält hingegen an der Überlegenheit Ciceros und seiner Zeitgenossen fest und betrachtet die Veränderung der kaiserzeitlichen Beredsamkeit als Verfallserscheinung. Wenn Aper die Veränderung der kaiserzeitlichen Beredsamkeit aus der Veränderung der ästhetischen Ansprüche des Publikums erklärt, die Veränderung der Beredsamkeit aber nach einhelliger Meinung der Dialogpartner, der sich auch Aper nicht entziehen kann, eine Verschlechterung bedeutet,[34] dann ergibt sich daraus, dass Aper *nolens volens* eine rezeptionsästhetische Erklärung des Verfalls der Beredsamkeit aus dem veränderten Publikumsgeschmack vornimmt. Im dritten Gesprächsgang erklärt Messalla den Verfall der Beredsamkeit aus der Verschlechterung der römischen Erziehung in Elternhaus und Schule. Maternus begründet den Verfall der Beredsamkeit dagegen mit der Verschlechterung der politischen Rahmenbedingungen der Rhetorik, die in der friedlichen Kaiserzeit weniger gebraucht werde als in den unruhigen Zeiten der Republik.

---

31 Gegen die vollständige Reduktion Apers auf die Rolle eines *advocatus diaboli* wendet sich Dominik (2007) 330–331 mit Literatur.
32 Tac. *dial.* 15,3.
33 Allerdings hat sich Lukian nach eigener Aussage wegen des von ihm beobachteten Verfalls von der Rhetorik entfernt (*Pisc.* 33; *Bis. acc.* 31).
34 Tac. *dial.* 15,2.

Es werden also drei Erklärungen des Verfalls der Beredsamkeit gegeben, die jeweils eine einschlägige Antwort auf die Ausgangsfrage des Gesprächs bieten.[35] Die Erklärungen werden nicht gleichmäßig auf die drei Gesprächsgänge verteilt, sondern die Dialogpartner finden erst im zweiten Gesprächsgang langsam zu dem anfangs gestellten Thema des Verfalls. Die allmähliche Zuspitzung der Fragestellung eröffnet dem Autor nicht nur Freiräume für eine sachlich genaue Beschreibung der Praxis antiker Beredsamkeit, sondern erlaubt Tacitus auch die kritische Gegenüberstellung der Tätigkeit des Redners mit den Wirkungsmöglichkeiten römischer Dichter, Philosophen und Juristen unter den sich verschlechternden Verhältnissen des Prinzipats,[36] bevor er aus den Befunden weitreichende Schlüsse auf die Ursachen der Veränderung zieht und mehrere Modelle zu ihrer Erklärung vorstellt. Der Vergleich der verschiedenen Lebensformen wird durch den Gebrauch eines weiten Begriffs der ‚Eloquenz' erleichtert,[37] der neben der eigentlichen Beredsamkeit (*eloquentia oratoria*)[38] auch die Anwendung des Rhetorikbegriffs auf die Dichtung in ihren verschiedenen Gattungen[39] und wohl auch die Philosophie und Jurisprudenz einschließt.[40]

Woher stammen die drei Erklärungsmodelle, für die Tacitus keine Gewährsmänner angibt (so dass gedankliche Verwandtschaft festgestellt, literarischer Einfluss aber schwerlich bewiesen werden kann), und mit welchen formalen Mitteln werden sie dargeboten? (1) Nach Apers Ansicht begann die Veränderung der Beredsamkeit mit Cassius Severus. Der unter Augustus und Tiberius in der Verbannung lebende Redner habe erkannt, dass sich unter den herrschenden politischen Bedingungen und bei dem veränderten Publikumsgeschmack auch die Art und Weise des Redens ändern müsse (Tac. *dial*. 19,1–2):

> *Nam quatenus antiquorum admiratores hunc velut terminum antiquitatis constituere solent, ‚qui usque ad Cassium <Severum fuit', eum>,* [Winterbottom 1980: +qui usque ad Cassium+; Heubner 1983: <ego Cassium Severum>] *quem reum faciunt, quem primum affirmant flexissse ab ista vetere atque directa dicendi via, non infirmitate ingenii nec inscitia litterarum transtulisse se ad illud dicendi genus contendo, sed iudicio et intellectu. vidit namque, ut paulo ante dicebam, cum condicione temporum et diversitate aurium formam quoque ac speciem orationis esse mutandam.*

---

35 Barwick (1954) 4–5 betrachtet nur die Antworten von Messalla und Maternus als einschlägig. Brink (1989) 492 denkt ausschließlich an Messallas Replik. Drei Erklärungen unterscheidet auch Levene (2004) 186, aber nicht auf den Verfall der Beredsamkeit, sondern auf die Entwicklung der Literaturgeschichte bezogen.
36 Zur Sozialgeschichte der frühen Kaiserzeit Rutledge (2012) 65–66.
37 Tac. *dial*. 4,2; Heubner (1980) 48.
38 Tac. *dial*. 5,4; 6,1.
39 Tac. *dial*. 10,4.
40 Tac. *dial*. 5,7; 31,7.

> Wenn nun die Bewunderer der Alten dies gewissermaßen immer wieder als Grenzmarke des Altertums festmachen, ‚wer bis hin zu Cassius Severus lebte', so behaupte ich, daß der, den sie zum Angeklagten machen und von dem sie versichern, er sei als erster von jenem alten, geraden Weg der Beredsamkeit abgewichen, nicht aus Mangel an Begabung oder Mangel an Wissen zu dieser Art der Rede übergewechselt ist, sondern mit Überlegung und Einsicht. Er sah nämlich, daß sich, wie ich vorhin sagte, mit den Zeitverhältnissen und dem veränderten Geschmack der Zuhörer auch die Form und Anlage einer Rede ändern müsse. (Volkmer (1967) 37)

Das römische Publikum sei zu Ciceros Zeiten noch unerfahren gewesen und hätte leicht zufriedengestellt werden können. In der Kaiserzeit sei es dagegen mit den Grundbegriffen der Rhetorik besser vertraut gewesen. Daher hätten die Redner neue Wege gehen müssen, um den Überdruss der Hörer zu vermeiden.[41] Sie seien von ihrem anspruchsvolleren Publikum zur Eile angehalten[42] und von ihren Zuhörern gezwungen worden, ihre Reden mit Sentenzen und Dichterzitaten auszuschmücken.[43] Die durch das Rezeptionsverhalten des kaiserzeitlichen Publikums bedingte Veränderung der römischen Beredsamkeit[44] wird von Apers Kontrahenten Messalla und den anderen Gesprächsteilnehmern nicht nur nicht als Fortschritt, sondern als Verfall bewertet. Es wird Aper mehrfach unterstellt, er habe den Gedanken des Fortschritts nur als *advocatus diaboli* ins Spiel gebracht[45] und damit nicht ganz ernst gemeint (Tac. *dial.* 24,2):

> *ac ne ipse (sc. Aper) quidem ita sentit, sed more veteri a nostris philosophis saepe celebrato sumpsit sibi contra dicendi partes.*

> Und er selbst (sc. Aper) denkt auch nicht so, sondern er hat nur nach alter und von unseren Philosophen gepriesener Gewohnheit die Rolle der Gegenrede auf sich genommen. (Volkmer (1976) 47)

Apers Erklärungsmodell ist aus der römischen Rhetorik bekannt. Es wird von Petron zur Erklärung des Verfalls der Redekunst genutzt, den der Ich-Erzähler Enkolp in einer Deklamation beklagt. Auf seine Klage reagierend erklärt Agamemnon den Verfall der Beredsamkeit nämlich aus dem ‚Quotendruck' der Redelehrer, die, wenn sie nicht vor leeren Hörsälen sprechen wollten, wie heuchlerische Parasiten

---

41 Tac. *dial.* 19,5 ... *novis et exquisitis eloquentiae itineribus opus est, per quae orator fastidium aurium effugiat* ...
42 Tac. *dial.* 19,5.
43 Tac. *dial.* 20,3 *vulgus quoque assistentium et affluens et vagus auditor assuevit iam exigere laetitiam et pulchritudinem orationis*; *dial.* 20,5 *exigitur enim iam ab oratore etiam poeticus decor* ...
44 In diesem Sinne äußern sich auch Döpp (1986) 17; Levene (2004) 178–179; Dominik (2007) 330; 332–333; Rutledge (2012) 74.
45 Zur literarischen Klammerfunktion des *advocatus diaboli*-Motivs vgl. Deuse (1975).

den Ohren ihrer Schüler, deren Stilempfinden offenbar nicht dem traditionellen Publikumsgeschmack entspricht, gewissermaßen Fallen stellen müssten.[46] Auch wenn der Urheber dieses Erklärungsschemas unbekannt ist, könnte es schon von dem älteren Seneca,[47] der wie Velleius Paterculus,[48] der ältere Plinius[49] und der jüngere Seneca[50] nach dem Verfall der Beredsamkeit und der übrigen Künste fragte, mit dem Wirken des Cassius Severus in Verbindung gebracht worden sein, der eher die Ohren seiner Hörer als die Augen seiner Leser gefesselt zu haben schien.[51] Als Aper die spätrepublikanischen Redner gegeneinander ausgespielt und so systematisch herabgesetzt hat,[52] kommt er mit Cassius Severus auf den Wendepunkt zur modernen Beredsamkeit zu sprechen.[53] Bei der Schilderung ihrer Entwicklung auf den von Cassius Severus gebahnten Wegen wird Aper nicht müde, die stilistischen Vorzüge der modernen Redner zu loben. Er gibt sich auch durch seinen individuellen Redestil mit teils langen und überlangen Sätzen, mit einem mitunter inkonzinnen Satzbau und mit einer durch Metaphern, sprachliche Variationen und Synonymenhäufung oft uneigentlichen Redeweise als zeitgemäßer, moderner Redner zu erkennen.

(2) Messalla erklärt den Verfall der Beredsamkeit aus der Verschlechterung der häuslichen und schulischen Erziehung, die in Rom begonnen und sich von da über die Provinzen des römischen Reiches verbreitet habe. Dabei macht er als Gründe vor allem die Trägheit der Jugend (*desidia iuventutis*), die Vernachlässigung der Kinder durch ihre Eltern (*neglegentia parentum*), die Unwissenheit der Lehrer (*inscientia praecipientium*) und das Vergessen der alten Sitte (*oblivio moris antiqui*) geltend (Tac. *dial.* 28,1):

> non reconditas, Materne, causas requiris nec aut tibi ipsi aut huic Secundo vel huic Apro ignotas, etiam si mihi partes assignatis proferendi in medium quae omnes sentimus. quis enim ignorat et eloquentiam et ceteras artes descivisse ab illa vetere gloria non inopia hominum, sed desidia iuventutis et neglegentia parentum et inscientia praecipientium et oblivione moris antiqui?

> Die Ursachen, nach denen du, lieber Maternus, suchst, liegen nicht im verborgenen, und sie sind weder dir selbst noch Secundus oder Aper unbekannt, wenn ihr auch mir die Rolle zuweist, das vorzutragen, was wir alle denken. Wer weiß denn nicht, daß die Beredsamkeit und die übrigen Künste sich von ihrem alten Ruhm abgewendet haben, nicht infolge der geistigen Armut der Menschen, sondern infolge der Trägheit der Jugend, der Gleichgültig-

---

46 Petron. 3,2.
47 Sen. *contr.* 1 *praef.* 6–9.
48 Vell. 1,17,3.
49 Plin. *nat.* 14 *praef.* 3–5.
50 Sen. *epist.* 114,1–3.
51 Sen. *contr.* 3, *praef.* 3 < auditus tamen > longe maior erat quam lectus [supplevit Bursian].
52 Tac. *dial.* 18.
53 Tac. *dial.* 19,1.

keit der Eltern, der Unwissenheit der Lehrenden, des Schwindens der alten Sitte? (Volkmer (1967) 53)

Messallas alle Künste umfassende Dekadenztheorie, die den Hauptgrund des Niedergangs in der falschen Erziehung und schlechten Ausbildung der Redner sieht,[54] aber bedeutende andere Gründe seiner Gesprächspartner auch nicht auschließt,[55] wurde wegen der zeitlichen und inhaltlichen Nähe des *Rednerdialogs* zu Quintilians Hauptwerk (um 96 n. Chr.) und zu seiner verlorenen Schrift *De causis corruptae eloquentiae* nicht nur mit dem ersten staatlich besoldeten Rhetoriklehrer Roms in Verbindung gebracht,[56] sondern in der Gleichung Messalla = Quintilian sogar mit ihm identifiziert.[57] Im Gegensatz zu dem modernen Redestil Apers bevorzugt Messalla eine ausgewogene und klare Redeweise, die sich stärker an Cicero anlehnt. Messallas – je nach Standpunkt – klassizistisch oder altmodisch erscheinender Redestil harmoniert mit der Selbstinszenierung bzw. Ethopoiie als Redner. Die an republikanischen Vorbildern orientierte Redeweise Messallas stimmt mit seinen konservativen Ansichten zur Kindererziehung und in beidem und in der Bestimmung der Gründe des Verfalls mit Quintilian überein.[58] Ob Messalla aber einseitig als Sprachrohr Quintilians betrachtet werden darf, bleibt trotz der Nähe zweifelhaft.[59]

(3) Maternus erklärt die überragende Rolle der republikanischen Redner und ihren allmählichen Bedeutungsverlust in der Kaiserzeit aus den veränderten gesellschaftlichen und politischen Rahmenbedingungen. Die anarchischen Verhältnisse im republikanischen Rom, die nicht von Freiheit, sondern von schrankenloser Willkür bestimmt gewesen wären, hätten zur Durchsetzung politischer Vorhaben einer machtvollen Beredsamkeit bedurft. In einem wohlgeordneten Gemeinwesen wie in dem Militärstaat der Spartaner oder im römischen Prinzipat habe eine auf Wirkung bedachte Redekunst dagegen keine echte Aufgabe. Diese Art der Redekunst vertrage sich nicht mit der strengen Disziplin und Gesetzgebung gut regierter Staaten und verfalle mit dem Verlust der Bürgerfreiheit (Tac. *dial.* 40,2):

> *Non de otiosa et quieta re loquimur et quae probitate et modestia gaudeat, sed est magna illa et notabilis eloquentia alumna licentiae, quam stulti libertatem vocant, comes seditionum, effrenati populi incitamentum, sine obsequio, sine severitate, contumax, temeraria, arrogans, quae in bene constitutis civitatibus non oritur. quem enim oratorem Lacedaemonium, quem Cretensem accepimus? quarum civitatum severissima disciplina et severissimae leges traduntur.*

---

54 Tac. *dial.* 32,5.
55 Tac. *dial.* 32,6.
56 Quint. *inst.* 8,6,76.
57 Barwick (1954); Heubner (1980).
58 Barwick (1954) 14.
59 Brink (1989).

> Wir sprechen nicht von einer friedlichen und ruhigen Tätigkeit, die sich über Rechtschaffenheit und Bescheidenheit freut, sondern jene großartige und bemerkenswerte Beredsamkeit ist ein Produkt der Zügellosigkeit, die nur Narren Freiheit nennen; sie ist eine Begleiterscheinung von Aufständen, die Aufwieglerin für ein zügelloses Volk, ohne Nachgiebigkeit, ohne strenge Sittlichkeit, unverschämt, unbesonnen, anmaßend; in wohlgeordneten Staaten kommt sie gar nicht vor. Denn haben wir je von einem Redner in Sparta oder Creta gehört? Von diesen Staaten werden uns strengste Zucht und strengste Gesetze überliefert. (Volkmer (1967) 77)

Maternus, der anfangs in seiner Tragödie *Cato* mit regimekritischen Tönen hervorgetreten war und zeitgenössischen Rednern opportunistisches Verhalten vorgehalten hatte,[60] lobt das römische Kaisertum in seiner zweiten Rede in einem Maße, dass sich sein Enkomion der Autokratie am besten ironisch als vergiftetes Lob erklären lässt.[61] Die politische Analyse des Maternus zielt auf die Erkenntnis „der Diskontinuität selbst der römischen Literatur vor und nach Actium", dass also der Verlust der republikanischen Freiheit unter den römischen Kaisern zum Verfall der Beredsamkeit führte.[62] Schon Cicero hatte den Wirkungszusammenhang erkannt und die Beeinträchtigung, ja das Verstummen der forensischen Beredsamkeit infolge von Caesars Diktatur beschrieben.[63] Damit hatte der Redner die spätere Entwicklung in ihrer radikalsten Form gedanklich antizipiert.[64] Ciceros Erkenntnis war in ihrer Verbreitung von der augusteischen Propaganda erfolgreich behindert respektive unterdrückt worden und wird erst von Tacitus als Erklärungsmodell hier und im Proömium seiner *Historien* auch für die Veränderung der Geschichtsschreibung wieder zur Geltung gebracht.[65] Damit wiederholt sich ein Akt der ‚Aufklärung'. Die besondere Leistung des *Rednerdialogs* besteht also nicht nur in der systematischen Darstellung dreier Erklärungsmodelle des Verfalls der Beredsamkeit. Mit einem der Erklärungsansätze wird auch die augusteische Propaganda in Frage gestellt, die einen durch den Prinzipat bedingten Kulturverlust bestritten hatte.

Tacitus hatte angekündigt, die Reden der Gesprächspartner würden zu Abbildern ihrer Gesinnung und ihrer Begabung werden.[66] Folgte Tacitus seinem Vorsatz, so dass Gesinnung und Begabung des Maternus auch in seinem Redestil und seiner Ethopoiie zum Ausdruck kommen? Welche literarischen Absichten verbinden sich

---

60 Tac. *dial.* 13,4.
61 Köhnken (1973); Heldmann (1982); Bartsch (1994) spricht von „doublespeak".
62 So Heldmann (1982) 298; kritisch Brink (1985); zustimmend Winterbottom (1983) und Fantham (1985).
63 Cic. *Brut.* 22 *eloquentia obmutuit; off.* 2,67 *Admonebat me res ut hoc quoque loco intermissionem eloquentiae, ne dicam interitum, deplorarem ...*
64 Heldmann (1982) 208; 296.
65 Tac. *hist.* 1,1,1.
66 Tac. *dial.* 1,3 *formam sui quisque et animi et ingenii redderent.*

mit der Ethopoiie des Maternus? Als Redner und Dichter hat Maternus eine Doppelrolle. Auffälliger ist die äußere und innere Charakterisierung als Dichter. Die zweite Rede des Maternus ist durch zahlreiche Wiederholungsfiguren hochpathetisch und hat damit für das gesamte Werk die Aufgabe eines Epilogs. Vor seiner ersten Rede wirkt Maternus gelassen und entspannt,[67] nach seiner ersten Rede enthusiastisch.[68] Am Ende seines Plädoyers hatte er sich für sein Grab eine Statue gewünscht, die nicht finster dreinschauen solle, wie ein Delator, sondern heiter und bekränzt sein solle, wie ein Dichter.[69] Mit dieser Ethopoiie distanziert sich Maternus nicht nur von Aper, der verbissen und einseitig am eigenen Erfolg orientiert erscheint.[70] Mit dem Gegensatz der beiden Kontrahenten wird die neue Rhetorik der Gerichtsredner und Delatoren auch als prinzipienlos und ‚blutdürstig' dargestellt. Über den Individualstil der einzelnen Redner hinaus gibt es eine allen Reden gemeinsame Sprache und Bilderwelt des Verfalls, die den gesamten Rednerdialog durchziehen und so perspektivieren. Dazu gehören sprachliche Bilder des ‚Verfalls', der ‚Verschlechterung', der ‚Entartung' und der ‚Krankheit', denen Metaphern der ‚guten alten Zeit', der ‚Echtheit' und ‚Gesundheit' gegenüberstehen.[71] Gemeinsam ist den Reden Apers und Messallas auch die Metapher der ‚Ohren'[72] und ihrer Veränderung als Symbol für den sich ändernden Publikumsgeschmack,[73] der die Veränderung respektive den Verfall der kaiserzeitlichen Beredsamkeit erklärt.

2.7 Offene Gestaltung und Ergebnis des Gesprächs

Der *Rednerdialog* ist trotz der übergreifenden Verfallsperspektive ergebnisoffen gestaltet. Konsens wird unter den Teilnehmern nur im Hinblick auf die Tatsache des Niedergangs der Beredsamkeit erzielt. Das Urteil des Lesers über die richtige Erklärung bleibt frei und unangetastet, insofern unter der übergeordneten Fragestellung mehrere Antworten gegeben und auf diese Weise alternative Erklärungsansätze angeboten und ohne aufdringliche Wertung vermittelt werden. Die offene Gestaltung des Gesprächs erinnert an Platons Dialoge. Darin gibt es aber mit Sokrates einen Gesprächsführer, der die Entwicklung des Gesprächs bestimmt. Wichtiger ist daher die ciceronische Dialogtradition, an die Tacitus mit den Anspielungen auf *De*

---

67 Tac. *dial.* 11,1.
68 Tac. *dial.* 14,1 *Vixdum finierat Maternus, concitatus et velut instinctus.*
69 Tac. *dial.* 13,6 *statuarque tumulo non maestus et atrox, sed hilaris et coronatus.*
70 Tac. *dial.* 11,1.
71 Zur Metaphorik des Rednerdialogs vgl. generell Murphy (1991) 2292–2294.
72 Tac. *dial.* 9,2; 34,4; 34,6.
73 Tac. *dial.* 19,2; 19,5; 20,6; 21,2.

oratore und die philosophisch-rhetorische Methode des *contra dicere* bewusst erinnert.[74] Cicero stellt in seinen Dialogen konkurrierende philosophische Lehrmeinungen zur Diskussion. In der Tradition der akademischen Skepsis diskutiert er das Für und Wider einzelner Theorien oder Theorieteile der hellenistischen Philosophenschulen und überlässt es, bald mehr, bald weniger, dem Leser, sich wegen der besseren Argumente oder einer höheren Wahrscheinlichkeit für oder gegen eine bestimmte Lehrmeinung bzw. gegen ein philosophisches System zu entscheiden, wobei er eigene Vorbehalte, wie gegen die epikureische Philosophie, klar artikuliert. Wie Cicero konkurrierende Theorien der hellenistischen Philosophie zur Diskussion stellt und damit unter Bezugnahme auf die römische Politik und Gesellschaft im eigenen Namen philosophiert, so konfrontiert Tacitus alternative Erklärungsmodelle miteinander, die den Verfall der Beredsamkeit aus unterschiedlichen Gründen erklären. Dabei greift er auf konkurrierende Erklärungsansätze zurück, die in der römischen Literatur bei so unterschiedlichen Autoren wie Cicero, Seneca d.Ä., Petron und Quintilian begegnen. Eine solche Vorgehensweise wurde in der Philosophiegeschichte seit Diogenes Laertios als ‚eklektisch' bezeichnet[75] und die Bezeichnung, nachträglich, für Ciceros Art undogmatisch-akademischen Philosophierens verwendet.[76] Das in der Urteilsenthaltung der hier rhetorischen ‚Eklektik' zum Ausdruck kommende Streben nach einem Höchstmaß an Freiheit und Objektivität ist im *Rednerdialog* des Tacitus an der gleichmäßigen Verteilung der konkurrierenden Erklärungsansätze auf drei Redner zu erkennen. Alle Redner kommen zweimal zu Wort, halten andere Gründe zur Erklärung des Verfalls der Beredsamkeit für denkbar[77] und drohen einander nur im Scherz an, die Vertreter der jeweils anderen Standpunkte bei ihren eigenen Parteigängern verleumden zu wollen.[78]

Die Offenheit des *Rednerdialogs* ist nicht nur in seiner literarischen Form begründet. Was in der Philosophie als ‚Eklektik' gilt, liegt hier auch in der Sache selbst begründet. Es liegt in dem, was die drei Redner sachlich mit der literarischen Maske des Autors verbindet oder, soweit wir vermuten dürfen, mit dem Menschen hinter der Maske verbinden könnte. Alle Redner haben biographische Gemeinsamkeiten mit Tacitus. Maternus verwickelt sich in seiner zweiten Rede durch sein Lob der Monarchie in innere Widersprüche, die sich, wenn sie nicht einfach stehen bleiben müssen, am besten durch Ironie erklären. Aber er teilt mit Tacitus am Anfang des Gesprächs eine nicht ungefährliche Polemik *in tyrannos*.

---

74 Tac. *dial.* 15,2; 24,2; 25,1.
75 Diog. Laert. 1,20–21.
76 Albrecht (1994).
77 Tac. *dial.* 33,6.
78 Tac. *dial.* 42.

Und er plant einen ‚Berufswechsel' von der Redekunst zur Dichtung,[79] wie ihn Tacitus von der Rhetorik zur Geschichtsschreibung vollzogen hatte. Messalla ist höchst konservativ in Fragen von Sitte und Moral. Aber wird von Tacitus in den *Historien* nicht nur als Gewährsmann herangezogen,[80] sondern auch als Militär und Staatsmann wegen seines prinzipientreuen Konservatismus mit unverhohlener Sympathie betrachtet. Aper schießt bei der Verteidigung der neuen Rhetorik in der ersten Rede weit über sein Ziel hinaus. Mit seinem vermeintlichen Lob der Delatoren enthüllt er unfreiwillig deren Schwächen und verfehlt auch sein Beweisziel, die Gesprächspartner vom Wert der neuen Rhetorik zu überzeugen. Mindestens einen der Teilnehmer an der Unterredung musste Aper allerdings gar nicht von der besonderen Qualität der kaiserzeitlichen Beredsamkeit überzeugen,[81] weil sich der stumme Zeuge des Gesprächs wohl bewußt nur im Rednerdialog eines ciceronianischen Stils bediente,[82] in seinen anderen Werken dagegen als Vertreter einer neuen Rhetorik auftrat.

2.8 Plinius: Brieffreund des Tacitus und Ciceronianer

Als Tacitus seinen *Rednerdialog* und seine *Historien* verfasste, arbeitete sein Freund Plinius der Jüngere an einer Sammlung literarischer *Briefe*. Diese Sammlung in neun Büchern enthält Briefe an Tacitus und andere Zeitgenossen, die nicht selten literarische Fragen zum Gegenstand haben. In diesen Briefen bekennt sich der Schüler des Klassizisten und Ciceroliebhabers Quintilian dazu, mit seiner Redekunst in der Tradition Ciceros zu stehen,[83] dem er, wie Plinius stolz betont, auch als Augur und im Konsulat gefolgt sei.[84] Plinius verwendet auch cice-

---

[79] Tac. *dial.* 11,3.
[80] Tac. *hist.* 3,25,2; 28.
[81] Syme (1958) 109; Brink (1993) 340; Dominik (2007) 334.
[82] Mayer (2001) 27–31.
[83] Plinius bekennt sich nicht nur zu seiner Praxis, Cicero zu imitieren. Sein Streben war der Öffentlichkeit auch bekannt. Das erklärte Ziel der Ciceronachahmung dokumentiert sich in einem Epigramm Martials (Mart. 10,20,12–15): *Sed ne tempore non tuo disertam / pulses ebria ianuam videto; / totos dat tetricae dies Minervae, / dum centum studet auribus virorum / hoc, quod saecula posterique possint / Arpinis quoque comparare chartis.* Plinius zitiert diese Stelle aus dem Epigramm Martials, als er den Dichter in einem Nachruf würdigt (Plin. *epist.* 3,21,4–5). So erklärt er sich damit einverstanden, dass er in der literarischen Öffentlichkeit als Ciceronianer (*Arpinis quoque comparare chartis*) wahrgenommen wird, und verstärkt das vermittelte Bild noch zusätzlich.
[84] Plinius hatte Kaiser Trajan um die Verleihung von Augurat oder Septemvirat gebeten (Plin. *epist.* 10,13). Bei Arrianus Maturus bedankt sich Plinius für dessen Glückwünsche zum Erhalt des

ronische Topoi und Denkformen, die aus dem Werk des Tacitus bekannt und für sein Denken konstitutiv sind. Die auf Cicero zurückgehende Denkform des *in utramque partem disserere*, die hier relevant ist, begegnet in einem Schreiben an L. Licinius Sura. Der möglicherweise auf dem Relief der Trajanssäule neben dem Kaiser dargestellte Sura war unter Trajan nicht nur einer der mächtigsten Politiker. Der mehrfache Konsul gehörte auch zu den gelehrtesten Vertretern der römischen Senatsaristokratie. Plinius wandte sich daher brieflich an Sura, um ihm das Problem eines Naturwunders zu beschreiben, das sich rationaler Erklärung entziehe.[85] In seiner Heimat am Comer See gebe es eine Quelle, die dreimal am Tag plötzlich an- und dann wieder abschwelle.[86] Plinius stellt Sura mehrere Erklärungsansätze vor[87] und ersucht den Experten in Sachen Naturphilosophie, auf dieser Basis die Ursache des Phänomens zu erklären.[88] In der Einleitung zu Brief 7,27 legt Plinius Sura wieder eine *quaestio* vor, deren Beantwortung naturphilosophische Expertise verlangt.[89] Plinius fragt Sura, ob er meine, dass es Gespenster (φαντάσματα) gebe und dass sie eine eigene Gestalt und Wirkkraft hätten. Oder ob Sura denke, dass es leere, eitle Gebilde seien und nur in unserer Furcht Gestalt gewönnen?" (Plin. *epist.* 7,27,1):

> *igitur perquam velim scire, esse phantasmata et habere propriam figuram numenque aliquod putes an inania et vana ex metu nostro imaginem accipere.*

> Also: ich möchte gar zu gerne wissen, ob Du glaubst, daß es Gespenster gibt und daß sie eine eigene Gestalt und irgendeine Wirklichkeit haben oder leere, eitle Gebilde sind und nur in unsrer Furcht Gestalt gewinnen. (Kasten (1995) 417)

Was ihn selbst zu dem Glauben an Erscheinungen bringt, erläutert Plinius an drei Begebenheiten aus der griechischen und römischen Geschichte. Das erste Beispiel

---

Augurats. In seinem Dank betont er, dass es ihn stolz mache, in Bezug auf Priesteramt und Konsulat in der Tradition Ciceros zu stehen, dessen Können auf rhetorischem Gebiet vermöge er aber nicht zu erreichen (Plin. *epist.* 4,8,4–6): *Te quidem, ut scribis, ob hoc maxime delectat auguratus meus, quod M. Tullius augur fuit; laetaris enim, quod honoribus eius insistam, quem aemulari in studiis cupio. Sed utinam ut sacerdotium idem, ut consulatum multo etiam iuvenior quam ille sum consecutus, ita senex saltem ingenium eius aliqua ex parte adsequi possim! Sed nimirum, quae sunt in manu hominum, ea et mihi et multis contigerunt; illud vero ut adipisci arduum, sic etiam sperare nimium est, quod dari non nisi a dis potest. Vale.*
85 Plin. *epist.* 4,30.
86 Plin. *epist.* 4,30,1.
87 Plin. *epist.* 4,30,5–10.
88 Plin. *epist.* 4,30,11 *Scrutare tu causas (potes enim), quae tantum miraculum efficiunt; mihi abunde est, si satis expressi, quod efficitur.*
89 Vgl. Römer (1987) 26–36.

ist eine Erscheinung der Provinz Afrika, von der auch Tacitus berichtet.[90] Als Curtius Rufus in Afrika landete, prophezeite eine weibliche Gestalt dem römischen Beamten, der aus kleinen Verhältnissen stammte, eine steile Karriere. An deren Ende werde er als Provinzgouverneur nach Afrika zurückkehren und dort, wie es tatsächlich eintrat, eines plötzlichen Todes sterben.[91] In zweiten Beispiel befreite der Philosoph Athenodor in Athen ein verwunschenes Haus von einem Gespenst, das dort nachts erschien und mit seinen Ketten rasselte.[92] Der Philosoph ging dem Phänomen auf den Grund. An dem Ort, den ihm die nächtliche Erscheinung bezeichnet hatte, ließ er graben und entdeckte das Skelett eines unbestatteten Toten, dessen Extremitäten in Ketten eingeschlossen waren. Als der Tote von Ketten befreit und ordentlich bestattet wurde, endete der Spuk. Die dritte Begebenheit handelt von dem schlimmen Schicksal, das Plinius in den letzten Tagen der Herrschaft Domitians durch Träume und Erscheinungen prophezeit worden war, aufgrund der Ermordung des Tyrannen aber nicht verwirklicht wurde.[93] Nach dem Attentat auf Domitian wurde unter seinen Papieren nämlich eine Anklageschrift gegen Plinius gefunden. Die mit dem Fund aufgedeckte Absicht des getöteten Tyrannen bringt Plinius mit dem Ereignis in Verbindung, dass seinen Sklaven im Schlaf wiederholt die Haare abgeschnitten wurden und später gespenstische Gestalten ihr Schlafgemach verließen. Diese Koinzidenz deutet er symbolisch in folgender Weise: Er, Plinius, habe in einem politischen Prozess angeklagt werden sollen. Daher habe er sich, wie es Angeklagte tun, Bart und Haare wachsen lassen, um durch seine äußere Erscheinung das Mitleid der Richter zu erregen und sie so zu einem milderen Urteil zu bewegen. Der Tod des Tyrannen habe die politische Anklage aber zunichte gemacht. Daher habe es sich für Plinius erübrigt, die Richter durch den Habitus eines Angeklagten, der sich durch Haar- und Bartwuchs schützen wolle, milde zu stimmen. Plinius operiert hier wie Tacitus in seinen Geschichtswerken mit der Idee des ‚ungeschehenen Geschehens'. Die Aufhebung seiner Absicht, sich durch den Habitus eines Angeklagten gegen eine mutmaßliche Anklage zu schützen, die wegen des Tods des Tyrannen nie zustande kam, werde durch das Abschneiden der Haare symbolisiert.[94] Soweit die Beispiele des Plinius. Am Ende des Briefs wird Sura durch Wiederaufnahme der *quaestio* nicht nur als

---

90 Tac. *ann.* 11,21.
91 Plin. *epist.* 7,27,2–3.
92 Plin. *epist.* 7,27,4–11.
93 Plin. *epist.* 7,27,12–14.
94 Plin. *epist.* 7,27,14 *Nihil notabile secutum, nisi forte quod non fui reus, futurus, si Domitianus sub quo haec acciderunt diutius vixisset. nam in scrinio eius datus a Caro de me libellus inventus est; ex quo coniectari potest, quia reis moris est summittere capillum, recisos meorum capillos depulsi, quod imminebat, periculi signum fuisse.*

Kenner der Naturphilosophie angesprochen, der das Wesen der Träume, die in Epikureismus und Peripatos unterschiedlich erklärt werden, bestens beurteilen könne. Der römische Politiker wird auch um eine Entscheidung der Streitfrage durch Diskussion von Pro und Contra gebeten (Plin. *epist.* 7,27,15–16):

> *Proinde rogo, eruditionem tuam intendas. digna res est, quam diu multumque consideres, ne ego quidem indignus, cui copiam scientiae tuae facias. licet etiam utramque in partem, ut soles, disputes, ex altera tamen fortius, ne me suspensum incertumque dimittas, cum mihi consulendi causa fuerit, ut dubitare desinerem.*

> Ich bitte Dich also, biete all Deine Gelehrsamkeit auf! Die Sache verdient es, lange und gründlich bedacht zu werden, und auch ich verdiene es doch wohl, daß Du mir von Deinem Wissen abgibst. Meinetwegen kannst Du dabei auch, wie es Deine Art ist, das Für und Wider erörtern, nur entscheide Dich klipp und klar so oder so und laß mich nicht in Unruhe und Ungewissheit, denn ich habe Dich um Auskunft gebeten, um nicht länger zweifeln zu müssen. (Kasten (1995) 423)

Sura soll Plinius nicht nur an seinem reichen Wissen teilhaben lassen und auf dieser Grundlage das Für und Wider von Erscheinungen erörtern. Trajans Vertrauter wird auch gebeten, sich mit den besseren Argumenten für eine der beiden Möglichkeiten ihres Seins oder Nichtseins zu entscheiden. Der noch unschlüssige Plinius verspricht sich von Suras Antwort eine Entscheidungshilfe, um den für ihn wie für sein Vorbild Cicero so charakteristischen Zweifel zu überwinden. Wie Plinius in seinen *Briefen* damit zugleich eine eminent politische Frage durch Delegation der Antwort an Suras politische Autorität, die schwerlich hinterfragbar ist, beendet, so beendet Tacitus in den *Historien* eine Debatte über das Verhalten des römischen Oppositionellen Helvidius Priscus. Der Historiker überlässt die Erörterung des Für und Wider anonymen Stimmen in der römischen Öffentlichkeit, die sich gegenseitig widersprechen und so die Vorzüge, aber auch die charakterlichen Schwächen des Stoikers diskutieren.[95]

2.9 Pseudo-Longin: Ziel und Gegenstand des Traktats *Über das Erhabene*

Der anonyme Traktat *Über das Erhabene*, der fälschlich einem gewissen Dionysios Longinos zugeschrieben wurde, ist Teil der Debatte über den Verfall der Beredsamkeit, die griechische und römische Autoren in der frühen Kaiserzeit führen.

---

95 Tac. hist. 4,6,1–2 *Erant quibus ... variis, ut sunt hominum ingenia, sermonibus moderationem laudantium aut constantiam requirentium.*

Das Werk ist einem sonst unbekannten Römer gewidmet. Es ist Postumianus Terentianus.[96] Mit der Widmung an den jungen Freund des Autors verbinden sich Hinweise zu Anlass und Absicht der Schrift.[97] Als sich der Autor und sein Freund mit dem Traktat Περὶ Ὕψους des Kaikilios von Kaleakte befasst hätten, seien sie zu dem Ergebnis gekommen, der für den Gegenstand zentrale praktische Gesichtspunkt sei darin sträflich vernachlässigt worden.[98] Daher gelte es, und das macht der Autor zur Aufgabe seiner auf Wunsch des Terentianus konzipierten Gegenschrift,[99] den Lesern zu verdeutlichen, wie sie das eigene rhetorische Potenzial vergrößern können. Männern, die in der Öffentlichkeit wirken, solle damit geholfen werden.[100]

Was ist das Wesen des ‚Erhabenen', auf das der Verfasser zwar großen Wert legt, das er aber nie genau definiert? Ps.-Longin umschreibt sein Wesen nur anschaulich, belegt es mit Versen aus Homer und Sappho und verdeutlicht es an Sätzen von Platon und Demosthenes. Das ‚Erhabene' (Ὕψος, *sublime*) ist ein „bestimmter Höhepunkt und Gipfel der Rede."[101] Es haben „die größten der Dichter und Schriftsteller nur hierdurch und durch nichts anderes den Sieg und ihrem Ruhm Unsterblichkeit gewonnen."[102] Wenn das ‚Erhabene' im rechten Moment hervorbricht, zersprengt es „alle Dinge wie ein Blitz und zeigt sogleich die gedrängte Gewalt des Redners."[103] Unter diesem Gesichtspunkt werden auch Demosthenes und Cicero verglichen: „Unser Redner (sc. Demosthenes) kann alles durch seine Gewalt, durch die Schnelligkeit und gedrängte Kraft zugleich entflammen und fortreißen – man möchte ihn dem Blitz oder Gewitter vergleichen; Cicero, meine ich, greift um sich wie eine weit züngelnde, alles erfassende Feuersbrunst, in ihm brennt eine reiche, nie verlöschende Glut, die hierher, dann dorthin greift und sich immer wieder nährt. Aber das könnt ihr Römer gewiss besser beurteilen."[104]

---

96 Ps.-Long. *De subl.* 1,1.
97 Ps.-Long. *De subl.* 15,1.
98 Ps.-Long. *De subl.* 1,1.
99 Ps.-Long. *De subl.* 1,2.
100 Vgl. Brandt (1966) 12; Schönberger (2008) 138.
101 Ps.-Long. *De subl.* 1,3–4.
102 Ps.-Long. *De subl.* 1,3–4 nach Brandt (1966) 29.
103 Ps.-Long. *De subl.* 1,3–4 nach Brandt (1966) 31.
104 Ps.-Long. *De subl.* 12,4 nach Brandt (1966) 57.

2.10 Diskussion der Ursachen des Verfalls der Beredsamkeit

Das 44. und letzte Kapitel des fragmentarisch erhaltenen Traktats besteht aus einem fiktiven Dialog. Der anonyme Autor und ein Philosoph, dessen Name nicht genannt wird, diskutieren die Gründe des Verfalls der zeitgenössischen Rhetorik und Literatur, den beide als gegeben voraussetzen. Der Philosoph macht das politische System, das freie Bürger versklave, für den Niedergang der Beredsamkeit in der römischen Kaiserzeit verantwortlich. Menschen, die ihre Freiheit verloren hätten, könnten kein freies Wort mehr wagen. Der Philosoph fragt auch, ob dem allgemeinen Gerede (θρυλούμενον) Glauben zu schenken sei, dass nur die Demokratie, die bei griechischen Autoren oft ein Synomym der römischen Republik war, und die mir ihr verbundene Freiheit (ἐλευθερία) wie eine gute Amme große Gedanken und damit große Literatur hervorbrächten.[105] Wie die Rede von der Demokratie als *Nährmutter* großer und erhabener Gedanken an die Junkturen *bene constitutae civitatis quasi alumna quaedam eloquentia* Ciceros[106] und *eloquentia alumna licentiae* des Tacitus[107] erinnert, so kommt für das Gerede, das hier gezielt widerlegt werde,[108] das Erklärungsmuster der zweiten Maternusrede respektive ein früheres Äquivalent dieser Diagnose des Niedergangs der Rhetorik als Vorlage in Frage. Der Traktat *Über das Erhabene* wird gewöhnlich in die erste Hälfte des ersten Jahrhunderts vor Tacitus datiert.[109] Wenn es sich in der Maternusrede dagegen um eine gezielte Widerlegung der Argumentation des anonymen Philosophen handelte,[110] wäre die Schrift *Über das Erhabene* erst nach dem *Rednerdialog* am Ende des ersten Jahrhunderts oder im zweiten Jahrhundert entstanden.[111] Der Autor des Traktats entgegnet dem Philosophen, es sei wohl nicht das friedliche (Welt-)Regiment der Kaiser im römischen Reich, das kreativen Naturen ihre Kraft raube. Ursache des Niedergangs der Beredsamkeit seien vielmehr die unbegrenzten Leidenschaften der Menschen wie Geldgier und Genusssucht.[112] Mit dieser Erklärung des Verfalls der Beredsamkeit, die eine entfernte Ähnlichkeit mit Messallas Erklärungsansatz aufweist, wendet sich Ps.-Longin mit der Autorität, die ihm als Autor zu Gebote steht, von dem Erklärungsversuch des Philosophen respektive des taciteischen Maternus oder eines Vorläufers

---

105 Ps.-Long. *De subl.* 44,2.
106 Cic. *Brut.* 45.
107 Tac. *dial.* 40,2.
108 Heldmann (1982) 287.
109 Brandt (1966) 12; Schönberger (2008) 136.
110 So Heldmann (1982), doch kritisch Brink (1985) 142–143.
111 So die Datierung von Heldmann (1982); noch später datiert Williams (1978) 24.
112 Ps.-Long. *De subl.* 44,6.

des Tacitus ab. Mit dieser Kehrtwende kann die augusteische Propaganda wieder an Geltung gewinnen.

2.11 Ergebnisse

Wie erneuern Tacitus und Ps.-Longin die Debatte über den Verfall der Beredsamkeit? Worin besteht ihr spezifischer Beitrag zur Theorie der Rhetorik? Welche Rolle spielt Cicero dabei? Beide Autoren diagnostizieren, obschon mit unterschiedlicher Genauigkeit und in verschiedener Absicht, den Verfall der Beredsamkeit und erklären ihn aus unterschiedlichen Gründen. Tacitus beschreibt die Beredsamkeit durch Vergleich mit Dichtung und Philosophie als eine prekäre Möglichkeit intellektuellen Wirkens im kaiserzeitlichen Rom und öffnet systematisch mehrere Horizonte zur Erklärung ihres Niedergangs. Dabei greift er auf konkurrierende Erklärungen zurück. Diese Erklärungen sind aus den Werken seiner literarischen Vorgänger von Cicero bis Quintilian entweder bekannt oder lassen sich aus Quintilians verlorenem Werk *De causis corruptae eloquentiae*, ohne dass dabei wirkliche Sicherheit gewonnen wäre, hypothetisch rekonstruieren. Der Rückgang auf Ciceros Erklärungsansatz, dessen Werke in der frühen Kaiserzeit unterdrückt und marginalisiert worden waren, bedeutet die ‚aufklärerische' Befreiung von einem der Denkverbote der augusteischen Propaganda, dass die Künste und Wissenschaften und gerade die Beredsamkeit im Prinzipat keine Rückschläge erlebt hätten. Der getötete Staatsfeind erlebt auch sonst ein Revival. Mit *De oratore* ist Cicero nicht nur stilistisches Vorbild des *Dialogus*, sondern wird mit seinem philosophischen und rhetorischen Werk auch gedanklich zum Vorläufer des Tacitus, der in seiner spezifischen Interpretation der Methode des *in utramque partem disserere* mit Cicero übereinstimmt. Auch Ps.-Longin greift das von Tacitus wieder zur Geltung gebrachte Erklärungsmuster in der Rede eines unbekannten Philosophen auf. Der Philosoph erklärt den Verfall der Rhetorik, ob vor oder nach Tacitus, wie Maternus im Rednerdialog aus der fehlenden Freiheit des Wortes in der Monarchie. Er bringt diesen Standpunkt, soweit wir es bei dem fragmentarischen Zustand des Traktats wissen können, aber nicht durch längere Ausführungen zur Geltung. Der von Tacitus in die Debatte eingebrachte Erklärungsansatz Ciceros scheint vielmehr mit einer ‚gegenaufklärerischen' Absicht ins Feld geführt zu werden. In der Antwort des anonymen Autors wird er jedenfalls mit der gewünschten Autorität widerlegt. Was die zur Erreichung des Erhabenen befähigten Naturen korrumpiere, sei nicht der von den römischen Kaisern garantierte Weltfrieden. Die Korruption rednerischer Talente gehe vielmehr von dem „unbegrenzten Krieg" der Begierden aus, der die Menschen beherrsche, und von Leidenschaften wie Geldgier, Genusssucht und Gier nach

Reichtum, „die das jetzige Leben lauernd bewachen und es in seinen Grundfesten verheeren."[113]

Die im *Rednerdialog* systematisierte Debatte über den Verfall der Beredsamkeit mochte Vorbildcharakter auch für andere Künste und Wissenschaften haben. Die Leser des Tacitus durften sich eingeladen fühlen, Aufstieg und Niedergang der einst als Königsdisziplin geltenden Rhetorik mit der Entwicklung anderer Künste und Wissenschaften zu vergleichen. Als Einladung zum Vergleich verständlich ist die Erörterung des Problems, ob der Dichtung oder der Beredsamkeit der Vorrang unter den Künsten gebühre. Wenn sich bei Maternus damit die Frage eines ‚Berufswechsels' von der Beredsamkeit zur Dichtung verbindet und eine solche Frage auch für den Redner und späteren Geschichtsschreiber Tacitus im Raum stand, mochte sich diese Frage auch für andere Mitglieder der römischen Oberschicht oder für Lukian im griechischen Bereich stellen, für die in der frühen Kaiserzeit bestimmte intellektuelle Beschäftigungen, wie das Studium der Philosophie, wegen der unterstellten oder tatsächlichen Gegnerschaft zu den herrschenden Dynastien, kaum mehr ernstzunehmende Alternativen waren. So betrachtet verbirgt sich hinter der Frage nach dem Verfall der Beredsamkeit die Frage nach den Wirkungsmöglichkeiten des Intellektuellen schlechthin.

---

[113] Ps.-Long. *De subl.* 44,6 nach Brandt (1966) 115.

3 Ambrosius und Augustinus: Anbindung an und Abgrenzung von Cicero in der Spätantike

Mailand war im vierten Jahrhundert nicht nur kaiserliche Residenz. Es war auch eine bevölkerungsreiche Metropole und damit für Intellektuelle ein Markt der Möglichkeiten, der sie von überall her unwiderstehlich anzog. Auf Empfehlung des Symmachus, des Anführers der heidnischen Senatspartei in Rom, wurde Augustinus 385 als Rhetoriklehrer nach Mailand berufen, wo geistige Strömungen jeder Art aufeinandertrafen. Augustinus, der wie ein feiner Seismograph auf kleinste Veränderungen des gesellschaftlichen Lebens reagierte, sollte davon nicht unberührt bleiben. Besonders beeindruckte ihn wohl Ambrosius von Mailand, der nach einer steilen politischen Karriere 374 unter unklaren Umständen zum Bischof gewählt worden war. Ambrosius war ein ebenso resoluter Kirchenpolitiker wie gewandter Prediger. Seine Auslegung der Bibel, bei der er die Weisheit des Alten Testament und griechischer Kirchenlehrer vermittelte, scheint Augustinus so beeindruckt zu haben, dass er 385 zum Katechumenen wurde. Diese Entwicklung, zu der auch seine Mutter beitrug, die aus Afrika gekommen war, führte am 15. August 386 zu einem weiteren Wandel in Augustins ohnehin peripetienreichem Leben, den der spätere Kirchenvater in der Gartenszene seiner *Confessiones* als Konversionserlebnis stilisiert.[1] Der Konversion folgt eine Auszeit in Cassiciacum. Der Redelehrer Augustinus zieht sich im September 386 mit seiner Familie, seinen Freunden sowie ausgewählten Schülern in ein *otium liberale* zurück, in dem seine Frühschriften entstehen.[2] Als Augustinus nach Mailand zurückkehrt, lässt er sich Ostern 387 von Ambrosius taufen.[3] Bei einer Afrikareise wird Augustinus 391 während eines zufälligen Aufenthalts in Hippo Regius gegen seinen Willen zum Priester geweiht und wohl im Jahre 396 als Nachfolger des dortigen Bischofs ordiniert.

Wer von diesen Begebenheiten hört und liest, wird nicht zwingend in Gedanken vorauseilen und die Schließung der Platonischen Akademie assoziieren, die Kaiser Justinian nach ihrem 900-jährigen Bestehen im Jahre 529 verfügte.[4] Aber handelt es sich hier nur um symbolische Akte oder nicht vielleicht doch um wirkliche Wendepunkte der Geschichte, als es *vor* und *nach* den mit Ambrosius und Augustinus verbundenen Ereignissen durch das Toleranzedikt von Mailand im Jahr 313 ebenso zur Öffnung neuer Horizonte wie es unter Theodosius dem Großen im Jahr 391, als das Christentum Staatsreligion wird, durch das Verbot heidnischer Kulte zur Aufhebung

---

1 Aug. *conf.* 8,12. Zu den Hintergründen Vielberg (1996) 120.
2 Brown (1973) 98–109.
3 Brown (1973) 107.
4 Ioh. Malalas. *Chronogr.* 18, p. 187. Dazu Thiel (1999).

alter Traditionen kam? Mit der Bibel als Grundlage und Ausgangspunkt der abrahamitischen Religionen Judentum und Christentum kommen in Mailand jedenfalls ein neuer kanonischer Text und seine aus dem Neuplatonismus entwickelten, christlichen Deutungsmuster zur Geltung. Zugleich reagieren Augustinus und Ambrosius auf die krisenhafte Zuspitzung dieser Auseinandersetzungen in der Weise, dass sie in programmatischer Manier zentrale Werke des wichtigsten römischen Prosaikers als Prätexte ihrer christlichen Schriften wählen. Augustinus will 386 in Cassiciacum ein Gespräch geführt haben, das seinem Dialog *Contra Academicos* zugrunde liegt.[5] *Contra Academicos* ist eine kritische Auseinandersetzung mit Ciceros akademischer Erkenntnistheorie und eine Kontrafaktur seiner *Academici libri*.[6] Ambrosius setzt sich wenige Jahre später in seinem moralphilosophischen Werk *De officiis ministrorum* mit dem stoischen Traktat *Über die Pflichten* auseinander, den Cicero für seinen Sohn in Athen geschrieben hatte.[7] Warum diese Repristination der klassischen Antike? Wie erklärt sich dieser prononcierte Rückgriff auf philosophische Hauptwerke eines paganen Autors, deren Gehalt und Weltauffassung kaum mehr für die breite Masse oder einen repräsentativen Querschnitt der Bewohner des *Imperium Romanum*, sondern allenfalls noch für einen bestimmten Bruchteil der Bevölkerung von Bedeutung sein konnten? Was geschieht in diesem Rezeptionsprozess mit Cicero und seinen Werken? Welchen Zwecken werden der Autor und seine Werke dienstbar gemacht? Welche Gemeinsamkeiten und Unterschiede gibt es in den literarischen Mitteln, mit denen die beiden Kirchenlehrer an ihre ciceronischen Vorlagen anknüpfen und mit denen sie sich zugleich von ihnen abgrenzen?

3.1 Modi literarischer Heteronomie bei Ambrosius und Augustinus und ihre Zwecke

Was die Modi literarischer Heteronomie betrifft, scheinen sich die Art, wie sich Ambrosius und Augustinus auf ihren ciceronischen Prätext beziehen, auf den ersten Blick in mehrerer Hinsicht zu ähneln und damit vergleichbar zu sein. Beide signalisieren durch den Titel ihrer Werke, dass sie sich in eine bewusste Abhängig-

---

5 Vgl. Aug. retr. 1,1,1 *contra Academicos vel de Academicis primum scripsi.*
6 Aug. c. acad. 3,15; 3,17; 3,45 *Legite Academicos* (sc. libros) *et, cum ibi victorem – quid enim facilius? – istarum nugarum Ciceronem inveneritis, cogatur iste a vobis hunc nostrum sermonem contra illa invicta defendere.*
7 Ambr. off. 1,7,23–24 *Dum igitur hunc psalmum considero, successit animo de Officiis scribere. De quibus etiamsi quidam Philosophiae studentes scripserint, ut Panaetius, et filius eius apud Graecos, Tullius apud Latinos; non alienum duxi a nostro munere, ut etiam ipse scriberem. Et sicut Tullius ad erudiendum filium, ita ego quoque ad vos informandos filios meos ...*

3.1 Modi literarischer Heteronomie bei Ambrosius und Augustinus und ihre Zwecke — 221

keit von ihrem Vorläufer begeben. Ambrosius greift mit dem Titel *De officiis ministrorum* bewusst auf Ciceros *De officiis* zurück. Auch wenn sich Augustinus mit der Junktur des Titels *Contra Academicos* bewusst von Ciceros philosophischer Position absetzt, spielt er doch auf den von seinem Vorläufer gewählten Titel *Academici libri* an. Wie Ambrosius mit der Wahl der literarischen Form des philosophischen Traktats offenkundig an Ciceros *De officiis* anschließt, so entlehnt Augustinus aus Ciceros *Academici libri* die Gattung des philosophischen Dialogs und die Szenerie einer Villa bzw. eines Landguts außerhalb der Stadt. Cicero hatte *De officiis* seinem Sohn Marcus gewidmet. Ambrosius imitiert Cicero, indem er die Kleriker, die er als Leser seines Werkes adressiert, als Söhne (*filii*) bezeichnet.[8] Cicero eröffnet seine philosophischen Dialoge meist mit einem persönlichen Vorwort, in dem er einen politischen Freund oder Verwandten anspricht und ihm die Schrift widmet. Augustin beginnt *Contra Academicos* mit einem persönlichen Vorwort an Romanianus.[9] Romanianus ist der Vater des Licentius, den Augustinus in Cassiciacum unterrichtet. Das begründet sein Interesse an Augustins Dialog, der mit der Fiktion spielt, dass es sich um wirkliche Gespräche handelt. Der Lehrer soll sich mit seinen Schülern unterhalten haben und die Unterhaltungen, welche die Schüler fortsetzten, sollen von einem Schreiber aufgezeichnet worden sein.[10] Beide würdigen ihren Vorgänger, indem sie Cicero wiederholt als ihren Gewährsmann, Gesprächspartner oder Widerpart benennen und damit über Jahrhunderte hinweg das Gespräch mit ihm suchen. Während Ambrosius mit *Tullius* das förmliche *Nomen gentile* gebraucht, wenn er sich auf den Autor seines Prätextes bezieht,[11] wählt Augustinus die vertraulichere Anrede *Cicero*.[12] Er nennt seinen Vorgänger aber auch *Marcus Tullius*[13] und *noster Tullius*. Damit vereinnahmt der Kirchenvater Cicero als römischen Prosaiker schlechthin in derselben Weise,[14] wie er Vergil mit der Anrede *noster poeta* als ersten römischen Dichter apostrophiert.[15]

Worin sich die literarischen Methoden der beiden Kirchenväter gleichen, wurde an einigen wenigen Punkten exemplarisch und noch umrisshaft aufge-

---

8 Ambr. *off.* 1,1,1 *non arrogans videri arbitror, si inter filios suscipiam affectum docendi; cum ipse humilitatis magister dixerit: Venite, filii, audite me; timorem Domini docebo vos* (Psal. XXXIII, 12) und 3,22,138 *haec apud vos deposui, filii, quae custodiatis in animis vestris.*
9 Aug. *c. acad.* 1,1–4.
10 Aug. *c. acad.* 1,4 *Adhibito itaque notario, ne aurae laborem nostrum discerperent, nihil perire permisi. Sane in hoc libro res et sententias illorum, mea vero et Alypii etiam verba lecturus es.*
11 Ambr. *off.* 1,22,43.
12 Zu dem schlichten *Cicero* und *Cicero noster* vgl. Aug. *c. acad.* 1,4; 7; 8; 3,31; 3,17; 3,43; 3,45.
13 *Marcus Tullius* heißt es Aug. *c. acad.* 3,35; 3,36.
14 Zu den Varianten *noster Tullius* und *Tullius noster* siehe Aug. *c. acad.* 3,41 bis.
15 Aug. *c. acad.* 3,9 *Quod etiam poeta noster – ut me aliquantum Licentii auribus dedam – decenter in Bucolico carmine hoc rusticanum et plane pastoricium esse iudicavit, cum alter alterum interrogat ...*

zeigt. Nach den Gemeinsamkeiten erörtern wir die Unterschiede. Die Differenzen zwischen den ciceronischen Prätexten sind zwar erheblich, in diesem Zusammenhang aber von geringerer Bedeutung. Wichtiger sind hier Unterschiede, die auf der Art beruhen, wie sich beide Autoren zu ihren Vorlagen verhalten und bei deren Verarbeitung in verschiedener Weise zu einer gewissen Autonomie gegenüber dem jeweiligen Prätext gelangen. Bei der Erörterung der Differenzen werden zuerst Ambrosius und dann Augustinus nach denselben oder immerhin vergleichbaren formalen und inhaltlichen Kategorien behandelt, wie Struktur und Aufbauschemata, Rede- und Gesprächssituation, Erzählweise und Erzählhaltung sowohl der Prätexte als auch ihrer Verarbeitung in den heteronomen Texten ihrer Rezipienten. Wichtig sind auch die den Vorlagen inhärenten Vorgaben paganer Weltdeutung, die daraus resultierenden Diskurse der Prätexte und die Art und Weise, wie die christlichen Autoren die gedanklichen Vorgaben verarbeiten.

Ambrosius orientiert sich im Aufbau seines Werks eng an Ciceros *De officiis*. Im ersten Buch behandelt Cicero die Pflichten, die sich aus dem moralisch Guten (*honestum*) ergeben. Im zweiten Buch geht es um die Pflichten, die auf dem Nützlichen (*utile*) beruhen. Gegenstand des dritten Buchs ist der scheinbare Konflikt zwischen *utile* und *honestum*. Diese Makrostruktur übernimmt Ambrosius ohne Abstriche. Der Kirchenvater konserviert aber auch die Mikrostrukter seiner Vorlage, indem er einzelne ihrer Lehrstücke in der vorgegebenen Reihenfolge mit minimalen Anpassungen in seinen Traktat integriert. Dabei entnimmt Ambrosius seinem Prätext auch wörtliche Zitate. Diese Zitate sind manchmal markiert, erscheinen meist aber ohne Markierung. Das Vorgehen des Kirchenvaters wurde exemplarisch an seiner Rezeption von Ciceros Darstellung der platonischen Kardinaltugenden untersucht.[16] Ambrosius reproduziert den Gedankengang seiner Vorlage und diskutiert nacheinander die Hauptbegriffe Klugheit,[17] Gerechtigkeit,[18] Tapferkeit[19] und Mäßigung[20] mit den ihnen zugeordneten Nebenbegriffen und Spezialdiskussionen wie über den gerechten Krieg.[21] Trotz des engen Anschlusses an den ciceronischen Prätext ist Ambrosius in seiner gestalterischen Freiheit und der Möglichkeit, eigene Gedanken einzuflechten, nicht besonders eingeschränkt. Der Grund dafür ist, dass Ambrosius Ciceros Traktat so benutzt, als schreibe er einen lemmatischen Kommentar zu einem beliebigen antiken oder biblischen Text, indem er zu jedem ciceronischen Lehrstück oder Gedanken, die er wie Lemmata verwendet, seine eigene Erläuterung gibt, eine Fort-

---

16 Becker (1994).
17 Ambr. *off.* 1,26–27,122–129.
18 Ambr. *off.* 1,28–34,130–174.
19 Ambr. *off.* 1,35–52,175–209.
20 Ambr. *off.* 1,53–57,210–232.
21 Ambr. *off.* 1,29,139–141.

setzung schreibt oder seine Deutung anbringt. Mitunter führen die Räsonnements des Rezipienten auch länger und weiter vom Gedankengang des Prätextes weg, wie die Überlegungen zur göttlichen Vorsehung[22] oder die alttestamentliche Erzählung des von Gott geschlagenen, aber nicht an seiner Gnade verzweifelnden Hiob.[23] Ambrosius markiert diese Digressionen dann durch Abbruchsformeln als ‚Exkurse'.[24] Der rote Faden bei der Umgestaltung des Prätextes ergibt sich daraus, dass Ambrosius *officia ministrorum* behandelt. Der Bischof von Mailand erörtert also nicht Pflichten, die für die christliche Gemeinde generell gelten, sondern die besonderen Pflichten von Klerikern. Während die Gesprächssituation der ciceronischen Vorlage das Verhältnis von Vater und Sohn im Jahre 44 genau zu definieren erlaubt, wendet sich Ambrosius ohne Bindung an einen bestimmten Ort oder eine bestimmte Zeit ganz allgemein an seine *filii* genannten Adressaten. Während der Anlass des Traktats und die Umstände seiner Entstehung nicht thematisiert werden, lassen sich Redehaltung und Erzählweise des heteronomen Textes genauer bestimmen. Ambrosius spielt auf seine Bischofswahl an. Daher ist von Anfang an klar, dass er in seinem Traktat *ex cathedra* spricht.[25] Der Metropolit pocht aber nicht auf Quellen seiner Autorität, die auf der kirchlichen Hierarchie beruhen. Der Ton der Darlegungen ist durchweg ernst und belehrend. In seinem präskriptiven Gehalt erinnert der Text an eine Predigt. Es gilt besonders dann, wenn Ambrosius Teile der Bergpredigt und andere Perikopen des Neuen Testaments wiedergibt oder Geschichten des Alten Testaments wiedererzählt.[26] Mit Ciceros Traktat stimmt *De officiis ministrorum* auch im Fehlen dialogischer Elemente und der Figur eines fiktiven Interlokutors überein.[27] Auf der Makroebene hält sich Ambrosius an die Großkomposition seines Prätexts. Daher entfaltet sich die Erzählkunst des Bischofs vor allem auf der Mikroebene. Cicero beruft sich in *De officiis* auf Akteure aus der griechisch-römischen Geschichte und schildert ihre Heldentaten. Die historischen Exempla und die mit ihnen verbundenen Anekdoten ersetzt Ambrosius durch Erzählungen aus der Geschichte Israels, die sich an Patriarchen, Königen und Propheten, aber auch an weiblichen Gestalten des Alten Testaments festmachen und biblische Geschichten kontextgerecht wiedererzählen.[28] Seltener rekurriert Ambrosius in seiner *renarratio* biblischer Stoffe auf

---

[22] Ambr. *off.* 1,14–16,51–64.
[23] Ambr. *off.* 1,13,42–45.
[24] Vgl. Ambr. *off.* 1,13,47: *sed revertamur ad propositum, ne divisionem factam praeteriisse videamur* ...
[25] Ambr. *off.* 1,1,2.
[26] Ambr. *off.* 1,16,59.
[27] Ausnahmen sind die Ethopoiie des Märtyrers Laurentius Ambr. *off.* 1,41,203 und 206 und der vorgestellte Dialog mit Gott Ambr. *off.* 2,28,138.
[28] Vgl. Ambr. *off.* 3,13,82–85 zu Judith und Holofernes, *off.* 3,16,96 zur Tochter des Raguel und Tobias, *off.* 3,21,124–125 zu Esther.

Episoden des Neuen Testaments. Dann stehen meist Tun und Leiden des Jesus von Nazareth und seiner Apostel wie Petrus und Paulus im Vordergrund. Ganz selten berührt der Kirchenvater die spätere Kirchengeschichte. Das Martyrium des hl. Laurentius wird ausführlicher behandelt und mit einer sarkastischen Ethopoiie beschlossen.[29] Der Bischof nimmt auf die Makkabäerbücher Bezug und damit auf jüdische Märtyrer.[30] Ambrosius warnt den Klerus davor, staatliche Behörden, in denen altgläubige Beamte das Sagen haben, gegen sich aufzubringen.[31] Bedenkt man den Ausgang des Streits um den Viktoria-Altar, mag man fragen, ob der aktualisierende Rat nicht anachronistisch sei. Mit den Leviten geht Ambrosius zwar auf Priester des Volkes Israel ein, deren Taten im Alten Testament geschildert werden. Der Metropolit erwähnt aber keine historisch greifbaren Beispiele von Priestern und Bischöfen aus seiner Diözese, wenn man von vagen Anspielungen auf sein eigenes Handeln und auf die Umstände seiner Bischofswahl absieht.[32] Als der Streit zwischen Arianern und Trinitariern, der 374 nach dem Tod des arianischen Bischofs Auxentius von Mailand begonnen hatte, seinen Höhepunkt erreichte, begab sich Ambrosius, der Präfekt der Provinz von Aemilien und Ligurien mit Sitz in Mailand war, persönlich in die Basilika, wo die Wahl stattfinden sollte, um einen in der Krisensituation möglichen Aufstand der christlichen Bevölkerung zu verhindern. Als der Präfekt, welcher noch nicht getauft war, vor der Gemeinde auftrat, wurde er einstimmig zum Bischof gewählt.[33]

Wer sich den antiken Prätext und die Art seiner Wiederaufnahme und Aktualisierung durch Ambrosius vor Augen führt, wird zustimmen, dass sich darin Einflüsse der antiken Philosophie, Geschichte und Literatur, aber auch Elemente aus den Schriften des Alten und Neuen Testaments durchdringen und erzählerisch miteinander verbunden werden. In *De officiis ministrorum* vereinen sich Diskurse aus Judentum, Antike und Christentum. Wer wissen möchte, wie diese Diskurse ineinander verflochten sind, sieht sich auf eine Ganzlektüre des Traktats verwiesen, wenn ihm nicht Beobachtungen der folgenden Art genügen: Das Werk wird von Anfang an bewusst unter christliche Vorzeichen gestellt. Es geschieht, indem

---

29 Ambr. *off.* 1,41,203 und 206: *hic Laurentium sanctum ad hoc nullus urgebat, nisi amor devotionis; tamen et ipse post triduum, cum illuso tyranno, impositus super craticulam exureretur: Assum est, inquit, versa et manduca. Ita animi virtute vincebat ignis naturam.*
30 Ambr. *off.* 1,40–41,196–200.
31 Ambros. *off.* 1,42,208.
32 Zu seinem Handeln als Bischof vgl. Ambr. *off.* 2,28,121, wo er sich gegen Kritik der Arianer rechtfertigt wegen des Einschmelzens goldener Kirchengefäße. Deren Erlös war verwendet worden, um Gefangene freizukaufen. Ambrosius berichtet *off.* 2,29,123, wie er sich mit dem Bischof von Ticino dem Kaiser widersetzte, um die Einlagen von Witwen vor staatlichem Zugriff zu schützen.
33 Zur Bischofswahl vgl. Ambr. *off.* 1,1,2 *cum iam effugere non possimus officium docendi quod nobis refugientibus imposuit sacerdotii necessitudo.*

Ambrosius der eigentlichen Abhandlung, die den ciceronischen Prätext verarbeitet und sich in Abhängigkeit von der antiken Philosophie begibt, eine Art von Vorspann vorausschickt.[34] Darin schärft er seinen Rezipienten die Bedeutung von Schweigen, Demut und Unterordnung als Grundlagen des Priesteramts ein.[35] Mit der sich selbst verleugnenden Demut hebt er den neutestamentlichen Angelpunkt christlichen Denkens hervor und grenzt ihn ab von der Selbstbehauptung als Grundlage antiken Denkens.[36] Ambrosius integriert einen längeren Exkurs über die göttliche Vorsehung. Darin werden die Grundlagen des christlichen Monotheismus erörtert. Vor dem Hintergrund der Frage nach der Freiheit respektive Gebundenheit menschlichen Handelns wird der christliche Monotheismus ebenso vom antiken Polytheismus wie von den deterministischen Konsequenzen des stoischen Materialismus bzw. des Panentheismus unterschieden.[37] In seiner Erörterung des Verhaltens der Menschen untereinander und der Pflichten gegenüber den Mitmenschen macht Ambrosius immer wieder deutlich, dass die christliche Morallehre im Unterschied zur antiken Individualethik eine Sozialethik ist, die das menschliche Gegenüber und damit das ‚Du' statt des ‚Ichs' in den Mittelpunkt stellt. Das wird an der Behandlung der Freigebigkeit, der *beneficentia* oder *liberalitas* des Handelnden, sichtbar. Unter christlichen Vorzeichen erscheint sie als Barmherzigkeit oder *misericordia*, mit welcher Bedürftigen Almosen gegeben, Witwen vor Vermögensverlust bewahrt oder Kriegsgefangene freigekauft werden. Trotz des antiken Ausgangspunkts des Traktats wird der christliche Diskurs also bald dominant und bleibt bis zum Ende der Abhandlung bestimmend.

Die Art und Weise, wie sich Ambrosius in *De officiis ministrorum* an Form und Inhalt seines ciceronischen Prätexts orientiert, lässt sich als ‚konservierende Heteronomie' beschreiben. Der Kirchenvater bewahrt die Makrostruktur und den Gedankengang seines Prätexts in einem hohen und zugleich stärkeren Maße als andere Autoren, auch wenn er seine Vorlage mit Paratexten rahmt, welche die Grundlagen christlichen Denkens ins Bewusstsein heben und den antiken Prätext so mit christlichen Vorzeichen versehen.[38] Demgegenüber können wir die Art und Weise, wie Augustinus mit seinem ciceronischen Prätext umgeht, als ‚rekonstituierende Heteronomie' bezeichnen. Beide Begriffe sind selbstverständlich graduell ge-

---

[34] Ambr. *off.* 1,1–7,1–23.
[35] Ambr. *off.* 1,2–6,5–22 zum Schweigen (*silentium, tacere*) und *off.* 1,3,13 zu Demut (*humilitas*), Bescheidenheit (*modestia*), Sanftmut (*mansuetudo*) und Geduld (*patientia*).
[36] Zu den unvereinbaren Voraussetzungen antiken und christlichen Denkens vgl. Vielberg (1996) 113–124 und, zusammenfassend, 125–127.
[37] Ambr. *off.* 1,13–16,47–64.
[38] Ambr. *off.* 1,1–6,1–22 und 3,22,132–136 bes. 3,22,132 *non potest enim homini amicus esse, qui Deo fuerit infidus. pietatis custos amicitia est*; 3,22,136 *ergo qui fecerit mandata Dei, amicus est.*

stuft und auf die Umgangsweisen anderer Autoren mit ihren jeweiligen Prätexten bezogen. Wie ist ‚rekonstitutierende' im Unterschied zu ‚konservierender' Heteronomie definiert? Was ist in Augustins Schrift *Gegen die Akademiker* unter ‚rekonstituierender' Heteronomie zu verstehen? In Augustins Dialog sind zwar zahlreiche oder sogar die meisten philosophischen und literarischen Elemente der ‚einen' ciceronischen Vorlage der *Academici libri*[39] (und, natürlich, auch anderer Prätexte aus Ciceros Feder) vorhanden. Aber diese Elemente werden nach dem schöpferischen Willen Augustins neu geordnet und frei gestaltet. In diesem kreativen Prozess entsteht ein neuer textlicher Kosmos, der zwar auf Schritt und Tritt Ciceros Welt der antiken Philosophie atmet und damit wie *De officiis ministrorum* auf den ciceronischen Prätext hin transparent ist, aber gegenüber der Vorlage einen ganz eigenständigen Duktus und eine Gestaltung nach anderen ethischen, literarästhetischen und erkenntnistheoretischen Prinzipien aufweist.

Um welche Elemente handelt es sich? Wie werden sie gestaltet? Was berechtigt und befähigt Augustinus zu dieser Gestaltung? Was bezweckt und erreicht der Kirchenvater damit? Zur Beantwortung dieser Fragen werden die philosophischen und literarischen Elemente, die Augustins *Contra Academicos* ausmachen, bezüglich ihrer Anbindung und Abgrenzung, ihrer Ähnlichkeit zu ihrem Prätext und ihrer Differenz davon betrachtet. Dabei werden anfangs eher die formbezogenen Elemente behandelt. Später tritt mit der Frage nach dem Status menschlichen Wissens und der Kritik der hellenistischen Erkenntnistheorie der eigentliche Gegenstand des Dialogs in den Mittelpunkt. Wie eingangs gesagt, zieht sich Augustinus im September 386 mit seinen Angehörigen, Freunden und Schülern zu einem *otium liberale* auf ein Landgut in Cassiciacum zurück. Die dort mit großer Gelehrsamkeit und vollendeter Urbanität geführten Gespräche sollen zwar nicht von einem Stenographen aufgezeichnet worden sein – mit diesem Topos spielt der Autor nur –, aber in *Contra Academicos* gewissermaßen gespiegelt werden. Wie in Ciceros Dialogen begegnen die Gesprächspartner einander mit vollendeter Höflichkeit, wenn sie sich gegenseitig Rollen wie diejenige des Schiedsrichters zuweisen, sich gegenseitig zum Gespräch auffordern oder die in einem Gespräch aufkommende Spannung mit einer ironischen Bemerkung oder einem Witz auflockern, bevor sie, wie die Teilnehmer am *Rednerdialog* des Tacitus, am Ende lachend auseinandergehen.[40] Wie in Ciceros Werken wird auf den Ort und die Umstände des Gesprächs eingegangen. Es geschieht aber detaillierter als in den ciceronischen Prätexten. So wird die Ausstattung des Landhauses in Cassiciacum mit einem Bad oder das Verhalten der

---

[39] „Welche der beiden Versionen der *Academici Libri* Augustin gekannt hat, lässt sich nicht feststellen." Vgl. Fuhrer (1993), 114, Anm. 35.
[40] Aug. *c. acad.* 3,45 *Hic cum arrisissent, finem tantae conflictionis – utrum firmissimum nescio, modestius tamen et citius quam speraveram – fecimus.* Vgl. Tac. *dial.* 42,2.

Gesprächspartner bei einem Wetterumschwung erwähnt. In *Contra academicos* finden sich häufiger Unterbrechungen des Gesprächs als in Ciceros Dialogen durch tägliche Routinen wie die Einnahme von Mahlzeiten, welche die Mutter des Augustinus für die Anwesenden zubereitet.[41] Die Störungen sind nicht nur häufiger, sondern dauern auch länger als in Ciceros Dialogen. So fingiert der Dialog, dass zwischen dem ersten und zweiten Gespräch sieben Tage vergehen,[42] in denen Augustinus und seine Schüler drei Bücher aus Vergils Aeneis lesen.[43] Den Schülern scheinen solche Auszeiten willkommen zu sein. Trygetius liebt Vergil und Licentius will sich lieber selbst als Dichter versuchen. Daher sind die häufigen Pausen vielleicht auch aus der geringeren Aufmerksamkeitsspanne der Schüler oder aus der didaktischen Klugheit ihres Lehrers zu erklären, der seine Schüler nicht überfordern möchte.

Romanianus, der im Vorwort des zweiten Buchs angesprochen wird, ist nicht nur Vater des klügsten Schülers Licentius, sondern auch ein Gönner des Augustinus, der ihn im Studium materiell unterstützte und beim Tod des Vaters tröstete.[44] Augustinus hatte seinen Beruf als Rhetor wegen eines Lungenleidens aufgeben müssen[45] und damit die Erwerbsquelle verloren, mit der er seine Familie, die auf ihn angewiesen war, ernährte.[46] Mit solchen Hinweisen werden auch die ökonomischen Grundlagen des Aufenthalts in Cassiciacum beleuchtet. Der Dialog kann daher auch als Rechenschaftsbericht gegenüber Romanianus gelesen werden. Mit den *Tusculanae disputationes* und *De fato* gibt es auch von Cicero Gespräche zwischen Lehrern und Schülern, die in den *Tuskulanen* freilich beide anonym bleiben. Meist sind Ciceros Dialoge aber Gespräche unter römischen Honoratioren, die sich nach ihrem Alter und Sozialprestige eher gleichen, und haben daher ein geringeres Autoritätsgefälle als in den Frühdialogen des Augustinus. Aus diesem Autoritätsgefälle gewinnt der Kirchenvater in *Contra Academicos* eine eigentümliche Dynamik. Der Dialog beginnt als ,Schülergespräch', zu dem Augustinus Licentius und Trygetius ermuntert. Alypius liebäugelt anfangs mit der Rolle des Schiedsrichters, entzieht sich aber später

---

41 Aug. *c. acad.* 1,25; 2,13; 3,6.
42 Aug. *c. acad.* 2,10 *Post pristinum sermonem, quem in primum librum contulimus, septem fere diebus a disputando fuimus otiosi* ...
43 Aug. *c. acad.* 2,10.
44 Aug. *c. acad.* 2,3 *Tu me adulescentulum pauperem ad studia pergentem et domo et sumptu et, quod plus est, animo excepisti; tu patre orbatum amicitia consolatus es, hortatione animasti, ope adiuvisti.*
45 Aug. *c. acad.* 1,3 ... *nisi me pectoris dolor ventosam professionem abicere et in philosophiae gremium confugere coegisset.*
46 Aug. *c. acad.* 2,4 ... *sed me tanto meorum onere, quorum ex officio meo vita penderet, multisque necessitatibus vel pudoris mei vani vel ineptae meorum miseriae refrenari.*

dieser Verantwortung, indem er eine andere Verpflichtung vorschützt.[47] Die Schüler machen in ihrer Disputation über das Wesen des Wissens eine gute Figur. Aber es ist nur ein Vorgeplänkel im Vergleich zu den Streitgesprächen des zweiten und dritten Buchs. Die eigentliche Auseinandersetzung beginnt mit einem Dialog zwischen Augustinus und Licentius. Der Lehrer setzt seinen Starschüler, der die akademische Skepsis verteidigt, mit dem Argument unter Druck, „dass, wer von einem *veri simile* spreche, doch notwendigerweise das *verum* kennen müsste – was aber die Akademiker vehement bestritten, weshalb sie sich lächerlich machten (2,7,19)."[48] Als Licentius sich geschlagen gibt, folgt ein Streitgespräch zwischen Augustinus und seinem Freund Alypius. Augustinus greift die Akademiker an,[49] indem er die Frage aufwirft, ob der akademische Weise über Wissen verfüge. Als sich Alypius der elenktischen Gesprächsführung nicht mehr gewachsen zeigt, geht das Gespräch phasenweise in einen Monolog über.[50] Augustinus behält somit das letzte Wort und das bekenntnishafte Finale von *Contra Academicos* gewinnt den Charakter einer Sphragis, wenn der auktoriale Ich-Erzähler darlegt, von nun an sein Leben ganz der Suche nach der menschlichen Weisheit widmen zu wollen (Aug. *c. acad.* 3,43):

> *Sed ut breviter accipiatis omne propositum meum: quoquo modo se habeat humana sapientia, eam me video nondum percepisse; sed cum tricesimum et tertium aetatis annum agam, non me arbitror desperare debere eam me quandoque adepturum. Contemptis tamen ceteris omnibus, quae bona mortales putant, huic investigandae inservire proposui.*

> Doch damit ihr kurz mein ganzes Anliegen vernehmt: Wie es auch um die menschliche Weisheit stehen mag, ich sehe, daß ich sie noch nicht erfaßt habe. Doch da ich zweiunddreißig Jahre alt bin, glaube ich nicht, die Hoffnung aufgeben zu dürfen, daß ich sie einmal erlangen werde. Doch habe ich mir vorgenommen, unter Nichtachtung all dessen, was die Sterblichen als Güter ansehen, mich der Aufgabe zu weihen, sie aufzuspüren. (Voss (1982) 142)

Was als harmloser Spaß eines Schülergesprächs begonnen hatte, gewinnt so existentielle Bedeutung und endet auf einer ernsten Note.

Der eigentliche Gegenstand des Dialogs *Contra Academicos* ist die im Hellenismus unter dem Oberbegriff der ‚Logik' diskutierte Erkenntnistheorie. Die Erkenntnistheorie wird aber nicht völlig abstrakt und damit isoliert betrachtet,

---

[47] Aug. *c. acad.* 1,5 *Hic Alypius: Huius quaestionis, inquit, iudicem me tutius puto. Cum enim iter mihi in urbem sit constitutum, oportet me onere alicuius suscipiendae partis relevari, simul quod facilius iudicis partes quam cuiusquam defensionis cuipiam delegare possum.*
[48] Fuhrer (1993) 114.
[49] Aug. *c. acad.* 1,25 *Tibi autem si, ut sentio, Academici placent, vires ad eos defendendos validiores para; nam illos ego accusare decrevi.*
[50] Aug. *c. acad.* 3,15 *Morem, inquam, vobis geram et ... perpetua, ut vultis, oratione audite ...*

sondern unter dem Primat der praktischen Philosophie. Danach ist ein gelingendes Leben nur unter der Bedingung möglich, dass ein zureichendes Wissen davon vorhanden ist, worin die Eudaimonie des Menschen besteht und wie sie erreicht werden kann. Denn glücklich ist man, so Augustins These, nur im Besitz der Wahrheit.[51] Wie der Titel *Contra Academicos* ausweist, wendet sich Augustinus nicht gegen alle hellenistischen Philosophenschulen, sondern macht, seiner intellektuellen Entwicklung entprechend,[52] auf einer ersten Ebene jedenfalls vordergründig die Akademiker zu seinen Hauptgegnern. Daher werden auf Seiten der griechischen Philosophie Arkesilaos und Karneades und von den römischen Philosophen Cicero als Widersacher genannt.

Warum mochte Augustinus seinem Frühdialog *Contra Academicos* in den *Retractationes* später einen anderen Titel geben?[53] War es ein Zufall, dass der Kirchenvater sein Werk rückblickend *De Academicis* benannte? Oder können wir dem Titel *De Academicis* einen Sinn abgewinnen? Als der Dialog fortschreitet, wird allmählich deutlich, dass sich Augustinus zwar hauptsächlich gegen die akademische Erkenntnistheorie wendet, weil sie die Erkenntnis der Wahrheit (*verum*) bestreitet und glaubt, mit der Wahrscheinlichkeit (*veri simile, probabile*) als Voraussetzung menschlichen Handels auszukommen.[54] Statt einer rein sensualistischen Erkenntnistheorie das Wort zu reden, wie sie auch für die übrigen Philosophenschulen des Hellenismus kennzeichnend ist, setzt der Kirchenvater auf eine rationalistische Erkenntnistheorie. Dementsprechend geht Augustinus auch von dem platonischen Dualismus einer Geistes- und Sinnenwelt aus.[55] Mit der Ablehnung einer sensualistischen Erkenntnistheorie ist aber das im Hellenismus zum Standard gewordene Modell kataleptischer Erkenntnis erledigt. Dasselbe gilt auch für das Wahrheitskriterium der Schule Epikurs. Daher wendet sich Augustinus im Gespräch mit Alypius und im anschließenden Monolog mehr und mehr gegen Stoiker und Epikureer, die auch wegen ihrer materialistischen Weltdeutung kritisiert werden.[56] Im Verlauf des Gesprächs geraten die Akademiker immer weiter aus dem Focus der Angriffe

---

51 Aug. *c. acad.* 1,5 *Quid hoc ipsum? inquam, existimatisne beatos nos esse posse etiam non inventa veritate?*
52 Diesen Gesichtspunkt unterstreicht Fuhrer (2004) 77.
53 Fuhrer (2004) 70 erklärt den alternativen Titel *De academicis* daraus, „dass Augustin in den *Retractationes* auch von den *libri de Academicis* spricht."
54 Dazu Fuhrer (1993).
55 Vgl. Aug. *c. acad.* 3,26 *Quicquid enim contra sensus ab eis disputatur, non contra omnes philosophos valet. Sunt enim, qui omnia ista, quae corporis sensu accipit animus, opinionem posse gignere confitentur, scientiam vero negant, quam tamen volunt intellegentia contineri remotamque a sensibus in mente vivere.*
56 Zur Kritik an Zenos materialistischem Monismus vgl. Aug. *c. acad.* 3,38 *Quamobrem cum Zeno sua quadam de mundo et maxime de anima, propter quam vera philosophia vigilat, sententia delec-*

und scheinen mit einer eigentümlichen Dialektik am Ende des Dialogs sogar als potentielle Verbündete aufgewertet zu werden. Die Aufwertung vollzieht sich in der Weise, dass die skeptische Wende in der Geschichte der Akademie mit einer Art von Irrtumstheorie erklärt wird. Arkesilaos habe sich auf den Standpunkt der Urteilsenthaltung zurückgezogen, weil er die platonische Lehre vor Zenons vernichtendem Zugriff bewahren wollte, den der Begründer der Stoa mit Hilfe des Wahrheitskriteriums der kataleptischen Erkenntnis führte.[57] Daher habe sich Arkesilaos nach außen hin in der Auseinandersetzung mit der Stoa auf den skeptischen Standpunkt zurückgezogen, die Wahrheit sei unerkennbar. Die platonische Metaphysik sei aber als innerakademische Geheimlehre in jener Periode der skeptischen Akademie bewahrt worden.[58] Diese philosophiehistorische Wendung des Gesprächs könnte die Doppelung des Titels in der Rückschau der *Retractationes* erklären helfen. Wenn Augustinus *De Academicis* als Alternative zu *Contra Academicos* angibt, könnte er der dialektischen Bewegung Rechnung getragen haben, die im Dialog zu einer Veränderung der philosophischen Stoßrichtung führt. Denn am Ende des Gesprächs ist die Gegnerschaft der rationalistischen Erkenntnistheorie des Platonismus und der sensualistischen Erkenntnistheorien der hellenistischen Philosophenschulen wichtiger als Augustins Auseinandersetzung mit den Spielarten und Vertretern der akademischen Skepsis.

Diese Wendung des Gesprächs erklärt auch die unterschiedliche Behandlung der hellenistischen Philosophenschulen und ihrer griechischen und römischen Protagonisten. Charakteristisch ist, dass Augustinus mit allen Vertretern über die Zeiten hinweg ins Gespräch kommt bzw. durch wiederholte Ethopoiie ein Gespräch simuliert. Mit Cicero steht zunächst vor allem der Autor seines Prätextes im Vordergrund. In einem Schülergespräch wird von Trygetius und Licentius die Frage erörtert, welche philosophische Autorität als Weiser gelten könne. In dieser Erörterung wird Cicero das Prädikat und der Status eines Weisen zugesprochen (Aug. *c. acad.* 1,7):

> *Et ille* (sc. Licentius)*: Potest apud te vivere, inquit, auctoritas maiorum? – Non omnium, inquit Trygetius. – Quorum tandem? – Ille: Eorum scilicet, qui sapientes fuerunt. – Tum Licentius: Carneades, inquit, tibi sapiens non videtur? – Ego, ait, Graecus non sum, nescio Carneades iste qui fuerit. – Quid? inquit Licentius, de illo nostro Cicerone quid tandem existimas? – Hic*

---

taretur dicens eam esse mortalem nec quicquam esse praeter hunc sensibilem mundum nihilque in eo agi nisi corpore – nam et deum ipsum ignem putabat –, ...
57 Zum Widerstand des Arkesilaos gegen den stoischen Materialismus Aug. *c. acad.* 3,38 ... *prudentissime atque utilissime mihi videtur Arcesilas, cum illud late serperet malum, occultasse penitus Academiae sententiam et quasi aurum inveniendum quandoque posteris obruisse.*
58 Aug. *c. acad.* 3,38 *Haec et alia huius modi mihi videntur inter successores eius, quantum poterant, esse servata et pro mysteriis custodita.* Ähnlich auch Fuhrer (1993) 119 und (2004) 69.

3.1 Modi literarischer Heteronomie bei Ambrosius und Augustinus und ihre Zwecke — 231

> *cum diu tacuisset: Sapiens fuit, inquit. – Et ille: Ergo eius de hac re sententia habet apud te aliquid ponderis? – Habet, inquit. –Accipe igitur, quae sit; nam eam tibi excidisse arbitror. Placuit enim Ciceroni nostro beatum esse, qui veritatem investigat, etiamsi ad eius inventionem non valeat pervenire. – Ubi hoc, inquit, Cicero dixit? – Et Licentius: Quis ignorat eum affirmasse vehementer nihil ab homine percipi posse nihilque remanere sapienti nisi diligentissimam inquisitionem veritatis, propterea quia, si incertis rebus esset assensus, etiamsi fortasse verae forent, liberari errore non posset, quae maxima est culpa sapientis?*
>
> „Vermag", fragte er, „bei dir die Autorität der Vorfahren etwas?" – „Nicht aller", sagte Trygetius. – „Welcher denn?" – „Derer natürlich, die Weise waren." – „Karneades war nach deiner Meinung kein Weiser?" fragte Licentius. – „Ich bin kein Grieche; ich weiß nicht, wer dieser Karneades war." – „Und von unserem Cicero", fragte Licentius, „was hältst du von ihm?" – Da sagte Trygetius nach langem Schweigen: „Er war ein Weiser." – „Also hat seine Meinung hierzu bei dir einiges Gewicht?" – „Ja." – „Vernimm also, was seine Meinung ist. Ich glaube nämlich, sie ist dir entfallen. Unser Cicero war nämlich der Ansicht, glücklich sei, wer nach der Wahrheit forscht, auch wenn er zu ihrer Entdeckung nicht zu gelangen vermag." – „Wo hat Cicero das gesagt?" – Darauf Licentius: „Wer weiß denn nicht, daß er mit allem Nachdruck erklärt hat, der Mensch könne nichts erfassen, und es bleibe dem Weisen nichts anderes übrig als sorgfältige Suche nach der Wahrheit, und zwar deshalb, weil er bei Zustimmung zu Unsicherem, selbst wenn es zufällig wahr sein sollte, nicht von Irrtum befreit werden könne, was das größte Vergehen eines Weisen sei." (Voss (1982) 49)

Cicero wird der Status eines Weisen zwar schon bald wieder abgesprochen. Aber es fällt doch die Hochachtung auf, mit welcher der römische Philosoph behandelt wird (Aug. *c. acad.* 1,8):

> *Et cum discessit* (sc. Alypius): *Quid, inquit Licentius, temere concesseras? profer. – Et ille* (sc. Trygetius): *Temere dedi, inquit, Ciceronem fuisse sapientem. – Ergone Cicero sapiens non fuit, a quo in Latina lingua philosophia et incohata est et perfecta? – Etsi concedam, inquit, esse sapientem, non omnia tamen eius probo.*
>
> Als er gegangen war (sc. Alypius), fragte Licentius: „Was hattest du unüberlegt zugegeben? Bring's vor!" – „Ich habe unüberlegt zugegeben, daß Cicero ein Weiser war." – „Also war Cicero nicht weise, von dem die Philosophie in lateinischer Sprache begonnen und zur Vollendung gebracht worden ist?" – „Wenn ich auch zugebe, daß er ein Weiser ist, so bin ich doch nicht mit allen seinen Äußerungen einverstanden." (Voss (1982) 50–51)

Cicero gewinnt hier nicht nur den ihm gebührenden Rang eines kanonischen Autors, der ihm zu Lebzeiten und in der frühkaiserzeitlichen Rezeption verwehrt wurde. Cicero wird auch zur philosophischen Autorität. Dieser Eindruck verstärkt sich, wenn wir den polemischen Ton und die Art und Weise bedenken, wie der Kirchenvater mit den Scholarchen der hellenistischen Philosophenschulen in der weiteren Diskussion verfährt. Die sarkastischen Untertöne seiner Ethopoiien erinnern stellenweise an Lukians Philosophensatiren *Der Lebenshandel* (*Vitarum auctio*) und *Die Wiederauferstandenen* (*Reviviscentes*), in denen die Vertreter aller Epochen und Schulen der griechischen Philosophie von den Vorsokratikern bis zum Hellenismus verulkt und lächerlich gemacht werden. So nimmt Augustinus zuerst den Skeptiker Karneades aufs Korn, der sich, wie Augustinus fingiert, beim Erwachen aus dem Schlaf eine gänzlich absurde Frage gestellt haben soll (Aug. c. acad. 3,22):

> Duo sunt, quae ab Academicis dicuntur, contra quae, ut valemus, venire instituimus: nihil posse percipi et nulli rei debere assentiri. De assentiendo mox; nunc alia pauca de perceptione dicemus. Nihilne prorsus dicitis posse comprehendi? Hic evigilavit Carneades – nam nemo istorum minus alte quam ille dormivit – et circumspexit rerum evidentiam. Itaque credo secum ipse, ut fit, loquens: 'Ergone,' ait, 'Carneade, dicturus es nescire te, utrum homo sis an formica?

> Zweierlei ist es, was die Akademiker vertreten und wogegen wir nach Kräften anzugehen pflegen: daß nichts erfaßt werden könne und daß man keiner Sache zustimmen dürfe. Über das Zustimmen gleich; zunächst noch einiges Wenige zum Problem des Erfassens. Reinweg gar nichts könne erfaßt werden, sagt ihr? Hier erwachte Karneades – niemand von ihnen schlief nämlich tiefer als er – und hielt unter den eindeutigen Gegenständen der Erscheinungswelt Umschau. Ich denke mir, er hat mit sich selbst gesprochen, wie es vorkommt, und gesagt: ‚Du willst also sagen, Karneades, du wüßtest nicht, ob du ein Mensch oder eine Ameise bist?' (Voss (1982) 117–118)

Als Nächste geraten die Atomisten ins Visier des christlichen Platonikers. Epikur wird als Erbe Demokrits wegen seiner Theorie der Parenklisis verhöhnt (Aug. c. acad. 3,23):

> Quomodo enim inter Democritum et superiores physicos de uno mundo et innumerabilibus litem diiudicabimus, cum inter ipsum heredemque eius Epicurum concordia manere nequiverit? Nam iste luxuriosus, cum atomos quasi ancillulas suas, id est corpuscula, quae in tenebris laetus amplectitur, non tenere viam suam sed in alienos limites passim sponte declinare permittit, totum patrimonium etiam per iurgia dissipavit.

> Wie sollen wir denn den Streit zwischen Demokrit und den alten Naturphilosophen, ob es eine oder unzählige Welten gibt, entscheiden, wenn zwischen ihm und seinem Erben die Einmütigkeit keinen Bestand haben konnte? Denn dieser Schwelger hat seinen Atomen, das heißt den kleinen Körperchen, die er in der Finsternis voll Freude umfängt, als wären es seine Hausmägdlein, erlaubt, statt auf ihrem Weg zu bleiben, von sich aus allenthalben in fremdes Gebiet abzubiegen, und hat auch das ganze Erbteil durch Prozesse verschleudert. (Voss (1982) 119)

Ironisch gefärbt ist nicht nur die Beschreibung seiner philosophischen Widersacher, sondern auch die Darstellung der jugendlichen Gesprächspartner Augustins. Sie haben nicht nur gehörigen Respekt vor ihrem Lehrer. Ihre Angst vor Augustinus ist so groß, dass sie es nicht wagen, sich im Gespräch mit ihm zu messen. Licentius will lieber Alypius mit dieser Aufgabe betrauen.[59] Ist es nur ein Ausweis von geistiger Trägheit der Schüler oder Ausdruck ihrer Missachtung der Philosophie, wenn sie

---

59 Aug. c. acad. 2,17.

ihren Lehrer drängen, ihnen in einer Kurzwiederholung noch vor der Mittagspause die Lehre der akademischen Skepsis darzustellen?[60] Trygetius fühlt sich unwohl in der Rolle des Verteidigers der Akademie. Daher drängt er Alypius, die Verteidigung der skeptischen Akademie gegen Augustinus zu übernehmen. Der jugendliche Gesprächspartner möchte so entlastet und die Schüler gleichsam in die ‚Ferien' entlassen werden.[61] Aus Bemerkungen wie diesen gewinnen die Charaktere der Schüler nicht nur an Plastizität. Ihre Interventionen erklären auch die Entwicklung des Gesprächs. Als sich Alypius auf die Rolle des Verteidigers der Akademie eingelassen hat,[62] wird er von Augustinus, der sich als überlegener Gesprächspartner erweist, systematisch unter Druck gesetzt und immer weiter in die Enge getrieben. Denn bei der elenktischen Gesprächsführung Augustins werden Prämissen langfristig vorbereitet und dem Gegenüber durch geschicktes Fragen Fallen gestellt. Stimmt das Opfer zu, wird es langsam eingekreist und verfängt sich in einem fein gesponnenen Netz zugestandener Prämissen. Daher lässt sich derjenige Moment des Dialogs genau angeben, an dem der Anwalt der akademischen Philosophie durch seine eigenen Zugeständnisse überwunden wird.[63] Der Anwalt der Akademie und seine Begründungen ihrer probabilistischen Lehre werden so mit logischen Mitteln in einen Widerspruch geführt.

Wie ist die Argumentation des Kirchenvaters zu rekonstruieren? Wer Weisheit besitzt, muss ein Wissen von etwas Bestimmten haben. Wissen von einer Wahrscheinlichkeit genügt nicht, da Wissen *per definitionem* immer den Irrtum ausschließt, was bei einer Wahrscheinlichkeit nicht gegeben ist. Indem sich Augustinus gegen den Begriff der ‚Wahrscheinlichkeit' als handlungsleitendem Kriterium wendet, nimmt er den Kampf gegen die hellenistische Philosophie mit ihren eigenen Waffen auf. Er wechselt auch nicht den Kampfplatz, sondern sucht die akademische Philosophie, die hier stellvertretend für andere sensualistische Erkenntnistheorien des Hellenismus steht, auf ihrem eigenen Terrain zu schlagen und dadurch zugleich die Überlegenheit und Gültigkeit der von ihm vertretenen philosophischen Alternative zu erweisen. Es ist die rationalistische Erkenntnistheorie Platons und des spätantiken Platonismus, der namentlich durch Plotin,[64] aber auch von christli-

---

60 Aug. *c. acad.* 2,10.
61 Aug. *c. acad.* 2,20 *En habes Alypium, cuius adventus nobis quaeso ferias dederit, quem te iamdudum non frustra formidare arbitramur.*
62 Zur Übernahme der Rolle des Anwalts der skeptischen Akademie vgl. Aug. *c. acad.* 1,21.
63 Dieser Punkt scheint Aug. *c. acad.* 3,9 mit dem Zugeständnis erreicht, dass der Weise ein Wissen von der Weisheit haben kann. *Si inveniri, inquit, sapiens, qualem ratio prodit, queat, potest videri mihi scire sapientiam.*
64 Aug. *c. acad.* 3,41 ... *dimotis nubibus erroris emicuit maxime in Plotino, qui Platonicus philosophus ita eius similis iudicatus est, ut simul eos vixisse ...*

chen Platonikern vertreten wird. Im Unterschied zu den monistischen Theorien des Hellenismus beruht der Platonismus auf der dualistischen Metaphysik von Sinnen- und Geisteswelt. Da es durch die menschliche Vernunft einen privilegierten Zugang zu der Geisteswelt gibt, werden die Sinne nicht als einzige Quelle des Erkennens betrachtet. Auch der Vernunft, der *ratio* wird ihre Aufgabe zugewiesen.[65] Deswegen verändert sich im letzten Drittel des Dialogs auch die Argumentationsweise Augustins. Die destruktive Elenktik, mit der Augustinus im zweiten Buch die sensualistische Erkenntnistheorie der akademischen Skepsis widerlegt hatte, wird im dritten Buch durch eine konstruktive Herangehensweise ersetzt. Augustinus sammelt nun Argumente, um seinen Gesprächspartnern die Existenz einer platonischen Geisteswelt plausibel zu machen, welche nicht nur eigene Entitäten aufweist, sondern in der Erkenntnis dieser Entitäten nicht von der Sinneswahrnehmung abhängig ist.[66] Wie Platon verweist Augustinus dazu auf die Welt der Zahlen und darauf, dass mathematische Sätze unabhängig von dem Bewusstseinszustand potentieller Betrachter notwendig wahr sind.[67] „Wie der Pythagoreismus und der Neuplatonismus fasst Augustinus also die Mathematik als Inbegriff von Gewißheit auf ..."[68] Mit der Behauptung der Richtigkeit des Satzes, dass es entweder eine oder mehrere Welten geben müsse,[69] versucht Augustinus die apriorische Gewissheit bestimmter naturphilosophischer Aussagen über die physikalische Welt darzutun. Es sind Aussagen, die, wie gezeigt wurde, freilich nichts weiter als die Gültigkeit der logischen Grundlagen unseres Denkens behaupten wie „des Satzes vom ausgeschlossenen Dritten und des Satzes vom Widerspruch, vorausgesetzt, bei den genannten Beispielen handelt es sich um Fälle vollständiger Disjunktion."[70] Der positiven Bewertung der rationalistischen Erkenntnistheorie des Platonismus entspricht auf sprachlicher Ebene die Veränderung der literarischen Metaphorik. Während Cicero für sein akademisches Philosophieren beanspruchte, dass es Licht in dunkle Sachverhalte bringe und damit für ‚Aufklärung' sorge,[71] wird die Lichtmeta-

---

65 Aug. c. acad. 3,26 *Quicquid enim contra sensus ab eis disputatur, non contra omnes philosophos valet. Sunt enim, qui omnia ista, quae corporis sensu accipit animus, opinionem posse gignere confitentur, scientiam vero negant, quam tamen volunt intellegentia contineri remotamque a sensibus in mente vivere.*
66 Aug. c. acad. 3,37 *Sat est enim ad id, quod volo, Platonem sensisse duos esse mundos, unum intellegibilem, in quo ipsa veritas habitaret, istum autem sensibilem, quem manifestum est nos visu tactuque sentire; itaque illum verum, hunc veri similem et ad illius imaginem factum et ideo de illo in ea, quae se cognosceret.*
67 Aug. c. acad. 3,25.
68 Horn (1995) 41.
69 Aug. c. acad. 3,23.
70 Horn (1995) 42.
71 Vgl. Cic. *div.* 1,2; *nat. deor.* 1,7; *ac.* 1,3; *Tusc.* 1,1; *fin.* 1,1; *Brut.* 228 und dazu Pease (1963) 354.

pher von Augustinus für die Auseinandersetzung mit der akademischen Skepsis und für die Kritik an ihr genutzt. Mit dem Atomismus Epikurs wird dagegen die Finsternis (*tenebrae*) verbunden.[72] Das jeweils vorherrschende Wetter und sein Wechsel entsprechen dem Grad der philosophischen Durchdringung der erkenntnistheoretischen Probleme. Der zweite Tag, an dem Augustinus die Lehre der akademischen Skepsis erörtert, ist heiter und lichterfüllt.[73] Am dritten Tag ist es der helle Sonnenschein, der Augustinus bei der Klärung des *probabile* oder *verisimile* der akademischen Skepsis hilft.[74] Die Dunkelheit sei dagegen Beschützerin der akademischen Skepsis.[75] Der nächste Tag ist trübe und die Sonne solange hinter dunklen Wolken verborgen, wie die probabilistische Lehre der akademischen Philosophie noch nicht widerlegt ist.[76] Der „reine und helle Mund Platons" soll erst wieder zur Geltung gekommen sein, als Plotin die dunklen Wolken des Irrtums vertrieb.[77]

3.2 Modi literarischer Autonomie bei Ambrosius und Augustinus

Wie Ambrosius in *De officiis ministrorum* durch Rückbindung an den ciceronischen Prätext seine eigene Agenda verfolgt, so stellt sich Augustinus in die Tradition von Ciceros *Academici libri*, um sich selbst und sein letztlich gegen seinen Vorläufer gerichtetes philosophisches Anliegen leichter zur Geltung zu bringen. Während wir bislang die Arten der Heteronomie diskutierten, die Ambrosius und Augustinus wählen, um mit ihrer Ausgestaltung zu einer jeweils spezifischen Autonomie zu gelangen, fragen wir nun, zu welchem Zweck sie sich in diese Abhängigkeit begeben. Welche Modi der Autonomie gewinnen Ambrosius und Augustinus durch die Wahl ihrer Heteronomie? Was motiviert sie dazu, sich in die Abhängigkeit von paganen Vorgängern zu begeben? Welche Ziele meinen die Kirchenväter zu erreichen oder erreichen sie tatsächlich, wenn sie, um ein Wort von Bernhard von Chartres zu variieren, nicht „als Zwerge auf den Schultern von Riesen" stehen,[78] um mehr und weiter zu sehen,

---

72 Aug. *c. acad.* 3,22.
73 Aug. *c. acad.* 2,10 *Et forte dies ita serenus effulserat, ut nulli prorsus rei magis quam serenandis animis nostris congruere videretur.*
74 Aug. *c. acad.* 2,25.
75 Aug. *c. acad.* 2,29.
76 Aug. *c. acad.* 3,1.
77 Aug. *c. acad.* 3,41.
78 Das erstmals bei Bernhard von Chartres um 1120 bezeugte Gleichnis von den Zwergen auf den Schultern von Riesen findet sich bei Johannes von Salisbury. Er schreibt in seinem 1159 vollendeten Werk *Metalogicon* 3,4,47–50: *Dicebat Bernardus Carnotensis nos esse quasi nanos gigantum umeris insidentes, ut possimus plura eis et remotiora videre, non utique proprii visus*

sondern wenn sie sich, wie wir grundsätzlicher fragen, im Bewusstsein eigener Größe, als Riesen auf den Schultern des römischen Vorbilds Cicero darstellen. Ambrosius und Augustinus markieren einen historischen Wendepunkt, wenn sie mit dem römischen Philosophen wetteifern und seine Werke für die eigene literarische Produktion in Anspruch nehmen. Indem Ambrosius und Augustinus sich den wichtigsten Autor der römischen Welt zu eigen machen, inszenieren sie einen Paradigmenwechsel. Sie beschreiben die Geburt einer neuen Zeit auf einem zentralen Terrain der Antike. Sie verdeutlichen, wie ihre neue Welt organisch und bruchlos aus der alten Welt entsteht.

Welche literarischen Methoden verwenden die Kirchenväter, um diesen Prozess der Erneuerung durch Rückgriff auf die römische Tradition zu gestalten? Wie verarbeiten sie Form und Inhalt ihrer ciceronischen Prätexte? Mit der Metapher des ‚inneren Menschen',[79] der als eigentlicher Träger des Menschseins Priorität vor seiner äußeren Hülle besitzt,[80] lässt sich vielleicht symbolisch sagen, dass die Kirchenväter nach ihren Glaubensüberzeugungen innerlich zwar neue Menschen geworden sind, sich mit der Einkleidung ihrer Gedanken in ciceronische Prätexte aber äußerlich ein altes Gewand anlegen. Mit der formalen Nähe zu den paganen Prätexten scheint die inhaltliche Distanz der Kirchenväter nach dem Prinzip der umgekehrten Proportionalität sogar noch zu wachsen. Auch wenn der Focus der beiden Traktate der Kirchenväter und ihrer ciceronischen Prätexte mit Erkenntnistheorie und Moralphilosophie auf verschiedenen Teilgebieten der antiken Philosophie liegen, so erhalten wir, wenn wir mit Logik, Physik und Ethik die drei grundlegenden Disziplinen der hellenistischen Philosophie zusammen in den Blick nehmen, ein ziemlich kohärentes Bild der Entwicklung. Unter Bewahrung der äußeren Form vollzieht sich jeweils ein grundsätzlicher Wandel des Inhalts. Auf dem Gebiet der Logik kommt es zum Übergang von den sensualistischen Erkenntnistheorien des Hellenismus zur rationalistischen Erkenntnistheorie des spätantiken Platonismus. In der Physik werden die materialistischen Theorien des Hellenismus in Gestalt des pantheistischen respektive atomistischen Monismus der Stoiker respektive der Epikureer von dem neuplatonischen Dualismus einer Geistes- und Sinnenwelt abgelöst. In der Ethik vollzieht sich der Wechsel vom individualethischen Eudämonismus der klassischen und hellenistischen Epoche zu einer eudämonistischen Moralphilosophie, in der mit der Spende von Almosen an Bedürftige und der Nächstenliebe nun Aspekte christlicher Sozialethik und das Wohl des Nächsten im Vordergrund stehen.[81]

---

acumine, aut eminentia corporis, sed quia in altum subvehimur et extollimur magnitudine gigantea.
79 Ambr. *off.* 1,3,11 *custodi interiorem hominem tuum ...*
80 Burkert (2001) Bd. 4, 155.
81 Ambr. *off.* 2,16,76 *... pauperum alimoniis ...*; 2,25,126–127.

Mit diesen Veränderungen des philosophischen Koordinatensystems geht zwischen Ambrosius und Augustinus und dem Autor ihrer Vorlagen bzw. den literarischen Hervorbringungen der Kirchenväter und ihrer kanonischen Prätexte auf einer tieferen Ebene ein Paradigmenwechsel einher, in dem sich die Einstellung zu dem ändert, was der Mensch über Gott und die Welt denkt und wie er sich zu diesen ihn beherrschenden Mächten verhält. Während das antike Menschenbild auf ausgeprägtem Selbstwertgefühl, oder, aus christlicher Perspektive, auf Hochmut beruht, gründet das christliche Weltverständnis eher auf einer gewissen Selbstverleugnung oder, vom entgegengesetzten Standpunkt aus betrachtet, auf Demut.[82] Die Abkehr von der antiken Weltwahrnehmung und den geistigen Errungenschaften heidnischer Philosophie und Historiographie führt nicht nur mit dem paganen und christlichen Platonismus zur Öffnung neuer Horizonte, die das Mittelalter begründen und bis zur Renaissance und Aufklärung Bestand haben. Diese Entwicklung bedeutet zugleich die Schließung alter Horizonte. Die Cicerorezeption ist von dieser Schließung überkommener Horizonte nicht betroffen. Der römische Philosoph gewinnt durch Nebeneffekte dieser Abgrenzungsprozesse sogar an Autorität und Popularität. Duch die Aufmerksamkeit, die ihm Kirchenväter entgegenbringen, erlangt Cicero erst den kanonischen Rang als philosophischer Kopf, der ihm in der frühen Kaiserzeit versagt geblieben war. Der römische Philosoph wird seinen Rang als kanonischer Autor über das gesamte Mittelalter und, wie wir sehen werden, bis in die Moderne bewahren.

---

[82] Vielberg (1996) 125–127.

4 Cicero und Quintilian in der Moderne: Eklektisches Philosophieren bei Christian Thomasius und Johann Matthias Gesner

Cicero wurde nicht nur im Mittelalter und in der Frühen Neuzeit eifrig gelesen.[1] Seine Philosophie und seine Rhetorik bestimmten auch das Denken der Aufklärung.[2] Wie Cicero mit Quintilian im 18. Jahrhundert so rezipiert wurde, dass sein akademisches Philosophieren an Schule und Universität eine beachtliche Breitenwirkung erzielte und seine skeptische Denkweise die Wissenschaft beeinflusste, lässt sich an Johann Matthias Gesner verdeutlichen, einem im mitteldeutschen Raum tätigen Philologen, dessen Wirken die Entwicklung von Deutschlands Schulen und Universitäten langfristig entscheidend prägte. Gesner war der erste Professor der Beredsamkeit an der Universität Göttingen, wo er 1738 das Philologische Seminar gründete.[3] Das Philologische Seminar war das erste seiner Art in Deutschland und Europa. Die Ausbildung im Seminar beruhte wesentlich auf den *Institutiones rei scholasticae*, einem in der Seminarordnung von 1738 genannten Lehrbuch, das Gesner 1715 in Jena verfasst und veröffentlicht hatte.[4] Wichtigste Quelle seines Lehrbuchs ist Quintilians *Institutio oratoria*. Als stilistisches Muster bei der Autorenimitation werden Ciceros Reden, Briefe und seine philosophischen Dialoge empfohlen. Die auf Cicero zurückgehende Methode eklektischen Philosophierens beschreibt der Philologe als hilfreich bei der Durchdringung komplexer Sachverhalte und der Beurteilung philosophischer Systeme.[5] Daraus ergeben sich folgende Horizonte des Fragens: Wie wird Quintilians Lehrbuch nach Anlage, Adressatenorientierung und rhetorisch-stilistischer Präsenta-

---

[1] Marsh (2013) 306–317.
[2] Fox (2013) 318–336.
[3] Vgl. Schindel (1989) 9–26 sowie Eckstein (1879) 97–103; Paulsen (1921) Bd. 2, 16–30; Schindel (1964) 348–349; Classen (2001) 21–50; Fuhrmann (2001) 113–115; Schindel (2005) 34–49. Genaue biographische Angaben bis zur Göttinger Periode bei dem Zeitgenossen Götten (1735) 557–571. Kritische Töne enthält die *Memoria* von Johann David Michaelis ([1761] = 1978) hier 67–70. Die Schriften des Philologen verzeichnet Meusel (1804) 151–170.
[4] Johann Matthias Gesner, *Institutiones rei scholasticae*, Jena 1715. Zitiert als Gesn. *inst.* mit Angabe der Buch-Kapitel-, Paragraphen- und Seitenzählung nach dem Original und der Ausgabe von Vielberg (2013).
[5] Vgl. Gesn. *inst.* praef. auctor. (100) *Quin fateor me praeter Quintilianum, scriptores de studiorum ratione a Tho. Crenio aliquot fascibus editos, ac Io. Lud. Vivis libros de disciplinis, denique Erh. Weigelii commentationes, quae ad hoc argumentum pertinent, non negligenter pervolutasse, tum quae Ill. Thomasius in cautelis, Io. Clericus in Arte Critica, Summe Rev. Buddeus in disp. de cultura ingenii, alii aliis in locis, habent instituto nostro convenientia, non neglexisse.* Siehe auch Gesn. inst. 2,3,9 (72/190–192): *Prae omnibus vero commendanda est futuro Praeceptori, M. Fabii Quinti-*

tion des Lehrstoffs imitiert? Auf welche Weise verarbeitet Gesner Quintilians Definition des Redners und seinen literarischen Kanon? Wie berücksichtigt er die Maxime, angehende Redner müssten vielseitig gebildet sein? Mit welchen Mitteln gelingt es Gesner, die antike Philosophie für die Ausbildung im Philologischen Seminar fruchtbar zu machen? Wie macht er sich Ciceros philosophische Methode zu eigen? Welche Bedeutung haben Cicero und Quintilian für die bildungs- und wissenschaftsgeschichtliche Entwicklung des ‚langen 18. Jahrhunderts' und der Moderne?

Zur Klärung dieser Fragen steht zunächst der Werdegang des Philologen bis zu seiner Berufung nach Göttingen im Mittelpunkt. Die Schul- und Universitätsreformen des Professors der Beredsamkeit und Poesie, die 1738 in Göttingen in der Gründung des ersten Philologischen Seminars gipfelten, werden unter Berücksichtigung ihrer Bildungsziele behandelt. Endlich geht es um die Frage, wie Quintilians Lehrbuch der Rhetorik und Ciceros Philosophie in den *Institutiones rei scholasticae* verarbeitet wurden, welche die Ausbildung von Philologen und Altertumswissenschaftlern in ihrer Eigenschaft als Gründungsurkunde des Neuhumanismus nachhaltig beeinflussten.

4.1 Gesners Werdegang

Johann Matthias Gesner wurde 1691 in einem fränkischen Pfarrhaus in Roth an der Rednitz bei Nürnberg geboren.[6] Er war das dritte von siebzehn Kindern.[7] Der Vater starb, als der Sohn dreizehn Jahre alt geworden war. Die Mutter heiratete den Amtsnachfolger. Der Stiefvater erkannte die besondere Begabung des Jungen, der bald mehr als ein Dutzend Sprachen beherrschen sollte, und wollte ihm den Schulbesuch in Ansbach ermöglichen. Die Mittel, die dafür nötig waren, überstiegen die finanziellen Möglichkeiten der Familie allerdings bei weitem. Gesner war auf öffentliche Unterstützung angewiesen. Im Jahre 1710 begab er sich an die Universität Jena. Wieder erhielt der mittellose Student ein Stipendium.[8] Zur Verbesserung seiner finanziellen Situation verfasste er aber auch lateinische Gelegenheitsgedichte. Denn trotz des Stipendiums blieb seine Lage noch prekär. Durch den Frühaufklärer Johann Franz Budde gefördert studierte Gesner klassische und orientalische Sprachen und Theologie. Der Theologe Buddeus nahm ihn als Hauslehrer bei sich auf und übertrug ihm

---

liani lectio. Siquidem vix ullus est inter Veteres, e quo plus vel doctrinae vel sapientiae hauriri possit: ea autem est eloquentia, quae aureae etiam aetati dedecori haud fuisset.
6 Zur Biographie ausführlich Friedrich (1991) 20–51, der aber unzureichend dokumentiert und nicht immer exakt ist.
7 Götten (1735) 558.
8 Götten (1735) 560; Friedrich (1991) 25.

die Erziehung seines Sohnes. Damit war Gesner von finanziellen Sorgen frei und konnte die Privatbibliothek des Mentors nutzen. Im Jahre 1715 wurde er wohl mit einer Echtheitsuntersuchung zu (Pseudo-) Lukians Dialog *Philopatris* zum *Magister artium* promoviert und auf Empfehlung von Buddeus als Konrektor nach Weimar berufen.[9] Die Berufung erfolgte, noch bevor über seine Anträge zur Einrichtung eines *seminarium paedagogicum* an der Universität Jena und auf Beförderung zum Adjunkt der Philosophischen Fakultät entschieden worden war.[10] In der Hauptstadt der deutschen Klassik leitete Gesner vierzehn Jahre lang das an der Herderkirche gelegene Gymnasium Wilhelminum-Ernestinum. Im Auftrag des Herzogs von Sachsen-Weimar verwaltete er die fürstliche Bibliothek. Es war der Grundstock der heutigen Anna-Amalia-Bibliothek. In siebenjähriger Arbeit entstanden ein neunbändiger Nominalkatalog und für den Schulgebrauch Chrestomathien zu Cicero und zur *Naturkunde* des älteren Plinius.[11] Die Idylle endete im Jahr 1728 mit dem Tod des Herzogs Wilhelm Ernst von Sachsen-Weimar. Der Nachfolger Ernst August demütigte Gesner und entließ ihn aus dem Amt des herzoglichen Bibliothekars.

Gesner war stets auf ein berufliches Umfeld bedacht, das ihm erlaubte, seine schulischen und wissenschaftlichen Interessen bestmöglich zu entwickeln. Daher war er mit der Verschlechterung seiner Arbeitsbedingungen nicht einverstanden und folgte im Juni 1729 einem Ruf an seine frühere Schule im fränkischen Ansbach.[12] Das Rektorat in Ansbach blieb jedoch ein Zwischenspiel, weil eine neue Aufgabe lockte. Schon im Jahr 1730 wurde Gesner als Rektor an die Thomasschule in Leipzig berufen. Es ging das von der Reformrhetorik bekräftigte Gerücht, die Thomasschule sei in einem miserablen Zustand gewesen. Sein Vorgänger Ernesti war mit 77 Jahren gestorben, „nachdem er das Amt 45 Jahre innegehabt und sich zäh gegen jede Neuerung gewehrt hatte". Gesner erzielte seine Reformerfolge in enger Zusammenarbeit mit dem seit sieben Jahren amtierenden *Cantor* und *Secundus*, dem zweiten Lateinlehrer der Thomasschule: Johann Sebastian Bach. Die beiden scheinen sich gut verstanden zu haben. Gesner setzte dem Kollegen in seiner Quintilianausgabe ein Denkmal.[13] Im ersten Buch der *Institutio oratoria* führt Quintilian „zur Bekräftigung der Möglichkeit simultanen Agierens den gleichzeitig memorierenden, singenden, spielenden und taktschlagenden Kitharöden an. Dies ist für Gesner Anlaß, von Bach, *quod meus non ita pridem in Thomano Lipsiensi collega fuit*, und von dessen Chorleiter-Tätigkeit" ein bewunderndes Bild zu

---

9 Zu seiner Weimarer Zeit siehe Sauppe (1856) bes. 5–6.
10 Vgl. sein Gesuch um Anstellung als Magister phil. für Cathedra superior, 1714 Jenaer Universitätsarchiv (JUA) M42, Bl. 57 (vgl. Vielberg (2013) 529–531). Sowie Winkler (1956) 200–201.
11 Zu Gesners *Chrestomathia Graeca* vgl. Kipf (1999) 36–39.
12 Friedrich (1991) 30–32.
13 Schindel (2005) 39. Daher auch die vorigen Zitate.

zeichnen, – ein Bild, das selbst Quintilian zur Begeisterung hinreißen würde, wenn er es, aus der Unterwelt zurück, erleben könnte: Wenn er erleben könnte, „wie Bach mit beiden Händen und allen Fingern die Orgel schlüge, die doch eine multiplizierte Kithara sei, mit beiden Händen und auch mit eiligsten Füßen, und dabei die vielfältigsten Harmonien hervorbringe, geradezu Schwärme von Tönen, wie es nicht ein Orchester von Kitharöden oder Hunderte von Flöten zustand brächten, und dies alles als einzelner gleichzeitig; wie er dazu noch dreißig bis vierzig Musiker oder Chorknaben im Zaun halte, dem einen zunicke, dem anderen mit dem Fuß den Takt gebe, den dritten mit drohendem Finger zu richtigem Rhythmus und Lautstärke zurückrufe, wie er bald den höchsten, bald den tiefsten, bald den mittleren Ton vorgebe, dabei trotz all seiner gleichzeitigen Tätigkeiten jeden Fehler höre und lokalisiere; wie er alle Sänger im Takt halte, überall nachhelfe und korrigiere, wenn's zu wackeln drohe; wie ihm der Rhythmus in allen Gliedern stecke, wie er die Intonation mit scharfem Ohr prüfe – und das alles gleichzeitig aus einem Mund, aus einer engen Kehle. Er, Gesner, der doch ein *„maximus antiquitatis fautor"* sei, stehe nicht an zuzugeben, dass *„Bachius meus"* alle seine antiken Vorgänger an Virtuosität weit übertreffe."[14] Der neue Rektor wirkte offenbar in besonderem Einvernehmen mit seinem amtierenden Kantor. Die Thomasschule machte er schnell zu einer Musteranstalt. Nur die wis-

---

14 M. Fabii Quinctiliani De institutione Oratoria libri Duodecim ... perpetuo commentario illustrati a J. M. Gesnero 1738, S. 61 Fußnote zu Quint. *inst.* 1,12,3 *an vero citharoedi non simul & memoriae, & sono vocis & pluribus flexibus serviunt, cum interim alios nervos dextra percutiunt, alios laeva trahunt, continent, probant, ne pes quidem otiosus, certam legem temporum servat, & haec pariter omnia.* Ebenda: *Haec omnia, Fabi, paucissima esse diceres, si videre tibi ab inferis excitato contingeret, Bachium, ut hoc potissimum utar, quod meus non ita pridem in Thomano Lipsiensi collega fuit: manu utraque & digitis omnibus tractantem vel polychordum nostrum, multas unum citharas complexum, vel organon illud organorum, cuius infinitae numero tibiae follibus animantur, hinc manu utraque, illic velocissimo pedum ministerio percurrentem, solumque elicientem plura diversissimorum, sed eorundem consentientium inter se sonorum quasi agmina: hunc, inquam, si videres, dum illud agit, quod plures citharistae vestri, et sexcenti tibicines non agerent, non una forte voce canentem citharoedi instar, suasque peragentem partes, sed omnibus eundem intentum, & de XXX vel XXXX adeo symphoniacis, hunc nutu, alterum supplosione pedis, tertium digito minaci revocantem ad rhythmos & ictus; huic summa voce, ima alii, tertio media praeeuntem tonum, quo utendum sit, unumque adeo hominem, in maximo concinentium strepitu, cum difficillimis omnium partibus fungatur, tamen eadem statim animadvertere, si quid & ubi discrepet, & in ordine continere omnes, & occurrere ubique, & si quid titubetur restituere, membris omnibus rhythmicum, harmonias unum omnes arguta aure metientem, voces unum omnes, angustis unis faucibus edentem. Maximus alioquin antiquitatis fautor, multos unum Orpheas et viginti Arionas complexum Bachium meum, & si quis illi similis fit forte, arbitror.* Vgl. Smend (1950) 295–297 und zur Übersetzung Schindel (2005) 39–40.

senschaftlichen Beziehungen „zur Hohen Schule am Ort" wollten sich nicht in ähnlich positiver Weise entwickeln: „Der dankbare Rat der Stadt hatte seinem erfolgreichen Rektor eine Sänfte zur Benutzung gestellt, und dies war Gesner von den rangbewußten Professoren schwer verübelt worden, so daß sie ein Lehramt an der Universität verhinderten."[15] Als Gesner vier Jahr später einen Ruf als Gründungsprofessor an die Reformuniversität Göttingen erhielt, nahm er das Angebot – nach der Zurücksetzung durch die Leipziger Fakultät verständlich – daher ohne Umschweife an und schrieb seinen Freunden voll Behagen von dem *unctum stipendium*, dem sehr guten Gehalt von 700 Talern, mit dem ihm der Universitätskurator, Freiherr von Münchhausen, ein entfernter Verwandter des Lügenbarons, den Wechsel aus dem weltläufigen Leipzig auf eine Professur für Beredsamkeit und Poesie in Göttingen versüßt hatte.[16] Denn von dem späteren Glanz der Aufklärungsuniversität, die den europäischen Adel anziehen sollte, war damals noch nicht viel zu spüren. Göttingen, in dem die Zeitgenossen „verwahrloste Ecken, verwüstete Grundstücke [und] verfallene Hütten" registrierten,[17] hatte während des Dreißigjährigen Kriegs erheblich gelitten und war mit ungefähr 6000 Einwohnern kaum mehr als ein kleines Ackerbauernstädtchen. Göttingen mochte mit niedrigen Immobilienpreisen und geringen Lebenshaltungskosten locken. Doch gab es keine Bürgersteige und keine Straßenbeleuchtung. Es fehlten Hörsäle und eine funktionierende Bibliothek. Der Gründungsprofessor hatte daher viel zu tun. Neben der Professur der Beredsamkeit und Poesie übernahm Gesner die Leitung der Universitätsbibliothek, der *Bibliotheca Buloviana*, die Direktion des *Seminarium Philologicum*, das Sekretariat und, als Nachfolger Albrecht von Hallers, auch das Direktorium der Königlichen Gesellschaft der Wissenschaften, die Inspektion über das Gelehrte Schulwesen in Braunschweig und Lüneburg sowie den Vorsitz der Deutschen Gesellschaft, einer Sprachgesellschaft in der Nachfolge Gottscheds.[18] Im Auftrag des Königs von Hannover führte Gesner 1737 als Schulinspektor eine Reform im Schulbezirk Braunschweig-Lüneburg durch. Im Zuge dessen gründete er 1738 in Göttingen das Philologische Seminar. Es war das erste Seminar seiner Art und stellte die universitäre Lehrerbildung auf eine neue institutionelle Grundlage.

---

15 Schindel (1989) 11–12.
16 Schindel (1989) 13.
17 Hunger (2008) 101.
18 Hunger (2008) 108.

4.2 Das Philologische Seminar und seine Gründungsurkunde

Mit der Gründung des Philologischen Seminars in Göttingen sollte dem Mangel an „qualifiziertem Nachwuchs für den Lehrberuf" abgeholfen werden, der „zuvor eine unprofessionell geführte Domäne der Theologen gewesen war."[19] Das *Seminarium philologicum* entstand aus der Verschmelzung zweier Institutionen. Es waren auf der einen Seite das pädagogische Seminar und andererseits wissenschaftliche Sozietäten, die der Sprachpflege und Sprachausbildung dienten. Pädagogische Seminare waren seit der Gegenreformation mit Konviktorium und Stipendien ausgestattet und traditionell in der Theologischen Fakultät angesiedelt.[20] Das Seminar in Halle, das 1695 von August Hermann Francke gegründet worden war und ebenfalls der Lehrerbildung diente, dürfte Gesner durch Buddeus, den Jenaer Mentor, der in Halle gelehrt hatte, vertraut gewesen sein. Auf der anderen Seite gab es fakultätsübergreifende Sozietäten, in denen sich Lehrende und Studierende aus persönlichem Interesse zusammenschlossen, um sich mit der lateinischen oder deutschen Sprache vertraut zu machen und ihre rhetorischen Fähigkeiten zu schulen. Die erste *societas latina* wurde 1733 in Jena gegründet.[21] Bei der Gründung des Philologischen Seminars in Göttingen wurden Merkmale beider Einrichtungen verbunden.[22] Das Philologische Seminar war mit Stipendien in Höhe von 50 Reichstalern für jeden der neun Seminaristen dotiert, die dort freie Mahlzeiten erhielten.[23] Damit war eine universitäre Institution entstanden, die nicht mehr in der Theologischen, sondern in der Philosophischen Fakultät angesiedelt war. Die Philosophische Fakultät war so erstmals im Stande, einen berufsbefähigenden Abschluss zu verleihen, und die Erteilung der *facultas docendi* führte zur Entstehung des Lehrerberufs.

Ebenso wichtig wie die institutionelle Einbindung, die in der Lehrerbildung einen Säkularisierungsschub bedeutete, war der aufklärerische Impuls, von dem die Reform getragen wurde. Die Studierenden, die anfangs überwiegend aus Theologen bestanden, welche augenblicklich nicht mit Pfarrstellen versorgt werden konnten, wurden bestens betreut, aber durch die Art und Weise der Betreu-

---

19 Hunger (2008) 108.
20 Clark (2006) 158–159.
21 Clark (2006) 485 Appendix 3, List 2. Vgl. Jaumann (2002) passim.
22 Clark (2006) 159; 167 und Appendix 3, List 1, 485.
23 Gesn., *opusc. min.* I 1743, 59–76 (Seminarordnung von 1738), hier: 70, XX *Iubet itaque augustissimus rex noster, in accademia sua Gottingae esse in posterum seminarium, novem inizio iuvenum, theologiae studiosorum, qui regio stipendio eam ipsam ob caussam alantur, ut per duos tresve annos in iis litteris elaborent, ea meditentur, quibus opus est, ad pueritiam atque adolescentiam feliciter instituendam, ad scholas ipsas vel regendas, vel inspectione moderandas.*

ung zu Eigentätigkeit und Autonomie, zum Selbststudium und selbstständiger wissenschaftlicher Arbeit angehalten. In der Seminarordnung von 1738, die als Schnittstelle zwischen theoretischem Entwurf und universitäter und schulischer Praxis wirkt, kommt das in verschiedener Weise zum Ausdruck. Die Seminarordnung zeigt den liberalen Geist des Jenaer Programmentwurfs von 1715. Die Studierenden werden zur Eigentätigkeit angehalten.[24] Der Lehrende beschränkt sich auf die Rolle des Ratgebers und Mentors, der geduldig Fragen beantwortet und Probleme löst, wenn Seminaristen allein nicht weiterwissen.[25]

Das pädagogische Grundprinzip, das darin zum Ausdruck kommt, dass Seminaristen schon während des Studiums eigenverantwortlich unterrichten,[26] verbirgt sich auch hinter der bewusst gewählten Bezeichnung ‚Seminar'. Von lateinisch *semen* abgeleitet, bedeutet *seminarium* ursprünglich die ‚Pflanzstätte' oder ‚Pflanzschule'. Das Philologische Seminar ist also, verkürzt gesagt, eine ‚Pflanzstätte der Vernunft'.[27] Das Bild, das schon Quintilian gebraucht, der angehende Redner bzw. ihre rhetorische Begabung mit ausgestreuten Samenkörnern vergleicht,[28] lässt sich entfalten, wenn

---

24 Gesn. *opusc. min.* I 1743, 59–76 (Seminarordnung von 1738) 73 *super has discendi occasiones illud etiam iniungitur seminarii sodalibus, ut horam quotidie unam ipsi pro se conveniant, eaque tractent, quae sola exercitatione, sine doctoris opera, peragi possunt.*

25 Die Seminarordnung von 1738 verlangt, dass die Seminaristen die Ergebnisse des Selbststudiums in öffentlicher Runde vorstellen und erörtern. Was zweifelhaft bleibt, soll aufgeschrieben und einem Dozenten zur Klärung vorgelegt werden: Gesn. *opusc. min.* I 1743, 59–76, 74 *si quid dubitationis occurrat, scribunt, et ad doctorem aliquem deferunt.* Mit der Möglichkeit, den Dozenten zu ungelösten Problemen zu befragen, wird das Selbststudium auch durch das Leipziger Programm von 1734 befördert und begleitet, vgl. *Programma de interrogandi in studiis literarum ratione atque utilitate* in Gesner *opusc. min.* I 1743, 37–44, hier 40 *Sed peculiari quidam ratione expositi vobis erimus binis in singulas hebdomadas diebus, Mercurii et Saturni, ab hora inde secunda, et quaesita vestra exspectabimus. Quod cum non valde sit, quod sciam, usurpatum, iuvat rationem illius rei paucis quasi legibus comprehensam exponere. I. Quaeret quod quisque volet, quod quidem ad intelligendos libros Graecos et Latinos veteres, vel in universum ad eloquentiam et poesin pertineat. II. Quaestionem voce proponet cui libuerit, aut scripto, idque scriptum mihi tradet, vel consciis aliis, vel soli solus, subscripto tamen vero nomine.*

26 Die Seminaristen sollen auf Antrag des Seminardirektors die Möglichkeit erhalten, an Stadtschulen zu unterrichten vgl. Gesn. *opusc. min.* I 1743, 59–76 S. 74 XXV.

27 Gesn. *opusc. min.* I 1743, S. 59–76, hier: 70 XVIII *Ne desint idonei homines, qui ad legem illam conformare institutionem possint, qui, quae docere debent alios, primum fideliter ipsi didicerint; seminarium in hac academia sua iussit constitui, quod philologicum a praecipua, in qua versatur, occupatione dicimus, scholasticam si quis nominare velit, non erraverit, cum ad scholas privatas pariter et publicas iuvandas maxime pertineat.*

28 Quint. *inst.* 1,3,5 *non multum praestant, sed cito; non subest vera vis nec penitus inmissis radicibus nititur, ut quae summo solo sparsa sunt semina celerius se effundunt et imitatae spicas herbulae inanibus aristis ante messem flavescunt. placent haec annis comparata; deinde stat profectus, admiratio decrescit.*

wir Gesners Ausführungen in der Seminarordnung von 1738 folgen. Studierende sind, so Gesner, bekanntlich, ‚zarte Pflanzen' (*tenerae plantae*). Sie werden von ihren Dozenten ‚gehegt' und ‚gepflegt'. Mitunter sei es allerdings erforderlich, sie gleichsam mit der Sichel der Strenge im Zaum zu halten: *severitatis quasi falce coercere*.[29] Die Gärtner sind, um einem verbreiteten Vorurteil zu begegnen, aber nicht immer die Mörder. Das gilt besonders für die im tertiären Bildungsbereich tätigen Landschaftsgärtner. Sie wässern ihre Schößlinge geduldig und sorgen, im Sinne der Aufklärung, für Licht und geistigen Nährstoff. Doch wachsen, wachsen müssen die zarten Pflanzen schon von selbst. Das ist der aus der Antike stammende Grundgedanke Quintilians, der in seinem metaphorischen Gehalt erst in der Seminarordnung von 1738 nach allen Seiten entfaltet wird.[30] Unter Verzicht auf weitere Zitate aus den *Institutiones* sei hier an Vorbilder aus der Antike erinnert. Von Platon und dem Samengleich-

---

29 Vgl. zu der von Gesner gewählten Pflanzenmetaphorik das umfangreiche Zitat in der folgenden Anmerkung.
30 Wesentlich genauer als bei Quintilian wird der Grundgedanke der Aufklärung von Gesn. *opusc. min.* I 1743, 59–76, hier 63–65 herausgearbeitet und daher mit seinem Kontext zitiert: VIII. *Quid sincerius vulgo putatur voluptatibus agricolarum? Non habuit ipse rerum pater vitae genus, quod magis iuvaret eos, qui primum manu illius exierant, homines: in horto eos collocavit, spectatores esse iussit suorum operum, non illo profecto plane otiosus, sed qui admota manu regerent plantarum incrementa, et opere etiam suo atque industria delectarentur. Cato ille Tullianus, ut ostendat, senibus non deesse voluptatem, ad agricolas provocat, et in eo argumento sic versatur, ut vel legere eum locum, ipsum magna voluptatis pars fit. Sed ingrediamur coetum parvorum puerorum, videamus primo, ut diversa plantarum genera, sic formas inter se dissimiles corporum, paucis oris partibus atque lineamentis discretas non modo facies, sed ipsa quoque animorum indicia. Hic sedet paupere de casa eductos ingenui vultus et sereni animi puer, cui ob iucunditatem suam adulari etiam videas divitum liberos; illic severus et torvus, qui repellat acriter iniurias, neminem ipse ultro laedat; idem acer in discendo, taciturnus, figuris quibusdam considerandis intentus, vel quas ipse fecit, vel quas ab alio factas vult imitari; hic alius inquietus, igneus, blandus, sed idem irritabilis, qui celeriter arripiat, quae traduntur, sed saepe aliud agere deprehendatur. Hic iuxta sedere videas parvum aliquem Democritum, qui materiem sibi risus faciat Heracliticum aliquem vicinum, ploratorem, querulumque. Iam liberales in hac parva re publica observare, et avaros, superbulos et humiles, duriores et molliores, amantes munditiae, et si qui suis sordibus porcellorum instar delectentur, verbo, formas omnes ingeniorum non minus, quam corporum, ita ex proximo inspicere, liberalissime profecto cuiusdam voluptatis est. VIIII. Iam regere, et manu quasi formare, teneras plantas, unum luxuriantem nimis severitatis quasi falce coercere, alteram cunctantem incitare, humi procubentem erigere, inflectere nimis rigidam, incrementa omnium videre, translatarum in hortos fructus insignes vel conspicere, vel gustare ipsum, ita profecto iucundum est, ut pauca sint, quae aeque aninum ingenuum adficiant. X. Sed plantae in hortis non repugnant: dicet vir bonus aliquis. Repugnant et illae, si non recte tractes, quaedam etiam inconsideratius flexae in ipsum agricolae vultum resiliunt. Sunt spinae in horto, sunt urticae, sed tanto cautius tractandae videlicet. Si habeat schola etiam ex hoc genere quosdam, et nulla forte ita felix, quin habeat; hic quoque prudentes imitemur agricolas; tentemus omnia: si frustra plane fuerimus, neque vero temere abiicienda spes est, illud agamus, ut quam minima cum noxa eos amoliamur.*

nis im *Phaidros* (276e–277a), das von den Stoikern in dem Begriff des λόγος σπερματικός wiederaufgenommen wurde, durch den der Mensch als Vernunftwesen an der göttlichen Vernunft teilhat, zieht sich die Reihe der Vorbilder über Cicero bis zu Seneca, der seine Rolle als Vermittler stoischer Philosophie in den *Epistulae morales*, wie folgt, erläutert (Sen. *epist.* 38, 1–2):

> *nec enim multis opus est sed efficacibus* (sc. *verbis). Seminis modo spargenda sunt, quod quamvis sit exiguum, cum occupavit idoneum locum, vires suas explicat et ex minimo in maximos auctus diffunditur. Idem facit ratio: non late patet, si aspicias; in opere crescit. Pauca sunt quae dicuntur, sed si illa animus bene excepit, convalescunt et exsurgunt. Eadem est, inquam, praeceptorum condicio quae seminum: multum efficiunt, et angusta sunt. Tantum, ut dixi, idonea mens rapiat illa et in se trahat; multa invicem et ipsa generabit et plus reddet quam acceperit.*

> Denn nicht viele Worte braucht man, sondern wirksame. Wie der Samen ausgesät wird, so muss man säen; obwohl dieser klein ist, entfaltet er, wenn er einen geeigneten Ort erobert hat, seine Kräfte und entwickelt sich aus einem kleinen Kern zu prächtig ausladendem Pflanzenwuchs. Dasselbe macht die Vernunft: nicht ist sie weithin sichtbar, wenn du so hinschaust; ist sie am Werk, aber wächst sie. Weniges ist es, was gesagt wird, aber wenn dies Herz und Verstand gut aufgenommen haben, dann gewinnt es an Kraft und richtet sich auf.

Mit der Grundkonzeption einer auf Autonomie im Bildungsprozess zielenden Seminarordnung bleibt Gesner seinem frühen Programmentwurf von 1715 treu. Das *seminarium philologicum* ist folgerichtiger Ausdruck dieser Grundposition. Daher werden die *Institutiones* in der Göttinger Seminarordnung nicht nur explizit genannt. Als *Leitfaden für das Unterrichtswesen*, in dem nach dem Prinzip der Polymathie alle Wissensbereiche zur Sprache kommen, werden die *Institutiones* auch durch gemeinsame Lektüre zum integralen Bestandteil des Philologischen Seminars und sollen in seinen Sitzungen von dem Dozenten behandelt werden.[31]

4.3 Cicero und Quintilian in den *Institutiones rei scholasticae*

Warum greift Gesner in der Göttinger Seminarordnung auf sein in Jena konzipiertes Jugendwerk zurück? Inwiefern wird das in den *Institutiones* entfaltete Programm zur Grundlage seiner Universitäts- und Schulreformen? Welche Rolle spielen Cicero und Quintilian als Protagonisten antiker Rhetorik und Philosophie bei der Umset-

---

[31] Gesn. *opusc. min.* I 1743, 59–76 hier 72: XXII *Praeter haec ab inspectore ista peculiaribus recitationibus sive collegiis tractanda sunt: I. Totus scholasticae eruditionis ambitus ut sub unum quasi conspectum veniat, I. M. Gesneri Institutiones rei scholasticae explicantur* ...

zung dieses Bildungsprogramms? Der *Leitfaden des Unterrichtswesens* von 1715 ist „eine Beschreibung dessen, was ein Lehrer an Begabungen, Fähigkeiten und Kenntnissen aufweisen muß, mit welchen Methoden er sie verwirklicht und seinen Schülern vermittelt und zu welchen Zielen er dabei gelangen soll – kurz eine allgemeine didaktische Theorie, die sowohl die Lernziele der Gelehrten Schule wie auch die Ausbildungsziele der Universität in den Blick nimmt und das eine mit dem anderen in ein ausgewogenes Verhältnis setzt."[32] Die *Institutiones* wenden sich offenbar an Lehrende und an Studierende. Das damit gegebene ‚Schwanken' zwischen verschiedenen Adressatenkreisen ist schon bei Quintilian vorhanden. In seiner *Institutio oratoria* wendet sich der Redelehrer an alle an der Rhetorik Interessierten. Das Spektrum reicht vom Anfänger im Knabenalter bis zum Meisterschüler, der auf dem Forum wirkt oder sich im Alter aus der Öffentlichkeit zurückzieht, um selbst Rhetorik zu lehren oder ein Lehrbuch der Rhetorik zu schreiben.[33] Die sechs Bücher der *Institutiones* gleichen den zwölf Büchern der *Institutio oratoria* Quintilians darin, dass sie in Triaden gegliedert sind. Die ersten drei Bücher, respektive Kapitel in Buchumfang, beziehen sich eher auf den Lehrer. Die zweite Trias behandelt seine Schüler. Die dabei formulierten Prinzipien „atmen den Geist rationaler Systematik."[34] Die Schüler werden in rationalistischer Klassifikations-Manier in verschiedene Typen eingeteilt und für jeden Typ werden gesonderte didaktische Anweisungen gegeben. Diese Vorgehensweisen können „als Vorstufen einer systematischen didaktischen Reflexion gelten."[35] Beide Strategien, die Einteilung der Schüler nach ihrer Begabung und ein Testverfahren zu ihrer Einstufung, begegnen bereits bei Quintilian und werden von Gesner übernommen.[36] Wie das erste Buch der *Institutio oratoria* beschreibt das

---

[32] Schindel (1989) 12. Schulische Belange betont die Übersetzung „Einrichtung des Schulwesens" bei Leonhardt (2009) 256.
[33] Vgl. Quint. *inst.* 1,1,1; 12 prooem. 3.
[34] Schindel (2005) 43. Dort auch das folgende Zitat.
[35] Gesn. *inst.* 4,2 (342) *Primum igitur negotium Praeceptor, cum in scholam venerit, sibi datum existimabit, ut ingenia discipulorum diligenter exploret, atque cognoscat.* Gesn. *inst.* 4,9 (348) *Verum non solum ita generatim, an apti sint ad litterarum studia adolescentes, inquirere debet Praeceptor, consiliumque deinde ex re capere. Sed specialius etiam, ad quae quisque proclivis aptusque sit, cognoscere studebit. Ita in pueris saepe iam apparet, oratores bonos fieri illos posse, si amoena quaedam audacia & libertas, cum vivida vi* (vgl. Lucr. 1,72 *vivida vis animi*) *imaginandi & praestanti memoria coniuncta in iis eluceat: Politicos autem egregios, si apparet libenter illos legere historias, & non tantum ad eventus, sed etiam ad eorum rationes, totumque negotiorum contextum respicere.*
[36] Quint. *inst.* 1,3,1 *Tradito sibi puero docendi peritus ingenium eius in primis naturamque perspiciet. ingenii signum in parvis praecipuum memoria est: eius duplex virtus, facile percipere et fideliter continere. proximum imitatio: nam id quoque est docilis naturae, sic tamen, ut ea, quae discit,*

erste Buch der *Institutiones* „die erforderlichen natürlichen Anlagen des Lehrers",[37] wie seine Denkfähigkeit, die auf Urteilskraft, Erkenntnisvermögen und Gedächtnisstärke beruht. Das zweite Buch ist der wissenschaftlichen Kompetenz des Lehrers gewidmet. Künftigen Lehrern wird der Erwerb vielseitigen Wissens empfohlen. Der Rat zur Polymathie beruht auf antiken Vorbildern. Quintilian hatte im ersten und letzten Buch seiner Rhetorik unter Berufung auf Cicero gefordert, der *orator perfectus* solle enzyklopädisch gebildet sein. Der vollendete Redner muss, mit anderen Worten, eine vielseitige Ausbildung in den *artes liberales* einschließlich der Geschichte und der Rechtskunde besitzen. Das dritte Buch diskutiert charakterliche Fähigkeiten, die gute Lehrer auszeichnen, und gliedert sich nach ihren Stärken und Schwächen. Grundprinzipien der Jugenderziehung werden im nächsten Buch behandelt. Wenn im fünften Buch Vorzüge und Nachteile von Privatunterricht gegenüber dem Unterricht an öffentlichen Schulen erörtert werden, geschieht es mit zum Teil denselben Argumenten, die Quintilian bei der Diskussion des Problems verwendet hatte.[38] Die Fürstenerziehung ist Gegenstand des letzten Buchs. Als Tutor der Neffen Kaiser Domitians konnte Quintilian auch bei diesem Thema Vorbild sein. In der Prinzenerziehung dürfen Abstriche gemacht werden, wenn die kognitiven Voraussetzungen nur in ungenügendem Maße vorhanden sind. Sogar der Aufriss der *Institutiones*, der am Anfang der Abhandlung steht und in den Vorreden zu einzelnen Büchern wiederholt wird, könnte sich an der Werkbeschreibung im Prömium der *Institutio oratoria* und an den Binnenproömien orientieren,[39] wenngleich sich diese Quintilian-Imitation nicht strikt beweisen lässt. Auf jeden Fall wird Quintilian als erster und wichtigster Gewährsmann genannt. Der Klassizist und Ciceroverehrer ist inhalt-

---

effingat, non habitum forte et ingressum et si quid in peius notabile est. Vgl. weiter Quint. *inst.* 2,2,1; 8,1–5; 7; 12; 10,2,20.

37 Schindel (2005) 43.

38 Argumente für den Privatunterricht sind, dass der Schüler durch seine Mitschüler sittlich nicht gefährdet werde und der Lehrer mehr Zeit für ihn habe (Quint. *inst.* 1,2,2). Dem wird entgegnet, dass Privatunterricht Gefährdungen des Schülers keineswegs ausschließe (Quint. *inst.* 1,2,4) *Corrumpi mores in scholis putant: nam et corrumpuntur interim, sed domi quoque, et sunt multa eius rei exempla, tam hercule, quam conservatae sanctissime utrobique opinionis. natura cuiusque totum curaque distat. da mentem ad peiora facilem, da neglegentiam formandi custodiendique in aetate prima pudoris, non minorem flagitiis occasionem secreta praebuerint. nam et potest turpis esse domesticus praeceptor, nec tutior inter servos malos quam ingenuos parum modestos conversatio est.* Für öffentlichen Unterricht spricht, dass Schüler durch den Wettbewerb mit Klassenkameraden stärker motiviert werden (Quint. *inst.* 1,3,7). In *De publicae et privatae institutionis differentia* werden teils dieselben Argumente verwendet (Gesn. *inst.* 5,13 (382)) *Vnum crimen restat, quod, si verum est, vel solum movere omnes debet, ut domi potius, quam in publica schola doceri suos velint, ingens periculum corruptionis; quod tantum esse videtur, ut mirum sit, & tantum non portenti instar habendum, si quis integro pudore, ac salvis moribus inde evadat.*

39 Quint. *inst.* 1, prooem. 21–27.

lich und in formaler Hinsicht Hauptquelle der *Institutiones*. Sein Stil gilt als vorbildlich, obschon das ästhetische Urteil, Quintilians Stil hätte der Goldenen Latinität zur Ehre gereicht, keine universelle Gültigkeit besitzen dürfte. Tatsächlich ist es Cicero, dem in Gesners Darstellung der lateinischen Sprache die erste Stelle eingeräumt wird. Seine Lektüre fällt Anfängern zwar nicht leicht, Cicero ist aber der beste lateinische Autor. Daher ist Cicero das Stilvorbild, mit dem der Unterricht begonnen werden sollte (Gesn. *inst.* 2,3,4 (187)):

> *Initium lectionis ab optimo auctore linguae Latinae, hoc est Cicerone, faciendum. Quantumcunque etiam eruditissimi quique uiri hoc suaserint, in multis tamen scholis, non sine detrimento iuuentutis, negligitur. Sunt autem ita sentiendi rationes non temere contemnendae. Cum enim procul dubio Cicero sit optimus Latini sermonis auctor, haud profecto sapienter agunt, qui non, quam primum fieri potest, eum sibi aliisque familiarem reddunt. At difficilis nimium est pro tenera aetate, & abstrusos habet sensus? Neque negari potest, multa esse, quae non pueris tantum sint difficilia, sed uiris etiam negotium facessant. Sunt tamen plura, in epistolis imprimis ad diuersos, adeo plana & obuia, quae & proponi pueris, & intelligi facile ab iisdem possint. Possunt ex orationibus excerptae narrationes, & quae in praefationibus dialogorum historiam sapiunt, si quidem magistri accedat industria, paruo labore a tironibus intelligi. Nihil interesse aiunt quidam, quis a pueris primum legatur, cum structurae aut compositionis elegantia, quae potissima Ciceronis uirtus sit, ab illis non sentiri, nedum ut imitatione exprimi possit. Quibus breuiter respondendum, si uel maxime non sentiant nitorem orationis Ciceronianae, [68] utile tamen esse, si uel non sentientibus quaedam illius haereant, & emendate loqui ac scribere prius discant, quam de uitiis sermonis quidquam illis innotuerit.*

Die Lektüre muss bei dem besten Autor der lateinischen Sprache beginnen, das heißt bei Cicero. Wie nachdrücklich auch immer sich gerade die gebildetsten Männer für ihn ausgesprochen haben, wird er an vielen Schulen dennoch nicht ohne Schaden für die Jugend vernachlässigt. Die Gründe, warum sie so dachten, sind nicht so ohne weiteres von der Hand zu weisen. Weil Cicero nämlich ohne Zweifel der beste Autor der lateinischen Sprache ist, handeln diejenigen bestimmt nicht besonders weise, die ihn nicht sobald wie möglich sich und anderen vertraut machen. Aber ist er zu schwer für dieses zarte Alter und sind seine Gedanken undurchschaubar? Es kann nicht bestritten werden, dass es vieles gibt, was nicht nur Kindern schwer verständlich ist, sondern sogar erwachsenen Männern Schwierigkeiten bereitet. Dennoch gibt es insbesondere in seinen Briefen an verschiedene Empfänger recht verständliche und leicht zugängliche Stellen, die den Kindern vorgelegt und von ihnen mühelos verstanden werden können. Aus den Reden genommene Erzählungen und historisch gefärbte Partien in den Vorreden zu den Dialogen können Anfänger, wenn ihnen der Lehrer dabei hilft, mit geringer Mühe verstehen. Einige behaupten, es mache keinen Unterschied, welcher Autor von den Kindern zuerst gelesen werde, weil die Feinheit der Struktur oder des Satzbaus, die Ciceros höchste Tugend sei, von den Schülern nicht erkannt, geschweige denn nachgeahmt werden könne. Ihnen ist knapp zu entgegnen, dass es, selbst wenn sie gerade die Eleganz der ciceronischen Rede nicht bemerkten, dennoch von Nutzen sei, wenn davon, auch ohne dass die Schüler es merken, etwas im Gedächtnis haften bliebe und sie schon fehlerlos zu sprechen und zu schreiben lernten, bevor ihnen etwas über Sprachfehler bekannt geworden sei. (Vielberg (2013) 187)

Cicero gilt offenbar als der beste Autor der lateinischen Sprache. Vom Beginn des Lateinunterrichts an sollten daher Ciceros Briefe, Reden und philosophischen Dialoge gelesen werden. Mit Hilfe des Lehrers könnten Schüler einfache Partien aus seinen Werken leicht begreifen. So lernten sie fehlerfrei zu sprechen und zu schreiben, obschon Ciceros stilistische Eleganz von Anfängern noch nicht gewürdigt geschweige denn nachgeahmt werden könne. Die blinden Verehrer Ciceros und die Tücken ihrer Imitationsästhetik werden, wie folgt, behandelt (Gesn. *inst.* 2,3,5 (188)):

> *Qui progressus aliquos fecere, eos nihil impedit alios etiam praeter Ciceronem legere pariter ac imitari. Neque enim audiendi sunt, quos superior aetas Ciceronianos uocabat, qui nihil legi praeter Ciceronem, nihil scribi, quod non ex illius penu haustum, & ad illius dicendi formam accommodatum esset, uolebant: quin uocem admittebant nullam, quae non a Cicerone quoque esset adhibita; qua ratione effectum est, ut puerili industria Ciceronem tantum imitarentur illi etiam, quorum ingenium ab illa ubertate abhorrebat, plurimi uero eum non tam imitarentur, quam ex consarcinatis nullo iudicio illius phrasibus & sententiis laceros centones, quanquam ex purpura, consuerent. Saepe autem ad inopiam infantiamque redactos fuisse, necesse est, cum plurimas ille res, bellicas imprimis & naturales, totamque Poesin, scriptis suis aut parum, aut nihil potius illustrauerit. Sed Ciceronianorum illam intemperiem satis castigarunt uiri illo tempore doctissimi. Hodie uix timor est, ut aliqui in eam haeresin prolabantur: modo non mallent plerique Gratiani esse, aut, si mauis, Accursiani.*

Die Schüler, die schon einige Fortschritte gemacht haben, hindert nichts daran, neben Cicero auch andere Autoren zu lesen und nachzuahmen. Man sollte nämlich nicht auf die hören, die eine frühere Zeit Ciceronianer nannte. Sie forderten, dass neben Cicero nichts gelesen und nichts geschrieben werde, was nicht seinem Munde entstamme und seiner Redeweise entspreche. Ja, sie ließen sogar kein einziges Wort zu, das nicht auch von Cicero verwendet worden sei. So geschah es, dass auch die Schüler, deren Verstand vor seinem Ausdrucksreichtum zurückschreckte, in ihrem kindlichen Eifer so viel Cicero imitierten, ihn die meisten aber nicht so sehr nachahmten als vielmehr aus seinen geschmacklos zusammengestoppelten Sätzen und Perioden, wenn auch aus edlem Purpur, verstümmelte Centos zusammennähten. Sie mussten aber zwangsläufig oft in Verlegenheit geraten oder sprachlos werden, weil Cicero die meisten Sachgebiete, vor allem das Kriegswesen und die Naturkunde, sowie die gesamte Dichtkunst in seinen Schriften entweder zu wenig oder viel mehr überhaupt nicht erläuterte. Aber jene Maßlosigkeit der Ciceronianer haben die gebildetsten Männer jener Zeit zu Genüge getadelt. Heute ist kaum zu befürchten, dass irgendwer dieser Irrlehre verfallen könnte. Wenn nur die meisten lieber keine Gratianer oder, wenn du lieber willst, Accursianer sein wollten. (Vielberg (2013) 189)

Ciceronianer forderten, dass neben Cicero nichts gelesen und nichts geschrieben werde, was nicht seinem Werk entnommen sei. Diese Art der Imitationsästhetik wird wegen ihrer desaströsen Wirkung auf Schüler als überholte Irrlehre kritisiert und durch eine liberalere Position ersetzt, die neben Cicero auch andere Autoren zu lesen und nachzuahmen vorsieht.

Das zweite Buch, das mit 157 Seiten in der Ausgabe von 1715 am umfangreichsten ist, „betrifft die wissenschaftliche Kompetenz des Lehrers."[40] Die Lehrgegenstände, die er beherrschen soll, ergeben sich aus dem Fächerspektrum der alten Philosophischen Fakultät. Der Fächerkanon war an den sieben freien Künsten, den *septem artes liberales*, ausgerichtet. Bis zur Mitte des neunzehnten Jahrhunderts umfasste der Kanon sowohl das Trivium als auch die mit Zahlen befassten Disziplinen des Quadriviums, das heißt die Mathematik in Gestalt von Arithmetik und Geometrie, die Naturwissenschaften, vertreten durch Physik und Astronomie, sowie die Musik als eine musische Disziplin. Der Aufbau des zweiten Buchs beruht daher auf der damaligen Struktur der Philosophischen Fakultät.[41] Im Mittelpunkt des Fächerkanons stehen die Sprachen. Die Darstellung beginnt bei den alten Sprachen Latein, Griechisch und Hebräisch.[42] Die modernen Sprachen folgen mit Französisch, Englisch, Niederländisch, Italienisch, Spanisch und Deutsch. Weiter geht es mit Rhetorik und Dichtkunst,[43] als Modi oder Darbietungsformen der Sprachen, mit antiker Sachkunde einschließlich der deutschen Altertümer, Geschichte,[44] Mathematik und ihr verwandten Disziplinen[45] und Philosophie.[46] Am Ende werden die höheren Fakultäten Theologie, Jurisprudenz und Medizin gestreift.[47]

Was ergibt sich daraus? Quintilian wird in allen die Bildung betreffenden Fragen zu Rate gezogen. Die Prinzipien seiner von Cicero überkommenen Bildungstheorie werden unbefragt übernommen und das ihnen innewohnende Element der Eigenständigkeit befürwortet. Quintilians Werk wird als Quelle der Weisheit und Gelehrsamkeit gelobt. Sein Stil wird empfohlen und nachgeahmt. Die Nachahmung erstreckt sich auch auf die Inszenierung als Fachschriftsteller. Der Philologe orientiert sich an Quintilian, indem er wie sein Vorbild seine Nähe zur politischen Macht herausstellt, sein Expertentum herausstreicht und den allgemeinen Nutzen seiner Schrift hervorhebt. Das Bild verändert sich erst, wenn er auf den Redner Quintilian und seine Redekunst im engeren Sinn zu sprechen kommt. Der spätere Professor der Beredsamkeit steht der Rhetorik eher distanziert gegenüber. Gesner stellt ihre Leistungen in Abrede und scheint sich eher für Cicero und seine Philosophie zu erwärmen. Wegen seiner Definition des Redners

---

40 Schindel (2005) 42.
41 Gesn. *inst.* 2 (138–313).
42 Gesn. *inst.* 2,3–5 (182–223).
43 Gesn. *inst.* 2,7 (234–251).
44 Gesn. *inst.* 2,10 (268–279).
45 Gesn. *inst.* 2,11 (280–297).
46 Gesn. *inst.* 2,12 (298–313).
47 Gesn. *inst.* 2,12,13–16 (310–313).

greift er Quintilian mit scharfen Worten an. Der Vowurf ist, dass seine Begriffsbestimmung in der Wirklichkeit nicht bestehen könne (Gesn. *inst.* 2,7,5).

> *Iam quando negat, posse omnino Oratorem esse, qui non idem sit vir bonus, id quidem & exemplis & ratione refutatur.*

> Wenn er nun jedoch behauptet, dass es überhaupt keinen Redner geben könne, der nicht zugleich auch ein guter Mensch sei, wird das wenigstens durch Beispiele und vernünftige Gründe widerlegt. (Vielberg (2013) 239)

Die Kritik konzentriert sich in dem Abschnitt *De arte oratoria*.[48] Mit Argumenten, die Tacitus in der Maternusrede des *Rednerdialogs* gebraucht,[49] relativiert Gesner die Bedeutung der deliberativen Rhetorik im Absolutismus.[50] Eine kraftvolle deliberative und forensische Beredsamkeit, die der Anarchie Vorschub leiste, setze die Freiheit einer republikanischen Verfassung voraus.[51] In Monarchien umgarne sie nur die Mächtigen und verenge sich auf Panegyrik, auch wenn sich Rednern gegenwärtig in der christlichen Predigt ein neues Arbeitsfeld eröffne.[52] Der Rhetorik bestimmte Aufgaben abzusprechen und sie der Philosophie zuzuschlagen ist eine an Pierre Ramus erinnernde Methode. Auf dieser Linie begründet Gesner, die *inventio* und ihre Lehre von den Topoi seien Teile der Logik.[53] Die Affektenlehre gehöre zur Moralphilosophie.[54] In der Beredsamkeit würden Fortschritte weniger durch theoretische Vorschriften der Redekunst als durch praktische Beispiele und selbstständiges Üben erzielt.[55] Rhetorik in der gewöhnlichen Reihenfolge der Aufgaben des Redners (*officia oratoris*) zu lehren, sei verkehrt. Diese Vorgehensweise überfordere die Schüler. Vom Einfachen zum Komplexen fortzuschreiten sei der bessere Weg. Für den Anfang genüge es, einfache Sätze zu bilden, die sich durch Sprachrichtigkeit und Deutlichkeit auszeichneten. In derselben Weise seien längere Perioden, Progymnasmata und kleine Übungsreden zu gestalten.[56] Der Redeschmuck

---

48 Gesn. *inst.* 2,7 (234–251).
49 Gesn. *inst.* 2,7,2 (236–237); vgl. Tac. *dial.* 40–41.
50 Gesn. *inst.* 2,7,3 (236) *Alterum genus, quod deliberatiuum uocant, in usu etiam esse desiit, cum pleraeque respublicae in Monarchicam formam migrauerint, ubi non in commune consulendi potestas, sed obsequii gloria subiectis relicta est* (vgl. Tac. ann. 6,8,4 ... *nobis obsequii gloria relicta est*).
51 Gesn. *inst.* 2,7,2 (236–237).
52 Gesn. *inst.* 2,7,7 (242–243) *Post stabilitam in orbe Christianam religionem, nouum quasi quoddam eloquentiae genus exortum est, quo sacerdotes & Ecclesiarum ministri ad populum pro contione uti solent.*
53 Gesn. *inst.* 2,7,8 (242–243).
54 Gesn. *inst.* 2,7,9 (244–245).
55 Gesn. *inst.* 2,7,8 (242–243).
56 Gesn. *inst.* 2,7,14 (246–247).

solle erst später behandelt werden.⁵⁷ Mit älteren, fortgeschrittenen Schülern übe man die Lehre der Argumentfindung.⁵⁸ Das wichtigste Prinzip rhetorischer Topik sei das Moment der Freiheit, das in der vernünftigen Wahl der für den Fall passenden Argumente bestehe (Gesn. *inst.* 2,7,16):

> *Rationes igitur sive argumenta docentia ex rei, de qua agitur, causa, qualitatibus & circumstantiis, petere iubebitur, ita tamen, ut non quod primum occurrerit statim arripiat, sed ut eligat, quae suae caussae propria sunt & quasi domestica.*

> Der Schüler wird also dazu angehalten, in dem Wesen, den Eigenschaften und Umständen des Sachverhalts, um den es geht, nach Beweisgründen und aufschlussreichen Argumenten zu suchen. Es sollte jedoch so geschehen, dass er nicht das erste Beste, was ihm begegnet, sofort aufgreift, sondern das auswählt, was für seinen Gegenstand wesentlich ist und ihn wirklich betrifft. (Vielberg (2013) 248–249)

Desgleichen wird an die Bedeutung von Beispielen erinnert, die der Rhetoriklehrer besonders Demosthenes und Cicero zu entnehmen habe.⁵⁹ Wenn die beiden ersten Redner der Griechen und Römer so als Vorbilder miteinander verbunden werden, könnte es sich um eine Reminiszenz an den rhetorischen Kurzkanon des Livius oder an Plutarchs Synkrisis handeln. Mit dem Kurzkanon einen rednerischen Minimalkonsens zu definieren, war eine verbreitete Methode, die schon Quintilian erwähnt.⁶⁰ Während die *Institutiones* in der Art und Weise, wie Rhetorik gelehrt wird, offenbar mit Quintilian übereinstimmen, polemisieren sie gegen seine an Cato anknüpfende Definition des Redners.⁶¹ Einige Redelehrer hätten die Rhetorik von ihrem schlechten Ruf befreien wollen, indem sie Lügen verbreiteten. Diese Verteidiger der Rhetorik machten die Sache aber nur noch schlimmer, wenn sie behaupteten, ein Redner könne nur ein guter Mensch sein (Gesn. *inst.* 2,7,5):

> *Oratorem aiebant esse non posse, nisi qui idem sit uir bonus.*

> Sie versicherten, dass nur der ein Redner sein könne, der auch ein guter Mensch sei. (Vielberg (2013) 238–239)

Wenn Quintilian behauptet hätte, dass der Redner ein guter Mann sein müsse, hätte man ihm zustimmen können. Wenn Quintilian und seine Anhänger aber in Abrede stellen, dass es keinen Redner gebe, der nicht zugleich ein guter Mensch

---

57 Gesn. *inst.* 2,7,15 (246–247).
58 Gesn. *inst.* 2,7,16 (248–249).
59 Gesn. *inst.* 2,7,16 (248–249).
60 Quint. *inst.* 10,1,39.
61 Quint. *inst.* 12,1,1.

sei, dann werden sie durch Gegenbeispiele und die Vernunft widerlegt.[62] Quintilians Definition des Redners sei unrealistisch und führe zu Widersprüchen in seiner Redelehre (Gesn. *inst.* 2,7,5):

> *Oratorem autem proposuit, non qualem ipse nosset, sed qualem animo concepisset, unde etiam illa inconstantia est, quod interdum, quasi doctrinae suae immemor, ad fallendum instruere Oratorem videtur.*

> Er stellte den Redner nun aber nicht so vor, wie er ihn selbst kennen gelernt, sondern wie er ihn sich im Geiste ausgemalt hatte. Daher rührt auch die Inkonsequenz, dass er manchmal den Eindruck erweckt, er lehre den Redner, andere zu täuschen, so als habe er seine eigene Lehre vergessen. (Vielberg (2013) 241)

Die Redekunst sei in jedem Fall nur ein Werkzeug und aus diesem Grund nur so gut oder so schlecht wie der Redner, der sich gerade dieses Werkzeugs bediene.[63] Im Hinblick auf Rhetorik und Philosophie ergibt sich damit ein einheitliches Bild: Wie die *Institutiones* bezüglich der Definition des Redners ganz auf Seiten Ciceros stehen, ohne sich auf den Politiker und Märtyrer der römischen Republik zu berufen, so greifen sie auf den von ihm eingeführten Philosophiebegriff und sein Verständnis akademischen Philosophierens zurück, ohne Cicero explizit als Gewährsmann zu nennen. In der Gestaltung der *Institutiones* spiegelt sich die Zugehörigkeit ihres Autors zur Aufklärungsphilosophie.[64] Prinzipien der Vernunft und Nützlichkeit äußern sich in ihrem klaren Stil, in der verständlichen Wissensvermittlung und in der Perspektivierung der Wissenschaften nach dem Gegensatz von dunkler Philosophie des Mittelalters und hellem Kritizismus der Moderne.[65] Eklektisches Philosophieren, zu dem sich Gesners Mentor Buddeus bekennt,[66] wird in den *Institutiones* als die beste Art von Philosophie beschrieben.[67] Es sei eine Philosophie der Toleranz. Die Freiheit, die man bei der Wahl seiner philosophischen Anschauungen in Anspruch nehme, müsse man auch dem anderen zugestehen. Eklektisches Philosophieren, das auch von Christian Thomasius in seinen *Cautelae* als philosophisches Ideal zur Abgrenzung von verschiedenen For-

---

[62] Gesn. *inst.* 2,7,5 (238–239) *Si dixisset Quintilianus, & qui eum sequuntur, Oratorem debere esse virum bonum, recte, omnibusque consentientibus dixisset: Iam quando negat, posse omnino Oratorem esse, qui non idem sit vir bonus, id quidem & exemplis & ratione refutatur.*
[63] Gesn. *inst.* 2,7,4 (238–239) *Vnde conficitur, ex illorum genere esse Oratoriam artem, quae talia sunt, prout is est, qui eis utatur, in bonis uiris bonisque caussis, salutarem atque praestantissimum, in malis uero hominibus et caussis; turpem ac maxime noxiam.*
[64] Vielberg (2013) 49.
[65] Vielberg (2013) 49, 53 und 54.
[66] Zu Buddes Eklektik ohne Auswahl vgl. Albrecht (1994) 434–450.
[67] Gesn. *inst.* 2,12,4.

men der Schul- oder Sektenbildung hochgehalten wird,[68] sei liberal und leite zur Toleranz im Umgang mit Andersdenkenden an (*dissentientes*). Nichts sei schlimmer, als dem anderen nicht die Freiheit zu gewähren, die man selbst in Anspruch nehme, und sich auf Streitigkeiten einzulassen (Gesn. *inst.* 2,12,9):

> *Nihil enim minus Eclectico dignum est, quam si, quam ipse sibi concedi postulat libertatem, eam aliis inuideat, nec suum cuique iudicium liberum relinquat. Imprimis uero iuuenibus inculcandum, ut dissentientem ferre discant, cum nihil intolerabilius sit homine, qui statim ad contentiones rixasque prouolet, ut primum aliquid ei non arriserit ...*
>
> Denn nichts passt weniger zu einem Eklektiker, als wenn er die Freiheit, von der er fordert, dass sie ihm selbst eingeräumt wird, anderen missgönnt und nicht jedem seine eigene Meinung lässt. Vor allem aber muss den Jugendlichen eingeschärft werden, dass sie erlernen, Andersdenkende zu ertragen. Denn nichts ist unerträglicher als ein Mensch, der Zank und Streit heraufbeschwört, sobald ihm etwas nicht behagt ... (Vielberg (2013) 307)

‚Eklektik' ist nicht nur eine aus Ciceros philosophischen Dialogen bekannte und von ihm propagierte Methode des offenen Umgangs mit den Lehren der hellenistischen Philosophenschulen, welche später nicht in Vergessenheit geriet und in der Philosophie der Renaissance und für Melanchthon eine wichtige Rolle spielte.[69] In der Frühaufklärung ist ‚Eklektiker' auch die gängige Bezeichnung für den aufklärerischen Philosophen, der das Recht zur Beurteilung philosophischer Systeme für sich in Anspruch nimmt, das Recht zur unabhängigen Urteilsbildung aber tolerant auch anderen Philosophen zugesteht.[70]

4.4 Schluss und Ausblick

In den *Institutiones rei scholasticae* von 1715 entwirft Johann Matthias Gesner das Programm eines neuartigen Kulturmusters. Nach Ansätzen in Halle zielt es auf Einrichtung eines *collegium paedagogicum* in Jena. Das Kulturmuster verbindet die Erfordernisse zeitgenössischer Lehrerbildung mit dem Konzept universalen Wissens und setzt die Autonomie und Eigentätigkeit des Lernenden im Bildungsprozess vor-

---

[68] Thomasius, Cautelen (1713) 135 (=*Cautelen bey der Historie von denen philosophischen Secten* 95, 97), Cautelae (1710) 91–92 (=*Cautelae circa studium historiae philosophicae* 95, 97). Unter 97 heißt es: *Sed cavebit studiosus sapientiae, ne sub praetextu philosophiae eclecticae novam sectam introducat, i. e. ne dissentientes persequatur. Sed operam potius dabit, ut auditoribus suis eandem libertatem relinquat, qua ipse usus est.* Zum Eklektiker als Selbstdenker im Denken und den Werken des Christian Thomasius vgl. Albrecht (1994) 398–416.
[69] Donini (1988), Albrecht (1994) und Mundt (2012) 150–168 zum Eklektizismus am Beispiel der Seelenlehre Ciceros und Melanchthons.
[70] Vielberg (2013) 6–7 und zu dieser Programmidee der Aufklärung Hinske (1986) 5–7.

aus. Diese Bildungskonzeption, die Mündigkeit voraussetzt und Aufklärung verspricht, fußt auf Grundgedanken Ciceros und Quintilians, auch wenn der Professor der Beredsamkeit Ciceros emanzipatorischer Auffassung von Philosophie und Rhetorik näher steht als den Vorstellungen Quintilians, der die Stoa mit Argwohn betrachtet und die Philosophie zugunsten der Rhetorik zurückzudrängen sucht.[71] Mit der Gründung des Philologischen Seminars in Göttingen wird Gesners Programm 1738 in die akademische Praxis übernommen. Wilhelm und Alexander von Humboldt, die das Philologische Seminar in Göttingen besuchten,[72] etablieren es mit den Humboldtschen Reformen an Schule und Universität in Preußen. Im 18. und 19. Jahrhundert verbreitet es sich durch Christian Gottlob Heyne und Friedrich August Wolf an deutschsprachigen Hochschulen im Alten Reich. Im 20. Jahrhundert mit dem Exodus deutscher Emigranten an anglo-amerikanischen Universitäten. Erst in der Gegenwart wird das der Aufklärung entstammende Kulturmuster durch den Einfluss sozialer Medien, die mit der unkontrollierten Verbreitung von Desinformation und Hassreden Intoleranz begünstigen, aufgrund der Zunahme willkürlicher Denkverbote selbst unter Akademikern und von den Folgen des Bolognaprozesses an deutschen und europäischen Universitäten in Frage gestellt.

---

[71] Mit der Bedeutung der Philosophie in Quintilians *Institutio oratoria* befasst sich Schirren (2018) 189–246.
[72] Zu den Seminaristen vgl. Pütter (1765–1838): 2. Teil (1788) 275–278.

IV **Epilog**

1 Was weiter wirkte: Ergebnisse akademischen Philosophierens in Antike und Moderne

Cicero war schon als römischer Bürger und Angehöriger eines Weltreiches, das sich auf dem Höhepunkt seiner Macht befand, in höchstem Maße privilegiert. Der Sohn eines römischen Ritters, der aus dem ländlichen Arpinum kam, durchbrach aber die Grenzen seines Standes und wurde Mitglied des römischen Senats. So partizipierte Cicero an der von römischen Adelsfamilien sorgsam gehüteten Macht, die sonst nur unter den handverlesenen Vertretern gentilizisch organisierter Adelsparteien verteilt wurde. Nach einer makellosen Karriere gelang Cicero im Jahre 63 sogar die Wahl zum Konsul. Warum wich der erfolgreiche Staatsmann nach dem Konsulat plötzlich von dem gewählten Weg ab? Warum begnügte sich Cicero nicht mehr mit der Rolle des Politikers? Warum versuchte er sich nun auch als Philosoph?

1.1 Politiker und Philosoph?

Am Steuerruder des republikanischen Staatswesens konnte sich Cicero am vermeintlichen Ziel seines Strebens wähnen, sah sich aber mit den Verschwörern um Catilina konfrontiert. So wurde es zu seinem Los, die römische Republik gegen Staatsfeinde zu verteidigen. Rom war seit seinem Sieg über Karthago nicht mehr zur Ruhe gekommen. Man hatte es versäumt, römische Bürgersoldaten nach dem Ende ihrer Dienstzeit auskömmlich zu versorgen. Ein Reservoir unversorgter Veteranen erlaubte die Bildung einer Heeresklientel, die von skrupellosen Generälen nach Belieben gegen das Staatswesen eingesetzt werden konnte. Die Militarisierung der Politik beschleunigte die Krise der römischen Republik. Bürgerkriege, die am Anfang des Jahrhunderts zwischen den Anhängern von Marius und Sulla gewütet hatten, flammten mit dem Ende des ersten Triumvirats wieder auf, als nach Julias Tod in der Mitte des Jahrhunderts die letzten Brücken zwischen Caesar und Pompeius abgerissen wurden. Die inneren Konflikte mündeten in Kriegen, die euphemistisch als „Römische Revolution" deklariert wurden, in Wahrheit aber apokalyptisch waren. Das vorläufig letzte Kapitel der kriegerischen Auseinandersetzungen schreiben Caesars General Antonius und Octavian, der Großneffe und Erbe des Diktators. Unter den römischen Kaisern werden die Bürgerkriege nicht unterbunden, sondern nur für die Dauer der Herrschaftsperiode der Julier und Claudier sistiert, die den Frieden im Römischen Reich kaum für ein Jahrhundert garantieren.

In einer Welt, die aus den Fugen geraten war, standen Durchschnittspolitiker vor schwierigen, ja schlechthin unlösbaren Problemen. Für gewandte Krisenmanager wie Cicero boten sich dagegen einmalige Chancen. Cicero wäre ohne die Bürgerkriege und die von ihnen verursachte Krise der Republik wohl nicht *Cicero* geworden. Als Politiker bewährt sich Cicero bei der Lenkung des Staates und sucht die freiheitliche Ordnung der römischen Republik zu schützen. Als Intellektueller ergründet er die Prozesse der sozialen und politischen Desintegration. Mit den Mitteln der griechischen Philosophie sucht und findet er Wege, um die gesellschaftliche Auflösung in ihren Ursachen zu verstehen und nach Möglichkeit aufzuhalten. Wie es nicht selten geschieht, wenn gesellschaftliche und persönliche Krisen Menschen zu tieferem Nachdenken bringen, wächst Cicero über sich hinaus und entwickelt in dieser Krisensituation dauerhaft tragfähige und damit zukunftsträchtige Lösungen, welche die römische Kultur über die späte Republik hinaus auf Dauer prägen sollten. Dabei scheint es sich nicht um ein Phänomen zu handeln, das auf das spätrepublikanische Rom beschränkt gewesen wäre, sondern um einen komplexen Prozess der Bewusstwerdung, der auch aus anderen Epochen bekannt ist. Der Peloponnesische Krieg und die davon ausgelöste Krise der athenischen Demokratie veranlassen Platon und Aristoteles zu tieferem Nachdenken über gesellschaftliche Problemlagen und zur Entwicklung ihrer Rechts- und Staatsphilosophie. Die konfessionellen Auseinandersetzungen und Gräueltaten, die während des Dreißigjährigen Krieges die Strukturen des Alten Reichs zerstören, münden im Denken der Aufklärung. Wurzelt die „Dialektik der Aufklärung", die wir mit der Frankfurter Schule verbinden, nicht in ähnlicher Weise im europäischen Bürgerkrieg des zwanzigsten Jahrhunderts und damit in der Urkatastrophe der Moderne?

In dieser aus den Fugen geratenen Welt stand Cicero als Politiker und Krisenmanager im Kreuzfeuer der Kritik. Zu Ciceros schärfsten Kritikern gehörte sein literarischer Konkurrent Asinius Pollio. Selbstüberschätzung in günstigen Situationen, aber auch Selbstzweifel und übertriebene Ängstlichkeit unter schwierigen Umständen waren Vorwürfe, die nicht selten gegen Cicero erhoben wurden.[1] Aber selbst sein ärgster Kritiker und Konkurrent kam nicht umhin, Cicero wegen seines Intellekts, wegen seiner Energie und wegen seiner Taten zu loben.[2] Es sei, so Pollio, ein Geschenk der Götter, aber auch Ergebnis seiner Klugheit und seines persönlichen Einsatzes gewesen, dass Cicero sich ebenso erfolgreich um das Konsulat bewarb, wie er das höchste Staatsamt führte.[3] Wenn selbst Ciceros schärfster Kritiker die politischen Leistungen des neidvoll betrachteten Rivalen nicht mit

---

1 Sen. *suas.* 6,24 *Utinam moderatius secundas res et fortius adversas ferre potuisset.*
2 Sen. *suas.* 6,24 *Huius ergo viri tot tantisque operibus mansuris in omne aevum praedicare de ingenio atque industria supervacuum <est>.*
3 Sen. *suas.* 6,24 *iam felicissima consulatus ei sors petendi et gerendi (magna munera deum!) consilio <suo> industriaque.*

Schweigen übergehen oder bestreiten konnte, lohnt es sich vielleicht, ein wenig innezuhalten und zu überlegen, ob es in Ciceros politischer Biographie, obgleich ihm immer wieder Positionswechsel und opportunistisches Verhalten vorgeworfen wurden, vielleicht doch Konstanten gab, die auf persönliche Integrität und einen klaren politischen Willen schließen lassen.

Wie andere römische Politiker hatte Cicero wohl wenig Verständnis für die weitsichtige Gesellschaftspolitik, an der sich die Gracchen versucht hatten und an der sie gescheitert waren. Cicero verkannte die Bedeutung sozialer Fragen. Für bestimmte Anliegen potenzieller Anhänger Catilinas aus der römischen Plebs dürfte er sogar blind gewesen sein. Aber Cicero war unbestechlich und setzte sich für die Interessen der Provinzialen ein. Mit der Anklage gegen Verres verfolgte er zweifellos persönliche Karriereziele, vertrat aber auch die Belange der Sizilianer und verhalf ihnen zu ihrem Recht. Als sein Bruder Quintus die Provinz Asia verwaltete und seine Helfer in der Provinzverwaltung nicht ausreichend kontrollierte, so dass es zu Unregelmäßigkeiten, zu Übergriffen gegenüber den Provinzbewohnern und sogar zu Justizverbrechen kam, maßregelte Cicero ihn in mehreren Briefen und verpflichtete ihn auf eine uneigennützige Politik mit sauberen Mitteln. Als Cicero im Jahre 51 die Provinz Kilikien verwaltete, ließ er sich als Prokonsul nichts zu Schulden kommen.[4] In der Synkrisis von Demosthenes und Cicero hält Plutarch daher fest (Plut. *Cic.* 52,5):

> Von Demosthenes wird berichtet, dass er mit seiner Beredsamkeit in nicht einwandfreier Weise Geschäfte gemacht habe, indem er heimlich sowohl für Phormion wie für Apollodoros, die gegeneinander prozessierten, Reden verfasst habe, und man vermerkte es ihm übel, daß er von dem Perserkönig, und verurteilte ihn gerichtlich, weil er von Harpalos Geld annahm. [...] Dahingegen Cicero, als ihm die Sizilier während seiner Quästur, der König der Kappadokier während seines Prokonsulats und die Freunde während seiner Verbannung von Rom große Geschenke anboten und ihn baten, sie anzunehmen, dies standhaft abgelehnt hat, das ist schon bemerkt worden. (Ziegler u. Wuhrmann (2010) 4, 310)

Ein anderer Grundzug von Ciceros Politik ist sein beharrliches Eintreten für die freiheitliche Verfassung Roms. Als Konsul verteidigt er die staatliche Ordnung gegen den Umsturzversuch Catilinas und seiner Mitverschwörer. Während der Herrschaft der Triumvirn bedauert er den Verlust der *res publica*. Als sich der Konflikt zwischen Caesar und dem Senat zuspitzt, weil Caesar sich zum Schutz vor Strafverfolgung in Abwesenheit um das Konsulat bewerben will, der Senat jedoch auf der Amtsbewerbung in Rom besteht und damit von Caesar die Niederlegung seines Kommandos über die gallischen Legionen verlangt, das den Prokonsul noch vor Strafverfolgung schützt, ist es Cicero, der zwischen den Bürgerkriegsparteien zu vermitteln sucht, um

---

4 Vgl. Schuller (2013) 130–134.

weiteres Blutvergießen zu vermeiden. Auf der Suche nach einem Kompromiss agiert Cicero nicht kurzsichtig und aus opportunistischen Gründen. Sein politisches Handeln beruht vielmehr, wie aus den Briefen an Atticus hervorgeht, auf klarer Wahrnehmung der verderblichen Konsequenzen eines Kriegsausbruchs.[5] Der erzielte Kompromiss, der den Bürgerkrieg vielleicht verhindert und damit die Republik gerettet hätte, wird nach Darstellung Plutarchs jedoch von dem Konsul Lentulus und anderen Hardlinern im Senat torpediert (Plut. *Caes.* 31):

> Bald darauf kamen neue Briefe von Caesar mit sehr maßvollen Vorschlägen. Er verzichtete auf seine bisherige Machtstellung und verlangte lediglich das diesseitige Gallien nebst Illyricum mit zwei Legionen bis zu dem Zeitpunkt, da er sich um das zweite Konsulat bewerben könne. Der Redner Cicero, der eben aus Kilikien zurückgekehrt war, versuchte nun zwischen den beiden Gegnern zu vermitteln und brachte Pompeius wirklich so weit, dass er Caesars Vorschläge im ganzen guthieß, ohne ihm allerdings die gewünschten Truppen zuzubilligen. Daraufhin redete Cicero Caesars Freunden zu, sich mit den genannten Provinzen und sechstausend Mann zu begnügen und auf dieser Grundlage zur Versöhnung die Hand zu bieten. Dazu ließ sich auch Pompeius bewegen und willigte ein, doch der Konsul Lentulus wollte von dem Vergleich nichts wissen, sondern fiel mit Schmähungen über Antonius und Curio her und jagte sie in entehrender Weise aus dem Senat. Einen trefflicheren Vorwand hätte er Caesar gar nicht zuspielen können. Jetzt konnte dieser die Wut seiner Soldaten erst recht aufstacheln, indem er ihnen ausmalte, wie die beiden hochangesehenen Männer, Beamte des römischen Volkes, als Sklaven verkleidet auf einem Mietskarren hätten fliehen müssen. Denn aus Angst vor den Gegnern hatten sie Rom in solcher Tracht heimlich verlassen. (Ziegler u. Wuhrmann (2010) 5,136)

Nach der Niederlage des Pompeius zieht sich Cicero aus dem politischen Leben zurück. Im Senat hüllt er sich in Schweigen, bis er bei Caesar um Gnade für Marcellus bittet. Unter Caesars Diktatur gelingt es Cicero, Brutus für die Philosophie zu gewinnen. Versteckte Aufforderungen zum Tyrannenmord zielen auf Wiederherstellung der Republik. Nach dem Attentat auf Caesar reißt Brutus seinen Dolch in die Höhe und bekennt sich, indem er ‚Cicero' ruft, zu seinem Mentor.[6] Als Antonius Caesars Testament an sich bringt und die Tyrannenmörder aus Rom vertreiben lässt, hält Cicero nicht nur in seinen Reden, sondern auch in *De officiis* dagegen. Cicero legitimiert nicht nur das Attentat auf Caesar, sondern sucht auch die Republik zu retten, indem er sich mit Caesars Erben Octavian gegen Caesars General Antonius verbündet. Cicero sei, so sein späterer Kritiker Augustinus, zur Stimme der Republik geworden, als er Widerstand gegen Antonius leistete und so für die Freiheit seines Vaterlands eintrat. Cicero sei aber derart verblendet und

---

5 Cic. *Att.* 7,3,5; 7,6,2; 7,9,2.
6 Cic. *Phil.* 2,28 und dazu Schuller (2013) 188.

politisch naiv gewesen, dass er Octavian blindlings vertraute und ihn zum Gegenspieler des Antonius aufbaute (August. *civ.* 3,30):

> *Pompei quippe victorem Gaium Caesarem, qui victoriam civilem clementer exercuit suisque adversariis vitam dignitatemque donavit tamquam regni adpetitorem quorundam nobilium coniuratio senatorum velut pro rei publicae libertate in ipsa curia trucidavit. Huius deinde potentiam multum moribus dispar vitiisque omnibus inquinatus atque corruptus adfectare videbatur Antonius, cui vehementer pro eadem illa velut patriae libertate Cicero resistebat. Tunc emerserat mirabilis indolis adulescens ille alius Caesar, illius Gai Caesaris filius adoptivus, qui, ut dixi, postea est appellatus Augustus. Huic adulescenti Caesari, ut eius potentia contra Antonium nutriretur, Cicero favebat, sperans eum depulsa et oppressa Antonii dominatione instauraturum rei publicae libertatem, usque adeo caecus atque inprouidus futurorum, ut ille ipse iuvenis, cuius dignitatem ac potestatem fovebat, et eundem Ciceronem occidendum Antonio quadam quasi concordiae pactione permitteret et ipsam libertatem rei publicae, pro qua multum ille clamaverat, dicioni propriae subiugaret.*

Denn den Besieger des Pompeius, Gaius Caesar, der den Sieg im Bürgerkrieg milde ausnützte und seinen Gegnern Leben und Würde ließ, hatte, da er angeblich nach der Königsherrschaft trachtete, eine Verschwörung mehrerer vornehmer Senatoren im Namen der bürgerlichen Freiheit im Rathaus ermordet. Seine Macht schien dann Antonius, ein ihm an Charakter ganz unähnlicher Mann, von allen Lastern verseuchter und verderbter Mann an sich reißen zu wollen, und ihm leistete um derselben Freiheit des Vaterlands willen Cicero heftigen Widerstand. Damals war jener andere Caesar, des Gaius Caesar Adoptivsohn, aufgetaucht, ein Jüngling von erstaunlicher Begabung, den man, wie gesagt, später Augustus nannte. Diesen jugendlichen Caesar begünstigte Cicero und suchte seine Macht im Gegensatz zu Antonius zu stärken, in der Hoffnung, er werde nach Abwehr und Unterdrückung der Gewaltherrschaft des letzteren die Freiheit des Staates wieder aufrichten. So blind und kurzsichtig war er. Denn derselbe Jüngling, dessen Ansehen und Macht er förderte, gab ihn, Cicero, dem Antonius als Opfer eines Verständigungspaktes preis und unterwarf die Freiheit des Staates, für die jener so oft in hohen Tönen geredet hatte, seiner eigenen Übermacht. (Thimme (1977) 164–165)

Cicero wollte wirklich die republikanische Freiheit bewahren. Zur Erreichung dieses Ziels ging er Kompromisse ein. In ausweglosen Situationen befürwortete er wohl auch Methoden, die jenseits des konstitutionell Erlaubten lagen. Es geschah aber in Reaktion auf die Angriffe von Gegnern der römischen Republik, wenn es keine andere Möglichkeit des Widerstands mehr gab. Cicero war politisch nicht so naiv, dass er nicht ziemlich genau gewusst hätte, was in Octavian steckte und was von ihm zu erwarten war. Das beweist die hellsichtige Einschätzung seines Charakters in einem Schreiben an Atticus.[7] Cicero nahm das Risiko, dass Octavian sich anders als gewünscht entwickeln mochte, sehenden Auges in Kauf. Mangels einer politischen Alternative legte er sein Schicksal in die Hand des späteren

---

7 Cic. *Att.* 15,12.

Triumvirn. Damit dürfte er Mut bewiesen haben – jenen Mut, den Asinius Pollio so sehr vermisste, dass er meinte, den Stab über den leidenschaftlichen Republikaner brechen zu müssen.

In den Proskriptionen war Cicero von seinem einstigen Schützling Octavian nicht nur verraten und vernichtet worden. Der Verfechter republikanischer Freiheit war auch zum Staatsfeind erklärt worden und damit der *damnatio memoriae* verfallen. Aus diesem Grund war auch sein intellektuelles Vermächtnis bedroht. Ciceros philosophische Schriften durften nicht mehr gelesen werden und konnten ihre Wirkung daher zunächst nicht entfalten. Eine zusätzliche Bedrohung seines intellektuellen Erbes ging auch davon aus, dass Cicero als Muster der Beredsamkeit in den Rhetorenschulen weiter hoch im Kurs stand und von Redelehrern und Deklamatoren als vollendeter Redner dargestellt wurde. Auf diese Weise wurde zwar sein Ansehen als Redner gesteigert. Aber es geschah auf Kosten seiner Leistungen als Philosoph. Die Reduktion auf seine Rhetorik bedeutete das Ausblenden des akademischen Philosophen, der im römischen Geistesleben erst nach Seneca langsam wieder an Geltung gewann. Plutarch betonte, Cicero stehe als Redner auf derselben Stufe wie Demosthenes. Der Römer habe durch sein Philosophieren aber eine größere Universalität und ein Mehr an intellektueller Kraft besessen als der Grieche.[8] Mit der Synkrisis von Demosthenes und Cicero leitete Plutarch zwar eine Renaissance des römischen Philosophen ein. Kanonischen Rang gewann Cicero aber erst in der Spätantike durch die Rezeption seines akademischen Philosophierens bei den Kirchenvätern.

1.2 Philosoph und Politiker?

Worin besteht die spezifische Leistung Ciceros als Philosoph? Wie seine Vorgänger ging Cicero von der griechischen Philosophie aus. Die Frage nach Ciceros spezifischer Leistung ist deshalb dahingehend zu präzisieren, ob sie eher auf dem Transfer der griechischen Philosophie oder auf ihrer Transformation beruhte. Es ist nicht von der Hand zu weisen, dass Cicero die hellenistische Philosophie bewahrte, indem er die Lehren und Argumente der griechischen Philosophenschulen in seinen Dialogen und Traktaten in anschaulicher Weise wiedergab. Darauf beruht seine entscheidende Bedeutung für die Ideengeschichte, da die Originalwerke der hellenistischen Philosophie bis auf geringe Reste wie die *Briefe* Epikurs verlorengingen und nur aus späteren Quellen rekonstruiert werden können.

---

[8] Zur Cicerorezeption in Kaiserzeit und Spätantike vgl. Gowing (2013) 233–250 und Maccormack (2013) 251–305.

Daher fragt es sich, wie sich die Wiedergabe der hellenistischen Philosophiegeschichte in Ciceros Werken zwischen Transfer und Transformation vollzog. Was unterscheidet Cicero von seinem Bewunderer Plutarch? Worin unterscheidet sich Cicero von anderen Philosophen Griechenlands und Roms? Worin besteht Ciceros besondere Leistung? Zur Beantwortung dieser Fragen erscheint es hilfreich, zwischen ‚äußerer' und ‚innerer Transformation' von Prätexten der griechischen Philosophie bei Cicero zu unterscheiden.

Aspekte ‚äußerer Transformation' lassen sich, wie folgt, beschreiben: Ciceros Dialoge spielen seltener in Athen und Alexandria als in der neuen Metropole Rom. Protagonisten seiner Dialoge sind römische Staatsmänner, die sich die griechische Philosophie zu eigen gemacht haben. Diese Konzeption stößt zwar gelegentlich auf Skepsis. Cicero erntet sogar energischen Widerspruch, wenn ein eher unbedarfter römischer Konsular bei der Darstellung diffiziler philosophischer Sachprobleme offensichtlich über seine geistigen Verhältnisse lebt. Gegenüber seinen Kritikern ist Cicero allerdings zu Konzessionen bereit. Die *Academici libri* revidiert Cicero wiederholt und tauscht sogar ihre Dialogfiguren aus. Mit der *philosophia togata* entsteht eine ‚narrative Realität', in der Cicero aktuelle Probleme der römischen Gesellschaft erörtern und im philosophischen Dialog eigene Urteile einbringen und Lösungen anbieten kann.

Tiefgreifender und wichtiger ist die ‚innere Transformation' der antiken und zumal der hellenistischen Philosophie und der damit einhergehende Gewinn an Autonomie gegenüber den Prätexten. In Ciceros Dialogen werden die Philosophie und ihre Disziplinen in einzelne Probleme zerlegt. Die philosophischen Spezialprobleme und die Lösungsansätze der einzelnen Schulen werden im Gespräch nicht nur mit der gebotenen Sachlichkeit und Fairness dargestellt. Die Probleme und divergierenden Lösungen der verschiedenen Philosophenschulen werden auch nach Pro und Contra erörtert. Die Art der Erörterung ermöglicht dem Leser, die Systeme der aus der klassischen und hellenistischen Epoche überkommenen Philosophenschulen und Teile ihrer Systeme hinsichtlich ihrer Plausibilität und ihrer Erklärungskraft miteinander zu vergleichen und die Systeme beziehungsweise Teile davon bezüglich ihres philosophischen Gehalts und ihrer Erklärungskraft in eine intersubjektiv nachvollziehbare Ordnung zu bringen. So entsteht eine Methode rationalen Abwägens philosophischer Systeme und Theorien, bei der die vernünftige Diskussion des Für und Wider, die sich des Urteils enthält und damit dem Rezipienten die Freiheit zur eigenen Entscheidung belässt, das Individuum zu eigenständigem Denken und zu geistiger Selbstständigkeit erzieht.

Diese Methode emanzipatorischen Philosophierens unterscheidet sich signifikant von der Vorgehensweise früherer Philosophen, die in der hellenistischen Epoche bei der Diskussion abweichender philosophischer Theorien und bei ihrer Darstellung der Vertreter konkurrierender Schulen nicht vor massiver Polemik zurückschreckten. Die Lehrdichtung des Lukrez spiegelt die Aggressivität mancher Epikureer in der Auseinandersetzung mit ihren Gegnern. Plutarch stellt die Lehrmeinungen der hellenistischen Philosophenschulen zu verschiedenen Einzelproblemen zwar wie Cicero vergleichend dar. Der Mittelplatoniker nimmt seine philosophischen Gegner aber nacheinander ins Visier und schreckt bei der Glossierung ihrer Stärken und Schwächen nicht vor polemischer Schärfe zurück.[9] Im Unterschied zu den Vertretern anderer Philosophenschulen bemüht sich Cicero mehr um philosophische Neutralität und folgt akademischen Prinzipien, indem er durch Urteilsenthaltung die Freiheit des Rezipienten unangetastet bewahrt. Im Bedarfsfall macht er dem Leser seine Vorbehalte gegenüber einer philosophischen Lehre transparent. Allenfalls im Verhältnis zu Epikur klingen polemische Untertöne an. Auf dieser Grundlage wird Cicero zum Wegbereiter, wenn nicht zum Erfinder und Gründungsvater der ‚Eklektik' als Stil und Methode akademischen Philosophierens. Mit dieser Vorgehensweise stellt der römische Philosoph die hellenistischen Philosophien hinsichtlich ihrer Lösungen drängender Spezialprobleme auf den Prüfstand, vergleicht ihre Lösungen bezüglich ihrer relativen Wahrscheinlichkeit und prüft sie auf ihre gesellschaftliche Tauglichkeit. Damit können die philosophischen Theoreme für die je unterschiedlichen Zwecke der auf dieser Grundlage Philosophierenden fruchtbar gemacht werden. Nach Art von Niklas Luhmanns allgemeiner Theorie offener Systeme, welche nicht nur die transformierende Rolle des Beobachters von (z. B. physikalischen) Systemen unterstreicht, sondern auch die Abhängigkeit seiner Interpretation der Wirklichkeit von seinen erkenntnistheoretischen Vorannahmen betont,[10] bietet Cicero seinem Leser mit der Entdeckung der ‚Eklektik' eine Art von offenem ‚Baukastensystem', aus dem sich der Philosophierende eine eigene Philosophie kreieren kann, die aus Theoremen besteht, die mit der probabilistischen Erwägung des Pro und Contra evaluiert und als ‚wahrscheinlich' oder ‚plausibel' (*probabile, veri simile*) akzeptiert und in das jeweilige System inkorporiert werden. Die Entdeckung und Etablierung eklektischen Denkens sind wichtige, wenn nicht die entscheidenden Schritte auf dem Weg zur Toleranz gegenüber Andersdenkenden, insofern bei dieser Form akademischen Denkens der eigene Standpunkt nicht absolut gesetzt wird. Die Suche nach der besten Lösung eines Problems setzt vielmehr die stetige Bereitschaft zur Kenntnisnahme aller vorhandenen Lösungswege und zur Relativierung und Revision des zuvor eingenommenen Standpunkts voraus. Dieses Toleranzdenken ist zentral für offene Gesellschaften, in denen verschiedene kulturelle, religiöse und ethnische Gruppen aufeinandertreffen, wie es im republikanischen Rom der Fall war, als Menschen und

---

9 Vgl. Plutarchs Traktate über *Platonische Fragen, Über die Widersprüche der Stoiker, Wider Kolotes, Beweis, daß man nach Epikurs Grundsätzen überhaupt nicht vergnügt leben kann* und *Ob es eine richtige Vorschrift sei: „Lebe im Verborgenen"*.
10 Luhmann (2003) 41–65, hier: 60–63.

Ideen aus allen Teilen des *Imperium Romanum* in seinem Zentrum zusammenströmten. Die Römer mussten sich fremde Kulturen nicht nur anverwandeln. Sie hatten sich ihnen gegenüber auch zu behaupten. Das galt nicht zuletzt für die griechische Kultur. Das Denken, das Cicero in diesem Aneignungsprozess entwickelt, wird besonders in der Epoche der Aufklärung relevant, bis es in der Zeit des deutschen Idealismus und der Romantik wieder durch ein Standpunktdenken abgelöst wurde, in dem das ‚Ich' des Denkers oder der Standpunkt einer Klasse wie des Marxismus oder einer Ideologie wie des Nationalsozialismus absolut gesetzt werden. Diese Verabsolutierungen begegnen besonders in geschlossenen und autokratischen Gesellschaften. In totalitären Staaten, in denen keine Meinungsfreiheit herrscht, sondern Denkverbote und Zensur das Leben bestimmen, sind sie die Regel. Das erklärt, warum Cicero, der zu seiner intellektuellen Entfaltung die Freiheit des republikanischen Gemeinwesens benötigte, in seiner politischen Philosophie und seiner praktischen Politik, die sich des Mittels der Gewalt oder der Waffen nie oder doch nur zur Bewahrung der bestehenden Staatsordnung bediente, mit solcher Energie für die republikanische Staatsform eintrat. Vom Anfang bis zum Ende seiner politischen Karriere verteidigte Cicero die Freiheit, auf der einen Seite negativ verstanden als Abwesenheit der Bevormundung durch Diktatoren und Tyrannen. Auf der anderen Seite war Freiheit zu einem selbstbestimmten Leben, bei Offenheit in ihrer praktischen Ausgestaltung, die positive Grundidee, die Cicero beseelte, die er in seiner originellen Erkenntnistheorie mit dem Begriff des *probabile* zur Grundlage „personal verantworteter Freiheit im Willen und im Wissen" machte und die er mit den Mitteln, deren Verwendung er für legitim hielt, gegenüber den skrupellosen Feinden des römischen Rechtsstaats, die eine autokratische Ordnung wollten, zeitlebens behauptete.[11]

---

11 Ausgehend von Ciceros *Lucullus* bestimmt Peetz in seiner Studie zu Ciceros Konzept des *probabile* den Entscheidungsspielraum des erkennenden Subjekts, das unter Handlungszwang steht, wie folgt (2005) 108: „Angesichts prinzipieller Ungewissheit erfährt der Einzelne die Notwendigkeit, sich selbst im Handeln zu orientieren. Er selbst muss sich unter Berücksichtigung der unsicheren Daten, die ihm Sinne und Verstand zur Verfügung stellen, ein Urteil bilden, das seinerseits Grundlage und Orientierung für sein Handeln werden kann. Welche der sinnlichen Erscheinungen der Erkennende für wahr halten und zur Grundlage seines Wahrscheinlichkeitsurteils machen kann, muss er selbst in einem Prozess des praktischen Überlegens bzw. Abwägens ermitteln. Daraus ergibt sich eine Subjektivierung des Wissens, die die Freiheit des praktischen Überlegens und Urteilens zur Folge hat." Aus Peetz (2005) 130 auch das obige Zitat. Zu Ciceros philosophischem Freiheitsbegriff als willentliche Selbstbestimmung vgl. Fürst (2022) 121–126.

1.3 Von Igeln und Füchsen

Wer Cicero einem Typus von Denkern der Freiheit zuordnen möchte, könnte es mit einem Kategorienpaar tun, das Isaiah Berlin gebrauchte, um Arten von Künstlern und Wissenschaftlern zu unterscheiden. Berlins Kategorien beruhen auf einem Fragment aus einer Versfabel des griechischen Dichters Archilochos (201 [West] *Zenob.* 5,68 [*Paroem. Gr.* 1,147,7]):[12]

> πόλλ᾽ οἶδ᾽ ἀλώπηξ, ἀλλ᾽ ἐχῖνος ἓν μέγα.

> Der Fuchs weiß viele Dinge, aber der Igel weiß eine große Sache.

In einem Essay über den russischen Dichter Tolstoj befasst sich der Oxforder Philosoph mit dem Sinn dieser Fabel. Der Experte für Ideengeschichte nutzt die Tierfabel zur Differenzierung zwischen Denkern, die unentwegt auf der Suche sind und sich von einer unendlichen Vielfalt von Dingen angezogen fühlen, den ‚Füchsen', wie er sie nennt, und anderen Künstlern und Intellektuellen, die alles auf eine Karte setzen oder vielmehr auf ein einziges umfassendes System beziehen, den sogenannten ‚Igeln' (Berlin (2009) 7):

> Die Gelehrten sind sich über die richtige Deutung dieser dunklen Worte nicht einig, die vielleicht nicht mehr bedeuten, als daß der Fuchs bei all seiner Schlauheit vor der einzigen Waffe des Igels kapitulieren muß. Im übertragenen Sinne lassen sich diese Worte jedoch so verstehen, dass sie auf einen der tiefsten Unterschiede zwischen Schriftstellern und Denkern und vielleicht zwischen Menschen überhaupt hinweisen. Es besteht nämlich eine tiefe Kluft zwischen denen, die alles auf eine einzige, zentrale Einsicht beziehen, auf ein mehr oder weniger zusammenhängendes System, im Rahmen dessen sie verstehen, denken und fühlen – ein einziges, universales, gestaltendes Prinzip, das allein allem, was sie sind und sagen, Bedeutung verleiht –, und auf der anderen Seite denen, die viele, oft unzusammenhängende und sogar widersprüchliche Ziele verfolgen, die, wenn überhaupt, nur in einem faktischen Zusammenhang stehen, aus irgendeiner psychologischen oder physiologischen Ursache und nicht kraft eines moralischen oder ästhetischen Prinzips. Diese Menschen leben, handeln und denken in einer Weise, die eher zentrifugal als zentripetal zu nennen ist, ihr Denken ist sprunghaft oder verschwommen, bewegt sich auf vielen Ebenen und ergreift das Wesen einer großen Vielfalt von Erlebnissen und Gegenständen um ihrer selbst willen, ohne bewußt oder unbewußt den Versuch zu machen, sie mit irgendeiner unabänderlichen, allumfassenden – manchmal in sich widersprüchlichen und unvollständigen, manchmal fanatischen – einheitlichen inneren Einsicht in Einklang zu bringen oder sie von ihr auszuschließen. Die erste Art von Intellektuellen und Künstlern gehört zu den Igeln, die zweite zu den Füchsen.

---

[12] *Iambi et elegi Graeci ante Alexandrum cantati* ed. Martin L. West, Oxford 1971, Vol. I, Archilochus 201.

Wenn sich Cicero in seinen philosophischen Dialogen mit Repräsentanten, Schulen und Disziplinen der vorsokratischen, klassischen und hellenistischen Philosophie befasst, die ihm Antworten auf Fragen versprechen, auf die er bei seiner stetigen Auseinandersetzung mit den vielen gesellschaftlichen und politischen Problemen seiner Gegenwart gestoßen war, macht er sich auf den bevorzugten Feldern seines eklektischen Philosophierens regelmäßig für bestimmte Positionen stark und weist ihnen auf Grundlage seines erkenntnistheoretischen Skeptizismus einen höheren oder geringeren Grad der Plausibilität oder Wahrscheinlichkeit zu. Cicero vereint also, was selten, aber für ihn eigentümlich ist, Eigenschaften des ‚Fuchses' bei der Suche und Auffindung von Ideen zur Lösung von Problemen mit Eigenschaften des ‚Igels' bei ihrer Prüfung und Einordnung nach seinem eklektischen Baukastensystem. In diesem Prozess, der den Leser darauf vorbereitet, selbst zu urteilen, dessen Urteil aber nie antizipiert, sondern dem Rezipienten die Freiheit des Urteils belässt, votiert Cicero nie für epikureische Dogmen. Vielmehr favorisiert der *Platonis aemulus* meist sokratische respektive platonische Vorstellungen, wie in seiner Darstellung der Seelenlehre in *De re publica, De amicitia* und *De senectute*. Ebenso lässt sich Ciceros Auseinandersetzung mit Platons Kosmologie im *Timaios*, die zwischen literarischer Übersetzung und freier Bearbeitung in Dialogform schwankt, als platonisch oder mittelplatonisch gefärbt verstehen. Mitunter bevorzugt Cicero auch stoische Lehren, wie in *De natura deorum* auf dem Gebiet der rationalen Theologie, stellt in solchen Fällen allerdings wie in *Tusc.* 3,10 gern die Abhängigkeit der Stoiker von Sokrates heraus.

Cicero war nicht nur ständig in der Auseinandersetzung mit politischen und gesellschaftlichen Fragen und zugleich auf der Suche nach philosophischen Lösungsvorschlägen für diese Probleme, die er in einer dialogischen Darstellung nach rationalen Kriterien von Pro und Contra sichtete und nach ihrer Aufarbeitung und kritischen Beurteilung am Prüfstein der Probabilität in das ebenso flexible wie offene Baukastensystem seines akademischen Philosophierens einordnete. Cicero war auch Motor und Taktgeber in Roms kultureller und bildungsgeschichtlicher Entwicklung. Vom zweiten vorchristlichen bis zum zweiten nachchristlichen Jahrhundert werden sukzessiv Grammatik, Rhetorik und Philosophie als Bildungsmächte in Rom eingebürgert und für die römische Kultur und Literatur fruchtbar gemacht. Mit Grammatik und Rhetorik groß geworden wird Cicero zum Meister römischer Beredsamkeit. Ein ‚Betriebsunfall der Geschichte', die Schließung der Gerichte unter Sulla, wird Auslöser dafür, dass Cicero, der sich lebenslang mit der griechischen Philosophie auseinandersetzt, in Perioden erzwungener politischer Untätigkeit das Spektrum hellenistischer Philosophien und ihrer Disziplinen meist dialogisch verarbeitet und mit der von ihm entwickelten Methode emanzipatorischer Leserführung die überkommenen Theorienbestände nicht nur transferiert, sondern im Prozess des Transfers so transformiert, dass er Rom die griechische

Philosophie in ihrer Breite erwirbt, indem er seine römischen Leser mit der eklektischen Methode ihres Erwerbs vertraut macht und ihnen so Wege zu eigenständigem Denken und zur Mündigkeit bahnt. Die Ausbildung ihrer Urteilsfähigkeit war nicht nur für Ciceros Zeitgenossen wichtig, sondern gewinnt gerade in der digitalen Welt der Gegenwart an Bedeutung, wenn es darum geht, Fakenews und mit Methoden der KI verfeinerte Manipulationen des Internets zu erkennen.

Der Erfolg seiner Bemühungen zeigt sich nicht erst in der Moderne. Die fortschreitende Einbürgerung der Philosophie in Rom wird schon bei Seneca sichtbar. Das stoische Philosophieren des Prinzenerziehers lässt sich als Versuch lesen, Macht und Philosophie unter den prekären Bedingungen absoluter Herrschaft miteinander zu versöhnen. Als sich Seneca vor Neros Machtanspruch ins Privatleben zurückgezogen hat, sucht sein Stoizismus das der Gewalt unterworfene Individuum, das sich unkontrollierter Macht hilflos ausgeliefert sieht, zu stabilisieren. Nachdem sich unter Nero und Domitian periodische Ausweisungen von Philosophen und Astrologen als politische Rituale eingeschliffen hatten, etabliert sich mit dem Philosophenkaiser Mark Aurel der Geist auf dem römischen Kaiserthron. Marc Aurels *Selbstbetrachtungen* sind keine autobiographische Erzählung in der Art von Ciceros Darstellung der römischen Beredsamkeit im *Brutus* oder im Sinne der autobiographischen *Bekenntnisse* des Kirchenvaters Augustinus. Mark Aurels Maximen und Reflexionen gewähren aber Einblicke in die philosophische Bildung ihres Verfassers und die wechselnden Umstände seines Lebens. Aus ihnen lassen sich philosophiegeschichtliche Schlüsse ziehen, auch wenn wir nicht erwarten sollten, dass der Philosoph auf dem Kaiserthron einem Lesepublikum vielleicht sein Herz ausschüttet. Mark Aurel beschreibt im ersten Buch seiner *Meditationen,* wie seine Ausbildung verlief, einem Teil seines Werks, der daher als Bildungsbiographie eines römischen Kaisers gelesen werden kann. Mark Aurel schildert die ihn prägenden Bildungsmächte weder direkt noch detailliert. Der Kaiser deutet dem Leser nur an, welchen Lehrern er welche Belehrung verdankt. Seine Andeutungen sind aber aufschlussreich, wenn sie mit dem verglichen werden, was wir sonst über sein Leben wissen und was uns andere Autoren über ihre Bildungsbiographien verraten. Während Cicero wenig über seinen Vater zu sagen weiß und noch weniger über die Bildungschancen, die er seiner Mutter verdankt, dankt Mark Aurel diversen Mitgliedern seiner Familie für unterschiedliche pädagogische Impulse. Über vier Generationen hinweg seinem Vater,[13] seiner Mutter[14] und seinem Großvater[15]. Er dankt sogar seinem Urgroßvater, der dafür sorgte, dass Mark Aurel

---

13 M. Aur. 1,2.
14 M. Aur. 1,3.
15 M. Aur. 1,1.

„nicht auf öffentliche Schulen zu gehen brauchte, gute Hauslehrer hatte und erkannte, dass man dafür viel Geld ausgeben muß."[16] Für seine planmäßige Erziehung sorgte sein Adoptivvater Antoninus Pius. Der Vorgänger auf dem Kaiserthron, der in einer besonders langen Darlegung als Vorbild Mark Aurels gewürdigt wird,[17] berief den Stoiker Apollonios als Lehrer des jugendlichen Prinzen. Den Redner Fronto beauftragte Antoninus Pius mit der rhetorischen Ausbildung des Thronfolgers. Wie Rhetorik in der Kaiserzeit gelehrt wurde und dass es bei der Belehrung des Prinzen zu erheblichen Spannungen zwischen Zögling und Erzieher kam, geht aus der Korrespondenz der beiden hervor, welche unter Frontos Namen überliefert ist.[18] In ihrem Briefwechsel ist aufschlussreich, dass der sonst so bildungsbeflissene Mark Aurel den Göttern dafür dankt, dass er weder in Rede- und Dichtkunst noch in anderen Künsten nennenswerte Fortschritte erzielte.[19] Die Danksagung passt auf der einen Seite zu Frontos Scheitern als Erzieher, dem Mark Aurel in einem der kürzesten Apercus dafür dankt, dass er ihn über tyrannische Verleumdung und Verstellung und die Lieblosigkeit und Grausamkeit römischer Patrizier aufklärte.[20] Wenn sich der Kaiser dagegen bei den Göttern für verpasste Bildungschancen bedankt, passt solche Ironie auch dazu, dass die Philosophie und nicht die Rhetorik zur entscheidenden Bildungsmacht in seinem Leben wurde. Auf diese Präferenz und Entwicklung Mark Aurels lassen die Art und Zahl seiner Philosophielehrer schließen.[21] Die Diktion und das Ensemble der Danksagungen verdeutlichen, dass Philosophen in der mittleren Kaiserzeit nicht mehr wie zuvor von Ausgrenzung oder gar Ausweisung bedroht sind. Die Philosophie, die Cicero im Rom der späten Republik als Bildungsmacht etabliert hatte, ist in der Mitte der Gesellschaft angekommen, konkurriert mit der Rhetorik und beginnt ihr allmählich als Bildungsmacht den Rang abzulaufen. Die Pluralität

---

16 M. Aur. 1,4. Übersetzung nach Nickel (1990) 7.
17 M. Aur. 1,16.
18 Fronto p. 1–94, van den Hout (1988).
19 M. Aur. 1,17 dass „ich keine nennenswerten Fortschritte in der Rhetorik, der Dichtkunst und den anderen Tätigkeiten erzielte, denen ich mich vielleicht ganz hingegeben hätte, wenn ich festgestellt hätte, dass ich darin gut vorangekommen wäre". (Nickel (1990) 23)
20 M. Aur. 1,11. Die geläufige These, dass sich im Briefwechsel mit Fronto eine Abkehr Mark Aurels von der Rhetorik spiegele, kritisiert Kasulke (2005).
21 Dem Stoiker Apollonios und seinem Erzieher Diognetos dankt Mark Aurel dafür, dass er ein genuines Interesse an der Philosophie entwickelte, bereits früh die Philosophen Bakchios, Tandasis und Markian hörte und schon als Kind philosophische Dialoge zu schreiben lernte (M. Aur. 1,6). Durch den Stoiker Arulenus Rusticus war Mark Aurel, wie er dankbar betont, auf Aufzeichnungen über Epiktet gestoßen, die jener dem Kaiser aus seiner Bibliothek überließ (M. Aur. 1,7). Mark Aurel dankt weiteren Philosophen: dem Platoniker Sextus, einem Neffen Plutarchs (M. Aur. 1,9), dem Platoniker Alexandros (M. Aur. 1,12), dem Stoiker Catulus (M. Aur. 1,13), dem Peripatetiker Severus, durch den er mit Paetus Thrasea, Helvidius Priscus, Cato Uticensis, Dion und Brutus den politischen Arm der Stoa kennenlernte (M. Aur. 1,14), sowie dem Stoiker Maximus (M. Aur. 1,15).

der Bildungsmächte, zu denen auch Grammatik und Rhetorik gehören, bleibt in den *Meditationen* erhalten, wenngleich die Jünger Epikurs auch in der Masse von Stoikern, Platonikern und Aristotelikern unterzugehen scheinen. Der ciceronischen Offenheit und Pluralität, die in Mark Aurels Darstellung der Bildungsmächte zum Ausdruck kommt, entsprechen die Munifizenz und Liberalität des Kaisers, der 176 in Athen vier staatlich besoldete Lehrstühle für platonische, stoische, peripatetische und epikureische Philosophie einrichten ließ.[22] Mit dieser Maßnahme sicherte Mark Aurel nicht nur auf institutioneller Ebene den Status der griechischen Philosophenschulen, der römische Kaiser bewahrte auch das intellektuelle Erbe des akademischen Philosophen Cicero, der Rom mit diesen Bildungsmächten vertraut gemacht hatte.

---

22 Vielberg (2000) 89 zu Cass. Dio 72,31,3; Philostr. *Vit. Soph.* 2,2 [p. 556].

Abkürzungsverzeichnis

ANRW	Aufstieg und Niedergang der römischen Welt
CIL	Corpus Inscriptionum Latinarum
CPh	Classical Philology
DNP	Der Neue Pauly
HSCP	Harvard Studies in Classical Philology
JRS	Journal of Roman Studies
JUA	Jenaer Universitätsarchiv
LSJ	Liddell, Scott, Jones
MH	Museum Helveticum
OLD	Oxford Latin Dictionary
POxy	The Oxyrhynchus Papyri
RAC	Reallexikon für Antike und Christentum
RE	Paulys Realencyclopädie der classischen Altertumswissenschaft
RGG	Die Religion in Geschichte und Gegenwart
RhM	Rheinisches Museum für Philologie
SVF	Stoicorum veterum fragmenta
TAPhA	Transactions and Proceedings of the American Philological Association
ThlL	Thesaurus linguae Latinae
WJb	Würzburger Jahrbücher
WSt	Wiener Studien
ZPE	Zeitschrift für Papyrologie und Epigraphik

Literaturverzeichnis

Cicero, Ausgaben

Ax (1980): *M. Tullius Cicero, De natura deorum*, ed. Wilhelm Ax, Stuttgart (Nachdruck der Ausg. von 1933).
Ax (1938): M. Tulli Ciceronis scripta quae manserunt omnia, fasc. 46: *De divinatione, De fato, Timaeus*. Ottonis Plasberg schedis usus rec. Wilhelmus Ax, Leipzig.
Combès (1993): *Cicéron Laelius De Amicitia*, Texte établi et traduit par Robert Combès, Paris 4. Auflage.
Moreschini (2005): Claudio Moreschini (Hg.), M. Tulli Ciceronis scripta quae manserunt omnia 43, *De finibus bonorum et malorum*, München.
Müller (1904): M. Tullii Ciceronis Scripta quae manserunt omnia / recognovit Carl Friedrich Wilhelm Müller; Pars IV, vol.1: *Academica, de finibus bonorum et malorum libros, Tusculanas disputationes*. Leipzig.
Plasberg (1966): M. Tulli Ciceronis scripta quae manserunt omnia, fasc 42: *Academicorum reliquiae cum Lucullo*, rec. Otto Plasberg; Editio stereotypa editionis prioris. Stuttgart, (1. Aufl. 1922).
Pohlenz (1918): M. Tullii Ciceronis Scripta quae manserunt omnia. Fasc. 44: *Tusculanae disputationes*, rec. Max Pohlenz, Leipzig.
Powell (2006): Jonathan G.F. Powell, *M. Tulli Ciceronis De re publica, De legibus, Cato maior de senectute, Laelius de amicitia* recognovit brevique annotatione critica instruxit J.G.F.P., Oxford.
Purser (1952): *M. Tulli Ciceronis Epistulae* Vol. I, Epistulae ad familiares, recognovit brevique adnotatione critica instruxit Louis Claude Purser, Oxford.
Purser (1962): *M. Tulli Ciceronis Epistulae Vol. II Epistulae Ad Atticum*, recognovit brevique adnotatione critica instruxit Louis Claude Purser, *Pars prior Libri I-VIII*, Oxford.
Reid (1897): *M. Tulli Ciceronis Laelius De amicitia*, ed. James S. Reid, Cambridge.
Schiche (1982): M. Tullii Ciceronis Scripta quae manserunt omnia. Fasc. 43 *De finibus bonorum et malorum*, rec. Th. Schiche Stuttgart.
Shackleton Bailey (1961): M. Tulli Ciceronis Epistulae Vol. II, *Epistulae ad Atticum*, recognovit David Roy Shackleton Bailey, *Pars Posterior Libri IX-XVI*, Oxford.
Shackleton Bailey (1965–1970): David Roy Shackleton Bailey, *Cicero, Epistulae ad Atticum*, Ed. by D.R. S. B., 7 Bde., Cambridge.
Simbeck (1980): M.T. Cicero, *Cato maior, Laelius* rec. Karl Simbeck, Stuttgart.
Soubiran (1972): M. Tullius Cicero, *Aratea*, Fragments poétiques / texte établi et trad. par Jean Soubiran, Paris.
Watt (1958): *M. Tulli Ciceronis epistulae Vol. III Epistulae ad Quintum fratrem Epistulae ad M. Brutum Fragmenta epistularum accedunt Commentariolum petitionis et Pseudo-Ciceronis Epistula ad Octavianum*, recognovit et adnotatione critica instruxit W.S. Watt, Oxford.
Wilkins (1979a): M. Tulli Ciceronis Rhetorica recognovit brevique adnotatione critica instruxit A.S. Wilkins *Tomus I libros De oratore tres continens*, Oxford.
Wilkins (1979b): M. Tulli Ciceronis Rhetorica recognovit brevique adnotatione critica instruxit A.S. Wilkins Tomus II *Brutus Orator De optimo genere oratorum Partitiones oratoriae, Topica*, Oxford.
Winterbottom (1994): M. Tulli Ciceronis *De officiis* recognovit brevique adnotatione critica instruxit Michael Winterbottom, Oxford.
Zetzel (1995): James E.G. Zetzel, *Cicero De re publica, Selections*, ed. by J.E.G.Z., Cambridge.
Ziegler (1969): M. Tullius Cicero: *De re publica* septimum recognovit Konrat Ziegler, Leipzig.

Ziegler (1979): *M. Tullius Cicero, De legibus*, herausgegeben von Konrat Ziegler, 3. Auflage überarbeitet und durch Nachträge ergänzt von Woldemar Görler, Freiburg.

Cicero, Übersetzungen und Kommentare

Atzert (1964): *Marcus Tullius Cicero, Von den Grenzen im Guten und Bösen, lateinisch und deutsch*, Eingeleitet und übertragen von Karl Atzert, Zürich u. Stuttgart.
Büchner (1979): Karl Büchner, *Cicero De re publica, Vom Gemeinwesen*, Lateinisch / Deutsch Stuttgart.
Büchner (1984): Karl Büchner, *M. Tullius Cicero, De re publica*, Komm. v. K.B., Heidelberg 1984.
Dyck (1996): Andrew Roy Dyck, *A Commentary on Cicero, De officiis*, Ann Arbor.
Dyck (2003): Andrew Roy Dyck, *Cicero De natura deorum Liber I*, ed. by A.R. D., Cambridge.
Faltner (1966): *M. Tulli Ciceronis Laelius De amicitia*, hrsg. und übers. von Max Faltner, München 2. Aufl.
Gigon (2003): Olof Gigon, *Cicero, Gespräche in Tusculum*, Düsseldorf u. Zürich.
Gerlach u. Bayer (1987): *M. Tullius Cicero, Vom Wesen der Götter, Drei Bücher, lateinisch-deutsch*, Herausgegeben, übersetzt und erläutert von Wolfgang Gerlach und Karl Bayer, 2. Aufl. Darmstadt.
Haltenhoff (1998): Andreas Haltenhoff, *Kritik der akademischen Skepsis. Ein Kommentar zu Cicero, Lucullus 1–62*, Frankfurt am Main [u.a.].
Kasten (1976): *Marcus Tullius Cicero, Atticus-Briefe*, Hrsg. und übers. von Helmut Kasten, 2. Aufl. Darmstadt.
Kasten (2004): *Marcus Tullius Cicero, An seine Freunde*, Lateinisch-deutsch, Herausgegeben und übersetzt von Helmut Kasten, 6. Aufl. Düsseldorf u. Zürich.
Neuhausen (1981–1992): *M. Tullius Cicero, Laelius*, Einleitung und Kommentar von Karl August Neuhausen, Heidelberg (Lief. 1); (Lief. 2); (Lief. 3).
Nickel (2008): *M. Tullius Cicero, De officiis, Vom pflichtgemäßen Handeln*, Lateinisch-deutsch Herausgegeben und übersetzt von Rainer Nickel, Düsseldorf.
Pease (1955 u. 1958), *M. Tulli Ciceronis De natura deorum*. Ed. by Arthur Stanley Pease, Cambridge Mass. 1955 (Bd. 1) 1958 (Bd. 2) mit Kommentar.
Pease (1963): *M. Tulli Ciceronis De divinatione libri duo*. Ed. by Arthur Stanley Pease, University of Illinois Studies in Language and Literature 6, 1920, 161–500; 8, 1923, 153–474 (Nachdruck: Darmstadt).
Pohlenz (1957): *Ciceronis Tusculanarum disputationum libri V*, Mit Benützung von Otto Heines Ausgabe erklärt von Max Pohlenz, Erstes Heft: Libri I et II, Stuttgart.
Rackham (1994): *Cicero: in twenty-eight volumes. Bd. 19: De natura deorum. Academica* / with an Engl. transl. by Harris Rackham. Reprinted, London [u.a.].
Reinhardt (2003): Tobias Reinhardt, *M. Tulli Ciceronis Topica*, edited with a translation, introduction, and commentary by T. R., Oxford.
Reid (1984): *M. Tulli Ciceronis Academica*. The text revised and explained by James S. Reid. Hildesheim u. Zürich u. New York, (1. Aufl. 1885).
Ruch (1970): Michel Ruch (Hg.), *Academica posteriora, liber primus*, Paris (mit Einleitung und Kommentar).
Soubiran (1972): *M. Tullius Cicero, Aratea, Fragments poétiques* / texte établi et trad. par Jean Soubiran, Paris 1972.

Schäublin (1995): *Akademische Abhandlungen: Lucullus; lateinisch – deutsch / Marcus Tullius Cicero.* Text und Übers. von Christoph Schäublin. Einl. von Andreas Graeser und Christoph Schäublin. Anm. von Andreas Bächli und Andreas Graeser, Hamburg.

Schäublin (2013): Christoph Schäublin, *Marcus Tullius Cicero, Über die Wahrsagung, De divinatione,* Herausg. übers. und erläut. von Ch. S., 3. überarb. Aufl. Berlin.

Straume-Zimmermann u. Gigon (1990): *Marcus Tullius Cicero: Hortensius, Lucullus, Academici libri. Lateinisch – deutsch.* Herausgegeben, übersetzt und kommentiert von Laila Straume-Zimmermann, Ferdinand Broemser und Olof Gigon. München u. Zürich.

Wardle (2006): David Wardle, Cicero on Divination, Book I. Translated with Introduction and Historical Commentary, Oxford.

Ausgaben, Übersetzungen und Kommentare anderer Autoren

Andresen (1879): Georg Andresen, *Cornelius Tacitus, Dialogus de oratoribus,* für den Schulgebrauch erklärt von G. A., 2. verb. Aufl. Leipzig.

Apelt (1993): Otto Apelt, *Lucius Annaeus Seneca, Philosophische Schriften,* 4 Bde., Zweites Bändchen der Dialoge, Zweiter Teil Buch VII-XII, Übersetzt, mit Einleitungen und Anmerkungen versehen von O.A., Hamburg (Wiederabdruck der Ausgabe Leipzig 1923).

Apelt (1998): Otto Apelt, *Diogenes Laertius, Leben und Meinungen berühmter Philosophen,* Hamburg (ungekürzte Sonderausgabe der 3. Aufl. 1990).

Bernand (1969): Étienne Bernand, *Les inscriptions grecques et latines de Philae,* Bd. 2: Haut et Bas Empire, Paris.

Brandt (1966): Reinhardt Brandt, *Pseudolonginus, Vom Erhabenen,* griech. – dtsch. von Reinhardt Brandt, Berlin u. Darmstadt (u. spätere Aufl.).

Chambers (1986): *Aristoteles Athenaion Politeia,* ed. Mortimer H. Chambers, Leipzig.

Chambers (1990): *Aristoteles, Staat der Athener,* Übersetzt und erläutert von Mortimer Chambers, Berlin.

Eden (1984): Peter T. Eden, *Seneca, Apocolocyntosis,* Cambridge.

Erren (2009): Manfred Erren (Hg.), *Aratos. Phainomena. Sternbilder und Wetterzeichen,* Düsseldorf (Überarbeitung der Ausgabe von 1971).

Fuhrer (2017): Therese Fuhrer (Hg.), Augustinus, Contra Academicos, edidit et apparatu critico instruxit Th. F., in: Therese Fuhrer u. Simone Adam (Hg.), *Aurelius Augustinus,* Berlin.

Gaiser (1988), Konrad Gaiser, *Philodems Academica, Die Berichte über Platon und die Alte Akademie in zwei herkulanensischen Papyri,* Stuttgart (Suplementum Platonicum, Die Texte der indirekten Platonüberlieferung, Bd. 1).

Gesner (1715): Johann Matthias Gesner, *Institutiones rei scholasticae,* Jena 1715.

Gesner (1743): Johann Matthias Gesner, *Opuscula minora varii argumenti,* 4 Bände, Breslau.

Gesner (1714a): Johann Matthias Gesner, Gesuch um Anstellung als Magister phil. für Cathedra superioris, Jenaer Universitätsarchiv (JUA) M42, Bl. 57.

Gesner (1714b): Johann Matthias Gesner, Missive betreffs des Antrags auf Cathedra superioris, Dekan Georg Albrecht Hamberger, JUA M42, Bl. 58.

Gesner (1714): Johann Matthias Gesner, Gesuch um Anstellung als Adjunkt der Phil. Fakultät, JUA M42, Bl. 91,92.

Güngerich u. Heubner (1980): Rudolf Güngerich u. Heinz Heubner, *Kommentar zum Dialogus des Tacitus,* Göttingen.

Heubner (1980): Hans Heubner, *P. Cornelius Tacitus, Dialogus de oratoribus* ed. H. Heubner, Stuttgart.
Hoffmann u. Schliebitz u. Stocker (2011): Detlev Hoffmann, Christoph Schliebitz, Hermann Stocker, *Lucan Bürgerkrieg*, 2 Bde., Lateinisch und deutsch, Eingeleitet, übersetzt und kommentiert von D.H., Ch. S. und H.S., Darmstadt.
Hosius (1914): Carl Hosius, C., *L. Annaei Senecae De beneficiis libri VII, De Clementia Libri II* iterum ed. C.H., Leipzig.
Hülser (2006): Karlheinz Hülser, Antony A. Long u. David N. Sedley, *Die hellenistischen Philosophen, Texte und Kommentare*, Übersetzt von Karlheinz Hülser, Stuttgart u. Weimar.
Kasten (1995): Helmut Kasten, *Gaius Plinius Caecilius Secundus, Briefe, Epistularum libri decem*, Lateinisch-deutsch ed. H.K., 7. Aufl. Zürich.
Kent (1993): Roland G. Kent, *Varro on the Latin Language, Books V-VII*, with an English translation by R.G.K., Cambridge u. London, Nachdruck der 1. Aufl. 1938.
Landmann (1977): Georg Peter Landmann, *Thukydides, Geschichte des Peloponnesischen Krieges*, Herausg. u. übertr. von G.P.L., München 2. Aufl.
Long u. Sedley (1987): Tony Long u. David Sedley, *The Hellenistic Philosophers Bd.1: Translations of the Principal Sources with Philosophical Commentary; Bd. 2: Greek and Latin Texts with Notes and Bibliography*. Cambridge.
Lund (1994): Allan A. Lund, *L. Annaeus Seneca, Apocolocyntosis Divi Claudii*, Herausgegeben, übersetzt und kommentiert von A.A. Lund, Heidelberg.
Martin (1998): Jean Martin, (Hg.), *Aratus. Phénomènes*, Paris.
Mekler (1902): *Academicorum Philosophorum Index Herculanensis*, edidit Siegfried Mekler, Berlin.
Mette (1986–1987): Hans-Joachim Mette (Hg.), *Philon von Larisa und Antiochos von Askalon*, Lustrum 28–29, 9–63.
Mumprecht (1983): Vroni Mumprecht, *Philostratos, Das Leben des Apollonios von Tyana*, Griechisch-Deutsch, Herausgegeben, übersetzt und erläutert von V. M., München.
Nickel (1990): *Marc Aurel, Wege zu sich selbst*, Griechisch-deutsch, Herausgegeben und übersetzt von Rainer Nickel, München u. Zürich.
Peter (1967): Hermann Peter, *Historicorum Romanorum Reliquiae*, 2 Bde., Stuttgart.
Préchac (1921–27): Francois Préchac, *Sénèque, Des bienfaits*, 2 Bde., Paris (mit französischer Übersetzung).
Reinhold (1988): M. Reinhold, *From Republic to Principate, An Historical Commentary on Cassius Dio's Roman History Books 49–52 (36–29 B.C.)*, Atlanta.
Rose (1966): Valentin Rose, *Aristotelis qui ferebantur librorum fragmenta*, Leipzig 1886, unver. Nachdruck Stuttgart.
Rosenbach (1987–1995): Manfred Rosenbach, *Seneca, Philosophische Schriften*, Bd. 1–2 Dialoge, Bd. 3–4 Ad Lucilium epistulae morales, Bd. 5 De beneficiis, Darmstadt (in verschiedenen Auflagen).
Russell (1968): Donald A. Russell, *Libellus de sublimitate Dionysio Longino fere adscriptus* ed. D.A. Russell, Oxford.
Schönberger (2008): Otto Schönberger, *Longinus, Vom Erhabenen* Griechisch/Deutsch Stuttgart.
Testard (2000): Mauritius Testard (Hg.), *Sancti Ambrosii Mediolanensis De officiis* cura et studio M. T., Turnhout.
Thalheim (1909): *Aristoteles Politeia Athenaion* post Fridericum Blass ed. Theodorus Thalheim, Leipzig.
Thimme (1977): *Aurelius Augustinus Vom Gottesstaat Buch 1-10*, Aus dem Lateinischen übertragen von Wilhelm Thimme. Eingeleitet und kommentiert von Carl Andresen, München.
Thomasius (1723), Christian Thomasius, *Cautelae circa praecognita Iurisprudentiae ecclesiasticae*, Halle.
Tornau (2020): Christian Tornau, *Augustinus, De immortalitate animae, Die Unsterblichkeit der Seele*, Zweisprachige Ausgabe eingeleitet, übersetzt und kommentiert von Ch.T., Leiden.

Van den Hout (1988): Michael P.J. van den Hout, *M. Cornelius Fronto, Epistulae* ed. M.P.J. van den Hout, Leipzig.
Van Straaten (1962): Modestus van Straaten, *Panaetii Rhodii Fragmenta* collegit tertioque edidit, Leiden 3. Aufl.
Veh (1985–1986): Otto Veh, *Cassius Dio, Römische Geschichte*, übersetzt von Otto Veh, eingeleitet von Gerhard Wirth, 5 Bde., Zürich, München.
Vielberg (2013): *Johann Matthias Gesner, Institutiones rei scholasticae – Leitfaden für das Unterrichtswesen*, Herausgegeben und übersetzt von M.V., Wiesbaden.
Volkmer (1976): Hans P. Volkmer, *Cornelius Tacitus, Dialogus de oratoribus, Das Gespräch über die Redner*, Lateinisch-deutsch ed. Hans Volkmer, München 2. Aufl.
von Armin (1978–1979): Hans von Arnim, *Stoicorum Veterum Fragmenta*, 3 Bde. (1. Aufl. Leipzig: 1903–05). Index. Hrsg. v. M. Adler (1. Aufl. Leipzig: 1924). Neuaufl. Stuttgart [=SVF].
Von der Muehll (1982): Peter von der Muehll, *Epicuri epistulae tres et ratae sententiae a Laertio Diogene servatae* edidit P. v. d. M. Stuttgart (Wiederabdruck der Ausgabe von 1922).
Voss (1982): Bernd Rainer Voss, Augustinus, Contra Academicos, in: E. Mühlenberg u. I. Schwarz-Kirchenbauer, *Philosophische Frühdialoge*. Eingel., übers. und erl. v. E. M., I. S. und B.R.V., 25–143, Zürich 1972, Stuttgart.
Wehrli (1967): Fritz Wehrli, *Die Schule des Aristoteles* 1 (Dikaiarch), 1944 (2. Aufl. 1967).
Winterbottom (1974): Michael Winterbottom, *The Elder Seneca, Declamations in two volumes*, Translated by M. Winterbottom, Cambridge, MA.
Winterbottom u. Ogilvie (1980): Michael Winterbottom u. Robert M. Ogilvie, *Cornelii Taciti opera minora*, Oxford.
Wisniewski (1982): Bohdan Wisniewski, Philon von Larissa, Testimonia und Kommentar, Breslau.
Ziegler u. Wuhrmann (2010a): Konrat Ziegler u. Walter Wuhrmann, *Cicero*, in: *Plutarch, Grosse Griechen und Römer*, Bd. 4, Übersetzt und mit Anmerkungen versehen von K.Z. u. W.W., 3. Aufl., Mannheim, 252–311.
Ziegler u. Wuhrmann (2010b): Konrat Ziegler u. Walter Wuhrmann, *Caesar*, in: *Plutarch, Grosse Griechen und Römer*, Bd. 5, Übersetzt und mit Anmerkungen versehen von K.Z. u. W.W., 3. Aufl., Mannheim, 101–177.

Sekundärliteratur

Albrecht (1994): Michael Albrecht, *Eklektik, Eine Begriffsgeschichte mit Hinweisen auf die Philosophie und Wissenschaftsgeschichte*, Bad Cannstatt.
Alföldy (1990): Géza Alföldy, *Der Obelisk auf dem Petersplatz in Rom. Ein historisches Monument der Antike*, Heidelberg.
Altmann (2016): William Henry Furness Altmann, *The Revival of Platonism in Cicero's Late Philosophy, Platonis aemulus and the Invention of Cicero*, Lanham.
Anderson u. Parsons u. Nisbet (1979): R.D. Anderson, Peter J. Parsons, Robert G.M. Nisbet, Elegiacs by Gallus from Qasr Ibrîm, JRS 69, 125–155.
Asserate (2018): Asfa-Wossen Asserate, *Manieren*, Berlin.
Auvray-Assayas (2006): Clara Auvray-Assayas, *Cicéron*, Paris.
Baraz (2012): Yelena Baraz, *A Written Republic. Cicero's Philosophical Politics*, Princeton u. Oxford.
Barnes (1989): Jonathan Barnes, Antiochus of Ascalon, in: Miriam Griffin und Jonathan Barnes (Hgg.), *Philosophia Togata. Essays on Philosophy and Roman Society*, Oxford, 51–96.

Bartsch, Shadi (1994): *Actors in the Audience, Theatricality and Doublespeak from Nero to Hadrian*, Cambridge, MA.
Barwick (1929): Karl Barwick, Zur Erklärung und Komposition des Rednerdialogs des Tacitus, Festschrift Walther Judeich, Weimar, 81–108.
Barwick (1954): Karl Barwick, *Der Dialogus des Tacitus. Motive und Zeit seiner Entstehung*, Berlin.
Baumgarten (1750): Alexander Gottlieb Baumgarten, *Metaphysica*, 3. Aufl., Halle.
Beard (1986): Mary Beard, Cicero and Divination. The Formation of a Latin Discourse, JRS 76, 33–46.
Becker (1957) Carl Becker, Artikel ‚Cicero‘, RAC 3, Nachleben I. 89–127.
Becker (1938): Ernst Becker, *Technik und Szenerie des ciceronischen Dialogs*, Osnabrück (Diss. Münster).
Becker (1994): Maria Becker, *Die Kardinaltugenden bei Cicero und Ambrosius, De officiis*, Basel.
Begemann (2012): Elisabeth Begemann, *Schicksal als Argument, Ciceros Rede vom fatum in der späten Republik*, Stuttgart.
Berlin (2006): Isaiah Berlin, *Freiheit Vier Versuche*. Aus dem Englischen von Reinhard Kaiser, Frankfurt.
Berlin (2009): Isaiah Berlin, *Der Igel und der Fuchs, Essay über Tolstojs Geschichtsverständnis*. Aus dem Englischen von Harry Maor, Frankfurt.
Bishop (2019): Caroline Bishop, *Cicero, Greek Learning, and the Making of a Roman Classic*, Oxford.
Blänsdorf (1961): Jürgen Blänsdorf, Cicero, De re publica I 54–55, Rivista di cultura classica e mediovale 3, 167–176.
Blänsdorf (1987): Jürgen Blänsdorf, Der Gallus-Papyrus – eine Fälschung?, ZPE 67, 43–50.
Bleicken (1962): Jochen Bleicken: Der politische Standpunkt Dios gegenüber der Monarchie, Die Rede des Maecenas Buch 52, 14–40, Hermes 99, 444–467.
Bleicken (1979): Jochen Bleicken, Zur Entstehung der Verfassungstypologie im 5. Jahrhundert v. Chr. (Monarchie, Aristokratie, Demokratie), Hermes 1979, XXVIII 146–172.
Bleistein (2022): Marco Bleistein, *Alia ex alia nexa, Untersuchungen von Ciceros Philosophieren*, Heidelberg.
Blösel (1998): Wolfgang Blösel, Die Anakyklosistheorie und die Verfassung Roms bei Polybios und Cicero, Hermes 126, 31–57.
Bo (1993): Domenico Bo, *Le principali problematiche del Dialogus de oratoribus*, Hildesheim.
Bracht u. Harke u. Perkams u. Vielberg (2021), Katharina Bracht et alii (Hg.), *Heteronome Texte in Antike und Mittelalter*, Berlin u. Boston.
Bringmann (1971): Klaus Bringmann, *Untersuchungen zum späten Cicero*, Göttingen.
Bringmann (1976): Klaus Bringmann, Die Verfassungsdebatte bei Herodot 3, 80–82 und Dareios' Aufstieg zur Königsherrschaft, Hermes 104, 266–279.
Bringmann (2014): Klaus Bringmann, War Cicero Caesars Gläubiger? Zur Interpretation von Cic. Att. 12,3,2, Hermes 142, 487–491.
Brink (1985): Charles O. Brink, Rez. Heldmann, Gnomon 57, 141–144.
Brink (1989): Charles O. Brink, Quintilian's De causis corruptae eloquentiae and Tacitus' Dialogus de oratoribus, Classical Quarterly 39, 472–503.
Brink (1993): Charles O. Brink, History in the ‚Dialogus de oratoribus' and Tacitus the Historian, A New Approach to an Old Source, Hermes 121, 335–349.
Brittain (2016): Charles Brittain, Cicero's sceptical methods. The example of the *De finibus*, Julia Annas u. Gábor Bethegh (Hg.), *Cicero's De finibus, Philosophical approaches*, Cambridge 12–40.
Brown (1973): Peter Brown, *Augustinus von Hippo*, Eine Biographie von P.B., Übersetzt, bearbeitet und herausgegeben von Johannes Bernard, Frankfurt.
Brunschwig (1986): Jacques Brunschwig, The Cradle Argument in Epicurean and Stoicism, in Malcolm Schofield u. Gisela Striker (Hg.), *The Norms of Nature: Studies in Hellenistic Ethics*, Cambridge 134–144.

Brunt (1988): Peter Astbury Brunt, Amicitia in the Roman Republic, in: Ders., *The Fall of the Roman Republic and Related Essays*, Oxford, 351–381.
Büchner (1952): Karl Büchner, Die beste Verfassung, Studi Italiani di filologia classica 26, 37–139.
Büchner (1952a): Karl Büchner, Der Laelius Ciceros, Museum Helveticum 9, 88–106.
Burkert (1965:) Walter Burkert, Cicero als Platoniker und Skeptiker. Zum Platonverständnis der ‚Neuen Akademie', Gymnasium 72, 175–200.
Burkert (2001): Walter Burkert, Artikel „Innerer Mensch II", RGG Bd. 4, 155.
Burton (2007): Paul Burton, Genre and Fact in the Preface to Cicero`s De Amicitia, in: Antichthon 41, 13–32.
Castiglione (1967): Baldesar Castiglione, *The Book of the Courtier*, London.
Castiglione (1996): Baldassare Castiglione, *Der Hofmann: Lebensart in der Renaissance*, Aus dem Ital. von Albert Wesselski. Mit e. Vorw. Von Andreas Beyer, Berlin 1996.
Chaumartin (1985): Francois-Régis Chaumartin, *Le De Beneficiis de Sénèque: sa signification philosophique, politique et sociale*, Paris.
Citroni Marchetti (2000): Sandra Citroni Marchetti, *Amicizia e potere nelle lettere di Cicerone e nelle elegie ovidiane dall' esilio*, Florenz.
Citroni Marchetti (2009): Sandra Citroni Marchetti, Words and Silence: Atticus as the Dedicatee of De amicitia, The Classical World, 103, 93–99.
Clark (2006): William Clark, *Academic Charisma and the Origins of the Research University*, Chicago u. London.
Classen (1989): Die Peripatetiker in Cicero's Tuskulanen, William W. Fortenbaugh u. Peter Steinmetz (Hg.), *Cicero's knowledge of the Peripatos*, New Brunswick 186–200.
Classen (2001): Carl Joachim Classen, Briefe und andere Zeugnisse Göttinger Philologen in Dorpat (Tartu). Eine vorläufige Bestandsaufnahme, in: Göttinger Forum für Altertumswissenschaft 4, 21–50, Regesten von Briefen Gesners 20–41.
Classen (2010): Carl Joachim Classen, Teaching philosophy, a form or function of Roman oratory. Velleius' Speech in Cicero's *De natura deorum*, in: Dominic H. Berry u. Andrew Erskine (Hg.), *Form and Function in Roman Oratory*, Cambridge u. New York, 195–207.
Clausen (2008): Marion Clausen: *Maxima in sensibus veritas*? Die platonischen und stoischen Grundlagen der Erkenntniskritik in Ciceros *Lucullus*, Frankfurt am Main.
De Franchis (2008): Marielle de Franchis, Pratiques romaines de l'amitié à la lumière du De amicitia: Laelius et Scipion, Blossius de Cumes et Tiberius Gracchus, Perrine Galand-Hallyn u. a. (Hg.), *La société des amis à Rome et dans la littérature médiévale et humaniste*, Turnhout, 43–62.
De Rosalia (1984): A. de Rosalia, *Riflessioni sul concetto ciceroniano di amicizia*, Palermo 1984.
Demoen u. Praet (2009): Kristoffel Demoen u. Danny Praet (Hg.), *Theios Sophistes, Essays on Flavius Philostratus' Vita Apollonii*, Leiden u. Boston 2009.
Descartes (1977): René Descartes, *Meditationen über die Grundlagen der Philosophie*, Auf Grund der Ausgaben von Artur Buchenau neu herausgegeben von Lüder Gäbe, Durchgesehen von Hans Günter Zekl, Hamburg.
Deuse (1975): Werner Deuse: Zur advocatus-diaboli-Funktion Apers im Dialogus und zur Methode ihrer Deutung, Grazer Beiträge 3, 51–69.
Diez (2021): Christopher Diez, *Ciceros emanzipatorische Leserführung, Studien zum Verhältnis von dialogisch-skeptischer Inszenierung und skeptischer Philosophie in De natura deorum*, Stuttgart.
Dihle (1991): Albrecht Dihle, *Griechische Literaturgeschichte*, München 2. erw. Aufl.
Dilthey (1977): Wilhelm Dilthey, *Weltanschauungslehre, Abhandlungen zur Philosophie der Philosophie*, 5. unveränderte Auflage, Stuttgart u. Göttingen.
Dirlmeier (1937): Franz Dirlmeier, *Die Oikeiosis-Lehre Theophrasts*, Philologus Suppl. 30,1 Leipzig.

Drijepondt (1963): Henri Louis Fernand Drijepondt, Ciceros Laelius de amicitia, Eine Einheit, Acta classica 6, 64–80.
Dominik (2007): William Dominik, Tacitus and Pliny on Oratory, in: William Dominik u. Jon Hall (Hg.), *A Companion to Roman Rhetoric*, Oxford, 323–338.
Donini (1988), Pierluigi Donini, The history of the concept of eclecticism, in: John M. Dillon u. Antony A. Long (Hg.), *The Question of ‚Eclecticism': Studies in Later Greek Philosophy*, Berkeley, Los Angeles, London 15–33.
Döpp (1986): Siegmar Döpp, Die Nachwirkungen von Ciceros rhetorischen Schriften bei Quintilian und in Tacitus' Dialogus. Eine typologische Skizze, in: Peter Neukam (Hg.), *Reflexion antiker Kulturen*, München, 7–26.
Dörrie (1979a): Heinrich Dörrie, Artikel „Diakaiarchos", Der Kleine Pauly 1, 19–21.
Dörrie (1979b): Heinrich Dörrie, Artikel „Dion 3", Der Kleine Pauly 1, 60–61.
Dubourdieu (2008): Annie Dubourdieu, Les référents romains d' autorité dans le Laelius, Perrine Galand-Hallyn u. a. (Hg.), *La société des amis à Rome et dans la littérature médiévale et humaniste*, Turnhout, 27–41.
Dunkel (2000): George Eugene Dunkel, Remarks on code-switching in Cicero's letters to Atticus, Museum Helveticum 57, 122–129.
Eckstein (1879): Friedrich August Eckstein, Gesner: Johann Matthias, in: Allgemeine Deutsche Biographie. Neunter Band. Geringswald – Gruber. Auf Veranlassung Seiner Majestät des Königs von Bayern herausgegeben durch die historische Commission bei der Königl. Akademie der Wissenschaften, Leipzig, 97–103.
Eco (1994): Umberto Eco, *Im Wald der Fiktionen. Sechs Streifzüge durch die Literatur*, München u. Wien.
Eichler (1999): Klaus-Dieter Eichler (Hg.), *Philosophie der Freundschaft*, Leipzig.
Elvers (2001): Karl-Ludwig Elvers, Scipionenkreis, in: Der Neue Pauly 11, 298.
Engeberg Pedersen (1990): Troels Engeberg Pedersen, *The Stoic Theory of Oikeiosis*, Aarhus.
Engster (2010): Dorit Engster, Der Kaiser als Wundertäter – Kaiserheil als neue Form der Legitimation, Nicola Kramer u. Christiane Reitz (Hg.), *Tradition und Erneuerung, Mediale Strategien in der Zeit der Flavier*, Berlin u. New York (Beiträge zur Altertumskunde 285), 289–307.
Evans (1981): James A. S. Evans, Notes on the Debate of the Persian Grandees in Herodotus 3,80-82, Quaderni Urbinati di Cultura Classica 7, 79–84.
Fantham (1985): Elaine Fantham, Rez. Heldmann, Classical Philology 80, 278–281.
Fichte (1984): Johann Gottlieb Fichte, *Versuch einer neuen Darstellung der Wissenschaftslehre*: Vorerinnerung, erste und zweite Einleitung (1797), 2. verb. Aufl. Hamburg.
Flach (1973): Dieter Flach, Dios Platz in der kaiserzeitlichen Geschichtsschreibung, Antike und Abendland, 18, 130–143.
Flintermann (1995): Jaap-Jan Flintermann, *Power, Paideia & Pythagoreism, Greek Identity, Conceptions of the Relationship between Philosophers and Monarchs and Political Ideas in Philostratus' Life of Apollonius*, Amsterdam (Dutch Monographs on Ancient History and Archaeology XIII).
Fladerer (2003–2012): Ludwig Fladerer, Artikel Übersetzung III. Lateinischer Bereich, DNP 12,1, Stuttgart 1186–1188.
Forschner (1995): Maximilian Forschner, *Die stoische Ethik*, 2. Aufl. Darmstadt.
Fox (2006): Matthew Fox, *Cicero's philosophy of history*, Oxford.
Fox (2013): Matthew Fox, Cicero during the Enlightenment, in: Catherine Steel (Hg.), *The Cambridge Companion to Cicero, Part III, Receptions of Cicero*, Cambridge 318–336.
Friedrich (1991): Reinhold Friedrich, *Johann Matthias Gesner. Sein Leben und sein Werk*, Roth (Rother Miniaturen, Heft 2).

Fürst (1999): Alfons Fürst, Erwerben und Erhalten, Ein Schema antiker Freundschaftstheorie in Ciceros "Laelius", Philologus 143, 41–67.
Fürst (2022): Alfons Fürst, *Wege zur Freiheit, Menschliche Selbstbestimmung von Homer bis Origenes*, Tübingen.
Fuhrer (1993): Therese Fuhrer, Der Begriff *veri simile* bei Cicero und Augustin, Museum Helveticum 50, 107–125.
Fuhrer (2004): Therese Fuhrer, *Augustinus*, Darmstadt.
Fuhrer u. Nelis (2010): Therese Fuhrer u. Damien Nelis (Hg.), *Acting with words, Communication, Rhetorical Performance and Performative Acts in Latin Literature*, Heidelberg.
Fuhrmann (1982): Manfred Fuhrmann, Persona, ein römischer Rollenbegriff, in: Ders. (Hg.), *Brechungen*, Stuttgart 21–46.
Fuhrmann (1992): Manfred Fuhrmann, *Cicero und die römische Republik, Eine Biographie*, München (11. Auflage 2011).
Fuhrmann (1999): Manfred Fuhrmann, *Seneca und Kaiser Nero, Eine Biographie*, München 1999.
Fuhrmann (2001), Manfred Fuhrmann, *Latein und Europa, Die fremdgewordenen Fundamente unserer Bildung*, Köln.
Gabriel (1997): Gottfried Gabriel, *Logik und Rhetorik der Erkenntnis, Zum Verhältnis von wissenschaftlicher und ästhetischer Weltauffassung*, Paderborn.
Gabriel (2019): Gottfried Gabriel, Scheinprobleme, in: Joachim Ritter, Karlfried Gründer (Hg.), Historisches Wörterbuch der Philosophie Bd. 8, Darmstadt, 1243–1245.
Gall (1999): Dorothea Gall, *Zur Technik von Anspielung und Zitat in der römischen Dichtung, Vergil, Gallus und die Ciris*, München.
Garcea (2003): Alessandro Garcea (Hg.), *Colloquia absentium, Studi sulla communicazione epistolare in Cicerone*, Turin.
Garnsey u. Saller (1989). Peter Garnsey, Richard Saller, *Das römische Kaiserreich, Wirtschaft, Gesellschaft, Kultur*, Aus dem Englischen von Hans-Joachim Maass, Hamburg.
Garve (1783): Christian Garve, *Philosophische Anmerkungen und Abhandlungen zu Cicero's Büchern von den Pflichten*, 3 Bde., Breslau 1. Aufl. 1783.
Garve (1986): Christian Garve, Gesammelte Schriften, Hg. Kurt Wölfel, Dritte Abt. Bd. *Abhandlung über die Pflichten, aus dem Lateinischen des Marcus Tullius Cicero, Teil 2 Die Anmerkungen*, Nachdruck Hildesheim (Anmerkungen zum Dritten Buche).
Gawlick (1956): Günther Gawlick, *Untersuchungen zu Ciceros philosophischer Methode*, Diss. Kiel.
Gawlick u. Görler (1994): Günther Gawlick u. Woldemar Görler, Cicero, in: Hellmut Flashar (Hg.), *Die Philosophie der Antike 4.2., Die hellenistische Philosophie*, Basel, 993–1173.
Gee (2013a): Emma Gee, *Aratus and the Astronomical Tradition*, Oxford.
Gee (2013b): Emma Gee, Cicero's poetry, C. Steel (Hg.), *The Cambridge Companion to Cicero*, Cambridge, 88–106.
Gehrke (2003–2012): Hans Joachim Gehrke, Artikel „Euergetismus", Der neue Pauly, Enzyklopädie der Antike, Darmstadt, Bd. 4, Sp. 228–230.
Gelzer (1983): Matthias Gelzer, *Cicero, Ein biographischer Versuch*, Unveränderter Nachdruck der 1. Auflage 1969, Wiesbaden.
Giancotti (1971): Francesco Giancotti, Der innere Grundzug von <De finibus>, in: Karl Büchner, *Das neue Cicerobild*, Darmstadt, 388–416, (= Profilo interiore del ‚De finibus'. Estratto dagli atti del Primo Congresso Internazionale de Studi Ciceroniani, Rom 1961, p. 1–22).
Giannantoni (1994): Gabriele Giannantoni, Criticò Carneade l'astrologia stoica?, Elenchos 15, 201–218.
Gibert (1994): Carlos Melches Gibert, *Der Einfluss von Christian Garves Übersetzung Ciceros „De officiis" auf Kants Grundlegung der Metaphysik der Sitten*, Regensburg.

Gill (2016): Christopher Gill ‚Antiochus' theory of oikeiosis, Julia Annas u. Gábor Bethegh (Hg.), *Cicero's De finibus, Philosophical approaches*, Cambridge 221–247.
Girardet (1996): Klaus Martin Girardet, Politische Verantwortung im Ernstfall, Cicero, die Diktatur und der Diktator Caesar, Christian Müller-Goldingen u. Kurt Sier (Hg.), *ΛΗΝΑΙΚΑ*, FS für C. W. Müller, Stuttgart, Leipzig, 217–251.
Glucker (1988): John Glucker, Cicero's philosophical affiliations, in: John M. Dillon u. Antony A. Long (Hg.), *The Question of ‚Eclecticism': Studies in Later Greek Philosophy*, Berkeley u. Los Angeles u. London, 34–69.
Glucker (1995): John Glucker, *Probabile, Veri Simile*, and Related Terms, in: Jonathan G.F. Powell (Hg.), *Cicero the Philosopher, Twelve Papers*, Oxford, 115–143.
Goldberg (1999): Sander M. Goldberg, Appreciating Aper, the defence of modernity in Tacitus' "Dialogus de oratoribus", Classical Quarterly 49, 1999, 224–237.
Görler (1978): Woldemar Görler, Das Problem der Ableitung ethischer Normen bei Cicero, Der altsprachliche Unterricht XXI, 5–19.
Görler (1995): Silencing the Troublemaker: De legibus 1.39 and the Continuity of Cicero's Scepticism, in: Powell, Jonathan G.F. (Hg.), *Cicero the Philosopher*, Oxford, 85–113.
Görler (2011): Cicero, De finibus bonorum et malorum, Buch 5. Beobachtungen zur Quelle und zum Aufbau, Elenchos 32, 329–354.
Götten (1735): Gabriel Wilhelm Götten, M. Johannes Matthias Gesner, in: *Das Jetzt-lebende Gelehrte Europa, Oder Nachrichten von Den vornehmsten Lebens=Umständen und Schrifften, jetzt=lebender Europäischen Gelehrten*; Welche Mit Fleiß gesammlet und unpartheyisch aufgesetzt hat Gabriel Wilhelm Götten, Past. zu St. Michaelis in Hildesheim. Braunschweig (ND Hildesheim u. New York 1975), 557–574.
Gorman (2005): Robert Gorman, *The Socratic Method and the Dialogues of Cicero*, Stuttgart.
Gotter (1996): Ulrich Gotter, Cicero und die Freundschaft. Die Konstruktion sozialer Normen zwischen römischer Politik und griechischer Philosophie, H.J. Gehrke, A. Möller (Hg.), *Vergangenheit und Lebenswelt. Soziale Kommunikation, Traditionsbildung und historisches Bewußtsein*, Tübingen, 339–360.
Gowing (2013): Alain M. Gowing, Tully's boat: responses to Cicero in the imperial period, in: Catherine Steel (Hg.), *The Cambridge Companion to Cicero*, Part III, Receptions of Cicero, Cambridge, 233–250.
Graf (1982): Fritz Graf, Die Gallus-Verse von Qasr Ibrîm, Gymnasium 89, 21–36.
Graver (2021): Margaret Graver, Le De ira de Sénèque et les Tusculanes de Cicéron, in Valéry Laurand u. Ermanno Malaspina u. François Prost (Hg.), *Lectures plurielles du De ira de Sénèque*, Berlin, 333–338.
Griffin u. Barnes (1989): Miriam Griffin u. Jonathan Barnes (Hg.): *Philosophia Togata. Essays on Philosophy and Roman Society*, Oxford.
Griffin (2003): Miriam Griffin, *Seneca. A Philosopher in Politics*, Oxford 1976 (Wiederabdruck als Paperback 1992 und 2003).
Grimal (1984): Pierre Grimal, Sénèque juge de Cicéron, MEFRA 96.2, 655–670.
Guillaumont (1984): Francois Guillaumont, *Philosophe et augure. Recherches sur la Théorie cicéronienne de la divination*, Coll. Latomus 184, Bruxelles.
Güngerich (1951): Rudolf Güngerich, Der Dialogus des Tacitus und Quintilians Institutio oratoria, Classical Philology, 46, 159–164.
Habicht (1990): Christian Habicht, *Cicero der Politiker*, München.

Habinek (1990): Thomas N. Habinek, Towards a History of Friendly Advice. The Politics of Candor in Cicero's ‚De amicitia', Martha C. Nussbaum (Hg.), *The Poetics of Therapy. Hellenistic Ethics in its Rhetorical and Literary Context*, Edmonton, 165–185.
Haehling von (2007): Raban von Haehling, Interregnum und Alleinherrschaft in Ciceros Schrift ‚De re publica', Emanuel Richter u. Rüdiger Voigt u. Helmut König (Hg.), *Res publica und Demokratie*, Baden-Baden, 65–83.
Hammond (1932): Mason Hammond, The Significance of the Speech of Maecenas in Dio Cassius, Book LII, TAPhA 63, 88ff.
Heck (1966): Eberhard Heck, *Die Bezeugung von Ciceros Schrift De re publica*, Hildesheim (Spudasmata 4).
Hegel (1980a): Georg Wilhelm Friedrich Hegel, *Phänomenologie des Geistes*, Frankfurt (Werke 3) (Auf der Grundlage der Werke von 1832–1845 neu edierte Ausgabe).
Hegel (1980b): Georg Wilhelm Friedrich Hegel, *Vorlesungen über die Geschichte der Philosophie*, Frankfurt (Werke 12) (Auf der Grundlage der Werke von 1832–1845 neu edierte Ausgabe).
Heil (2005): Andreas Heil, Gespräche über Freundschaft, Das Modell der amicitia bei Cicero und Horaz, in: Andreas Haltenhoff u. Andreas Heil u. Fritz-Heiner Mutschler (Hg.), *Römische Werte als Gegenstand der Altertumswissenschaft*, München, 107–123.
Heilmann (1982): Willibald Heilmann, *Ethische Reflexion und römische Lebenswirklichkeit in Ciceros Schrift „De officiis"*, Wiesbaden.
Heinze (1960): Richard Heinze, Ciceros Staat als politische Tendenzschrift, Hermes 59, 1924, 73ff., 87ff. (Ders., *Vom Geist des Römertums* (Hg. Erich Burck)), 3., erweiterte Auflage Darmstadt, 141–159.
Heldmann (1976): Konrad Heldmann, Ciceros ‚Laelius' und die Grenzen der Freundschaft. Zur Interdependenz von Literatur und Politik 44/43 v.Chr., Hermes 104, 72–103.
Heldmann (1982): Konrad Heldmann, *Antike Theorien über Entwicklung und Verfall der Redekunst*, München.
Heusch (1953): Heinrich Heusch, Zum Prooemium von Ciceros Laelius, Rheinisches Museum 96, 67–77.
Hinske (1986): Norbert Hinske, Eklektik, Selbstdenken, Mündigkeit – drei verschiedene Formulierungen einer und derselben Programmidee, in: Norbert Hinske (Hg.), Eklektik, Selbstdenken, Mündigkeit (Aufklärung 1,1), 5–7.
Hirzel (1877–1883): Rudolf Hirzel, *Untersuchungen zu Ciceros philosophischen Schriften*, 3 Bde., Leipzig.
Hirzel (1895): Rudolf Hirzel, *Der Dialog. Ein literarhistorischer Versuch I-II*, Leipzig.
Horn (1995): Christoph Horn, *Augustinus*, München.
Horst (2010): Claudia Horst, Zur politischen Funktion des Demokratiebegriffs in der Kaiserzeit: eine Interpretation der Reden des Agrippa und Maecenas (Cassius Dio 52,1-41), Vera Viktorovna Dement'eva, Tassilo Schmitt (Hg.), *Volk und Demokratie im Altertum*, Göttingen, 189–208.
Horstmann (2014): Hennig Horstmann, *Erzähler – Text – Leser in Ovids Metamorphosen*, Frankfurt am Main.
Hübner (2005): Wolfgang Hübner, Die Rezeption der Phainomena Arats in der Lateinischen Literatur, in: Marietta Horster u. Christine Reitz (Hg.), *Wissensvermittlung in dichterischer Gestalt*, Stuttgart, 133–154.
Hunger (2008): Ulrich Hunger, Die Universitätsstadt Göttingen, in: Hubert Steinke u. Urs Boschung u. Wolfgang Proß (Hg.), *Albrecht von Haller Leben – Werk – Epoche*, Göttingen 99–118.
Hutchinson (1998): Gregory O. Hutchinson, *Cicero's Correspondence: A Literary Study*, Oxford.
Inwood (1990): Brad Inwood, The Strategy of de Finibus II, Apeiron 23, 143–164.
Inwood (2003–2012): *Briefanalysen, Zum Zusammenhang von Realitätserfahrung und Sprache in Ciceros Briefen* Brat Inwood, Artikel ‚Euphrates [1]', DNP Bd. 4, 269.
Inwood (2005): Brad Inwood, *Reading Seneca, Stoic Philosophy at Rome*, Oxford.

Jäger (1986): Wolfgang Jäger, *Briefanalysen, Zum Zusammenhang von Realitätserfahrung und Sprache in Ciceros Briefen*, Frankfurt.
Jaumann, Herbert: Die *Societas Latina Ienensis* (1734–1848), in: Detlef Döring u. Kurt Nowak (Hg.), *Gelehrte Gesellschaften im mitteldeutschen Raum (1650–1820)*, Stuttgart u. Leipzig 2002, 33–70.
Jehne (1997): Martin Jehne, *Caesar*, München.
Junghanß (2017): Antje Junghanß, *Zur Bedeutung von Wohltaten für das Gedeihen von Gemeinschaft, Cicero, Seneca und Laktanz über beneficia*, Stuttgart.
Kant (1965): Immanuel Kant, *Grundlegung zur Metaphysik der Sitten* (1785), Herausgegeben von Karl Vorländer, Hamburg 3. Auflage.
Kant (2019): Immanuel Kant, *Neue Reflexionen, Die frühen Notate zu Baumgartens „Metaphysica"*. Mit einer Edition der dritten Auflage dieses Werks, Herausg. von Günter Gawlick, Lothar Kreimendahl und Werner Stark, Stuttgart 2019.
Kasulke (2005): Christoph Tobias Kasulke, *Fronto, Marc Aurel und kein Konflikt zwischen Rhetorik und Philosophie im 2. Jh. n.Chr.*, München u. Leipzig.
Keavenay (1992): Arthur Keaveney, *Lucullus: A Life*, London.
Keeline (2018): Thomas J. Keeline, *The Reception of Cicero in the Early Roman Empire, The Rhetorical Schoolroom and the Creation of a Cultural Legend*, Cambridge.
Kennedy (1972): George Alexander Kennedy, *The Art of Rhetoric in the Roman World: 300 BC – AD 300*, Princeton.
Kipf (1999): Stefan Kipf, *Herodot als Schulautor. Ein Beitrag zur Geschichte des Griechischunterrichts in Deutschland vom 15. bis zum 20. Jahrhundert*, Köln u. Weimar u. Wien.
Kirchner (2022): Roderich Kirchner, *Protreptik und Rhetorik, Werbung für die Beredsamkeit in der römischen Literatur*, Stuttgart.
Klausnitzer (2004): Ralf Klausnitzer, *Literaturwissenschaft. Begriffe, Verfahren, Arbeitstechniken*, Berlin.
Klibansky (2001): Raymond Klibansky, *Erinnerung an ein Jahrhundert, Gespräche mit Georges Leroux*, Frankfurt u. Leipzig.
Kloft (1970): Hans Kloft, *Liberalitas principis*, Köln u. Wien.
Knigge (1788): Adolf Freiherr von Knigge, *Über den Umgang mit Menschen*, Hannover.
Koch (2006): Bernhard Koch, *Philosophie als Medizin für die Seele, Untersuchungen zu Ciceros Tusculanae disputationes*, Stuttgart.
Köhnken (1973): Adolf Köhnken, Das Problem der Ironie bei Tacitus, Museum Helveticum 30, 32–50.
Konstan (1995): David Konstan, Patrons and Friends, CPh 90, 328–342.
Konstan (1997): David Konstan, *Friendship in the Classical World*, Cambridge.
Krarup (1956): Per Krarup, *Rector rei publicae*, Kopenhagen 1956 (engl. Zusammenfassung 175–206).
Krostenko (2000): Brian A. Krostenko, Beyond (Dis)belief: Rhetorical Form and Religious Symbol in Cicero's *de Divinatione*, Transactions and Proceedings of the American Philological Association 130, 353–391.
Kroymann (1958): Jürgen Kroymann, Die Stellung des Königtums im I. Buch von Ciceros Staat, HSCP 63, 309–332.
Krüpe (2011): Florian Krüpe, *Die Damnatio memoriae. Über die Vernichtung von Erinnerung. Eine Fallstudie zu Publius Septimius Geta* (189–211 n.Chr.), Gutenberg.
Kuhn (1959): Helmut Kuhn, *Sokrates, Versuch über den Ursprung der Metaphysik*, München.
Kunkel (2005): Wolfgang Kunkel u. Martin Schermaier, *Römische Rechtsgeschichte*, 14. durchges. Aufl. Köln.
Lacey (1986): Alan R. Lacey, *A Dictionary of Philosophy*, 2. Aufl. London.
Lasserre (1976): Francois Lasserre, Hérodote et Protagoras: Le débat sur les constitutions, MH 33, 65–84.

Lefèvre (1988): Eckart Lefèvre, „Cicero als skeptischer Akademiker: eine Einführung in die Schrift Academici libri", in: Antikes Denken – Moderne Schule (Beiheft Gymnasium 9), 108–132.
Lefèvre (2001): Eckart Lefèvre, ‚Panaitios' und Ciceros Pflichtenlehre, Vom philosophischen Traktat zum politischen Lehrbuch, Stuttgart.
Leonhardt (1999): Jürgen Leonhardt, Ciceros Kritik der Philosophenschulen, München.
Leonhardt (2009): Jürgen Leonhardt, Latein, Geschichte einer Weltsprache, München.
Lesky (1971): Albin Lesky, Geschichte der griechischen Literatur, 3. Aufl. Bern, München.
Levene (2004): David S. Levine, Tacitus', Dialogus' as Literary History, Transactions of the American Philological Association 134, 157–200.
Lévy (1992): Carlos Lévy, Cicero Academicus. Recherches sur les 'Académiques' et sur la philosophie Cicéronienne, Rom.
Lieberg (1982): Godo Lieberg, Die theologia tripertita als Formprinzip antiken Denkens, RhM. 125, 25–53.
Lieberg (1994): Godo Lieberg, Das Methodenkapitel in Ciceros Staat (Rep. 2,11,21-22), Mnemosyne 47, 12–32.
Linderski (1982): Jerzey Linderski, Cicero and Roman Divination, La parola del passato 37, 12–38.
Luhmann (2003): Niklas Luhmann, Einführung in die Systemtheorie, Hg. von Dirk Baecker, Heidelberg.
Maccormack (2013): Sabine Maccormack, Cicero in late antiquity, in: Catherine Steel (Hg.), The Cambridge Companion to Cicero, Part III, Receptions of Cicero, Cambridge 251–305.
Magee (1987): Bryan Magee, The Great Philosophers, An Introduction to Western Philosophy, Oxford u. New York.
Malaspina u. Marione (2004): Ermanno Malaspina, Nino Marione, Cronologia Ciceroniana in CD-ROM, Nuova versione con integrazioni ed aggiornamenti dal titolo Ephemerides Tullianae, Centro di Studi Ciceroniani, Roma u. Bologna.
Manuwald (1979): Bernd Manuwald, Cassius Dio und Augustus, Wiesbaden 1979.
Manuwald (2003): Gesine Manuwald, Eine Schule für Novum Comum (Epist. 4,13), L. Castagna (Hg.), Plinius der Jüngere und seine Zeit, München u. Leipzig, 203–218.
Marsh (2013): David Marsh, Cicero in the Renaissance, in: Catherine Steel (Hg.), The Cambridge Companion to Cicero, Part III, Receptions of Cicero, Cambridge 306–317.
Mayer (2001): Roland Mayer, Dialogus de oratoribus, Cambridge u. New York.
Mazzarino (1982): Santo Mazzarino ‚L' iscrizione latina nella trilingue di Philae e i carmi die Gallus scoperti a Quasr Ibrim, RhM 125, 312–337.
McKechnie (1981): Paul McKechnie, Cassius Dio's Speech of Agrippa: A Realistic Alternative to Imperial Government, Greece and Rome XXVIII, 150–155.
Meister (1939): Richard Meister, Der Staatslenker in Ciceros De re publica, WSt 57, 57–112.
Meusel (1804): Johann Georg Meusel, Gesner (Johann Matthias), in: Lexikon der vom Jahr 1750 bis 1800 verstorbenen teutschen Schriftsteller, ausgearbeitet von Johann Georg Meusel, Vierter Band, Leipzig, 150–170.
Meyer (2006): Inga Meyer, Von der Vision zur Reform, Der Staat der Gesetze: Ciceros Programm der Neuordnung der Römischen Republik: 56-51 v. Chr., München.
Michaelis (1978): Johann David Michaelis, Memoria auf Johann Matthias Gesner, in: Wilhelm Ebel (Hg.), Göttinger Universitätsreden aus zwei Jahrhunderten (1737–1934), hrsg. von Wilhelm Ebel, Göttingen, 64–80.
Michel (1962): Alain Michel, Le Dialogue des orateurs de Tacite et la philosophie de Cicéron, Paris.
Millar (1964): Fergus Millar, A Study of Cassius Dio, Oxford.
Morkel (2012): Arnd Morkel, Marcus Tullius Cicero, Was wir heute noch von ihm lernen können, Würzburg.

Moore (1903): George Edward Moore, *Principia ethica*, Cambridge.
Müller (1965): Carl Werner Müller, *Gleiches zu Gleichem, Ein Prinzip frühgriechischen Denkens*, Wiesbaden.
Müller (2015): Gernot Michael Müller, Transfer und Überbietung. Zur Konstruktion einer römischen Philosophie in den Dialogen Ciceros, Gymnasium 122, 275–301.
Müller u. Zini (2018): Gernot Michael Müller u. Fosca Mariani Zini (Hg.), *Philosophie in Rom – römische Philosophie? Kultur-, literatur- und philosophiegeschichtliche Perspektiven*, Berlin u. Boston.
Müller u. Müller (2020): Gernot Michael Müller u. Jörn Müller (Hg.), *Cicero ethicus. Die ‚Tusculanae disputationes' im Vergleich mit ‚De finibus bonorum et malorum'*, Heidelberg, 173–196.
Müller (2020): Jörn Müller, Mere verbal dispute or serious doctrinal debate? Cicero on the relationship between the Stoics, the Peripatetics and the Old Academy, Gernot Michael Müller u. Jörn Müller (Hg.), *Cicero ethicus. Die ‚Tusculanae disputationes' im Vergleich mit ‚De finibus bonorum et malorum'*, Heidelberg, 173–196.
Müller-Goldingen (1992), Christian Müller-Goldingen, Cicero als Übersetzer Platons, in: Claus-Werner Müller, Kurt Sier, Jürgen Werner (Hg.), *Zum Umgang mit fremden Sprachen in der griechisch-römischen Antike*, Stuttgart 173–187.
Mundt (2012): Felix Mundt, Melanchthon und Cicero, Facetten des Eklektizismus am Beispiel der Seelenlehre, in: Günther Frank u. Felix Mundt (Hg.), *Der Philosoph Melanchthon*, Berlin u. Boston 141–171.
Münzer (1924), Friedrich Münzer, „Laelius", in: RE 12,1, Stuttgart, 399–410.
Murphy (1991): John P. Murphy, Tacitus on the education of the orator, ANRW 2,33,3, 2284–2297.
Narducci (2012): Emanuele Narducci, *Cicero*, Eine Einführung, Übers. v. A. Wurm, Stuttgart.
Neuhausen (1979): Karl August Neuhausen, Ciceros Vater, der Augur Scävola und der junge Cicero, Wiener Studien 13, 76–87.
Patzig (1980): Günther Patzig, *Tatsachen, Normen, Sätze*, Stuttgart.
Paulsen (1921): Friedrich Paulsen, *Geschichte des gelehrten Unterrichts auf den deutschen Schulen und Universitäten vom Ausgang des Mittelalters bis zur Gegenwart*, dritte, erweiterte Auflage, Zweiter Band, Berlin u. Leipzig, 16–30.
Pease (1913): Arthur Stanley Pease, The conclusion of Cicero's De natura deorum, Transactions and Proceedings of the American Philological Association 44, 25–37.
Peetz (2005): Siegbert Peetz, Ciceros Konzept des *probabile*, Philosophisches Jahrbuch 112, 97–133.
Perkams (2023): Matthias Perkams, *Philosophie in der Antike, Von den Vorsokratikern bis zur Schule von Nisibis*, Hamburg (Manuskript Januar 2022).
Perlwitz (1992): Olaf Perlwitz, Titus Pomponius Atticus, Untersuchungen zur Person eines einflussreichen Ritters in der ausgehenden römischen Republik, Stuttgart.
Pfeffer (1976): Friedrich Pfeffer, *Studien zur Mantik in der Philosophie der Antike*, Beitr. z. Klass. Philol. 64, Meisenheim a. Glan.
Pfeiffer (2010): Stefan Pfeiffer, Ägypten in der Selbstdarstellung der Flavier, Nicola Kramer u. Christiane Reitz (Hg.), *Tradition und Erneuerung, Mediale Strategien in der Zeit der Flavier*, Berlin u. New York (Beiträge zur Altertumskunde 285), 273–288.
Pohlenz (1967): Max Pohlenz, *Antikes Führertum, Cicero De officiis und das Lebensideal des Panaitios*, Leipzig u. Berlin 1934 (Neudruck 1967).
Powell (1994): Jonathan G.F. Powell, The *rector rei publicae* of Cicero's *De Republica*, Scripta Classica Israelica 13, 19–29.
Powell (1995): Jonathan G.F. Powell (Hg.), *Cicero the Philosopher*, Oxford.

Powell (2007): Jonathan G.F. Powell, Cicero, in: Richard Sorabji u. Robert W. Sharples (Hg.), *Greek and Roman Philosophy 100 B.C. – 200 A.D.* II, Bulletin of Institute of Classical Studies supplement 94, 333–345.

Powell (2018): Jonathan G.F. Powell, Philosophising about Rome: Cicero's *De re publica* and *De legibus*, in: Gernot Michael Müller u. Fosca Mariani Zini (Hg.), *Philosophie in Rom – römische Philosophie? Kultur-, literatur- und philosophiegeschichtliche Perspektiven*, Berlin u. Boston, 249–269.

Prost (2008): Francois Prost, La structure du Laelius de Cicéron, in: Perrine Galand-Hallyn et alii (Hg.), *La société des amis à Rome et dans la littérature médiévale et humaniste*, Turnhout, 11–26.

Pütter (1765–1838): Johann Stephan Pütter, *Versuch einer academischen Gelehrten-Geschichte der Georg-Augustus-Universität zu Göttingen*, 4 Bände.

Recipi (1995): Luciana Repici, Gli Stoici e la divinazione secondo Cicerone, Hermes 123, 175–192.

Reggi (2021): Giancarlo Reggi, I discorsi di Antonio e Crasso nel De oratore, fra usus forense, Filone di Iarisssa e Antioco D'Ascalona, Ciceroniana On Line V,1,2021, 41–80.

Ricken (1955): Werner Ricken, Zur Entstehung des Laelius de amicitia, Gymnasium 62, 360–374.

Riklin (2006): Alois Riklin, *Geschichte der Mischverfassung*, Darmstadt.

Römer (1987): Franz Römer, Vom Spuk zur Politik, Der Gespensterbrief des Jüngeren Plinius, Wiener Humanistische Blätter 29, 26–36.

Rösler (1986): Wolfgang Rösler, Lukrez und die Vorsokratiker, in: Carl Joachim Classen (Hg.), *Probleme der Lukrezforschung*, Hildesheim, 57–73 (zuerst Hermes 101, 1973, 48–64).

Rolfe (1963): John Carew Rolfe, *Cicero and his Influence*, New York.

Rollinger (2009): Christian Rollinger, *Solvendi sunt nummi. Die Schuldenkultur der späten römischen Republik im Spiegel der Schriften Ciceros*, Berlin.

Rollinger (2014): Christian Rollinger, *Amicitia sanctissime colenda, Freundschaft und soziale Netzwerke in der späten Republik*, Heidelberg.

Rosati (2002): Gianpero Rosati, Narrative Techniques and Narrative Structures in the Metamorphoses, in: Barbara Weiden Boyd (Hg.), *Brill's Companion to Ovid*, Leiden, 271–305.

Rosenberger (2001): Veit Rosenberger, Zeichen göttlichen Zorns. Eine mediengeschichtliche Untersuchung des römischen Prodigienwesens, in: Kai Brodersen (Hg.), *Gebet und Fluch, Zeichen und Traum. Aspekte religiöser Kommunikation in der Antike*, Münster, 69–88.

Rosenberger (2013): Veit Rosenberger (Hg.), *Divination in the Ancient World, Religious Options and the Individual*, Stuttgart.

Ruch (1943): Erwin Ruch, Das Prooemium von Ciceros Laelius de amicitia, Hermes 78, 132–162.

Rutledge (2000): Steven H. Rutledge, Plato, Tacitus, and the Dialogus de oratoribus, Latomus 254, 345–357.

Rutledge (2012): Steven H. Rutledge, Tacitus' Dialogus de Oratoribus: A Socio-Cultural History, in: Victoria Emma Pagán (Hg.), *A Companion to Tacitus*, Oxford, 62–83.

Sauppe (1856): Hermann Sauppe, Johann Matthias Gesner. Vortrag bei der Feier des Geburtstags Sr. Königl. Hoheit des Grosherzogs Carl Friedrich, gehalten im Gymnasium zu Weimar den 3. Februar 1851, in: Jahresbericht über das Wilhelm-Ernstische Gymnasium zu Weimar, Weimar, 3–15.

Scappaticcio (2020): Maria Chiara Scappaticcio, (Hg.), *Seneca the Elder and his Rediscovered Historiae ab initio bellorum civilium, New Perspectives on Early-Imperial Roman Historiography*, Berlin.

Schäublin (1990): Christoph Schäublin, Philosophie und Rhetorik in der Auseinandersetzung um die Religion: zu Cicero, De natura deorum I, Museum Helveticum 47, 87–101.

Schindel (1964): Ulrich Schindel, Johann Matthias Gesner, in: *Neue Deutsche Biographie*, hrsg. von der Historischen Kommission bei der Bayerischen Akademie der Wissenschaften, Sechster Band Gaál – Grasmann, Berlin, 348–349.

Schindel (1982): Ulrich Schindel, Ursprung und Grundlegung der Rhetorik in der Antike, in: Carl Joachim Classen u. Heinz Joachim Müllenbrock (Hg.), *Die Macht des Wortes. Aspekte gegenwärtiger Rhetorikforschung*, Ars Rhetorica 4, Marburg, 9–27.

Schindel (1989): Ulrich Schindel: Johann Matthias Gesner, Professor der Poesie und Beredsamkeit 1734–1761, in: Carl Joachim Classen (Hg.), *Die Klassische Altertumswissenschaft an der Georg-August-Universität Göttingen. Eine Ringvorlesung zu ihrer Geschichte*, Göttingen, 9–26.

Schindel (2001): Ulrich Schindel, Johann Matthias Gesner, 1691–1761, in: Karl Arndt et alii (Hg.), *Göttinger Gelehrte. Die Akademie der Wissenschaften zu Göttingen in Bildnissen und Würdigungen 1751–2001*, hrsg. von Karl Arndt, Gerhard Gottschalk und Rudolf Smend, Erster Band, Göttingen, 14–15.

Schindel (2005): Ulrich Schindel, Johann Matthias Gesners aufgeklärte Pädagogik, in: U. Leisinger, Chr. Wolff (Hg.), *Musik, Kunst und Wissenschaft im Zeitalter J.S. Bachs*, Hildesheim (Leipziger Beiträge zur Bachforschung 7), 39–49.

Schirren (2005): Thomas Schirren, *Philosophos Bios, Die antike Philosophenbiographie als symbolische Form. Studien zur Vita Apollonii des Philostrat*, Heidelberg (Bibliothek der klassischen Altertumswissenschaften 115).

Schirren (2018): Thomas Schirren, Wieviel Philosophie braucht der Redner? Zur Bedeutung der Philosophie in der Institutio oratoria des Quintilian, in: Gernot Michael Müller u. Fosca Mariani Zini (Hg.), *Philosophie in Rom – römische Philosophie? Kultur-, literatur- und philosophiegeschichtliche Perspektiven*, Berlin u. Boston, 189–246.

Schmidt (1975): Ernst Günther Schmidt, Artikel „Karneades", DKP 3 124–126.

Schmidt (1973): Peter Lebrecht Schmidt, Cicero,De re publica': Die Forschung der letzten fünf Dezennien, ANRW I 4, 262–333.

Schofield (1986): Malcolm Schofield, Cicero for and against Divination, JRS. 76, 47–65.

Schofield (2013): Malcolm Schofield, Writing philosophy, in: Catherine Steel (Hg.), *The Cambridge Companion to Cicero*, Part I, The Greco-Roman Intellectual, Cambridge, 73–88.

Schofield (2021): Malcolm Schofield, *Cicero: political philosophy*, Oxford.

Schuller (2013): Wolfgang Schuller, *Cicero oder der letzte Kampf um die Republik, Eine Biographie*, München.

Schuller (2016): Wolfgang Schuller, Amicitia – Inimicitia. Freund und Feind im *Bellum Civile* Caesars, in: Wolfgang Schuller, *Kleine Schriften zum Altertum und seiner Rezeption*, Bd. II, Römische Geschichte, Kaiserslautern, 71–74.

Schulz (2019): Verena Schulz, Was ist rhetorische Wirkung? Zum Verhältnis von ‚Logos', ‚Pathos' und ‚Ethos', in: Michael Erler, Christian Tornau (Hrsg.), *Handbuch Antike Rhetorik*, Bd. 1, Berlin, 557–580.

Sharples (2003–2012): Robert Sharples, Artikel,Dikaiarchos' DNP Bd. 3, 564–566.

Sharples (1986): Robert W. Sharples, Cicero's *Republic* and Greek political theory, Polis 5,2, 30–50.

Smend (1950): Friedrich Smend, Johann Sebastian Bach und Johann Matthias Gesner, in: Gymnasium 57, 295–298.

Spahlinger (2005): Lothar Spahlinger, *Tulliana Simplicitas: zu Form und Funktion des Zitats in den philosophischen Dialogen Ciceros*, Göttingen.

Speyer (1979): Wolfgang Speyer, Artikel „Euphrates 2.", Kl. P. 2, 436.

Sprute (1983): Jürgen Sprute, Rechts- und Staatsphilosophie bei Cicero, Phronesis 28, 150–176.

Sprute (1989): Jürgen Sprute, *Vertragstheoretische Ansätze in der antiken Rechts- und Staatsphilosophie*, Göttingen (Nachrichten der Akademie der Wissenschaften zu Göttingen, Philologisch-Historische Klasse 1989, 2).

Stanzel (2003–2012): Karl-Heinz Stanzel, Artikel „Karneades", in: DNP 6, 287–288.

Steidle (1987): Wolfgang Steidle, Beobachtungen zum Geschichtswerk des Cassius Dio, WJb N.F. 13, 203–224.
Steinmetz (1967): Fritz-Arthur Steinmetz, *Die Freundschaftslehre des Panaitios nach einer Analyse von Ciceros Laelius de amicitia*, Wiesbaden.
Steinmetz (1989): Peter Steinmetz, Beobachtungen zu Ciceros philosophischem Standpunkt, William W. Fortenbaugh u. Peter Steinmetz (Hg.), *Cicero's Knowlegde of the Peripatos*, New Brunswick u. London, 1–22.
Steinmetz (1994a): Peter Steinmetz, Die Stoa, in: Hellmut Flashar (Hg.), *Die Philosophie der Antike*, Bd. 4, *Die Hellenistische Philosophie*, 2. Halbband Basel, 495–716.
Steinmetz (1994b): Peter Steinmetz, Hekaton aus Rhodos, in: Hellmut Flashar (Hg.), Grundriss der Geschichte der Philosophie. Die Philosophie der Antike, Bd. 4,2: *Die hellenistische Philosophie*, Basel, 662–665.
Stevenson (2005): Tom Stevenson, Readings of Scipio's Dictatorship in Cicero's De re publica (6.12), Classical Quarterly 55, 140–152.
Stickler (2002): Timo Stickler, *„Gallus amore peribat"? Cornelius Gallus und die Anfänge der augusteischen Herrschaft in Ägypten*, Rhaden (Althistorische Studien der Universität Würzburg 2).
Strasburger (1966): Hermann Strasburger, Der Scipionenkreis, Hermes 94, 60–72.
Striker (1980): Gisela Striker, Sceptical Strategies, in: Malcom Schofield u. Myles Burnyeat u. Jonathan Barnes (Hg.), *Doubt and Dogmatism*, Oxford 54–83 (wiederabgedruckt: Gisela Striker, *Essays on Hellenistic Epistemology and Ethics*, Cambridge 1996, 92–115).
Striker (1983): Gisela Striker, The Role of *Oikeiosis* in Stoic Ethics, Oxford Studies in Ancient Philosophy Bd. 1, 145–167.
Striker (1997): Gisela Striker, Academics fighting Academics, Brad Inwood u. Jaap Mansfeld (Hg.), *Assent and Argument, Studies in Cicero's Academic Books*, Leiden u. New York u. Köln, 257–276.
Stroh (2010): Wilfried Stroh, *Cicero, Redner, Staatsmann, Philosoph*, München 2. Aufl.
Syme (1958): Ronald Syme, *Tacitus*, Oxford.
Takahata (2008): Tokiko Takahata, Bedarf die Politik in Rom der Divination? Untersuchungen zur Existenz der Gottheit in „De divinatione" Ciceros, Class. Stud. 21, 12–36.
Teichmann (2017): Michael Teichmann, *Mensch und Landschaft im südwestlichen Latium in der römischen Antike*, Phoibos Humanities Series 6, Wien.
Thiel (1999): Rainer Thiel, *Simplikios und das Ende der neuplatonischen Schule in Athen*, AAWM, Nr. 8.
Tsouni (2012): Georgia Tsouni, Antiochus on contemplation and the happy life, David N. Sedley (Hg.), *The philosophy of Antiochus*, New York, 131–150.
Tuplin (1979): Christopher Tuplin, Cantores Euphorionis again, The Classical Quarterly, 29, 358–360.
Ueding u. Steinbrink (1994): Gert Ueding, Bernd Steinbrink, *Grundriss der Rhetorik, Geschichte, Technik, Methode*, Stuttgart u. Weimar, 3. Aufl., 274–283.
Ueding (2012): Gert Ueding, Gesellschaftliche Beredsamkeit in Knigges „Über den Umgang mit Menschen". Rhetorik 31, Heft 1, 87–98.
Van den Berg (2014): Christopher S. van den Berg, *The World of Tacitus' Dialogus de oratoribus*, Cambridge.
Van der Blom (2010): Henriette van der Blom, *Cicero's Role Models: The Political Strategy of a Newcomer*, Oxford.
Van der Eijk (1993): Philip van der Eijk, Aristotelian Elements in Cicero's „De divinatione", Philologus 137, 223–231.
Vielberg (1995): Meinolf Vielberg, Opium für die Optimaten? Religiöses Argumentieren in Ciceros Miloniana, Eranos, Acta Philologica Suecana, 93, 49–64.

Vielberg (1996): Meinolf Vielberg, *Untertanentopik, Zur Darstellung der Führungsschichten in der kaiserzeitlichen Geschichtsschreibung*, München.
Vielberg (2000): Meinolf Vielberg, *Klemens in den pseudoklementinischen Rekognitionen, Studien zur literarischen Form des spätantiken Romans*, Berlin.
Vielberg (2016a): Meinolf Vielberg, Ciceros Staatsschrift und die philosophische Tradition der Verfassungsdebatte bei Cassius Dio und Philostrat, Wiener Studien 129, 233–256.
Vielberg (2016b): Meinolf Vielberg, Johann Matthias Gesner und die Anfänge des Neuhumanismus in Mitteldeutschland, in: Rudolf Bentzinger u. Meinolf Vielberg (Hg.), *Wissenschaftliche Erziehung seit der Reformation: Vorbild Mitteldeutschland*, Stuttgart (=Sonderschriften der Akademie gemeinnütziger Wissenschaften 48), 137–152.
Vielberg (2017): Meinolf Vielberg, Alte Freunde im Gespräch: Anspruch und Wirklichkeit der *amicitia* bei Cicero, Ciceroniana on line, I,2, 261–289.
Vielberg (2019a): Meinolf Vielberg, Philosophie und Religion in Ciceros Schrift De divinatione, Gymnasium 126, 47–71.
Vielberg (2019b): Meinolf Vielberg, Debatte um den Verfall der Beredsamkeit: Tacitus und Ps.-Longin, Michael Erler, Christian Tornau (Hg.), *Handbuch Antike Rhetorik*, Berlin 471–486.
Vielberg (2022): Meinolf Vielberg, Philosophie und Literatur bei Cicero, Wolfgang G. Müller, Rainer Thiel (Hg.), Literatur – Philosophie – Ästhetik, Internationale Zeitschrift für Kulturkomparatistik Bd. 5, 221–251.
Vogt-Spira (2022): Gregor Vogt-Spira, Geben – Empfangen – Wiedergeben, Dynamiken der Sorgebeziehung in Rom, Gregor Vogt-Spira (Hg.), *Studien zur römischen Anthropologie*, Baden-Baden, 311–354.
Von Fritz (1954): Kurt von Fritz, *The Theory of Mixed Constitution in Antiquity*, New York.
Weil (1962): Bruno Weil, *2000 Jahre Cicero*, Zürich u. Stuttgart.
Weißenberger (2003–2012): Michael Weißenberger, Artikel ‚Dion [13]', DNP Bd. 3, 621–622.
White (2010): Peter White, *Cicero in Letters, Epistolary Relations of the Late Republic*, Oxford.
Will (1999): Wolfgang Will, Artikel ‚L. Lucullus, M. (I 27)', DNP Bd. 7, 166–168.
Williams (1978): Gordon W. Williams, *Change and Decline, Roman Literature in the Early Empire*, Berkeley.
Wilsing (1929): Niels Wilsing, *Aufbau und Quellen von Ciceros Schrift De re publica*, Diss. Leipzig.
Winkler (1956): Werner Winkler, *Die urkundliche Geschichte der Pädagogik an der Universität Jena von J. Stigel und V. Strigel bis zu J. G. Darjes unter besonderer Berücksichtigung des akademischen Lehrbetriebs 1548–1763*, Phil. Diss. Jena (M.S.).
Winterbottom (1983): Michael Winterbottom, Rez. Heldmann, The Classical Review 33, 330.
Wittgenstein (1984): Ludwig Wittgenstein, *Tractatus Logico-Philosophicus, Tagebücher 1914–1916, Philosophische Untersuchungen*, Frankfurt a.M.
Woolf (2015): Raphael Woolf, *Cicero, The Philosophy of a Roman Sceptic*, London u. New York.
Zaehle (1933): Barbara Zaehle, *Knigges Umgang mit Menschen und seine Vorläufer*, Heidelberg.
Zetzel (1972): James E.G. Zetzel, Cicero and the Scipionic Circle, HSCP 76, 173–179.
Zielinski (1912): Thaddäus Zielinski, *Cicero im Wandel der Jahrhunderte*, Leipzig u. Berlin, 3. Aufl.

Register

I Namen

Antike Namen (in Auswahl)

Accius, L. 65
Aebutius Liberalis 195
Aelius Aristides 203
Agamemnon 205
Agrippa, M. Vipsanius 140, 196
Alexander d. Große 39, 40, 199
Alfenus Varus 178, 179
Alkibiades 23, 146, 202
Alypius 227, 228, 229, 232, 233
Ambrosius v. Mailand 15, 219, 220, 221–226, 235, 236, 237
Anaxagoras 87
Antiochos v. Askalon 4, 20, 25, 26, 27, 28, 29, 30, 33, 35, 36, 40, 93, 97
Antoninus Pius 271
Antonius M. Triumvir 128, 169, 177, 192, 186, 196, 259, 262, 263
Antonius, M. 3
Apollonios Molon 3
Apollonios, Stoicus 271
Apollonios von Tyana 141, 142
Appius Claudius 81
Arat v. Soloi 66, 67, 74
Archilochos 268
Aristogeiton 123
Ariston 106
Aristoteles 5, 22, 23, 24, 32, 67, 88, 95, 98, 104, 127, 129, 130, 131, 144, 161, 260
Arkesilaos 27, 37, 44, 51, 53, 229, 230
Asinius Pollio, C. 177, 178, 186, 187, 188, 260, 264
Äsop 21
Asprenas, P. 187
Athenodor 213
Atticus 19, 20, 25, 40, 42, 118, 150, 151, 152, 153, 154, 155, 156, 157, 158, 160, 161, 162, 163, 164, 165, 166,167, 168, 169, 263
Augustinus 15, 55, 100, 132, 219, 220, 221, 226–235, 236, 237, 262

Augustus (s. „Octavian") 101, 139, 145, 179, 180, 181, 182, 191, 196, 204
Aurel, Marc 3, 270–272
Auxentius v. Mailand 224

Balbus, Q. Lucilius 29, 54, 55, 56, 57, 65, 66, 68, 192
Brutus, M. Iunius 20, 37, 41, 60, 132, 196, 262

Caecilius Statius 61
Caesar, C. Iulius 6, 7, 9, 41, 69, 70, 72, 77, 109, 122, 150, 152, 161, 163, 164, 165, 166, 169, 189, 196, 208, 259, 261, 262
Caracalla 138, 144
Cassius Dio Cocceianus 127, 138–140, 143, 145
Cassius Severus 204, 206
Catilina, L. Sergius 74, 108, 197, 261
Cato d. Ältere (M. Porcius) 8, 9, 151
Cato d. Jüngere (Uticensis) 3, 4, 20, 37, 41, 79, 92, 103, 157, 183, 184, 189, 201
Catull 65
Chrysipp 196
Claudius 139, 145, 182, 191, 192, 193
Clodia 114
Clodius 109, 114, 157
Coponius 78
Cotta, C. Aurelius 4, 55, 56, 57, 62, 63, 64, 68, 192
Crassus, M., Triumvir 3, 9, 69, 80
Crassus, L., orator 3, 150
Curiatius Maternus 200, 208, 209, 210, 216, 217, 218
Curio, C. Scribonius 189
Curtius Rufus 213

Dardanos 28, 34
Demetrios 3
Demokrit 87, 232
Demosthenes 67, 97, 98, 215, 253, 261, 264
Diodotos 3
Diogenes Laertios 210
Diogenes v. Sinope 24
Dion v. Prusa 141, 142, 203

Dionysios Longinos 214
Dolabella, P. Cornelius 104
Domitian 143, 213, 248, 270

Empedokles 87
Ennius, Q. 65, 81
Epikur 12, 24, 25, 58, 62, 64, 89, 92, 93, 192, 193, 229, 235, 264, 272
Erillus 106
Euphrates v. Tyros 141, 142

Fabius Iustus, L. 200, 202
Fannius, C. 148
Fronto, M. Cornelius 271

Gallus, C. Cornelius 177, 178, 179, 181
Geta, P. Septimius 138, 144
Gorgias 146
Gorgias, Rhetor 100, 102, 110
Gracchus, Ti. 3, 108, 147

Habinnas 202
Harmodios 123
Hekaton 195
Helvidius Priscus 214
Herakleides Pontikos 22
Heraklit 84, 87
Heraklit v. Tyros 33, 34, 36
Herodot 103, 135, 136
Hesiod 199
Hiob 223
Hipparchos 123
Homer 215
Horaz 94, 197
Hortensius 9, 19, 22, 41, 42, 49, 50, 98

Iulius Secundus 201, 202

Julia d. Jüngere 180
Julia Domna 140
Justinian 219

Kaikilios v. Kaleakte 215
Kallikles 146
Karneades 27, 37, 49, 52, 53, 103, 229, 232
Kleanthes 30

Kleitomachos 33, 36
Kolotes 89
Korax 199
Kratipp 8, 24, 100, 102, 126
Kroisos 103

Laelius, C. 3, 9, 135, 136, 145, 146, 147, 150, 151, 152
Laurentius, St. 224
Lentulus 262
Licentius 221, 227, 228, 232
Livius, T. 164, 253
Lucan 183, 189, 198
Lucius Tullius Cicero 97, 125, 171
Lucullus, L. Licinius 19, 20, 22, 27, 28, 33, 34, 37, 38, 39, 41, 42, 43, 157
Lukian 231, 240
Lukrez 67, 89, 266
Lycoris 181

Marcus Aper 201, 202, 203, 205, 206, 209, 211
Marcus Tullius Cicero, filius 8, 99, 100, 101, 109, 126
Marius, C. 152
Matius, C. 169
Mäzenas 139, 143, 196
Menander 61
Messalla Corvinus 201
Mithridates 28, 39
Mnesarchos 28, 34
Mucius, Q. 167

Nepos 169
Nero 270

Octavian (siehe „Augustus") 196, 259, 262, 263, 264
Ovid 94, 177, 179, 180–182

Pacuvius 65
Panaitios 12, 101, 106, 107, 121, 130, 147, 195
Papinian 138
Parmenides 87
Petron 210
Phädrus 21
Phaidros d. Epikureer 4

Phalaris 122
Philon v. Larissa 3, 25, 26, 27, 28, 29, 30, 33, 34, 35, 36, 37, 42, 51
Philostrat 128, 140–144, 145, 203
Philus, L. Furius 137, 145, 150
Pinarius Scarpus, L. 177
Piso, M. 64, 62, 92, 94, 95, 96, 97, 103
Platon 5, 12, 13, 22, 24, 27, 32, 33, 58, 67, 87, 88, 89, 90, 98, 104, 106, 127, 130, 131, 132, 136, 144, 146, 147, 155, 170, 172, 201, 202, 209, 233, 234, 235, 245, 260, 269
Plinius d. Ältere 206
Plinius d. Jüngere 194, 211–214
Plotin 233
Plutarch 112, 149, 253, 261, 264, 265
Polemon 27
Polybios 130, 131, 136
Pompeius, Cn. 6, 9, 69, 77, 109, 157, 163, 164, 165, 189, 259, 262
Pomponia 153
Poseidonios 12, 64, 83, 101, 121, 196
Postumianus Terentianus 215
Properz 179
Pseudo-Longin 199, 203
Pupius Piso Frugi, M. 94
Pyrrhon 106

Quintilian 15, 201, 207, 210, 211, 217, 238, 241, 244, 245, 246–249, 251, 256
Quintus Tullius Cicero 69, 70, 73, 74, 75, 76, 77, 78, 79, 80, 81, 82, 83, 84, 85, 86, 99, 105, 130, 149, 153–156, 158, 197, 261

Romanianus 221, 227

Sappho 215
Scaevola Augur, Q. Mucius 3, 148, 149
Scipio Africanus 3, 9, 108, 130, 135, 136, 137, 140, 145, 146, 147, 149, 150
Seneca d. Ältere 183, 185, 186, 187, 188, 201, 206, 210
Seneca d. Jüngere 13, 177, 183, 184, 185–198, 246, 264, 270
Septimius Severus 143–144
Septimius, P. 42
Sextus Empiricus 29, 37, 52

Sokrates 5, 22, 23, 27, 51, 87, 90, 142, 146, 155, 183, 209
Solon 103
Sosos 28
Spurinna 69
Sulla 7, 167
Sulpicius Rufus, P. 130
Sura, L. Licinius 212, 213, 214
Symmachus 219

Tacitus 15, 90, 164, 194, 199–214, 216–218, 226, 252
Tarquinius Superbus 123, 132
Teisias 199
Terentia 99, 118, 158
Terenz 65, 117, 147
Themistokles 39, 108
Theodosius d. Große 219
Theophrast 27, 104
Thukydides 143
Tiberius 179, 204
Tibull 179
Timon v. Phlios 89
Tiro V, 101, 102
Titus 143
Torquatus, L. Manlius 92, 103
Trajan 212
Trygetius 227, 230, 233
Tullia 8, 102, 104

Varro Reatinus, M. Terentius 4, 20, 25, 27, 36, 37, 41, 42, 73, 193, 197
Velleius, C. 54, 55, 62, 192
Velleius Paterculus 196
Vergil 177, 178, 179, 221, 227
Verres 261
Vespasian 141, 142
Vipstanus Messalla 201, 202, 203, 205, 206, 207, 216

Xenokrates 27
Xenophon 146

Zenon v. Kition 24, 27, 196, 230

Mittelalterliche und neuzeitliche Namen (in Auswahl)

Asserate, Asfa-Wossen 115, 116, 126
August, Ernst v. Sachsen-Weimar 240

Bach, Johann Sebastian 240, 241
Barnes, Jonathan 36, 37
Baumgarten, Alexander Gottlob 11, 12, 13
Bentham, Jeremy 120
Berlin, Isaiah 10, 268
Bernhard v. Chartres 235
Budde, Johann Franz 239, 240, 243, 254

Carnap, Rudolf 121
Castiglione, Baldassare 115, 126

Descartes, René 13, 100
Dilthey, Wilhelm 86

Eco, Umberto 20, 21
Ernesti, Johann August 240

Fichte, Johann Gottlieb 6, 91
Francke, August Hermann 243
Friedrich d. Große 124

Garve, Christian 124, 126
Gesner, Johann Matthias 15, 238–256
Gottsched, Johann Christoph 242

Haller, Albrecht v. 242
Harris, Robert V–VI
Hegel, Georg Wilhelm Friedrich 86, 91
Heyne, Christian Gottlob 256
Humboldt, Alexander v. 256
Humboldt, Wilhelm v. 256
Hume, David 54, 104

Johannes v. Salisbury 235

Kant, Immanuel 11, 12, 13, 123
Knigge, Adolf Freiherr 115, 116, 126

Leibniz, Gottfried Wilhelm 13
Luhmann, Niklas 266

Magee, Bryan 10, 11
Malebranche, Nicolas de 13
Melanchthon 255
Moore, George Edward 104

Petrarca, Francesco 158

Raffael 23

Schelling, Friedrich Wilhelm Joseph 91
Smith, Adam 120
Spinoza, Baruch 13

Thomasius, Christian 15, 254
Tolstoj, Leo 268

Wilhelm Ernst v. Sachsen-Weimar 240
Wolf, Friedrich August 256

II Sachen (in Auswahl)

Adäquatheitstheorie 31
akataleptisch 20, 30
Alltagswelt 19, 24
altakademisches Weltbild 172
Alte Akademie 27, 30, 35
Anamnesislehre 33
Apraxie 44
aristotelischer Dialog 22
artifizielle Überzeugungsmittel 59, 63
Aufklärung 69–91
äußere und körperliche Güter 95, 96
Autonomie 170, 172, 173, 235

Baukastensystem 266
Bereichsethik 7
Bindestrich–Ethik 7

code-switching 160
Cogito-Lehre 13, 100

Deckname 150
Desinformation 256
Dialektik 6

diegetische Welt 22
Divination 71, 91

Eklektik 15, 210, 266
Eklektiker 56, 255
eklektisch 210, 270
eklektisches Philosophieren 68, 99, 238
eklektisches Programm 170
eklektisches Vorgehen 92
emanzipatorische Leserführung 125
emanzipatorisches Philosophieren 265
empirische Ärzteschule 47
Enthymeme 59
Erläuterungen 171
Er-Mythos 89
Ethos 59, 60
Eudaimonie 94, 95, 103
Euergetismus 194

Fakenews 270
Fortsetzung 171
Freiheit 58, 97, 185, 263, 267
Freundschaftskodex 149, 154
Frühaufklärung 255
Fuchs 268, 269

Gabentauschgesellschaft 107, 193, 198
Gedankenexperiment 101
Gegenwartsdialog 9, 24
Gemeinwohl 133
Gentleman 115
glaubhafte Vorstellung 44
Glück 96, 120
Glückseligkeit 95, 99
Götterlehre 57
Gottesbeweis 66
Grad der Probabilität 92

Handlungsspielraum 166
Hassreden VI, 256
herakleidischer Dialog 22
Heteronomie 173, 220, 225, 226
Hofmann 115

Identifikationsfigur 97, 125, 147, 150
Individualethik 14, 225
individualethischer Eudämonismus 236

Igel 268, 269
Intoleranz 184
Isosthenie 53

Kardinaltugend 106, 108, 110, 111, 115, 118, 222
kataleptisch 30
kataleptische Vorstellung 31, 32, 37
Kategorischer Imperativ 123, 124
Kennzeichnung 31
Kriterienkatalog 44
Kriterium 31
künstliche Überzeugungsmittel
 (s.o. artifizielle)
künstlerisches gestaltendes Feuer 83
kulturelles Kapital 41
Kulturmuster 7
Kyriai Doxai 192

Lebensform 113
Lebenswahl 93, 98
Lebenswelt 45
Leib-Seele-Problem 13
Lichtmetaphorik 8, 234–235

Manierenbüchlein 115, 126, 171
Mantik 58
Marionettentheater 23
Metapher 39
Mischverfassung 133, 134, 135, 143, 145
Monadenlehre 11
Mündigkeit VI, 256, 270

narrative Realität 19, 22
naturalistischer Fehlschluss 104
Neue Akademie 26, 27
Neuhumanismus 239
Normativität 106

Oikeiosislehre 103, 104

Pantheismus 13, 58
Patchwork-Philosophie 14, 68, 172
Pathos 59
Philologisches Seminar 238, 239, 242, 243–246, 256
Philosophengesandtschaft 9, 145
photographisches Gedächtnis 39

Pistis 59, 60
Pneuma 31
Primat der praktischen Philosophie 14
probabilistisch 15
Probabilität 14, 68, 269
Probabilitätsgrad 58, 92
Probabilitätskriterium 46
propositionale Urteilsstruktur 32
Pseudonym 150

Raum- und Bewegungsmetaphorik 125
relative Erkenntnisgewissheit 52
Rolle 112
Rollentheorie 73, 113, 115
römische Alltagswelt 19, 24
Römische Bücher 29, 33, 34, 36, 37

Sachgedächtnis 39
Sammlung 170
Scheinproblem 121, 122
Schülergespräch 227, 230
Scipionenkreis 22, 146, 149
Seele 106
Silloi 89
Sinn 30, 31
Sinneseindruck 31, 32
Sitz im Leben 128
Social Media 11
Sokratische Methode 136, 164
Sosos 29, 34
Sozialethik 225, 236
soziales Kapital 41
soziale Medien VI, 256
Standpunktdenken 267
Suffizienzthese 96
Syllogismen 59, 171
Sympathielehre 85

Telosformel(n) 89, 103
Tetrapharmakos 192
the willing suspension of disbelief 21
Tierfabel 268
Toleranz 99

Transfer 170, 269
Transformation 170, 269
Translation 170
Tyrannenmord 122, 123

ungeschehenes Geschehen 101
universaler Zweifel 100
(unkünstliche) Überzeugungsmittel 59
Unsterblichkeit 147
Unsterblichkeit der Seele 147
Urteilsenthaltung 50, 53
Utilitarismus 120

Verfassungsdialog 129–145
Verfassungskreislauf 130, 131, 132, 133
Verfassungswandel 130, 131, 136
Vernunft 31
Verstand 30, 31
Vier-Rollen-Theorie 110, 111, 112
Vorsokratiker 47, 87, 89
Vorstellung 30
Vorwurf des versteckten Atheismus 55, 64

Wahl 126
Wahlmöglichkeit 97, 126
Wahrheit 106
Wahrheitskriterium 44
Wahrheitswert 22, 31
Wahrscheinlichkeit 50, 61, 90, 97
Wahrscheinlichkeitslehre 49
Widerstandsrecht 132
Wiedererzählung 141
willentliche Aussetzung des Nichtglaubens 21, 22
Wissen 31
Wohltat 195
Wohltätigkeit 194

Zerwürfnis zwischen Zunge und Verstand 51
Zurückhaltung des Urteils 124
Zustimmung 30, 124
Zweifel 100, 124, 164, 198
Zweifeln 100, 124, 184, 185

III Wörter (in Auswahl)

Lateinische Wörter

ad veritatis similitudinem ... propensior 68
amor in eos, qui procreati sunt 106
animus 30
assensio 30
assentatio 32

beneficentia 107, 194, 195, 225
beneficium 194

civilis prudentia 134
cognatio 84
collectiones 170
commentarii 171
commodari 84
communio utilitatis 133
comprehendere 31
comprehendibile 31
comprehensio 31
consensus iuris 133
consentire 84
constantia 106
contagio 84
continuatio 171
contra dicere 82, 210
contubernium 3
convelli 31

damnatio memoriae 182, 264
decorum 111
deus 83
dignitas 114
disputatio in utramque partem 51
disserere in utramque partem 53
divisio Carneadea 103

fatum 83
formositas 113
formula 122

genus vitae 113
gratia 194
gubernare 45

haurire 170
honestum 101, 106, 121, 122, 123, 126
hostis publicus 169

imaginatio 30
in animo res insculptas 39
in contrarias partes disserere 51
in utramque partem disputare 3
in utramque partem disserere 51
inimicus 169
insculpere 39
iudicium interponere 165

laudatio 38, 40
libare 171 (Anm. 99)
liberalitas 194
liberalitas principis 225
libertas 184

magnitudo animi 106
misericordia 225
moderatio 110
modus 110
mos maiorum 108, 118, 149, 171

navigare 45
numeri 202

officia media 106, 126
officia ministrorum 223
officia perfecta 106
orator perfectus 248
ordo 106, 113
ornatus 113
otium 43
otium liberale 219

pactio 187
pax deorum 80
philosophia palliata 4, 23
philosophia togata 4, 23
personae 112
pithanón 52
populus 133
probabile 44, 45, 47, 48, 50, 52, 53, 61, 172, 235, 266, 267
proficiens 126

proficientes 121, 122
pulchritudo 106
propria quaedam declaratio 31

quaestio 212, 213

ratae sententiae 172, 192
ratio 29, 31
rector rei publicae 134, 135, 137
renarratio 171, 223
reverentia 112

scientia 30
semiliber 184
sensus 30
sublime 215

temperantia 110
theologia civilis 81
theologia tripertita 73

utile 101, 119, 120, 121, 122, 123, 126

venustas 114
verecundia 114
veri inquisitio 106
veri simile 44, 50, 228, 266
verum 44
visum 30, 44
voluptas 103

Griechische Wörter

ἀβλάβεια 122
ἀπερίσπαστοι (sc. phantasiai) 44
ἀρχή 95
διεξωδευμέναι (sc. phantasiai) 44
εἰκός 51
ἐλευθερία 216
ἐπέχειν 49
ἐπιστήμη 30
εὐεργεσία 194
εὐχαριστία 194
ἡγεμονικόν 30
χάρις 194

κατάληψις 31
λόγος σπερματικός 246
πιθανός 44
πρέπον 110
προκόπτοντες 106
πρόσωπα 112
πῦρ τεχνικόν 83
τυπώσεις 80
φαντασία 30, 44, 97
φαντασία καταληπτική 97
Ὕψος 215

IV Stellen (in Auswahl)

Antike Autoren

Archil.
– 201 [West] (=Zen. 5,68) 268

Aug.
– *c. acad.*
– 1,7 230
– 1,8 231
– 3,22 232
– 3,23 232
– 3,43 228
– *civ.*
– 3,30 263

Cic.
– *ac*
– 2,70 35
– 2,99 44
– 2,122 47–48
– *Att.*
– 1,17,5 155
– 3,15,2 160
– 3,15,4 159–160
– 8,9a3 165–166
– *div.*
– 1,8 78
– 1,21 75
– 1,68 78
– 1,105 80

– 1,125 83
– 2,33 84
– 2,36–37 70
– 2,46 76
– 2,70 82
– 2,71 82
– 2,114 79
– 2,147 85
– *div.*
  – 2,150 90
– *fam.*
  – 9,8,1 20
  – 16,26(21),6 102
– *fin.*
  – 5,1–2 93
  – 5,76 97
– *Lael.*
  –5 151
  – 20 155
  – 44 156
  – 59 162–163
  – 80 162
– *nat. deor.*
  – 1,61 56
  – 1,17 62–63
  – 1,122–123 64
  – 2,104 65–66
  – 3,95 54–55
– *off.*
  – 1,6 107
  – 1,11 104
  – 1,77 108
  – 1,78 109
  – 1,93 110
  – 1,96 111
  – 1,120 113
  – 1,150 177
  – 1,151 118
  – 2,9 119–120
  – 2,44 105
  – 2,45 109–110
  – 3,121 101, 105
– *rep.*
  – 2,46 132
  – 2,62 139

  – 3,23 137
  – 3,43 132
– *Tusc.*
  – 2,9 50–51
  – 5,82 171 (Anm.)

Plin.
– *epist.*
  – 7,27,1 212

Plut.
– *Caes.*
  – 31 262
– *Cic.*
  – 52,5 261

Sen. mai.
– *Suas.*
  – 7,1 187

Sen. min.
– *apocol.*
  – 8 191–192
– *ben.*
  – 4,30,3 196
– *dial.*
  – 10,5,1–3 184–185
– *epist.*
  – 24,6–8 183–184
  – 38,1–2 246

Tac.
– *dial.*
  – 1,1 200
  – 19,1–2 204–205
  – 24,2 205
  – 28,1 206
  – 40,2 207–208

Varr.
– *ling.*
  – 7,109 42

Zen.
– 5,68 (= Archil. 201 [West]) 268

Neuzeitliche Autoren

Gesn.
– *inst.*
  – 2,3,4 249
  – 2,3,5 250
  – 2,7,5 252, 254
  – 2,7,16 253
  – 2,12,9 255

www.ingramcontent.com/pod-product-compliance
Lightning Source LLC
Chambersburg PA
CBHW020221170426
43201CB00007B/280